NOUVEAUX LUNDIS

CHEZ LES MÊMES ÉDITEURS

POÉSIES COMPLÈTES

DE

C.-A. SAINTE-BEUVE

Nouvelle édition revue et très-augmentée

DEUX VOLUMES IN-8°

NOUVEAUX LUNDIS

PAR

C.-A. SAINTE-BEUVE

DE L'ACADÉMIE FRANÇAISE

—

TOME NEUVIÈME

—

PARIS

MICHEL LÉVY FRÈRES, LIBRAIRES ÉDITEURS

RUE VIVIENNE, 2 BIS, ET BOULEVARD DES ITALIENS, 15

A LA LIBRAIRIE NOUVELLE

—

1867

Tous droits réservés

NOUVEAUX LUNDIS

Lundi 24 octobre 1864.

JOURNAL ET MÉMOIRES

DE MATHIEU MARAIS

PUBLIÉS

PAR M. DE LESCURE (1).

L'éditeur ou l'introducteur de ces Mémoires est un jeune écrivain qui s'est fait remarquer depuis quelques années par son zèle, son feu, son talent. Les premiers sujets qu'il a choisis (*les Maîtresses du Régent*, l'édition des *Philippiques* de La Grange-Chancel), bien qu'assez scabreux d'apparence et semblant indiquer une prédilection peu sévère, n'ont point été attaqués par lui

---

(1) L'ouvrage a quatre volumes. Trois avaient paru (librairie Firmin Didot), lorsque je donnai ces articles. — On écrivait autrefois *Matthieu* Marais : l'éditeur a supprimé le *t*, et je vois que c'est assez l'usage aujourd'hui. On écrit comme on prononce.

d'une manière frivole; il a cherché la vérité historique et même une sorte de moralité, à travers cette veine périlleuse d'érudition qui frise le Pétrone. Dans son livre des *Amours de Henri IV,* il a poussé plus loin encore cette application de la chronique scandaleuse à l'histoire, et a prétendu l'élever jusqu'à la hauteur d'une méthode. Quoi qu'il en soit de sa théorie, la curiosité de M. de Lescure a voulu suppléer spirituellement au silence d'un grave historien moderne, qui n'avait rien oublié, dans le tableau du règne de Henri IV, que de parler de la belle Gabrielle; l'omission était piquante (1). Lui, M. de Lescure, il a non-seulement parlé de Gabrielle, mais il a trouvé de compte

(1) Le savant historien ne convient pas du tout de cette omission, et il m'a fait, dans le temps, l'honneur de m'adresser une réclamation à laquelle j'ai promis de faire droit au moment où je réimprimerais ces articles. « Je suis bien désespéré, m'écrivait donc M. Poirson, que vous ayez cru sur parole M. de L., m'accusant d'avoir pu écrire une Histoire de Henri IV en quatre volumes sans prononcer le nom de Gabrielle d'Estrées, et que vous ayez accueilli cette imputation dans votre article du 24 octobre. M. de L. n'a lu ni ma première ni ma seconde édition. La première édition, celle dont il parle positivement, a *trois* volumes et non *quatre.* Aux pages 387 et 388 du premier volume, Gabrielle d'Estrées est non-seulement nommée, mais présentée comme agissant sur les intérêts politiques par la passion qu'elle a inspirée au roi, et laissant par sa mort le champ libre au divorce et au second mariage de ce prince. Elle reparaît à la seconde partie du second volume, ou tome III, pages 660, 661. Là, on trouve un passage de l'une des lettres passionnées que Henri lui adressait, et le plus ancien texte de la chanson : *Charmante Gabrielle.* — Dans la seconde édition qui aura quatre volumes, j'ai été plus explicite encore sur cette femme, etc. » Ce qui reste vrai, c'est que, dans la première édition, la part faite à Gabrielle par le sévère historien laissait sans doute à désirer; si *cette femme* paraît, elle paraît bien peu.

fait jusqu'à cinquante-six maîtresses connues à ce roi vaillant, et il nous en offre les portraits ou les médaillons. Don Juan, voyant la liste, dirait que c'est peu. M. Poirson, moins exigeant, doit trouver que c'est assez; il a désormais son Procope, et l'histoire publique n'a plus qu'à s'accommoder comme elle peut de cette histoire secrète qui la côtoie. De tous les écrits déjà nombreux de M. de Lescure, ceux qui sont le plus à mon gré et dont je louerais le plus volontiers la direction, sont ses articles sur la littérature française pendant l'émigration et sur quelques-uns des écrivains distingués de cette période, Rivarol, Sénac de Meilhan. Il se propose de poursuivre plus avant dans cette voie, et il a recueilli des documents précieux qu'il saura mettre en œuvre. En revanche, l'ouvrage de lui que j'aime le moins est son *Panthéon révolutionnaire démoli,* un titre à fracas; je n'en aime ni l'affiche, ni le but, par la raison qu'il faut prendre garde, quand on se met à démolir un édifice, de renverser dans son entrain bien des bustes et des statues dignes de rester debout : le Musée de l'histoire est bien voisin de son Panthéon. Dans ce livre, l'auteur, animé des plus généreux sentiments, a trop confondu les bourreaux et les victimes, quand ces victimes n'étaient pas de son bord; il a jeté trop de têtes pêle-mêle dans le même panier. On annonce de M. de Lescure une Vie de la princesse de Lamballe, qui fera pendant à sa chaude esquisse de Marie-Antoinette. Dans tous ces écrits, dans le texte, les préfaces, les moindres notes, dans tout ce qui sort de la plume de M. de Lescure, on sent l'âme, le cœur, la séve, un bouillonnement d'esprit et de noble ambition ; l'âge lui en retirera assez, et, loin de le blâmer de ce trop de vivacité et de ferveur, je suis tenté plutôt de lui appliquer le mot de Chateaubriand : « Laissons l'écume blanchir au frein du jeune coursier. »

Aujourd'hui il a rencontré sur son chemin, dans le cours de son ardente recherche en tous sens, le *Journal* manuscrit de Mathieu Marais, et il nous le donne avec des suites de lettres de ce même avocat curieux et savant.

Mathieu Marais n'était jusqu'ici connu que des littérateurs de profession. Nous allons essayer, après M. de Lescure, de le bien définir et de donner de lui l'idée qui pourra le rendre jusqu'à un certain point reconnaissable à ceux même qui le liront peu, mais qui aiment assez les Lettres pour vouloir qu'un nom cité à la rencontre leur représente quelque chose.

I.

Né en octobre 1665, à Paris, sur la paroisse Saint-Eustache, rue du Bouloi, mort à l'âge de soixante-douze ans, en juin 1737, même paroisse, même rue et peut-être même logis, Mathieu Marais est une de ces figures secondaires, mais non vulgaires et nullement effacées, qui peuvent servir à personnifier une génération et toute une classe d'esprits. C'est un esprit français, bourgeois, de bon aloi et de bonne trempe. Reçu avocat en novembre 1688, il prit sa profession très au sérieux, ne visa pas à être seulement un avocat élégant et beau plaideur comme Patru, mais voulut être et fut, en effet, un jurisconsulte appliqué, savant, un praticien habile et des plus consultés. Avec cela il aima vivement les Lettres et les alla prendre à leur source ; il aima et cultiva plusieurs des grands hommes de son temps en ce genre, Despréaux, Bayle, le président Bouhier, se fit estimer d'eux, leur fut des plus utiles comme auditeur plein de justesse et de savoir, comme informateur aussi et correspondant excellent; il est si bien entré dans les intérêts de leur gloire et dans l'intelligence de leur esprit, qu'il est impossible de parler d'eux au complet, sans parler un peu de lui.

Et pour commencer par Boileau, il est un de ceux qui virent le plus assidûment l'illustre poëte dans sa vieillesse. « Il y a plaisir, disait-il, à entendre cet « homme-là, c'est la *raison incarnée.* » L'honnête homme en Boileau ne l'attirait pas moins que l'esprit judicieux et le critique : « C'est un homme, ajoutait-il, « d'une innocence des premiers temps et d'une droiture « de cœur admirable, doux et facile, et qu'un enfant « tromperait. On ne croirait jamais que c'est là ce « grand satirique. Le portrait qu'il a fait de lui-même « dans l'*Épître à ses Vers* ne peut être plus ressemblant. » Marais écrivait chaque fois, en le quittant, la substance des entretiens qu'il venait d'avoir avec lui, les jugements, les pensées qu'il avait recueillis de sa bouche : ce serait, si l'on avait le tout, la matière d'un *Bolæana* bien supérieur à celui de Monchesnay. Boileau, vieux, discourait volontiers à tout propos, un peu abruptement, et parlait seul à la façon d'un Royer-Collard ; mais les sujets étaient circonscrits ; il se renfermait dans la poésie et les Lettres pures.

« L'*Horace* de M. Dacier, disait-il un jour, est, de ses livres, celui qui s'est le mieux vendu. Je peux dire que c'est moi qui ai fait connaître les Satires d'Horace. On ne parlait que de ses Odes ; dans les colléges, on ne lisait presque que cela. Je m'appliquai à lire ses *Sermons* ; j'y trouvai mille beautés, et je m'appliquai à écrire dans ce genre. Tout le monde voulut revoir son *Horace*. Et voilà ce qui a tant fait vendre le livre de M. Dacier... »

Ce culte d'Horace s'est conservé intact et ininterrompu jusqu'à nos jours, et je me rappelle qu'un soir que nous étions chez feu le chancelier Pasquier, dans le temps où M. Patin publia son *Horace*, M. Zangiacomi, de la Cour de cassation, dit en entrant au nouveau traducteur : « Sur quinze que nous sommes dans notre Chambre, ce matin nous nous sommes trouvés onze qui avions acheté votre *Horace* pour le relire. » Cela vient originairement de Boileau, qui a remis en vogue les Satires et Épîtres. Et voilà pourquoi l'*Horace* de M. Patin s'est vendu comme celui de M. Dacier.

Boileau disait de la comédie, de celle du déclin de Louis XIV, et en oubliant trop Regnard assurément et peut-être Dancourt et Dufresny :

« Depuis Molière, il n'y a point eu de bonnes pièces sur le Théâtre-Français. Ce sont des pauvretés qui font pitié. On m'a envoyé le théâtre italien ; j'y ai trouvé de fort bonnes choses et de véritables plaisanteries. Il y a du sel partout... Je plains ces pauvres Italiens (*on venait de les supprimer*); il valait mieux chasser les Français. »

Sur la Comédie en général, il disait très-sagement et avec une vérité incontestable :

« J'écrirai quelque jour pour la défense de la Comédie. Je leur montrerai bien qu'il faut nécessairement avoir des spectacles dans un État pour purger les passions. Cette purgation dont parle Aristote n'est point une chimère. Tel homme qui a été trois heures attentif à la Comédie aurait peut-être, en rêvant ou demeurant seul, conçu quelque mauvais dessein ou de se tuer ou de tuer son voisin. La nature veut qu'il y ait des spectacles, et la religion n'est qu'une perfection de la loi naturelle. Il faut connaître l'homme pour bien traiter cette matière-là. »

Que l'on rapproche cette parole de Boileau, qui est la sagesse même, de la réponse que fit le duc de Bourgogne aux Comédiens qui venaient lui demander sa protection et la continuation des bontés qu'avait eues pour eux feu Monseigneur son père : « Pour ma protec« tion, non ; mais, comme votre métier est devenu en « quelque sorte nécessaire en France, consentez à y « être tolérés. » Après quoi il leur tourna le dos, et, moyennant cette tolérance de mépris, les théâtres furent rouverts. Bien étroite et bien triste manière pour un prince de comprendre l'humanité et la société ! Des deux, c'est Boileau qui pensait sur cet article en homme d'État.

Toujours Mathieu Marais maintiendra la mémoire de Despréaux et s'y montrera fidèle, même alors que le goût public aura le plus changé et que l'esprit des

Fontenelle et des La Motte prévaudra. A propos du *clinquant* qu'il avait reproché au Tasse, Boileau avait été blâmé par un traducteur du Tasse et déclaré plus poëte que critique : contrairement à ces sentences du nouveau siècle, Marais tient ferme et reste dans les termes de sa première admiration : « Je dis que Des-
« préaux était grand critique, qu'il l'a montré par ses
« Satires qui sont des critiques en vers, et que son *Art*
« *poétique* est un des plus beaux ouvrages de critique
« que nous ayons, aussi bien que ses *Réflexions* sur
« Longin. » Le président Bouhier, dans une disserta-
tion savante, avait parlé un peu légèrement de Des-
préaux et de Bayle, les deux cultes de Marais ; celui-ci, après avoir lu la pièce manuscrite que lui avait com-
muniquée l'auteur, le supplie (et il y revient avec instance) de modifier ce qu'il a dit d'eux et d'adoucir un peu ses expressions ; et il en donne, en définitive, une touchante et haute raison, tirée de Cicéron même, cette source de toute belle pensée et de toute littérature : « *Multum parcendum est caritati hominum, ne offendas eos qui diliguntur.* Il faut avoir grandement égard à la tendresse humaine et ne point s'attaquer à ceux qui se sont fait beaucoup aimer (1). »

(1) Mathieu Marais, en citant de mémoire, a un peu changé le texte de Cicéron et l'a tiré à lui, comme il arrive souvent. Pellis-
son distinguait jusqu'à quatre manières d'alléguer un passage, et dans ces manières il en compte une où il est permis, selon lui, de détourner légèrement le passage cité de sa signification première : c'est lorsque la citation est plutôt d'ornement et d'élégance que de nécessité et de rigueur, comme c'est ici le cas. J'ai interrogé à ce sujet notre maître en Cicéron comme en tant d'autres choses, le

Belle pensée dont j'ai eu plus d'une fois l'occasion de reconnaître et de vérifier la justesse. Il est tel homme de lettres des plus célèbres en ce temps-ci, tel éloquent écrivain et historien qui bien souvent pourtant a heurté mon goût, froissé mes habitudes, et que j'ai été tenté mainte fois de reprendre assez vivement. Mais, d'autre part, j'ai un jeune ami des plus distingués à qui, dans un mouvement d'explosion sincère, il est arrivé de dire devant moi, à propos de ce même historien : « Le jour où M....... disparaîtrait, je sentirais une fibre se briser dans mon cœur. » J'ai compris dès lors que, pour être ainsi aimé et chéri, pour exciter en des âmes d'élite de tels tressaillements, il fallait que cet homme aux brillants défauts, à la parole pénétrante, eût quelque chose d'à part et de profond qui m'échappait, je ne sais quel don d'attrait et d'émotion

---

savant doyen de notre Sorbonne littéraire, M. Victor Le Clerc; il a bien voulu m'indiquer le texte précis qui se trouve dans le *De Oratore* (II, 58). Il s'agit là de ceux qui ont à parler en public, et qui ont à faire usage parfois de l'arme de l'ironie ou du ridicule; la recommandation en ce qui les concerne est, on le conçoit, d'une importance bien plus grande encore, tout actuelle, pour ainsi dire, et tout immédiate : « *Parcendum est maxime caritati hominum, ne temere in eos dicas qui diliguntur.* » Il ne s'agit pas d'aller se moquer d'un personnage généralement aimé. Un orateur qui manquerait à cette loi de convenance en serait à l'instant averti et puni par son auditoire. Il y a plus de mérite à un écrivain d'observer cette même loi du fond de son cabinet, et c'est en cela que Marais a fait un heureux et délicat détournement du sens. Étendons et appliquons à tout l'ordre littéraire ce qui est presque de nécessité pour un orateur public; traitons, en un mot, les lecteurs, quoiqu'ils ne soient pas tous présents sous nos yeux, comme des auditeurs, et n'allons point, sans de fortes raisons, faire offense à leurs sympathies. L'intelligence du critique y gagnera.

1.

qui a ou qui a eu sa vertu, et depuis ce jour je me suis mis à le respecter et à respecter en lui ceux qui le sentent si tendrement et qui l'aiment.

Je ne m'écarte pas trop de Marais en parlant de la sorte, et je ne lui prête pas plus qu'il ne convient en marquant chez lui le côté affectueux. Ce n'était point du tout une nature sèche d'annotateur et de commentateur, on l'a déjà pu voir ; il avait l'âme ouverte en même temps que l'esprit ; ses préférences n'étaient point exclusives ; il a écrit sur La Fontaine ; il a dit de Fénelon avec qui il paraît avoir eu quelque liaison assez particulière : « J'attends ce que l'archevêque de Cam« bray me promet. *Il faut connaître tous les grands* « *hommes,* et celui-ci a le cœur si étendu et l'âme si « tendre que par les sentiments il est au-dessus des « lumières de l'esprit. — Adieu, madame, il fait tou« jours bon connaître ceux qui nous apprennent à « aimer. » C'est dans une lettre à une amie qu'il a glissé cette pensée.

L'admiration de Marais pour Boileau est absolue d'ailleurs, et n'excepte pas les derniers fruits de sa veine et les œuvres de sa vieillesse, pas même la triste Satire de *l'Équivoque,* si critiquée à sa naissance et si tombée depuis, conception étroite et bizarre, où toute l'histoire de l'humanité est renfermée dans celle de la casuistique ; l'amitié, en ceci, abuse Marais et lui fait d'étranges illusions :

« J'ai vu *l'Équivoque* manuscrite, écrit-il à une amie (mars 1714) ; c'est un chef-d'œuvre non-seulement de la poésie, mais de l'esprit humain. Je l'ai lue avec transport, et je n'ai jamais si bien lu. Imaginez-vous une tradition, suivie depuis le commencement du monde jusqu'à présent, des maux que la fausseté peut avoir faits. On la prend dès le Paradis terrestre dans la bouche du tentateur : de là elle passe sous le titre de serpent dans l'arche; elle fait le paganisme, l'idolâtrie, les oracles et leurs réponses normandes, la superstition, etc. Dieu envoie son Fils pour ramener la vérité dans le monde; ses apôtres la prêchent; mais elle est bientôt altérée par les équivoques d'un mot, d'une syllabe, d'une lettre : de là l'Arianisme et tant d'autres hérésies... »

Marais était un homme de sens et, qui plus est, de goût. Mais ces imaginations trop confinées au seuil domestique, rétrécies d'horizon, qui n'avaient quasi rien vu qu'à travers les vitres d'une étude et en sortant des dossiers, prenaient aisément le change sur les couleurs, sur les tableaux, sur la matière et l'exécution de la poésie. L'art n'était pas leur fait. Ce qui est triste pour nous et ingrat, ce qui est terne et gris, leur paraissait relativement gai, riche, fin et incomparable. On peut dire que la lumière habituelle répandue dans l'atmosphère de chaque siècle n'est pas la même, et en chaque siècle elle varie ou variait selon les lieux et les conditions. Aujourd'hui, il y a plus d'égalité, plus de lumière dans l'air et une lumière plus universelle. Les rues sont moins étroites. Chacun a pu voir l'Italie; chacun peut lire Gœthe, Shakspeare et Byron. On court risque, je le sais, de s'engouer dans un autre sens; mais, somme toute, on compare, on voit plus de choses, on voit mieux. Le champ visuel du goût, si j'ose ainsi parler, s'est agrandi.

On apprend, par cette même lettre de Marais, que les

tracas et les contrariétés qui affectèrent Boileau au sujet de cette dernière Satire, dont le Père Tellier empêcha la publication, hâtèrent probablement sa fin :

« Je vous avoue, madame, qu'un si grand homme fait bien regretter sa perte, et que le dernier chagrin qu'il a eu, qui a été *comme un assassinat,* indigne bien les honnêtes gens. »

La Satire de *l'Équivoque,* chère à l'auteur pour plusieurs raisons et parce qu'elle était son dernier-né, ne put être imprimée qu'après sa mort. Neuf exemplaires l'avaient été du vivant de Despréaux, et distribués à des amis seulement.

Marais, à le bien lire, nous apprend ainsi quantité de détails curieux sur nos grands auteurs ses contemporains ; il donne la clef de particularités, déjà obscures. Il y a un petit mot de Boileau jeté en passant, qu'il m'a expliqué sans y songer. Dans son Épître à M. de Lamoignon sur les plaisirs de la campagne, Boileau commence par dire qu'il habite en ce moment un petit village ou plutôt un hameau, et il met en note : « Hautile, petite seigneurie près de La Roche-Guyon, appartenante à mon neveu l'illustre M. Dongois. » Dongois, neveu de Boileau, était greffier en chef du Parlement. Pourquoi cette épithète d'*illustre?* Est-elle ironique et dite par manière de plaisanterie? est-elle sérieuse? D'Alembert et Daunou se le demandent. Pour moi, je la crois sérieuse, et je n'en veux d'autre preuve que le petit article suivant que je lis dans le Journal de Mathieu Marais, du mois de juillet 1717 :

« M. Dongois, greffier en chef du Parlement, est mort âgé de quatre-vingt-trois ans. Il a été enterré dans la basse Sainte-Chapelle. Dans le billet d'enterrement, il y a protonotaire et greffier en chef. Tout le Parlement y a été en corps, M. le premier président à la tête, et tous les présidents à mortier. Il laisse deux millions de biens à sa fille unique, mariée au président Gilbert... »

Il me semble que l'épithète d'*illustre*, appliquée à Dongois, commence à s'expliquer ; il y a greffier et greffier. Celui-ci, millionnaire, était bien une manière de seigneur, et Boileau avait de quoi être fier d'un tel neveu.

Revenons au sérieux véritable. Marais, lié de correspondance avec Bayle et porté vers lui par tous les sentiments d'estime et d'admiration, n'eut rien de plus à cœur que de le mettre en de bons rapports à distance avec Despréaux et d'obtenir du grand Aristarque quelque jugement favorable. Il y parvint et se hâta d'en informer le célèbre réfugié (mai 1698) :

« M. Despréaux me pria de lui prêter votre livre (le *Dictionnaire historique*), et après en avoir lu une partie, il m'en parla avec une admiration qu'il n'accorde que très-rarement, et il a toujours dit que vous étiez *marqué au bon coin,* et de cette marque il n'en connaît peut-être pas une douzaine dans le monde. La vivacité de vos expressions, l'étendue de vos connaissances, jointe à une netteté qu'il dit n'avoir jamais vue ailleurs, le charmèrent. Il en revenait toujours au *bon coin,* qui est le mot du guet entre les savants de la haute volée. »

Bayle, flatté comme il devait l'être d'un tel suffrage auquel il ne s'était peut-être pas attendu, répondait en louant à son tour, mais avec bien de la finesse et avec une modestie qui, sous son air provincial et un peu exotique, cachait bien de l'urbanité ; sa lettre est la première de celles qu'on a de lui, adressées à Mathieu Marais (2 octobre 1698) :

« Je me borne à répondre aujourd'hui, monsieur, à quelques-uns des endroits de votre lettre. Je commence par celui où vous m'apprenez que mon *Dictionnaire* n'a point déplu à M. Despréaux. C'est un bien si grand, c'est une gloire si relevée, que je n'avais garde de l'espérer. Il y a longtemps que j'applique à ce grand homme un éloge plus étendu que celui que Phèdre donne à Ésope : *Naris emunctæ* (1), *natura nunquam verba cui potuit dare* (homme au nez fin, à qui la nature n'a jamais pu donner le change). Il me semble aussi que l'industrie la plus artificieuse des auteurs ne le peut tromper. A plus forte raison ai-je dû voir que je ne surprendrai pas son suffrage en compilant bonnement, à l'allemande, et sans me gêner beaucoup sur le choix, une grande quantité de choses. Mon *Dictionnaire* me paraît, à son égard, un vrai voyage de caravane où l'on fait vingt ou trente lieues sans trouver un arbre fruitier ou une fontaine ; mais moins j'avais espéré l'avantage que vous m'annoncez, plus j'y ai été sensible. »

II.

Entre Bayle et Boileau, Mathieu Marais a donc eu l'honneur d'être le lien. Il ne choisissait pas mal ses

(1) Dans le passage cité de Phèdre et que Bayle applique à Boileau, il y a : *Naris emunctæ senex*, Ésope, ce *vieillard* au nez fin ; Bayle, en citant, a eu le soin d'oublier ce *vieillard;* personne, en effet, n'est charmé de s'entendre appeler *vieillard*, même en latin, et même dans un compliment. Ce n'est qu'un rien, mais j'y vois une preuve de tact chez Bayle et un sentiment de politesse.

points d'attache. Auquel des deux tenait-il le plus? Ce serait une question vaine. Chacun des deux pèse d'un poids égal pour lui dans les plateaux de sa balance. Mais c'est Bayle surtout, c'est son admiration, sa prédilection pour ce libre et vaste esprit qui constitue, à proprement parler, l'originalité de Mathieu Marais à nos yeux, et qui lui fait son rôle dans l'histoire littéraire. Il est plus rare à lui d'avoir si fort admiré Bayle que d'avoir admiré Boileau. Cinquante ans plus tard, il y en a qui vivront surtout par leur admiration pour Voltaire et parce qu'ils auront été ses premiers disciples, ses premiers lieutenants. Eh bien! Marais, à sa date, est quelque chose comme cela pour Bayle; il est *bayliste* (le mot est de lui ou il l'accepte), comme d'autres seront bientôt voltairiens. Sans Mathieu Marais, Bayle n'est pas complet; c'est l'Élisée d'Élie. C'est le d'Argental (et mieux) de ce Voltaire.

Du vivant de Bayle, Marais était pour lui un correspondant, un chargé d'affaires à Paris, un auxiliaire. Il le tenait au courant des nouveautés, des bruits de tout genre. Quand des lettres de Catinat couraient en Hollande et que Bayle voulait savoir si les Parisiens les tenaient pour authentiques, c'était à Marais qu'il s'adressait. Quand il voulait savoir le vrai, non ce qui s'affiche et se répète, mais le fin mot sur les illustres du temps, il ne s'en rapportait qu'à lui :

« Que j'admire, lui écrivait-il (2 octobre 1698), l'abondance des faits curieux que vous me communiquez touchant M. Arnauld, Rabelais, Santeul, La Bruyère, etc.! Cela me fait juger, monsieur, qu'un *Dictionnaire historique et critique* que vous voudriez faire serait l'ouvrage le plus curieux qui se pût voir. Vous connaissez amplement mille particularités, mille personnalités, qui sont inconnues à la plupart des auteurs, et vous pourriez leur donner la meilleure forme du monde. Il est vrai que, pour bien faire, votre imprimeur devrait être en ce pays-ci : il faudrait avoir deux corps, l'un à Paris pour y ramasser ces matériaux, et l'autre en Hollande pour y faire imprimer l'ouvrage que l'on en composerait... »

J'ai eu souvent, je l'avoue, une idée analogue. A mon retour de la Suisse française où j'avais gardé des amis, vers 1840, je concevais un parfait journal littéraire dont il y aurait eu un rédacteur double, l'un à Paris pour tout savoir, l'autre à Lausanne ou à Neuchâtel pour tout dire, — j'entends tout ce qui se peut dire honnêtement et avec convenance. Mais ces convenances varient et s'élargissent vite en raison même des distances. On peut, avec probité et sans manquer à rien de ce qu'on doit, bien voir à Paris sur les auteurs et sur les livres nouveaux ce qu'on ne peut imprimer à Paris même à bout portant, et ce qui, à quinze jours de là, s'imprimera sans inconvénient, sans inconvenance, dans la Suisse française. Je l'ai éprouvé durant les années dont je parle (1843-1845). J'avais en ces pays un ami, un de ceux de qui l'on peut dire qu'ils sont unanimes avec nous, un autre moi-même, M. Juste Olivier, et nous nous sommes donné le plaisir de dire pendant deux ou trois ans ans des choses justes et vraies sur le courant des productions et des faits littéraires. On le peut, on le pouvait alors sans être troublé, ni même soupçonné et reconnu. J'excepte la politique, mais, pour la littérature, Paris ne s'inquiète que de ce qui s'imprime à Paris.

Bayle, qui profita si bien des avantages de l'éloignement et de la liberté qu'on a à l'étranger, sentait aussi les inconvénients qui sont tous dans le manque de précision et d'information sûre. Marais y suppléait avec sagacité et zèle. Que de soins et de bonheur, en effet, il faut au critique même le plus attentif pour ne pas être dupe quelquefois des livres et des imprimés ! Je prends un exemple que Marais tout justement me fournit. Vous vous occupez, je suppose, de Mme de Maintenon, vous cherchez les témoignages pour ou contre cette vertu tant controversée ; vous ouvrez le recueil des pensées et dires de Sorbière, le *Sorberiana,* à l'article *Scarron ;* vous y trouvez ce charmant éloge de Mme de Maintenon jeune et sous sa première forme d'épouse vierge et immaculée d'un mari impotent :

« L'histoire du mariage de M. Scarron ne serait pas le plus sombre endroit de sa vie. Cette belle personne de l'âge de seize ans, qu'il se choisit pour se récréer la vue et pour s'entretenir avec elle lorsqu'il demeurerait seul, plutôt que pour aucun usage auquel il la pût appliquer, en ferait le principal ornement. L'indisposition de son mari, mais surtout la beauté, la jeunesse et l'esprit galant de cette dame n'ont fait aucun tort à sa vertu, et quoique les personnes qui soupiraient pour elle fussent des plus riches du royaume et de la plus haute qualité, elle a mérité l'estime générale de tout le monde par la sagesse de sa conduite ; et on lui doit même cette justice de dire qu'elle s'est piquée d'une belle amitié conjugale sans en pratiquer les principales actions. »

Certes, c'est là un témoignage qui compte de la part

d'un contemporain, d'un homme qui ne passe pas pour trop scrupuleux et qui s'exprime en général assez librement. Mais gare! Sorbière avait parlé d'elle tout autrement en effet ; c'est Pellisson, à qui le livre était dédié, qui, s'apercevant qu'à l'article *Scarron* il y avait des choses qui n'auraient pas fait plaisir à la dame, alors régnante, se conduisit en vrai courtisan, fit réformer toute l'édition, qui était déjà tirée, et mettre un carton où se trouvent aujourd'hui les belles louanges qui passent sur le compte de Sorbière. Il y a, dans tous les temps, de ces *dessous de cartes* de livres et d'auteurs. Que de fois, avec nos modernes aussi, vous croyez lire du Sorbière, et vous avez du Pellisson, ou un peu moins que cela!

La liaison de Marais avec Bayle, sans qu'ils se soient jamais vus, alla jusqu'à la piété et la tendresse. A la mort du célèbre critique et à son intention, il se lia fort avec une bonne et docte dame, Mme de Mérigniac, qui avait le même culte, et les lettres qu'il lui adresse (1707-1712) sont des plus intéressantes pour les curieux et pour ceux qui aiment à entrer dans la familiarité des génies. C'est bien là qu'on voit qu'en dépit de tous les raisonnements sur la propriété littéraire, les vrais et légitimes héritiers d'un grand homme sont ceux qui le comprennent le mieux et qui l'aiment. Bayle, célibataire et sans enfants, n'avait laissé après lui qu'un neveu qui ne lui ressemblait en rien, libertin, dévot et même affilié aux Jésuites : si, par hasard, ce neveu avait eu aussi bien liaison avec des Jansénistes, c'en était fait du Bayle posthume, tous les papiers étaient perdus. Les Jésuites furent plus coulants et laissèrent faire. Mais ce M. Bruguière (c'était son nom) est bien négligent, bien lent, bien froid pour la mémoire de son oncle ; il a des éclipses et des absences qu'il passe on ne sait où, en retraite ou ailleurs ; le congréganiste revient de là en assez piteux état, les yeux malades, et comme un homme « qui n'a pas gagné ce mal d'œil à lire les ouvrages de son oncle. » Il faut lui arracher les papiers un à un et le stimuler sans cesse. Tout ce trésor à grand'peine obtenu de lui, on l'envoie à imprimer en Angleterre à Des Maizeaux, ce biographe et cet éditeur si connu ; mais, de près, c'est peu de chose que Des Maizeaux, « un petit esprit occupé de fadaises, et un auteur pauvre qui court après le libraire pour gagner. » Quand on lui parle Bayle, il répond Saint-Évremond. Il sasse et ressasse ce dernier auteur et n'en sort pas. On ne tire de lui rien de précis ; il ajourne, il est malade, il ne sait quand il travaillera ; « enfin, c'est un sot homme. » On voit par les lettres de Marais et du président Bouhier en quelle médiocre estime le tenaient ces vrais savants : lui, il n'était qu'un courtier de savants. A l'occasion d'une édition de Boileau qu'il préparait (1727) :

« Des Maizeaux fera pis que des vignettes, écrit Marais ; il fera des *Notes* de sa façon, qui sont toujours basses et plates, et nous donnera un Despréaux aussi beau que sa *Vie* (1) ; je sais qu'il s'est adressé à M. de Valincour qui, sur son nom seul, a refusé tout éclaircissement, et moi de même. »

Et voilà pourtant l'homme qui est chargé d'introduire

(1) Il avait déjà donné une *Vie* de Despréaux en 1712.

dans le monde savant les Lettres de Bayle et d'écrire sa Vie ; on est encore trop heureux de l'avoir, faute de mieux. « Que ne suis-je à sa place ! s'écriait Marais ; je « vous assure, madame (il parle à Mme de Mérigniac), « qu'il n'y manquerait rien. » Et mêlant un cri de l'âme à ces choses de l'esprit, il disait encore : « Que l'on est « heureux, madame, d'avoir des amis officieux et qui « trouvent dans leurs cœurs des ressources contre la « tyrannie de la mort et ses oublis éternels ! » Ce sont ces nobles sentiments, autant que la solidité de son esprit, qui élèvent Mathieu Marais au-dessus des disciples ordinaires des grands hommes.

N'allez donc point le confondre le moins du monde avec le peuple des caudataires littéraires et des commentateurs, avec les Brossette et consorts ; s'il est disciple, il l'est selon la moelle et l'esprit. Voyez plutôt ce qu'il dit du savant et pesant Le Duchat, qui a tant travaillé sur la *Satyre Ménippée,* sur Rabelais et même sur Bayle :

« Il lui manque, dit-il, un certain esprit qui fait entrer dans le sens et le génie d'un auteur, et qui découvre des traits fins et ingénieux. De là, son Commentaire sur Rabelais a plutôt passé pour l'ouvrage d'un grammairien et d'un scoliaste que d'un interprète habile et pénétrant. Il a beau dire qu'il n'avait que ce dessein-là, il en devait prendre un autre. »

Ni Le Duchat, ni Brossette ! En fait d'éditeurs et de commentateurs, Marais n'admet pas plus les lourdauds que les badauds.

Bayle, le grand précurseur de Voltaire, mais un Voltaire à la hollandaise et le moins parisien des écrivains, est devenu assez difficile à sentir et à goûter ; il l'était même du temps de Mathieu Marais. Le fruit chez lui vaut mieux que l'écorce. J'ai vu des gens reprocher au style de Bayle d'être lourd, traînant, et de manquer aussi de politesse; on le disait dès le temps de La Bruyère. Marais ne convient point de ces défauts. Il avait demandé à La Monnoye un distique latin pour servir d'inscription au portrait du maître; La Monnoye fit deux vers dont voici le sens : « Je suis ce Bayle qui corrige les autres quand ils se trompent, et qui sais moi-même toujours plaire, même en péchant. » Peu satisfait de l'aveu trop humble, Marais le pria de refaire un autre distique plus élogieux : « Je n'ai jamais pu souffrir, écrit-il à Mme de Mérigniac, que notre commune maîtresse eût des défauts. » Quand il ne peut nier absolument ces défauts de son auteur chéri, il les atténue et les explique. Et sur la politesse d'abord :

« Je suis en colère contre M. Basnage qui reproche à notre ami le défaut de politesse, et c'est M. Bayle qui, le premier, a rendu dans notre langue les livres d'érudition agréables et la critique lisible. Il n'y avait qu'à demander au Père Maimbourg, contre lequel même il avait écrit, s'il ne le croyait pas poli. M. Basnage met la politesse dans l'arrangement et dans la recherche des mots; mais il ne songe pas à l'ennui dont il couvre son Journal et dont il accable ses lecteurs, qui aimeraient mieux dix lignes de M. Bayle que dix pages des siennes. »

Ce même Basnage, qui avait écrit une *Histoire des Juifs*, avait mêlé les réflexions et la critique au récit;

il avait fait le philosophe dans une histoire, ce que Marais estimait une confusion, tellement que l'un, disait-il, dégoûterait de l'autre, si l'on n'était soutenu par la nouveauté du sujet :

« Notre ami (c'est-à-dire Bayle) a bien senti ce dégoût, ajoutait-il ; aussi a-t-il mis la partie historique à part ; mais il y a des gens qui croient plaire par tout ce qu'ils font et qui ne veulent pas étudier le goût des autres. C'est qu'ils ne sont pas polis comme était notre ami, que je soutiens toujours qui l'était, malgré ceux qui n'ont que la politesse des paroles. »

L'admiration de Marais pour l'auteur de ce curieux *Dictionnaire historique,* où la part des faits et celle des réflexions sont en effet distinctes, n'allait pas cependant jusqu'à lui passer l'article *David* où l'érudit s'était par trop émancipé en malices, et où il avait donné carrière à un certain libertinage d'esprit qui calomniait ses mœurs. Il lui conseillait de le corriger.

Critiquant Basnage et son style trop peu approprié, il disait encore, revenant toujours à Bayle dont l'idée ne le quittait pas : « Je voudrais qu'on parlât sérieuse-
« ment dans des ouvrages sérieux, et il faut être aussi
« grand maître que lui pour faire recevoir ce badinage. »
Les livres pesants de Basnage, malgré la part d'estime qu'il leur accorde, lui servaient de repoussoir et le rejetaient de plus en plus vers ses premières amours, vers ce Bayle à qui il accordait toutes les sortes d'esprit :

« Plus je lis cet ouvrage (l'*Histoire des Juifs*), moins je me trouve digne d'avoir commerce avec un homme si profond. Vous me direz : Mais qui était donc M. Bayle? Et à cela, je vous répondrai : Il avait plusieurs esprits ; il en avait de familiers, et c'était avec ceux-là que j'avais commerce. Mais les savants à hébreu sont peu communicatifs. »

Marais a raison, et il n'a manqué à Bayle, à « ce charmant auteur, » comme il l'appelle, que la *coupe* française pour ainsi dire. Il en est de lui comme d'un homme qui a le fonds et la source de la délicatesse, qui paraît rustique ou négligé au premier abord, mais à qui, pour être à la mode, il ne manque qu'un tailleur de Paris et six mois de monde.

Ce n'est pas le comte de Maistre, comme on l'a cru et imprimé, c'est un autre qui a dit : « Tout est dans Bayle, mais il faut l'en tirer. » Marais l'avait dit avant moi. Parlant de la *Réponse aux Questions d'un Provincial* : « Si l'on examinait bien, dit-il, on y trouverait tout. » Et à propos de je ne sais quelle historiette qui se trouve dans les *Nouvelles de la République des Lettres*, et d'où lui-même l'avait tirée pour une citation : « Car il faut toujours faire honneur à Bayle *qui a tout dit.* » — M. de Tracy disait exactement la même chose de Voltaire.

Il est touchant de voir Marais si occupé jusqu'à la fin de défendre envers et contre tous la mémoire de son maître et ami. Un abbé Le Clerc, de Lyon, un prêtre sulpicien, avait été scandalisé, non sans quelque raison et motif, des réflexions de Bayle en matière de religion et de son penchant aux libres propos (*turpiloquium*); ce premier scrupule l'avait conduit à faire des ouvrages de Bayle toute une critique étendue et minutieuse. Marais le réfute par lettre, discute pied à pied avec lui et conclut juste en disant (juin 1725) :

« Je sais bien ce qui arrivera de cette grande lettre (de l'abbé) de 600 pages : il y aura peut-être 600 fautes corrigées ou plus, et ce sera 600 endroits qu'on relira avec grand plaisir, parce que ces fautes de fait seront environnées de traits éloquents, vifs, agréables, et qui feront toujours admirer l'esprit et la pénétration de l'auteur critiqué. Cela me fera peut-être lire des endroits que je n'ai jamais lus. »

Voilà l'effet ordinaire des critiques contre Bayle et des critiques aussi contre Voltaire : elles vous renvoient à l'auteur critiqué, et vous voilà débauché par lui de plus belle. Marais le dit encore en un autre endroit assez agréablement; c'est dans une lettre au président Bouhier (10 novembre 1725) :

« Je vous renverrai incessamment la longue et éternelle lettre de l'abbé Le Clerc; *non est in tanto corpore mica salis* (pas un grain de sel dans un si grand corps). Je lui avais bien dit que, pour vérifier sa critique, on irait à Bayle et qu'on resterait sur Bayle sans retourner à sa critique : c'est ce qui m'est arrivé, car l'article censuré m'amuse, puis me mène au suivant, et j'oublie M. l'abbé... »

Marais n'est pas précisément un esprit fort; il a des principes de religion; ce n'est pas un pyrrhonien pur : il trouve précisément dans Bayle comme un moyen terme à son usage. Bayle n'est pas dogmatique; il n'affirme ni ne nie absolument; il ne serre pas trop le bouton à vos croyances; il ne vous met pas le couteau de la raison sur la gorge. Les objections de

Bayle sont disséminées; on est libre avec lui, comme avec Montaigne, de ne pas les ramasser et, selon l'heureuse expression de Marais, de ne pas « mettre en corps cette armée-là. » Bayle fait la part des nécessités de la société, des infirmités des hommes, et de ce qu'il faut accorder aux impressions machinales qu'excitent les passions. Quand il fait cette dernière part, on ne sait trop sans doute s'il parle sérieusement ou s'il raille doucement et s'il est ironique ; mais le bon sens, qui ne pousse pas à bout, y trouve son compte. « Si tous « les hommes, dit Bayle, cité par Marais, étaient phi- « losophes, on ne se servirait que de bons raisonne- « ments ; mais, dans l'état où sont les sociétés, il faut « quelque autre chose que la raison pour les mainte- « nir, et pour conserver la prééminence quand on l'a « une fois acquise. » On ne sait si c'est une justification ou une simple explication ; mais Marais, qui cite le passage en le tronquant un peu, s'en contente.

Quoi qu'il en soit du degré où il admettait le scepticisme de Bayle, il nous représente mieux que personne le mouvement de ferveur et d'enthousiasme qui signala en France l'apparition de ce fameux *Dictionnaire ;* car cet ouvrage qu'on se borne aujourd'hui à consulter et à ouvrir par places, se lisait tout entier, se dévorait à sa naissance. La première édition de Rotterdam (1697) n'était pas achevée d'imprimer que le libraire en avait vendu tous les exemplaires ; il dut augmenter le tirage des feuilles non encore imprimées, et réimprimer en toute hâte ce qui était épuisé. On n'en permit point la réimpression chez nous, et on en interdit même l'entrée, ce dont Bayle ne fut point trop fâché tant pour l'attrait qu'a toujours le fruit défendu que pour des raisons moitié commerciales, moitié politiques : il évitait du même coup la contrefaçon et aussi de paraître en Hollande trop peu protestant et trop favorable à la France. Le livre n'en fit pas moins son chemin. Son succès, longtemps contenu comme tant d'autres choses, n'en éclata que mieux sous la Régence; c'était, en son genre, un des signes manifestes de la réaction contre Louis XIV; et lorsque le Danois Holberg, qui allait être le disciple de Molière dans le Nord, vint à Paris, où il séjourna pendant une partie des années 1715-1716, il put noter, comme un fait mémorable, qu'à la Bibliothèque Mazarine, la première en date de nos bibliothèques publiques, « l'empressement des étudiants à demander le *Dictionnaire* de Bayle était tel qu'il fallait arriver longtemps avant l'ouverture des portes, jouer des coudes et lutter de vitesse pour obtenir le précieux volume (1). » On faisait queue pour le lire, dans ce

---

(1) Voir page 38 de l'excellente thèse de M. Legrelle, qui a pour titre : *Holberg considéré comme imitateur de Molière* (librairie Hachette). — Voici le passage même de l'autobiographie latine d'Holberg qui est relatif à la Bibliothèque Mazarine; le voyageur vient de parler de la Bibliothèque de Saint-Victor qui était, dit-il, très-peu fréquentée et même tout à fait solitaire, et il ajoute qu'il n'en était pas du tout ainsi de la Mazarine :

« At in bibliotheca Mazariniana non tanta erat solitudo, nam situm est collegium quatuor nationum in meditullio suburbii vel potius regionis Sancti Germani. Major etiam copia novorum librorum ibi deprehenditur. Ante valvas bibliothecæ matutini stabant studiosi adventum bibliothecarii expectantes, certatimque irruebant quasi præmium primo intranti statutum esset. Nam *Baylii*

même lieu où l'on fait queue maintenant pour entrer aux séances de l'Académie.

Pour ajouter au piquant, il faut savoir que la Bibliothèque Mazarine, depuis 1688 et pendant tout le xviii° siècle, était sous l'administration et la direction de la maison de Sorbonne. Les docteurs, depuis si vigilants sur l'article de la philosophie, ne paraissaient pas se douter en 1715 qu'ils distribuaient un premier poison. L'in-folio couvrait tout.

Quand on fut en plein Système de Law, Bayle, chose singulière! y fut mêlé et s'en ressentit. L'édition de 1720, bien qu'imprimée en Hollande, fut dédiée au duc d'Orléans Régent; au-dessus de l'*Épître dédicatoire* due à la plume de La Motte, se trouvait un portrait du Régent au milieu d'une vignette. Par malheur, cette vignette, gravée par Picard, avait été faite au moment où le Système était florissant : on y voyait, à gauche, la France triste et affligée portant une corne d'abondance vide, d'où sortaient de maigres et secs billets; mais, à droite, on avait figuré la Banque royale assiégée de la foule, avec une France triomphante et des Génies tenant une corne d'abondance d'où sortaient des espèces en quantité, des flots d'or et d'argent. Au bas était un sauvage tenant une carte du Mississipi, source indiquée de cette abondance. Mais, quand la vignette parut, le Système était à vau-l'eau, la Banque était tombée en

---

Lexicon, cujus avidi lectores erant, cedebat primo occupanti; hinc lucta, deinde cursus, librique istius compos factus est ille, qui in limine januæ valentior, in stadio vero pernicitate pedum præstantior erat. »

discrédit, et l'éloge se tournait dès lors en une sanglante satire. Le Régent furieux se défit aussitôt de son exemplaire et voulut empêcher l'entrée de l'édition ; mais il n'en fut plus le maître.

Il y a mieux : Bayle, qui avait la vogue, fut compris lui-même dans le négoce ; on en trafiqua ; un agioteur, nommé La Grange, qui avait beaucoup gagné au Mississipi et qui sentait que son papier allait perdre, se dépêcha de le troquer contre un papier meilleur, et, dans cette vue, il acheta au libraire Prosper Marchand, retiré à La Haye, ou à ses successeurs, et fit venir de Hollande tous les exemplaires de cette quatrième édition du *Dictionnaire* de Bayle en grand papier et la plus grande partie de ceux du petit. C'est ce qu'on appelait dès lors *réaliser*. Sur quoi Mathieu Marais ne peut s'empêcher de s'écrier : « Que dirait Bayle, cet homme si simple et si ennemi de l'intérêt, s'il voyait son *Dictionnaire* entre les mains des usuriers ? Il ne croyait pas travailler pour eux. » Bayle était alors, commercialement parlant, une excellente valeur.

Mais bientôt ses actions, à lui aussi, baissèrent. Moins de vingt-cinq ans après, Voltaire qui d'abord s'était annoncé si peu comme devant être le successeur de Bayle et celui qui le détrônerait, Voltaire qui inaugurait ce nouveau rôle philosophique par ses *Lettres sur les Anglais* (1733), disait vers le même temps dans ce charmant poëme du *Temple du Goût,* à l'endroit où il se représente comme visitant la bibliothèque du dieu :
« Presque tous les livres y sont de nouvelles éditions
« revues et retranchées. Les œuvres de Marot et de Ra-

« belais sont réduites à cinq ou six feuillets ; Saint-
« Évremond, à un très-petit volume ; Bayle, à un seul
« tome ; Voiture, à quelques pages (1). »

Je ne loue pas cette méthode, je la constate. Impuissante et fausse à l'égard de Rabelais, elle a trop raison sur tous les autres. Bayle réduit à un seul tome, selon la recette française et à la dernière mode de Paris, quel déchet ! Ce qui dut paraître alors à quelques-uns, et certainement à Mathieu Marais, qui vivait encore, une énormité et un blasphème, devint bientôt un jugement tout simple, qui résumait le dernier mot de l'avenir.

Vicissitude des livres ! Versatilité des goûts ! Quand on vient comme moi de relire tant de pages que le temps a déjà fanées et qu'on sort de tous ces noms qui circulaient alors et qui signifiaient quelque chose, Basnage, l'abbé Le Clerc, Sorbière, Bouhier lui-même, Bayle, une tristesse vous prend, et je suis frappé de ceci : c'est qu'il n'en est pas un seul dont j'osasse conseiller aujourd'hui à mes propres lecteurs la lecture immédiate et pour un agrément mêlé d'instruction ; car tout cela est passé, bon pour les doctes et les curieux seulement, pour ceux qui n'ont rien de mieux à faire que de vivre dans les loisirs et les recherches du cabinet. Le reste, comme disait Bayle lui-même, était destiné à s'aller perdre *à la voirie* des bibliothèques, nous dirions plus poliment *à la fosse commune*. L'esprit lui aussi, — l'esprit des livres — s'en va en poussière

(1) Ce sont les termes résumés de Voltaire, si ce n'est le texte même.

2.

comme le corps. Il en sera ainsi de vous un jour, auteurs modernes si fiers et si vains de la vogue et du bruit ; il en sera ainsi de vos trois cents volumes si vantés, de ces ouvrages même pour lesquels on fait queue à leur naissance, qu'on se dispute à la porte du libraire ou qu'on s'arrache dans la rue au sortir de chez le brocheur. Un jour, et bientôt (car dorénavant tout va de plus en plus vite), le grand flot de l'intérêt contemporain se déplacera, le courant de la société sera ailleurs. Des branches entières de la production littéraire et même de ce savoir humain que chaque matin nous préconisons seront comme des vaisseaux échoués, laissés à sec par le reflux, et la marée montante ne reviendra pas. L'histoire littéraire est toute remplie et toute faite, pour ainsi dire, de ces plages abandonnées. Honneur dernier et presque funèbre ! on vous visitera de temps à autre ; on vous consultera, on vous citera encore ; ce sera un jour une érudition de vous avoir parcourus. Qui survivra ? Qui saura se faire lire ? Qui pourra se flatter d'être immortel ? Et pour combien de temps ?

Nous n'avons pas tout à fait fini de Mathieu Marais, de son Journal et des anecdotes qu'il y raconte.

Lundi 31 octobre 1864.

JOURNAL ET MÉMOIRES
DE MATHIEU MARAIS

PUBLIÉS

PAR M. DE LESCURE.

(SUITE ET FIN.)

Je n'ai guère parlé jusqu'à présent que des lettres de Mathieu Marais; son *Journal* a plus d'importance et vient s'ajouter aux témoignages historiques déjà si nombreux sur la Régence et sur les premières années de la majorité de Louis XV. Marais était un curieux de nouvelles dans la meilleure acception du mot, non pas un de ces curieux badauds, gloutons et qui gobent tout ce qu'on débite, mais un curieux déniaisé et jaloux d'être bien informé sur toute chose. « Je ne sais rien de plus méprisable qu'un fait, » disait un jour du haut de son dédain M. Royer-Collard. Le philosophe Malebranche, on le sait, méprisait absolument l'histoire. Marais était d'une race opposée à celle de ces doctrinaires et de ces théoriciens superbes. Sa forme d'esprit était la plus contraire à la leur et tout à fait inverse. Rien n'était, à ses yeux, plus respectable et plus significatif qu'un fait, rien aussi de plus amusant quand le fait était puisé à bonne source et environné de tout ce qui l'explique et ce qui l'appuie. Son prototype en ce genre était le bourgeois Pierre de L'Estoile, qui a laissé de si curieux Journaux de la Ligue ; ce L'Estoile, esprit libre, épars, et toujours à l'affût, avide de toute particularité et de tout détail, qui appelait Montaigne son *vade-mecum,* et qui avait pour lui la même prédilection que Marais avait pour Bayle. Ne remarquez-vous pas comme en tous sens ces affinités se dessinent, et comme il y a vraiment des familles d'esprits ? La première fois que Marais lit le Journal de L'Estoile, dans l'édition de Godefroy, on voit combien il le goûte, combien il en est affriandé, et que l'eau lui en vient proprement à la bouche :

« Ce sont, nous dit-il (juin 1720) en annonçant cette édition, la meilleure qu'on eût encore donnée, ce sont les *Mémoires* de M. de L'Étoile dont M. Pellisson parle dans son *Histoire de l'Académie.* Ils étaient entre les mains d'un de ses petits-fils, abbé de Saint-Acheul, près Amiens. Un prieur de cette abbaye les a copiés et fait imprimer. On voit là tout ce que la liberté d'esprit, la franchise et la vérité des faits peuvent produire d'excellent. Les traits y sont semés partout. Celui qui avait extrait le *Journal de Henri III* n'en avait pas pris le meilleur ; et on a le plaisir de voir jour par jour tous les événements de la Ligue. Il y a des notes très-bonnes et très-exactes, d'amples marges, pour faire connaître les personnes dont il est parlé. Ces notes sont de M. Godefroy, président de la Chambre des comptes de Lille, qui paraît très-bien instruit, et qui dit des vérités fort nues et même un peu cyniques. Il ne marchande pas ce qu'il veut dire... Le public lui doit beaucoup d'avoir pris soin de ces *Mémoires*... Notre langue n'a plus cette naïveté et cette simplicité nécessaires pour un tel Journal, et nous n'avons point de Henri IV, à qui il échappe à tous moments des mots vifs et plaisants que l'on puisse recueillir. »

Marais a exprimé en maint endroit son regret de la vieille langue et des libertés qu'elle autorisait. Il ne faudrait pas le voir pourtant trop amoureux des âges gaulois, ni trop épris des doctes personnages de la Renaissance; il était de son siècle et n'enviait guère à ces savants hommes du passé que leur façon de s'exprimer, plus franche que la nôtre :

« On avait, dit-il, l'esprit étrangement fait du temps de Pasquier; il admirait Ronsard, que nous ne voudrions pas lire à présent... Disons la vérité, tous ces messieurs-là étaient trop graves pour être plaisants; il n'y a que leur langage ancien que je voudrais qui eût été conservé, et je sais bon gré à M. de Cambrai (*Fénelon*) d'avoir dit que ce langage se fait regretter, parce qu'il avait je ne sais quoi de court, de naïf, de hardi, de vif et de passionné. N'est-ce pas là une belle description, et n'admirez-vous pas cet homme, qui a toujours des termes propres à exprimer tout ce qu'il pense, et qui voit dans toutes choses ce qui y est? »

Quand on goûte si bien Fénelon, on n'est soi-même ni archaïque ni suranné. Mais nous voyons déjà le caractère du Journal de Mathieu Marais; il s'est plu à consigner par écrit des nouveautés en usant des franchises du vieux langage; il ne craint pas d'appeler les choses par leur nom, sauf à garder ses historiettes sous clef et, après deux ou trois lectures à huis clos, à les resserrer dans son tiroir.

Son Journal commence à la mort de Louis XIV. Il sembla véritablement alors qu'une ère nouvelle allait s'ouvrir; il y avait partout, en ces premiers moments, plus de vivacité dans l'air, et dans les âmes un sentiment de soulagement et d'espérance; la suite y répondit trop peu. La douceur tourna vite au relâchement et à la dissolution. On s'aperçoit que Marais n'a pas tenu ce Journal pendant toutes les années (1715-1727) du même train ni avec le même zèle; il y a des abandons et des reprises; le chroniqueur a ses découragements. Une difficulté surtout l'arrête : il ne parvient point à savoir les choses assez à son gré; il n'est pas homme à se contenter des bruits de ville, comme l'avocat Barbier, il voudrait mieux et pouvoir remonter à la source; mais il n'est pas dans le secret des affaires ni aux premières loges. Les quelques grands seigneurs qu'il est à même d'interroger ne le tiennent pas au courant d'une manière suivie; il attrape ce qu'il peut et ne sait la politique que de raccroc. A de certains jours il laisse tomber sa plume d'anecdotier, dégoûté qu'il est de cette chasse ingrate : « Il y a plus d'un an, écrivait-il en juillet 1726 au président Bouhier, que mes anecdotes ont cessé; le goût m'en a passé, et je ne sais s'il reviendra. » Il ne lui revint que faiblement. Le livre, tel quel, dans son amas un peu incohérent, n'en a pas moins son prix. Certaines scènes capitales du Parlement sont rendues avec exactitude; il les tenait de première main. On trouverait bien des particularités aussi, bien des traits utiles ou pittoresques pour un tableau du Système de Law, et de ses effets dans Paris, sur une nation si neuve aux idées de crédit et si prompte à passer de l'engouement à la panique. Les hontes et les turpitudes de la Régence et du ministère qui suivit, cette dégradation, cette dilapidation effrénée de l'autorité publique, ces scandales d'immoralité et cette gangrène au cœur du Gouvernement trouvent en Marais un témoin à charge de plus. Il n'a pas d'hostilité contre les personnes; il n'en est que plus écrasant dans ce qu'il raconte. Ce n'est point toutefois à ces divers points de vue que j'envisagerai le document nouveau qui nous est livré, et je me bornerai à en extraire ce qui concerne plus particulièrement la littérature et les auteurs célèbres : c'est notre gibier, à nous.

I.

Voltaire nous appelle d'abord. Marais le suit dès ses débuts avec intérêt, sans partialité trop marquée ni pour ni contre. Il varie dans son langage selon les circonstances. Soigneux à noter ses premiers succès et ses fréquentes mésaventures, il ne se doute pas du grand successeur et remplaçant de Bayle qui s'élève et se prépare en sa personne. Rien ne montre mieux combien on est sujet, avec le meilleur esprit, à ne pas bien juger des hommes à bout portant et à ne pas se rendre compte, entre contemporains, de la courbe générale d'un génie et d'une destinée.—Voici le premier endroit où il est question, chez lui, de Voltaire (juin 1720) :

« Arouet, poëte, auteur du nouvel *OEdipe,* étant à la Comédie avec le prince de Conti, la Le Couvreur, actrice, entra sur la scène. Le prince battit des mains à son arrivée; le parterre aussitôt en fit autant. Arouet lui dit : « Monseigneur, vous ne croyiez pas avoir tant de crédit. » — Cet Arouet est un jeune homme qui fait bien les vers et avec beaucoup de génie. Son *OEdipe* a réussi. Il a fait une seconde pièce qui n'a eu nul succès. Il a l'esprit satirique, est mêlé avec les gens de la Cour, fait des couplets et a été mis à la Bastille pendant quelque temps, soupçonné d'avoir fait des chansons contre le Régent. Il s'en est voulu justifier dans les lettres qui sont jointes à son *OEdipe,* où il a critiqué hardiment l'*OEdipe* de Sophocle, celui de Corneille et le sien propre. Il a trouvé de plus sensés et de plus judicieux critiques que lui-même, mais on ne lui peut pas ôter un tour libre, galant et même éloquent dans ses vers. Il est fils d'Arouet, ci-devant notaire et receveur des épices de la Chambre des comptes, qui n'a jamais pu guérir son fils de la poésie. Le fils a changé de nom et s'appelle Voltaire à présent. Il travaille à un poëme épique sur Henri IV, où il fait entrer toute l'histoire de la Ligue; on en parle comme d'une merveille. »

Ce n'est pas mal commencer, pour un vieil avocat classique, à l'égard d'un talent nouveau : il n'a pas de parti pris. Marais continuera d'être très-attentif et très-vigilant sur le chapitre de Voltaire, et il aura l'honneur de le bien comprendre, au moins dans sa première moitié, celle de la poésie. On lui doit quelques détails de plus sur les désagréments que ce bel esprit si lancé s'attira à plusieurs reprises pour ses indiscrétions et ses pétulances de langage.

« (Juillet 1722.) — Le poète Arouet, à présent Voltaire, a été arrêté dans sa chaise, au pont de Sèvres, par un officier qui l'a bien bâtonné et l'a marqué au visage. Quelques jours auparavant, Arouet, trouvant cet officier à Versailles, avait dit, assez haut pour qu'il l'entendît, que c'était un malhonnête homme et un *espion*. L'officier lui dit qu'il s'en repentirait et lui a tenu parole en le payant à coups de bâton. On dit qu'Arouet, qui est hardi, aurait dit à M. Le Blanc, ministre de la guerre, chez qui il avait vu cet officier à table : « Je savais bien qu'on payait les espions, mais je ne savais pas encore que leur récompense était de manger à la table du ministre... » Arouet dit que cet officier est celui qui l'a dénoncé, il y a deux ou trois ans, et qui l'a fait mettre à la Bastille. J'ai su que cet officier ayant dit son dessein à M. Le Blanc, lequel dessein allait même jusqu'à assommer le poëte, M. Le Blanc lui dit : « Fais donc en sorte qu'on n'en voie rien. »

L'égalité des armes n'était pas plus admise alors que l'égalité des conditions. Marais n'a pas, en racontant de tels attentats, de ces accents indignés qui ne vinrent que plus tard. Il semble admettre que les poëtes, chansonniers et diseurs de bons mots, sont gent bâtonnable à merci et miséricorde. Le poëte était alors, socialement parlant, une sorte de pendant du comédien ; il amusait, et on le méprisait. « Poëte, mauvais métier qui fait mourir de faim son maître ou le fait pendre, » c'est encore un mot de Marais. Le malheur ne serait pas grand à ses yeux, non plus qu'aux yeux de M. de Montausier,

> Quand de ces médisants l'engeance tout entière
> Irait, la tête en bas, rimer dans la rivière.

Il ne trouve dans tout cela que matière à plaisanterie, et il y revient à tout propos avec un malin plaisir :

« J'ai su (septembre 1722) que le poëte Arouet prenant congé du cardinal Dubois pour aller à Bruxelles, où il est allé voir Rousseau et tenir avec lui une conférence pacifique sur les coups de bâton des poëtes, il dit au ministre : « Je vous prie, Monseigneur, de ne pas oublier que les Voiture étaient autrefois protégés par les Richelieu, » se mettant ainsi hardiment au niveau de Voiture, dont il est bien loin. Le cardinal lui répondit : « Il est plus facile de trouver des Voiture que des Richelieu. »

Voltaire bien loin de Voiture ! mais songez que c'était au début. Si on recueillait un à un ces premiers jugements de Marais sur Voltaire, il y aurait sans cesse à corriger ; il n'est pas sûr dans son pronostic ; il tâtonne. Le comparant un jour avec Racine fils, dont il avait le tort d'admirer le poëme sur *la Grâce*, et annonçant la prochaine publication du poëme de *la Ligue ou la Henriade*, qui s'imprimait en Hollande (décembre 1723) :

« Si ce poëme est aussi beau, disait-il, que celui de Racine, nous aurons là deux grands poëtes, mais deux petits hommes ; car ce Racine, que j'ai vu deux ou trois fois, n'a qu'un esprit frivole et sans goût dans la conversation, et l'autre est un fou qui méprise les Sophocle et les Corneille, qui a cru être de la Cour, qui s'est fait donner des coups de bâton, et qui ne saura jamais rien parce qu'il croit tout savoir. »

A quelques années de là, quand Voltaire a grandi et s'est déjà mis hors de pair, on lit dans une lettre de Marais au président Bouhier le récit suivant sur la répétition de la scène du pont de Sèvres ; il s'agit de l'éclat si connu avec le chevalier de Rohan ; il est bon d'avoir la version de Marais (6 février 1726) :

« Voltaire a eu des coups de bâton. Voici le fait. Le chevalier de Rohan le trouve à l'Opéra et lui dit : « Mons de Voltaire, mons Arouet, comment vous appelez-vous ? » L'autre lui dit je ne sais quoi sur le nom de *Chabot*. Cela en resta là. Deux jours après, à la Comédie, au chauffoir, le chevalier recommence ; le poëte lui dit qu'il avait fait sa réponse à l'Opéra. Le chevalier leva sa canne, ne le frappa pas et dit qu'on ne devait lui répondre qu'à coups de bâton. Mlle Le Couvreur tombe évanouie ; on la secourt ; la querelle cesse. Le chevalier fait dire à Voltaire, à deux ou trois jours de là, que le duc de Sully l'attendait à dîner. Voltaire y va, ne croyant point que le message vînt du chevalier. Il dîne bien ; un laquais vient lui dire qu'on le demande ; il descend, va à la porte et trouve trois messieurs garnis de cannes qui lui régalèrent les épaules et les bras gaillardement. On dit que le chevalier voyait ce frottement d'une boutique vis-à-vis. Mon poëte crie comme un diable, met l'épée à la main, remonte chez le duc de Sully qui trouva le fait violent et incivil, va à l'Opéra conter sa chance à Mme de Prie qui y était, et de là on court à Versailles où on attend la décision de cette affaire qui ne ressemble pas mal à un assassinat. Mais les épigrammes assassines pourront faire excuser le fait. »

Et quelques jours après, à l'occasion d'une épigramme maligne qui courait contre Fontenelle :

« C'est pis que des coups de bâton. On ne parle plus de ceux de Voltaire, il les garde : on s'est souvenu du mot de M. le duc d'Orléans, à qui il demandait *justice* sur pareils coups, et le prince lui répondit : « *On vous l'a faite.* »

L'évêque de Blois a dit : « Nous serions bien malheureux si les poëtes n'avaient point d'épaules. » On dit que le chevalier de Rohan était dans un fiacre lors de l'exécution, qu'il criait aux frappeurs : « Ne lui donnez point sur la tête; » et que le peuple d'alentour disait : « Ah! le bon seigneur! » Le pauvre battu se montre le plus qu'il peut à la Cour, à la ville, mais personne ne le plaint, et ceux qu'il croyait ses amis lui ont tourné le dos. Le bruit court que le poëte Roy a eu aussi sa bastonnade pour une épigramme... Enfin, voilà nos poëtes (comme dit Horace),

. . . . *Formidine fustis*
Ad bene dicendum delectandumque redacti.

(forcés par crainte du bâton à être sages et à se contenter de plaire). »

Voltaire faisait mieux alors que de se montrer, il cherchait le chevalier de Rohan pour avoir raison de lui l'épée à la main, en galant homme, et celui-ci le faisait emprisonner :

« (3 mai 1726.) — Voltaire a été enfin mis à la Bastille; il avait toujours sa folie dans la tête de poursuivre le chevalier de Rohan qui n'est pas si fâché qu'il soit là. Voilà un beau trio à la Bastille : Mme de Tencin, l'abbé Margon (un fou satirique), et Voltaire. »

Telle était alors la condition des écrivains un peu libres; ils pouvaient avoir des torts et payer trop volontiers tribut au malin; mais que dire de la brutalité lâche qui se vengeait sur eux par surprise et en se dérobant ensuite à toute réparation légitime? Les écrivains, les poëtes et les journalistes, relevés de cette sorte de dé-

gradation civile qui n'admettait pas la partie égale entre
eux et leurs adversaires, devraient bien, en se ressouvenant du passé, en tirer du moins cette morale, que
c'est leur devoir, aujourd'hui que tout le monde les respecte ou est disposé à le faire, de se respecter également
entre eux, de ne point renouveler les uns contre les
autres ces dégradantes attaques qui ne sont autre chose
que des bastonnades au moral et qui ont même introduit un infâme et odieux mot dans l'usage littéraire. Je
sais qu'on se jalouse dans chaque métier, dans chaque
profession; il y a longtemps qu'on a dit que « le potier
est jaloux du potier, et le poëte du poëte. » Mais prenez toutes les autres professions cependant : est-ce
qu'on voit les magistrats, est-ce qu'on voit les avocats
s'insulter entre eux et chercher réciproquement à s'avilir? est-ce que les militaires se dégradent entre eux?
pourquoi donc les gens de lettres, certains gens de lettres, sont-ils seuls à donner ce spectacle de rosser publiquement leurs semblables? O mes chers confrères (et
je comprends sous ce nom toutes les sortes d'adversaires), contredisons-nous, critiquons-nous, raillons-nous même finement si nous le pouvons, mais ne nous
bâtonnons jamais. Que l'idée de la pointe, de la fine
lame, du trait, de l'aiguillon, ou même de la courte épée
romaine, image du bon sens, s'éveille dans l'esprit de
nos lecteurs, à voir nos guerres et nos polémiques littéraires ; mais que jamais l'idée du poing ni du bâton ne
vienne en nous lisant !

Mathieu Marais, dans les jugements qu'il porte de lui-
même ou qu'il répète sur les ouvrages de la jeunesse

de Voltaire, nous représente très-bien la moyenne de
l'opinion d'alors sur ce brillant et téméraire esprit, dont
le souverain bon sens échappait et se dérobait trop souvent à travers de bruyants écarts de conduite. Il l'admire comme poëte; il n'a pas assez d'éloges pour sa
Henriade; il n'a jamais rien vu de si beau, c'est du véritable enthousiasme, et qui donne la mesure de celui
des contemporains :

« (Février 1724.) — Le poëme de *la Ligue*, par Arouet,
dont on a tant parlé, se vend en secret. Je l'ai lu : c'est un
ouvrage merveilleux, un chef-d'œuvre d'esprit, beau comme
Virgile, et voilà notre langue en possession du poëme épique
comme des autres poésies. Il n'y a qu'à la savoir parler; on
y trouve tout. On ne sait où Arouet, si jeune, en a pu tant
apprendre. C'est comme une inspiration. Quel abîme que
l'esprit humain! Ce qui surprend, c'est que tout y est sage,
réglé, plein de mœurs ; on n'y voit ni vivacité ni brillants,
et ce n'est partout qu'élégance, correction, tours ingénieux
et déclamations simples et grandes, qui sentent le génie d'un
homme consommé et nullement le jeune homme. Fuyez, La
Motte, Fontenelle, et vous tous, poëtes et gens du nouveau
style! Sénèques et Lucains du temps, apprenez à écrire et
à penser dans ce poëme merveilleux qui fait la gloire de
notre nation et votre honte. »

Mais il se refuse bientôt à suivre le poëte dans cette
universalité de talents et d'emplois qu'il affecte : « Il
veut être à la fois poëte épique, tragique, comique, satirique et, par-dessus cela, historien, et c'est trop. »

Marais a cette idée mesquine et fausse, que j'ai vue
à bien des esprits, d'ailleurs sensés et fins, en présence
des poëtes : « Il va, dit-il, épuiser son génie, et bientôt

il n'y aura plus rien dans son sac; » comme si le génie ou le talent naissant était un sac, et comme s'il n'était pas bien plutôt une source féconde qui s'entretient et qui se renouvelle sans cesse en se versant. On peut dire de tout vrai génie ce qu'on a dit de l'amour : que c'est un grand *recommenceur*. Le dernier mot de Marais sur Voltaire, le sentiment qu'il partage avec le président Bouhier et qui était, à cette date, l'opinion presque universelle, c'est que « le talent de l'homme est merveilleux, mais que le jugement n'y répond point. » La faculté judicieuse et la raison de Voltaire ne commencèrent à se dégager et à se dessiner nettement à tous les yeux que dans la seconde moitié de sa carrière et depuis sa retraite à Ferney ou aux Délices.

II.

J'ai dit que Marais était un pur classique à sa date, et il est bon, sur ce point, de bien s'entendre. Il a le goût sain; il est ennemi, dès lors, mais un ennemi mortel du goût épigrammatique et raffiné, cher aux Fontenelle, aux La Motte et à toute la société de Mme de Lambert; il exécre ce *lambertinage* comme il l'appelle, qui régnait sous la Régence et tenait le dé à l'Académie (1). C'est

(1) Un autre vieux classique de ce temps-là, M. de La Rivière, le gendre de Bussy-Rabutin, a jugé non moins sévèrement que Marais le salon de Mme de Lambert et son monde, quoiqu'il fût l'ami particulier de cette femme distinguée, sur laquelle nous nous permettons de différer d'opinion avec lui; mais tous ces jugements et contre-jugements sont curieux, en ce qu'ils nous aident à comprendre le mouvement et les divisions de la société d'alors. « Mme de

eux tous qu'il a particulièrement en vue quand il parle des Sénèques et des Lucains modernes. Ses auteurs à lui, parmi les vivants, c'est l'abbé Fleury dont il trouve les discours et dissertations admirables, et qui « a écrit, dit-il, avec fidélité, sincérité, et dans une sublime simplicité; » c'est le chancelier d'Aguesseau de qui il a l'honneur d'être estimé, dont les rappels et retours d'exil font la joie des honnêtes gens, et qui reste « grand homme » à ses yeux, malgré bien des faiblesses; c'est Rollin dont il apprécie le *Traité des Études,* trop sévèrement et surtout trop séchement critiqué par Gibert :

« (7 mars 1727.) — M. Rollin a répondu à M. Gibert par une lettre trop courte, et il arrive de ce différend que le livre de

Lambert avait beaucoup d'esprit, écrivait M. de La Rivière, si l'on peut en avoir sans goût... Elle ne sentait point les différences du bon, du meilleur et de l'excellent. Elle a vécu jusqu'à soixante ans dans une noble simplicité que je regardais comme la fleur de ses mérites et le plus beau fleuron de leur couronne; tout d'un coup il lui prit une tranchée de bel esprit : elle ne voulut plus voir que des personnes d'érudition; elle les brigua, elle les mendia, elle en forma chez elle un bureau, se contentant de la science d'autrui et ne cherchant que la réputation d'une femme d'un mérite à part, et distinguée des personnes de son sexe. Elle donnait deux repas par semaine à messieurs de l'Académie; ils s'assemblaient ensuite pour faire devant elle des dissertations où elle n'entendait rien. Je me servis du droit que j'avais comme son plus ancien ami pour lui faire sentir le ridicule d'une conduite qui blessait les bienséances et dont le monde se moquait : comme je ne pus la raviser, je pris mon parti. J'ai été vingt-quatre ans sans entrer chez elle... » Ces antipathies, ces antagonismes de goûts et d'écoles sont de tous les temps; ils se sont reproduits périodiquement dans l'histoire littéraire, et nous avons été témoins, il y a trente-cinq ans, de quelque chose de pareil. Nous avons connu M. de La Rivière et M. Marais, ces honnêtes gens classiques et intolérants.

M. Rollin, quoique bien critiqué en plusieurs endroits, mais qui est composé de grâces et de choses qui plaisent, l'emportera toujours sur la critique de son adversaire qui tient du collége et qui a un peu trop orgueilleusement raison. »

Mais surtout les auteurs favoris de Marais sont les grands écrivains du siècle précédent; il ne s'en tient pas à Boileau, son oracle ; à ses moments perdus, il se complaît et s'adonne à La Fontaine, dont le premier il s'avisa de composer une sorte de Vie puisée aux originaux et dans les ouvrages mêmes du poëte, devançant ainsi le genre et la méthode des Walckenaer, pour la biographie littéraire. Ce travail sur La Fontaine avait occupé ses loisirs pendant les vacances de septembre 1723. « Les gens sérieux, dit-il, par un remords un peu tardif, n'aimeront peut-être pas cet amusement qui ne m'a pas coûté plus de sept ou huit jours ; » et, pour s'excuser, il allègue les exemples notables d'avocats et de magistrats qui se sont déridés aux Lettres. Il n'apporte d'ailleurs, dans cette agréable recherche, aucun engouement aveugle :

« Vous trouvez avec raison, écrit-il au président Bouhier (à l'occasion d'une édition nouvelle et plus complète du bonhomme), que notre ami La Fontaine a fait bien de mauvaises choses dans sa jeunesse. Mais de quoi s'avise-t-on de les donner au public, et pourquoi M. l'éditeur va-t-il chercher un *Eunuque* oublié, où il n'y a ni rime ni raison, ni sens? Notre poëte courait, en ce temps, après ce style qu'il a attrapé dans la suite. Malherbe et Voiture pensèrent le gâter, il le dit lui-même ; mais, à la fin, il vit le faux des brillants, il trouva la nature au gîte et la prit, et elle ne l'a point quitté depuis. »

Du moment qu'il s'agit des Fables, il ne plaisante plus, et parlant de celles de La Motte, il devient même trop sévère et trop méprisant quand il dit :

« Il vient de faire des Fables à l'envi de La Fontaine, et a montré qu'il ne peut écrire que pour les cafés, et qu'il n'est pas permis de travailler après les grands hommes qui ont emporté la palme en certain genre. »

Marais ne veut pas (et c'est là sa limite) qu'on essaye de rouvrir la carrière après les maîtres.

Il put lire les premiers recueils publiés des Lettres de Mme de Sévigné, et il en a parlé à ravir :

« Voilà, écrit-il au président Bouhier (31 janvier 1726), voilà donc une lettre de vous, monsieur, et de votre main ; j'en suis ravi et vous en remercie. Je voudrais bien avoir l'éloquence, l'élégance, la vivacité, le tour, la nouveauté de Mme de Sévigné pour vous écrire et vous dire de ces choses qu'on ne dit point à d'autres. Avez-vous vu ses deux derniers volumes de Lettres ? Si vous les avez, vous êtes bien heureux ; si vous ne les avez pas, vous le serez : elle est inimitable ; de rien elle fait quelque chose, et quelquefois de quelque chose rien ; mais c'est un rien que l'on aime mieux que tout.

« Ce sont des lettres à sa fille, où il y a plus d'amour que les amants n'en ont dit depuis que l'on a commencé d'aimer ; enfin j'en suis enchanté et je ne finirais point mes louanges, si je les louais comme il faut. Il y a de bonnes petites anecdotes, des traits philosophiques, en un mot de tout ce qu'il faut pour plaire, et j'ai bien regretté ma pauvre Mme de Mérigniac, qui en était folle. Ils disent que la publication de ces Lettres est une infidélité, et que celle de Mme de Simiane n'est pas d'elle. Je le crois aussi ; mais, monsieur le voleur, vous avez bien fait, vous ne serez pas puni pour cela, et vous auriez été couronné à Lacédémone. »

Il ne tarit pas là-dessus, il est comme notre ami Sacy ; il n'en a jamais assez de la relire :

« Je suis enchanté, monsieur, de la manière dont vous parlez des Lettres de Mme de Sévigné ; elles m'ont fait la même joie, et je les relis comme elle relisait les lettres de sa fille, pour faire durer le plaisir. »

Sur Mme de Motteville, dont les *Mémoires* parurent pour la première fois en 1723, on n'a jamais mieux dit que Mathieu Marais sous l'impression toute vive d'une première lecture :

« Il n'y a jamais eu ensemble tant de faits secrets, tant de caractères bien marqués, tant de portraits ressemblants et une connaissance si grande de la Cour et des familles. Il fallait une historienne pour bien dire tous les détails de la vie d'une Régente, et il n'y a qu'une femme qui puisse bien savoir certains secrets des femmes. Tous les historiens de la minorité de Louis XIV n'approchent pas de ces *Mémoires*... Il y a bien des traits singuliers sur Christine, reine de Suède, et sur ses deux voyages en France. Le dernier tome contient la mort du cardinal Mazarin et celle de la reine avec des circonstances très-particulières. Enfin, hors quelques réflexions un peu trop dévotes et quelquefois déplacées, on peut dire ces *Mémoires* excellents et faisant grand honneur à celle qui les a composés avec une vérité qui brille partout et qui n'est point ordinaire. Ce qui est rare, c'est que Mme de Motteville n'est de rien dans tout ce qu'elle raconte, et qu'elle n'a fait qu'écrire ce qu'elle a vu et entendu, au lieu que tous les faiseurs de Mémoires sont toujours de quelque parti. »

C'est là un jugement net et accompli. J'abonde dans mon faible peut-être, mais il me semble que ces témoignages, nés au moment même de la naissance des livres et avec eux, les font mieux sentir et rafraîchissent l'admiration. C'est le bouillonnement de l'eau prise à sa source.

En revanche, je l'ai dit, Marais est un ennemi déclaré du style des Fontenelle et des La Motte. A propos de l'*Inès* de ce dernier, qu'il va voir comme tout Paris et dont il est assez touché à la représentation, sans y pleurer toutefois (ce dont il a bien soin de nous avertir), il se plaît à en attribuer tout le succès aux acteurs, à la Duclos, à Dufresne, à Mlle Le Couvreur, à Baron reparaissant avec éclat après des années de retraite, et il dit hardiment de l'auteur, à qui il ne peut tout refuser : « Son style déshonore son esprit, et je suis fâché de voir le même homme penser quelquefois si bien et écrire presque toujours si mal. »

Marais pousse si loin la haine du néologisme, du purisme, de la préciosité remise en honneur dans le salon de Mme de Lambert, que cela le mène à l'intolérance et à une sorte de fanatisme : le goût, comme la foi, comporte de ces excès et de ces violences, qui iraient même volontiers au delà du simple propos. Nous nous souvenons d'avoir vu quelque chose de tel, nous autres romantiques, dans la guerre contre les vieux classiques qui se disaient pourtant libéraux et qui en référaient sans cesse à l'autorité. M. de Nocé, un des roués du Régent, ayant été exilé à la suite d'une querelle avec le cardinal Dubois (avril 1722), on comprit dans la disgrâce sa sœur, la marquise du Tort ; elle eut sa lettre de cachet ; Marais s'en réjouit :

« On a aussi exilé Mme du Tort, sa sœur, qui est un bel esprit du temps, fort amie de Fontenelle, grande approbatrice du nouveau langage et des sentiments métaphysiques dans le discours ; et il n'y a pas grand mal que ce bel esprit soit hors Paris, car cela ne fait que gâter le goût. »

Ah ! honnête Mathieu Marais, prenez garde ! vous êtes sur la pente, vous êtes bien près d'approuver l'exil de Mme de Staël ou de toute autre. Il ne suffit pas de dire : « Cette femme est une peste, » pour avoir le droit de la chasser. Vous chasseriez au même titre tous les hérétiques. Ne proscrivons pas plus au nom du goût qu'au nom de la conscience ; toutes les orthodoxies ont leur danger.

III.

Fontenelle est une des antipathies de Mathieu Marais, et je n'en félicite pas celui-ci. Avec tous les défauts de sa manière, Fontenelle est un grand esprit, une haute intelligence. Il eut à essuyer, dans le cours de sa longue carrière, plus d'une attaque vigoureuse, à commencer par celles des Racine, des Despréaux et des La Bruyère : il s'en tira moyennant prudence, patience, dignité, et par la force d'un vrai mérite. Son grand moment de vogue et son règne, pour ainsi dire, fut sous la Régence et dans les années qui suivirent, avant que Voltaire philosophe et historien se fût tout à fait déclaré et eût pris le sceptre à son tour. Fontenelle, dans sa seconde et plus grave manière, ne se bornait pas aux Éloges des Académiciens; sa plume fut plus d'une fois employée à des manifestes politiques et à des pièces d'État. Marais, citant une de ces pièces, — une espèce de circulaire pour justifier l'exil du maréchal de Villeroy, gouverneur de Louis XV (août 1722), — trouve que « le style n'a pas la dignité nécessaire en pareil cas. » La critique de détail qu'il en fait est plus minutieuse que convaincante. Il y eut, peu après ce moment, un nouvel assaut, et sinon un échec, quelque atteinte du moins portée en réalité à la réputation de Fontenelle, à cette existence considérable qui nous paraît de loin si tranquille et si établie. Il lui survint coup sur coup deux petites mortifications. On sait l'affreuse histoire de Mme de Tencin, cette femme d'esprit et d'intrigue, qui a fait des romans de pur sentiment : un jour, le soir du 6 avril 1726, un de ses anciens amants, un M. de La Fresnaye, à qui elle avait voulu (il paraît bien) extorquer ou soustraire des sommes considérables, va chez elle furieux, hors de lui, se met sur un canapé et se loge quatre balles dans le cœur, dont il meurt sur le coup :

« Le canapé en frémit; la dame en gémit : on avertit le premier président et le procureur général du Grand-Conseil, qui le font enterrer, la nuit, en secret, et le lendemain chacun conte l'histoire à sa manière, et il y en a cent. Le Grand-Conseil met un scellé sur ses effets, le Châtelet contre-scelle. Conflit de juridiction. Mais en voici bien d'une autre : le mort avait déposé, avant de mourir, son testament aux mains de M. de Sacy, avocat au Conseil, avec un autre papier cacheté, et la suscription du testament porte qu'il sera ouvert en présence de ses créanciers. On les assemble : on croyait aller trouver un arrangement pour ses affaires; savez-vous ce qu'on trouve? Un mémoire affreux contre Mme de Tencin, où il dit que c'est un monstre que l'on doit chasser de l'État; que, si jamais il meurt, ce sera elle qui le tuera, parce qu'elle l'en a souvent menacé; qu'elle doit encore tuer un homme qu'il nomme; qu'il l'a surprise lui faisant infidélité avec Fontenelle, son vieil amant, et qu'elle a commerce avec d'Argental, son propre neveu; qu'elle est capable de toutes sortes de mauvaises actions; qu'il en avertit M. le Duc; qu'il ne lui doit rien, quoiqu'elle ait un billet de 50,000 francs de lui, et le reste... »

Mme de Tencin, décrétée de prise de corps et menée d'abord au Châtelet, puis à la Bastille, fut innocentée par jugement et déchargée de l'accusation. Mais, comme nous dit Marais, « le pauvre Fontenelle n'avait-il pas bien affaire d'être mêlé là dedans? Il en a de toutes les façons. »

C'est dans ce même temps (car un accident ne vient jamais seul) que Jean-Baptiste Rousseau faisait paraître contre lui sa célèbre épigramme, la meilleure qu'il ait faite; elle est en effet fort jolie :

> Depuis trente ans, un vieux berger normand
> Aux beaux esprits s'est donné pour modèle ;
> Il leur enseigne à traiter galamment
> Les grands sujets en style de ruelle.
> Ce n'est le tout : chez l'espèce femelle,
> Il brille encor malgré son poil grison ;
> Et n'est caillette, en honnête maison,
> Qui ne se pâme à sa douce faconde.
> En vérité, caillettes ont raison :
> C'est le pédant le plus joli du monde.

L'épigramme courut tout Paris. Fontenelle se conduisit dans cette circonstance en homme d'esprit qu'il était : il laissa l'épigramme faire son chemin, et il en était peut-être chatouillé au fond. Il fut le premier à en rire ; celles qu'on appelait caillettes en rirent aussi. Il ne changea rien d'ailleurs à sa manière. Chargé sur ces entrefaites de recevoir à l'Académie Mirabaud, le traducteur du Tasse, et secrétaire du duc d'Orléans, il fit selon ses habitudes et mêla à son compliment une note de cette douce *faconde* dont on le raillait. Il ne dit point précisément au récipiendaire, comme Marais le rapporte : « Vous savez bien qui m'a parlé pour vous. *Ce n'est que les princesses d'Orléans.* » Mais il lui dit dans ce ton galant qui était le sien et dont il se piquait :

« J'avouerai cependant (et peut-être, monsieur, ceci ne devrait-il être qu'entre vous et moi) que mon suffrage pourrait n'avoir pas été tout à fait aussi libre que ceux du reste de l'Académie. Vous savez qui m'a parlé pour vous. On en est quitte envers la plus haute naissance pour les respects qui lui sont dûs ; mais la beauté et les grâces qui se joignent à cette naissance ont des droits encore plus puissants, et principalement les grâces d'une si grande jeunesse qu'on ne peut guère les accuser d'aucun dessein de plaire, quoique ce dessein même fût une faveur. »

Puis, comme il ne faut pas seulement persévérer dans les agréables défauts que vos ennemis vous reprochent, il fit peu après, et dès que l'occasion s'en offrit, son *Éloge de Newton* qu'il lut à l'Académie des Sciences, et se vengea ainsi noblement et avec sérénité, en mettant dans le plus beau jour le côté supérieur de son esprit.

Marais vaincu écrivait (21 janvier 1728) : « Je viens de lire l'*Éloge de M. Newton* qui est merveilleux, et qui ne pouvait être fait que par un aussi grand mathématicien que M. de Fontenelle, qui a su donner une idée nette d'une matière aussi inconnue. Le parallèle de Descartes et de M. Newton est de main de maître. » C'était moins le mathématicien que le philosophe qui était supérieur chez Fontenelle, et de l'ordre le plus élevé. L'exemple qu'il a donné en ceci est d'une application plus générale qu'on ne croirait. A toutes les attaques, en partie justes et fondées, dirigées contre votre tour d'esprit et votre manière, écrivains de tous les temps, à quelque genre que vous apparteniez, vous n'avez qu'une réponse à faire : renouvelez de mérite, fortifiez-vous dans la partie déjà forte de votre talent.

IV.

Ce n'était pas un sectateur du style raffiné ni un écrivain néologique que Massillon, un des beaux noms littéraires de la Régence. Il n'obtient pourtant pas entièrement grâce aux yeux de Marais. Notre avocat est injuste envers le grand et l'aimable orateur ; il le juge un peu à la légère et d'après les *on dit*. Nous citerons pourtant le passage, parce que l'on revient à s'occuper de Massillon aujourd'hui, qu'un savant abbé prépare une édition, la première exacte, de ses Sermons, et que la biographie de l'éloquent prélat sera nécessairement remise sur le tapis. C'est à propos de l'établissement d'une Chambre ecclésiastique dont Massillon est nommé membre, que Marais dit de lui (novembre 1720) :

« Ce Père Massillon, à présent évêque, a prêché pendant vingt ans à Paris avec un applaudissement extraordinaire. On le regardait comme un apôtre ; mais on reconnaît à présent que c'était un faux apôtre et un déclamateur qui a joué la religion. J'y ai été trompé comme les autres et séduit par son bel esprit et son exacte prononciation qui pénétrait l'âme. Il y a quelques années qu'on fit courir le bruit d'une galanterie qu'il avait eue avec la marquise de L'Hôpital. Ses amis disaient que c'était une calomnie ; mais feu Madame la Dauphine (la duchesse de Bourgogne), qui en était bien informée et qui avait une lettre de ce commerce, assura la Cour de la vérité de l'histoire, et on en fit des chansons qui ont passé avec le temps. A présent, cela se renouvelle ; il s'est poussé à la Cour ; il a prêché devant le Roi de jolis petits sermons courts, polis et gracieux ; on lui a donné un évêché, et aussitôt on a vu le Père de l'Oratoire plus jésuite qu'un jésuite même et tout à fait dans l'intrigue de la Constitution. »

Tout cela est injuste et forcé. Je crois l'avoir dit ailleurs, l'explication morale qu'il convient de donner de Massillon me paraît plus simple. Ce talent admirable d'orateur moraliste et tendre, cette âme charmante, virgilienne et racinienne, ce panégyriste de la Madeleine repentie, après une première saison d'austérité et de ferveur, s'était apaisé comme il est naturel, s'était même attiédi du côté de la foi et était arrivé, sur la fin, à plus de sagesse humaine peut-être que divine. Je ne suis pas assez janséniste pour lui jeter la pierre[1].

1. Voir au tome IX des *Causeries du Lundi*, l'article *Massillon*, et le *Port-Royal*, 3ᵉ édition, tome III, pages 200, 606.

V.

Montesquieu, le plus grand nom et le plus considérable d'alors avec Fontenelle, n'est pas très goûté de Marais; il y a à cela des raisons qui s'expliquent de près et qui forment même une assez jolie anecdote littéraire. Montesquieu, à cette date, n'était pas du tout l'auteur de *l'Esprit des Lois*, et ceux qui ne le connaissaient point directement ne le prévoyaient pas un aussi grand homme. La légèreté de forme, dans les *Lettres persanes*, en avait dérobé le sérieux. Il n'avait publié encore que ces *Lettres persanes* qu'il n'avait pas signées pour cause, et aussi *le Temple de Gnide*, également anonyme, dont Marais disait (avril 1725) :

« *Temple de Gnide*, petit livret à demi grec, où les allusions couvrent des obscénités à demi nues. Imprimé avec approbation et privilége, il a paru pendant la semaine sainte, et on en a été scandalisé. On l'attribue au président de Montesquieu, de Bordeaux, auteur des *Lettres persanes*. »

Et Marais ajoute après coup : « Il a été depuis de l'Académie française. »

Nous touchons ici à un point assez singulier. Mathieu Marais, en effet, a eu, comme tant d'autres, sa velléité et sa démangeaison d'Académie, et il rencontra Montesquieu sur son chemin. Certes, instruit comme il l'était, possédant ses auteurs anciens et son siècle de Louis XIV, fidèle au goût sain, Marais eût été un membre de l'Académie française qui en eût valu bien d'autres; mais il oublia trop, en couvant ce désir, qu'il vivait dans un cercle qui n'était pas celui du monde littéraire; il avait en haine le salon de Mme de Lambert où se décidaient la plupart des choix académiques; il n'était, lui, d'aucun salon. Et puis, le corps des avocats dont il faisait partie, et qui était « fort glorieux, » se souciait peu alors que ses membres fissent des visites de sollicitation, quand même elles ne devaient pas aboutir à un refus. Ces messieurs s'étaient opposés à ce qu'un de leurs confrères, le célèbre avocat Le Normand, postulât un fauteuil, et ils l'avaient obligé à y renoncer. Je cherche bien loin des raisons à l'insuccès de Marais. Coupons court d'un mot : on ne le connaissait point parmi les Quarante. C'est d'Olivet qui va nous le dire :

« Depuis quarante ans, écrivait-il au président Bouhier en lui annonçant la mort de Marais, il mourait d'envie d'être de l'Académie. Ses désirs se réveillèrent plus que jamais quand son confrère, M. Le Normand, fit la sottise que vous savez. J'ai parlé de lui vingt fois en plein consistoire; nos Quarante n'ont jamais voulu y entendre : *la plupart ne le connaissaient pas seulement de nom.* Et cependant la vérité est qu'il valait infiniment mieux que plusieurs de ceux qui servent à remplir notre superbe liste... »

On saisit bien, dans la Correspondance de Marais avec le président Bouhier, l'instant où sa fièvre lente eut un redoublement d'accès, et où il fut tenté de se mettre sur les rangs. En voyant son ami le président nommé lui-même de l'Académie, l'espérance lui vint de se faufiler à sa suite. Une place était devenue vacante par la mort de l'avocat Sacy ; il était question de Montesquieu pour le remplacer (novembre 1727). Marais se tient fort au courant de cette candidature et de toutes les vicissitudes qu'elle eut à subir :

« M. de Montesquieu n'est pas encore nommé. On lui dit : « Si vous avez fait les *Lettres persanes,* il y en a une contre le corps de l'Académie et ses membres. Si vous ne les avez pas faites, qu'avez-vous fait ? »

L'abbé d'Olivet vient voir sur ces entrefaites son ami Marais. Ils causent ensemble Académie : « Il m'a dit que le président de Montesquieu n'avait point de concurrent jusqu'à présent. » Marais n'en tient pas moins à son objection, à celle qu'il vient de formuler au sujet des *Lettres persanes* : « Le dilemme serait difficile à résoudre, dit-il, mais on y trouvera quelque réponse fine dans la dialectique grammairienne du style nouveau. »

A un moment on crut tout manqué et que Montesquieu se retirait ; le cardinal de Fleury s'était prononcé contre lui :

« (17 décembre.) M. le président de Montesquieu a remercié l'Académie, le jour même qu'elle était assemblée pour l'élire. C'est M. le maréchal d'Estrées qui a apporté le remerciement. Je sais certainement qu'il a été tracassé pour les *Lettres persanes* ; que le cardinal a dit qu'il y avait dans ce livre des satires contre le Gouvernement passé et la Régence ; que cela marquait un cœur et un esprit de révolte ; qu'il y avait aussi de certaines libertés contre la religion et les mœurs, et qu'il fallait désavouer ce livre. Le pauvre père n'a pu désavouer ses enfants, quoique anonymes ; ils lui tendaient leurs petits bras persans, et il leur a sacrifié l'Académie. Il faut donc chercher un autre sujet académique. »

Or, quel sera cet autre sujet? Marais espère tout bas que ce pourrait bien être lui, lui-même, et il l'espérait d'autant plus que, dans cette huitaine d'intervalle, le président Bouhier avait mis son nom en avant. On a la lettre par laquelle Marais le remercie :

« Vous me comblez, monsieur, de toutes sortes d'honnêtetés, lui écrivait-il (29 décembre 1727), et je ne sais quelles grâces vous en rendre. Vous me mettez sur les rangs à l'Académie ; vous me donnez votre voix, vous écrivez pour moi ; il ne tient pas à vous que je ne sois votre confrère. J'accepte, monsieur, cette nomination, qui me vaut une élection dans les formes, et comme la plus grande joie que j'aurais serait d'être d'un corps dont vous êtes, j'en suis dès que vous m'avez nommé, et cet *in petto* me plaît plus que la chose même... Vos lettres ne manqueront pas de faire du bruit ; mon nom sera mêlé avec le vôtre ; on dira que vous m'avez jugé digne d'être un jour académicien : n'en est-ce pas plus cent fois que je ne mérite? Du reste, je ne sais point encore comment les portes fermées se sont rouvertes... »

Les portes s'étaient, en effet, rouvertes à Montesquieu. La difficulté, soulevée par le cardinal-ministre, s'était tout d'un coup aplanie. Fleury avait fini par où il aurait dû commencer : il avait lu ces *Lettres persanes* tant incriminées, et il avait souri. Montesquieu avait fait noblement sa paix. Le pauvre Marais n'y entend plus rien, et ce brusque revirement l'intrigue : « On m'a assuré que le président de Montesquieu est rentré à l'Académie ; je ne sais par quelle porte... Aurait-il désavoué ses enfants?... » Montesquieu n'avait rien désavoué; il était rentré par la grande porte du mérite, et du droit du génie, déjà visible à tous et manifeste dans sa personne.

Je ne suivrai pas Marais dans les petites marques d'humeur dont il console tant bien que mal son mécompte. A la séance de réception dans laquelle Montesquieu s'était résigné à fort louer Louis XIV, le directeur M. Malet lui avait conseillé avec une bonne grâce assez piquante de ne plus garder ses ouvrages en portefeuille, de peur que le public ne s'obstinât à lui en attribuer d'anonymes, où il trouverait de l'imagination, de la vivacité et des traits hardis. « Pour faire honneur à votre esprit, lui avait-il dit, il vous les donnera, malgré les précautions que vous suggérera votre prudence. Les plus grands hommes ont été exposés à ces sortes d'injustices; rendez donc au plus tôt vos ouvrages publics, et marchez à la gloire que vous méritez. » Voilà un noble langage. On essaya de le dénaturer; et comme Montesquieu avait fait imprimer son discours séparément pour le distribuer à ses amis :

« Le président de Montesquieu, nous dit Marais, donne sa harangue à part, ne l'ayant pas voulu joindre avec celle de M. Malet, qui est une satire. Je n'ai encore vu ni l'une ni l'autre. Toutes ces tracasseries me dégoûtent. »

Il n'est devenu si dégoûté que depuis qu'il sent qu'il n'a plus de chances et que les raisins sont trop verts. Marais s'est trahi; à lui la faute! Parmi les auteurs modernes qui se sont occupés de l'histoire de l'Académie, il n'en est aucun jusqu'ici qui se soit aperçu de ce compétiteur *incognito* qu'avait eu Montesquieu.

Mais parlez-moi des nouvellistes et de ces hommes de détail pour n'avoir pas la vue longue. En voici un qui « depuis des années fait son capital, comme disait d'Olivet, des petites nouvelles courantes ; » et en parlant de Montesquieu, en concevant l'idée de se porter un moment contre lui, il paraît tout à fait ignorer de quelle grandeur vraiment nouvelle et imminente il s'agit, à quelle originalité il a affaire, à quel esprit du premier ordre. Le menu chroniqueur ne soupçonne pas le philosophe de l'histoire. Et pourtant rien qu'à lire les *Lettres persanes,* il y avait déjà dedans bien des choses. O myopie des gens d'esprit !

Marais ne fut donc pas académicien, et personne ne s'en étonna. Il s'éteignit en 1737, homme d'un autre siècle, estimé dans son Ordre, inconnu du public. Il légua ses journaux manuscrits au président Bouhier pour aller dormir au fond de sa bibliothèque, en attendant l'heure de paraître, qui pouvait bien ne jamais venir. Elle est venue, bien qu'un peu tard. Quiconque travaillera sur des sujets ou des personnages de ce temps-là est sûr de trouver chez lui bien des notes et des indications qui ne sont pas ailleurs ; il est proprement un magasin à renseignements. D'ordinaire on profite de cette classe d'auteurs (qui n'en sont pas) plus qu'on ne les prise et qu'on ne les loue. Lui, il valait infiniment mieux que ce dernier rôle auquel il s'était réduit. Il avait du goût, on l'a vu, et même des expressions. Et puisque j'en suis moi-même à aller ainsi à la picorée dans les auteurs, voici une assez belle pensée de lui sur les Grecs ; elle lui est échappée en parlant du *Dialogue sur la Musique des Anciens,* de l'abbé de Châteauneuf : « Nous ne sommes pas si vifs ni si chauds que les Grecs ; je m'imagine qu'ils avaient l'âme d'une âme au lieu d'un corps. » Ce n'est pas mal pour un Gaulois. Il est vrai que ce Gaulois savait par cœur son La Fontaine (1).

(1) Il me resterait un devoir désagréable à remplir : ce serait de me plaindre, au nom de tous les lecteurs, des nombreuses fautes d'impression qui sautent aux yeux dans ces volumes sortis d'une imprimerie célèbre ou qui du moins en portent le nom. Le latin y est tout particulièrement et comme soigneusement écorché ; c'est à n'y pas croire. Je ne suis pas exigeant et je ne demanderais que ce qui est partout, ce me semble : au défaut de l'auteur, un correcteur *en première.* Un *Errata* est donc devenu indispensable ; on nous le doit à la fin du quatrième volume. Mais qu'il soit complet, ou à peu près. — Je vais plus loin aujourd'hui : la partie qui contient la Correspondance du président Bouhier et de Marais serait à réimprimer en entier par respect pour tous deux.

Lundi 7 novembre 1864.

ESSAI

DE

CRITIQUE NATURELLE

PAR M. ÉMILE DESCHANEL (1).

Je ne suis pas de ceux qui crient à la décadence, mais je crois fort aux transformations, et toute transformation amène l'avénement d'une forme nouvelle au détriment d'une autre. Je me figure quelquefois, à mes jours de réflexion sombre et de découragement, que je suis, — que nous tous, écrivains de profession et à la fois écrivains de scrupule et d'inquiétude, nous sommes les artistes d'un art qui s'en va. Je m'explique bien vite : l'art dont nous sommes ne s'en va pas, si vous le voulez ; mais il se généralise et il s'étend de plus en plus et à un tel degré, ce me semble, qu'il s'efface déjà à vue

(1) Librairie Hachette.

d'œil et que ce sera de moins en moins une distinction
d'y exceller. Entendons-nous bien encore : je crois
qu'en France on sera toujours sensible au bien dire, à
un tour vif, sémillant, spirituel, à une manière fine et
piquante de présenter les choses ; on sait et l'on saura
assurément toujours la distinguer. Mais il n'en est pas
moins vrai qu'écrire pour être lu du public est de moins
en moins une rareté et une marque à part, que tout le
monde aujourd'hui est sujet à se faire imprimer plus
d'une fois dans sa vie, et que le maniement du langage
dans ses emplois les plus divers n'a plus rien de mystérieux. La rhétorique est éventée ; on s'en passe. Bien
parler a été de tout temps un don assez généralement
dispensé aux hommes, et les orateurs, chez aucun peuple ni à aucune époque, n'ont jamais manqué : écrire
était chose plus réservée, plus redoutée et jugée vraiment difficile. Le passage du style parlé au style écrit
était réputé des plus délicats et des plus périlleux. Les
plus habiles même croyaient devoir s'y apprêter à l'a-
vance, et, sans être un M. de Buffon, on n'y venait pas
sans quelque toilette, au moins une toilette d'esprit. Ces
distinctions ont cessé ou tendent de plus en plus à disparaître. L'improvisation en tout genre est à l'ordre du
jour. On écrit volontiers comme on parle, comme on
est présentement affecté ou comme on s'exprime dans
l'habitude, et je ne dis pas qu'on ait absolument tort.
Il y a eu un temps, non encore très-éloigné, où lorsqu'il y avait pour le Gouvernement, par exemple, à
écrire quelque pièce publique et d'apparat, on cherchait
ce qu'on appelait une belle plume ; où l'on recourait à

un Pellisson, à un Fontenelle, à un Fontanes, pour mettre en belles phrases une instruction, un manifeste politique, pour rédiger un rapport. Mais on a fini, un peu tard, par découvrir que celui qui parle le mieux d'une chose est encore celui qui la sait le mieux, qui en a fait l'étude de toute sa vie et qui y habite, pour ainsi dire. Cela est vrai, depuis le souverain qui, lorsqu'il est fait pour l'être, parle des matières d'État avec élévation, avec dignité et simplicité, jusqu'à l'homme spécial et plein de son sujet qui, pour peu qu'il soit à la fois homme d'esprit, se trouve être son meilleur truchement à lui-même. Il nous faut en prendre décidément notre parti, écrivains et gens de lettres : tout homme d'esprit qui est d'une profession, s'il a à s'en expliquer devant le public, surpasse d'emblée les lettrés, même par l'expression ; il a des termes plus propres et tirés des entrailles mêmes du sujet. Qui parlera mieux de la navigation qu'un homme de mer, et de l'expédition de Cochinchine que l'officier de vaisseau qui en était? S'agit-il de l'acclimatation, s'agit-il de l'agriculture et de l'élève des bestiaux, s'agit-il des haras, lisez ce qu'en écrivent journellement dans leurs rapports les administrateurs intelligents et entendus qui possèdent leur sujet; pour moi, s'il m'arrive parfois de jeter les yeux sur ces comptes rendus, je l'avoue, ils m'attachent, ils piquent mon attention, même d'écrivain ; ils enrichissent mon vocabulaire et ma langue en même temps qu'ils m'instruisent. Un littérateur qui croirait devoir arrondir et émousser les termes serait ridicule et arriéré de deux siècles. Cette vue de bon sens supprime bien des choses. Les virtuoses de la parole et de la plume ont vu leur domaine se rétrécir d'autant, et aussi les plus habiles, les plus avisés d'entre eux n'ont rien trouvé de mieux, pour ne pas se laisser tout à fait dépouiller et amoindrir, que de se mettre en campagne à leur tour, de s'emparer de toutes ces langues spéciales, techniques et plus ou moins pittoresques, que s'interdisait autrefois le beau langage, de s'en servir hardiment, avec industrie et curiosité, se promettant bien d'ailleurs d'y répandre un vernis et un éclat que les spéciaux n'atteignent ni ne cherchent. Malgré ces heureux ravitaillements, il est bien clair qu'auprès de la plupart, en cette société moderne, l'école du style, soit académique, soit non académique, perd en crédit, en importance, qu'on l'apprécie moins et qu'on s'en passe; qu'à voir tant de gens se jeter à l'eau d'abord et apprendre ensuite d'eux-mêmes à nager, on en estime moins les préceptes de la natation, et qu'un moment viendra où (je le répète), sans être pourtant insensible à un certain tour et à un certain éclat d'expression, on ira surtout aux faits, aux idées, aux notions que portera le bien dire ou le style.

Pour les arts de la musique et de la peinture qui, au contraire, vont gagnant chaque jour en honneur, il n'en est pas ainsi : une éducation et une organisation toutes spéciales sont à la fois indispensables pour y réussir. Il est vrai qu'on s'en dispense trop souvent pour les juger; toutefois, en voyant un tableau, en entendant un beau morceau, tout le monde ne se croit pas capable plus ou moins d'en faire un pareil. On n'est pas de plain-pied avec l'artiste. Il y a encore des initiés et des profanes ; il y a les secrets de l'atelier ou du Conservatoire, et en voyant, en écoutant l'œuvre dont il ne comprend pas la formation et dont il n'a pas à son usage la langue ou les instruments, le public subit un premier émerveillement qui se confond souvent avec l'admiration et qui aide dans tous les cas à l'estime.

Les œuvres et productions de l'esprit, quand elles n'éclatent point au théâtre par de grandes et vivantes créations, quand elles se tiennent plus près de la pensée et dans les régions intermédiaires, sont d'une appréciation infiniment plus discrète et plus voilée, plus incertaine et plus douteuse aussi dans ses nuances, et elles exigent, pour être senties convenablement, des esprits plus avertis de longue main et plus préparés. Il y faut tant de préparation en effet, que je me dis quelquefois qu'au milieu de cette vie pressée, affairée, bourrée de travaux et d'études, où chacun en a assez de sa veine à suivre et de sa pointe à pousser, ceux même qui sont du même métier et du même bord n'auront pas toujours le temps, l'espace, la liberté et l'élasticité d'impressions nécessaires pour être justes envers leurs devanciers. Les générations sont vite remplacées par d'autres, et il y a des choses exquises qui se comprennent moins, qui ne se comprennent plus de même à quelques années d'intervalle. J'en veux donner ici un exemple, rapporté à bonne fin, et je reprendrai ensuite le fil de mon raisonnement.

Il y a vingt-cinq ans environ, il mourait dans le canton de Vaud un homme du premier mérite comme intelligence religieuse, philosophique et littéraire, et aussi comme talent et grâce de parole, dans la conversation surtout. C'était un pasteur du nom de Manuel, qui, dans sa jeunesse, avait habité Francfort, et qui possédait son Allemagne comme d'autres possèdent leur Paris. Il en parlait admirablement et de manière à la faire revivre tout entière sous les yeux avec tout son monde de théologiens, de professeurs, d'érudits et de poëtes. Mais M. Manuel ne connaissait pas moins la France, sans y être pourtant jamais venu. Jeune, il avait entrevu Mme de Staël; il avait vu, dans son séjour à Francfort, nos voyageurs philosophes qui allaient à la recherche d'idées à travers l'Allemagne (1); il lisait tous les livres imprimés ici, et, dans les tout derniers temps de sa vie, il en lut un de M. Villemain.

Il faut savoir que M. Manuel, dans un certain sens, avait dissipé sa vie et qu'il était loin d'avoir réalisé tout son mérite. Je ne l'ai jamais entendu dans la chaire sacrée; il avait dû y être fort remarquable. « Je compose mes sermons, disait-il, Shakspeare dans une main et ma Bible dans l'autre. » Il ne prêchait plus que rarement quand je l'ai connu; mais il causait à ravir et d'une manière supérieure. Ç'avait même été son écueil et son faible. Doué d'ailleurs des talents littéraires les plus éminents, il n'en avait tiré nul parti, n'avait entrepris aucun ouvrage, avait projeté toujours et s'était répandu

---

(1) M. Cousin, par exemple, qui le nomme en passant dans ses Notes de voyage, mais sans l'apprécier à sa valeur. M. Manuel, au contraire, appréciait M. Cousin en toute justice et en toute justesse.

et véritablement épuisé, comme un Coleridge ou un Diderot chrétien l'eût pu faire, dans les charmes et les fatigues d'une conversation multiple qu'on lui demandait sans cesse et à laquelle il ne savait pas résister. Or, en mourant, en redevenant de plus en plus un chrétien fidèle et contrit à ses dernières heures, en offrant à Dieu le sacrifice de tout, il eut pourtant un dernier regret, une tentation suprême, et cette tentation, comme il l'appelait en effet, est d'un ordre trop élevé et trop épuré, d'une qualité trop subtile, elle fait trop d'honneur et à lui et à notre littérature en particulier, pour ne pas être connue et racontée, si singulière qu'elle nous puisse paraître. Un des dignes amis, témoins de ses derniers instants, écrivait à un autre ami peu de jours après sa mort :

« Je ne sais si vous avez connaissance d'un fait bien remarquable qui a empreint d'un sceau de douleur l'un des derniers jours que Manuel a passés en ce monde. Je lui avais envoyé sur sa demande les deux volumes que M. Villemain a publiés l'année dernière (les volumes contenant le *Tableau du XVIIIe Siècle*); il les dévora, et cette lecture fit sur lui un effet extraordinaire. Cette excellente littérature de M. Villemain excita en lui jusqu'à l'exaltation tout ce qu'il avait d'inclination littéraire; il eut au plus haut degré le sentiment de sa vocation en ce genre; il eut comme une vision de tout l'avenir qui lui était réservé s'il eût cultivé exclusivement les Lettres; il lut page à page toute cette histoire de travaux, d'émotions, de succès, d'influence, qui aurait pu être la sienne aussi, et que son dévouement à des devoirs religieux avait tout entière annulée; il vit à la fois tout ce qu'il avait sacrifié, et fut *tenté* (car c'est bien ainsi qu'il voyait la chose) d'un amer et indicible regret. Deux nuits entières il lutta, les mains jointes, contre cette vision ; elle disparut enfin et le laissa meurtri, brisé, mais saintement humilié et persuadé qu'il avait choisi la bonne part (1). »

Voilà des miracles de la littérature exquise, de celle qui ne brille que par l'étendue et la rapidité des aperçus, la justesse heureuse des touches, les ménagements et le choix des couleurs et du langage. Se renouvelleront-ils dans l'avenir, ces miracles de la littérature polie ? Combien y aura-t-il dorénavant de ces âmes, comme celle de M. Manuel, cultivées, attendries tout exprès et juste à point pour rester à ce degré sensibles aux qualités non voyantes, non perçantes, non fulgurantes, à ce qui effleure et à ce qui n'enfonce pas ?

Mon histoire dite, je recommence à raisonner, ou plutôt mon raisonnement est tout fait : chacun fera de lui-même la réponse. La température morale n'est plus la même ; le climat des esprits est en train de changer. D'où je conclus que, puisqu'il en est ainsi, et que la littérature critique (car il s'agit d'elle surtout) se trouve en présence d'un monde nouveau et d'un public qui n'est plus dans les conditions d'autrefois, qui n'est plus un cercle d'amateurs studieux, vibrant aux impressions les plus fines et les plus fugitives ; puisqu'elle-même serait bien embarrassée à ressaisir cette légèreté et cette grâce fondues dans la magie unique du talent, il y a nécessité pour elle de se renouveler d'ailleurs, de se fortifier par d'autres côtés plus sûrs,

(1) Lettre de M. Vinet.

de ceindre courageusement ses reins comme pour une suite de marches fermes et laborieuses. Plusieurs écrivains, de ceux qui sont chaque jour sur la brèche, ont donc senti le besoin de varier et d'accroître leurs moyens, de perfectionner leurs instruments et, si j'osais dire, leur outillage, afin de pouvoir lutter avec les autres arts rivaux et pour satisfaire à cette exigence de plus en plus positive des lecteurs qui veulent en tout des résultats. De là l'idée qui est graduellement venue de ne plus s'en tenir exclusivement à ce qu'on appelait la critique du goût, de creuser plus avant qu'on n'avait fait encore dans le sens de la critique historique, et aussi d'y joindre tout ce que pourrait fournir d'éléments ou d'inductions la critique dite naturelle ou physiologique.

Que ce dernier mot n'effraye pas : que l'on n'aille pas crier tout d'abord au matérialisme, comme je l'ai entendu d'un certain côté. Il n'y a pas lieu à une pareille accusation, si la méthode est bien comprise et si elle est employée comme elle doit l'être ; car, quelque soin qu'on mette à pénétrer ou à expliquer le sens des œuvres, leurs origines, leurs racines, à étudier le caractère des talents et à démontrer les liens par où ils se rattachent à leurs parents et à leurs alentours, il y aura toujours une certaine partie inexpliquée, inexplicable, celle en quoi consiste le don individuel du génie ; et bien que ce génie évidemment n'opère point en l'air ni dans le vide, qu'il soit et qu'il doive être dans un rapport exact avec les conditions de tout genre au sein desquelles il se meut et se déploie, on aura toujours une place très-suffisante (et il n'en faut pas une bien grande pour cela) où loger ce principal ressort, ce moteur inconnu, le centre et le foyer de l'inspiration supérieure ou de la volonté, la monade inexprimable.

Cette objection écartée, qu'y a-t-il de plus légitime que de profiter des notions qu'on a sous la main pour sortir définitivement d'une certaine admiration trop textuelle à la fois et trop abstraite, et pour ne pas se contenter même d'une certaine description générale d'un siècle et d'une époque, mais pour serrer de plus près, — d'aussi près que possible, — l'analyse des caractères d'auteurs aussi bien que celle des productions? Il y a soixante ans qu'en France on a commencé d'entrer dans cette voie par le livre de Mme de Staël sur la *Littérature*; on a fait un pas de plus sous la Restauration, depuis 1824 surtout et la création du *Globe*, qui n'a pas été sans influence sur les belles leçons de M. Villemain dans les années qui ont suivi : aujourd'hui on essaye de faire un pas de plus et, toutes les fois qu'on le peut, d'interroger directement, d'examiner l'individu-talent dans son éducation, dans sa culture, dans sa vie, dans ses origines.

Je citerai, parmi les écrivains qui ont marqué dans cette voie, chacun à sa manière et selon son procédé, M. Michelet, M. Renan, M. Taine, M. Eugène Véron (par des articles récents de la *Revue de l'Instruction publique*)...; j'y suis moi-même entré depuis bien des années, et en affichant si peu d'intention systématique que beaucoup de mes lecteurs ou de mes critiques ont supposé que j'allais purement au hasard et selon ma fantaisie. Aujourd'hui nous rencontrons dans cette même direction M. Deschanel, un esprit sincère, autrefois professeur distingué de rhétorique, qui, dans un livre ingénieux, plein de faits et de remarques, vient réclamer cette transformation de l'ancienne rhétorique en histoire et en observation naturelle. Avant d'en parler et de revenir sur la question soulevée, je dirai cependant quelques mots de M. Deschanel et de ses précédents écrits.

II.

M. Deschanel a quarante-cinq ans. Parisien, élève de Louis-le-Grand, puis de l'École normale, il rentra dans ces deux maisons presque aussitôt comme professeur : — professeur de rhétorique dans l'une, maître de conférences dans l'autre. Il n'avait guère que vingt-cinq ou vingt-six ans et paraissait aussi jeune que ses élèves. Un jour, après une distribution de prix du Concours général, dînant chez le ministre de l'Instruction publique, il se trouva placé à côté de M. Rossi, qui le prit pour un des lauréats et qui, voulant lui faire une politesse lui dit : « N'est-ce pas vous, Monsieur, qui avez remporté aujourd'hui le prix d'honneur? » — « Non, Monsieur, répondit en souriant le professeur imberbe, c'est un de mes élèves qui l'a remporté, et moi je dois avoir l'honneur de parler demain après vous à la distribution des prix du collège Charlemagne. » (Avant de revenir à Louis-le-Grand, il avait passé en effet une année à faire la rhétorique à Charlemagne.) — Comme maître de conférences à l'École normale, M. Deschanel suppléait en partie M. Havet pour l'histoire de la Littérature grecque ; M. Havet, un des maîtres accomplis, un des esprits les plus nets et les plus fermes de ce temps, a eu et a gardé sur lui une grande influence. Jeune, ardent, en ces saisons ferventes de 1845 à 1850, dans cette serre chaude de l'École normale où il avait pour directeurs M. Dubois, de l'ancien *Globe,* et M. Vacherot, et des collègues tels que MM. Havet, Saisset, etc., M. Deschanel, tout en enseignant, se développait lui-même avec impétuosité et vigueur ; il ne se contenait pas au dedans et se répandait au dehors. Il écrivait dès ce temps-là dans la *Revue indépendante,* dans la *Revue des Deux Mondes, le National, la Liberté de penser...* Vers, prose, littérature, philosophie, il s'essayait en tous sens, et plus d'un de ses collègues de la vieille roche s'effrayait des nouveautés d'aperçus ou de sujets qu'il introduisait dans l'enseignement normal. M. Gibon, ce fort et dur latiniste, en frémissait, me dit-on, de colère et d'effroi. M. Dubois, averti, était plus indulgent au jeune maître et sentait que, dans le métal nouveau qu'on forgeait, il fallait combiner et mélanger les éléments.

Cependant des événements imprévus, des orages étaient venus modifier profondément le régime général de la société, et deux courants d'idées s'entre-choquèrent. M. Deschanel était trop lancé pour ne pas être atteint. Un article inséré par lui dans *la Liberté de penser* compromit et perdit du coup sa situation universitaire. S'il n'avait pas observé lui-même toutes les précautions et les convenances, observa-t-on à son égard toutes les formes et les procédés qui garantissent ? Quelque imprudence et témérité de plume méritait-elle ce brusque et absolu brisement de toute une carrière? L'Éclectisme, dans la personne de son chef, fut pour beaucoup dans cet acte de rigueur extrême ; il y mit du zèle. Mais je passe outre, n'ayant point ici à discuter ni à juger.

Nous retrouvons M. Deschanel en Belgique, laborieux, courageux, faisant des cours publics, des conférences, et publiant de petits livres fort agréables et fort lus. Je le louerai sans réserve sur un point : blessé et frappé dans le combat, il s'en est relevé sans rancune apparente, sans amertume. Je conçois les colères des vaincus, je les excuse et je les respecte : je sais tel collègue de M. Deschanel, et un homme de beaucoup de mérite, qui, dans une situation plus ou moins analogue à la sienne, est resté sombre, triste dans sa critique, amer aux personnes, souvent injuste et sujet aux préventions, appliqué à éviter certains noms et à en chercher d'autres, affecté d'une sorte de préoccupation constante en écrivant. Je ne m'en étonne pas (1), mais je n'en apprécie que mieux l'humeur ouverte et plus sereine, l'inaltérable bienveillance, le travail littéraire tout désintéressé, et presque riant dans ses choix, du jeune réfugié de

(1) Je me réservais, dans cette réimpression, de mettre le nom de la personne à laquelle j'avais songé par contraste ; mais je ne le ferai point, et par une très-bonne raison : c'est que le portrait a cessé pour moi d'être exact et ressemblant. La critique dont je voulais parler, et que j'opposais dans ma pensée à M. Deschanel, semble avoir tenu en effet à me réfuter presque aussitôt, et quelques mots de bienveillance, que j'ai surpris un matin sous sa plume, m'ont prouvé que, même dans ses sévérités habituelles de ton, il n'avait pas autant de parti pris que je l'avais supposé.

1852. M. Deschanel inaugura à Bruxelles et poursuivit dans les principales villes de la Belgique de libres conférences où les femmes étaient admises, et dans lesquelles il traitait des sujets de littérature sérieuse ou aimable. De professeur universitaire devenu professeur libre, il s'est trouvé avoir un talent et un goût tout particuliers pour ce genre d'enseignement rapide et de propagande. Autrefois, du temps de l'Empire romain, il y avait des rhéteurs ou sophistes qui couraient les provinces et les villes, et dont quelques-uns, par leurs tours de force et leur dextérité de parole, obtenaient de prodigieux succès. M. Deschanel n'est pas un sophiste, c'est un missionnaire littéraire, ἀπόστολος. Il ne dit que ce qu'il croit vrai et ce qu'il pense. Sans doute, à ce métier de prêcheur un peu nomade, il faut quelque condescendance parfois, quelque concession au goût du jour et à celui des lieux où l'on passe ; mais ce n'est point pourtant le cas des sophistes de l'Empire romain qui, eux, traitaient de purs thèmes de rhétorique et faisaient des déclamations, soutenant au besoin le pour et le contre, prêts à plaider, par exemple, devant les Troyens, et pour leur complaire, que l'antique Ilion n'avait jamais été prise par les Grecs, sauf à plaider la thèse contraire devant les Argiens. Ici la nourriture est solide et saine. Ce sont de bonnes et utiles notices qu'on distribue ; on peut chercher dans les divers volumes publiés par M. Deschanel et y lire un très-bon chapitre sur Molière, une suite de chapitres sur Christophe Colomb, une belle page sur Voltaire. Voilà ce qu'il prêche, ce qu'il distribue à ses auditeurs, des fragments d'histoire, des biographies de grands hommes. Il a une méthode à lui, une habitude de citations et de textes dont il ne se sépare jamais. C'est un excellent vulgarisateur, sans prétention, et qui se plaît à parler moins en son nom qu'avec l'esprit et les paroles des autres. Ses livres peuvent donner idée de son enseignement. Il a des débuts heureux, de jolis lieux communs, des *amas,* comme on disait autrefois, des enfilades de citations qui, bien choisies, font comme un chapelet qu'on égrène. On sent le professeur de rhétorique qui a eu de bons cahiers et qui, même émancipé et licencié, s'en sert agréablement. Il aime les voyages; il en a l'entrain et comme l'essor. Tous les ans, au mois de mai, il part avec le printemps et s'en va *conférer* en Belgique et jusqu'en Hollande. Puis, l'hiver, il continue ici, et durant six mois, du 15 novembre au 15 mai, il défraye les cours de la rue de la Paix. Voilà quatre ans (la cinquième année va commencer) qu'il y parle à poste fixe tous les mercredis durant la saison. On peut dire que, plus que personne, il a porté le poids de cet établissement libre et l'a soutenu de tout son effort.

Des divers ouvrages que M. Deschanel a publiés pendant son séjour en Belgique, ce qui est resté très-amusant à parcourir, c'est cette suite de jolies anthologies dans la collection Hetzel : *les Courtisanes grecques;* — l'*Histoire de la Conversation;* — *le Bien qu'on a dit des Femmes;* — *le Mal qu'on a dit des Femmes;* — *le Bien qu'on a dit de l'Amour;* — *le Mal qu'on a dit de l'Amour;* — *le Bien et le Mal qu'on a dits des Enfants.* Tous ces petits livres sont fort gentiment faits. L'ancien professeur de littérature grecque a trouvé, à tout moment, l'occasion d'utiliser et de monnayer la connaissance exacte qu'il a de l'Antiquité. On peut remarquer, comme un fait moral assez naturel et digne de la race d'Adam, que *le Mal qu'on a dit des Femmes* a eu jusqu'à six éditions à 3,000 exemplaires, tandis que *le Bien qu'on a dit* d'elles n'en a eu que quatre à grand'peine. Un bon juge me signale comme une suite de pages charmantes le début du *Bien et du Mal qu'on a dits des Enfants*. En voici quelques passages, quelques versets ou *couplets*, c'est bien le mot ; l'auteur, tout récemment alors époux et père, y chantait ses délices nouvelles et ses joies :

« Si vous n'avez pas d'enfants, ayez-en d'abord ; ensuite vous lirez la première partie de ce livre.

« Si vous avez un enfant, ne la lisez que quand il dormira.

« Tant qu'il sera éveillé et près de vous, regardez-le. Ses yeux vous en diront plus que ces pages, dans lesquelles cependant j'ai recueilli pour vous la fleur de l'âme des plus doux génies.

« Le visage de votre enfant! spectacle d'un intérêt inépuisable!... Vos yeux ne peuvent se détacher des siens. Le charme, loin de diminuer, va toujours croissant. Chaque jour développe en lui de nouvelles grâces.

« Aussi chaque jour, désormais, et chaque semaine, et chaque mois, et chaque année, sont-ils les bienvenus.

« On compte le temps d'une autre manière qu'auparavant. Toutes ces heures et toutes ces années, vous ne voyez plus qu'elles vous font vieillir, vous voyez qu'elles le font grandir.

« D'ailleurs, vous ne vieillissez plus ; au contraire, vous rajeunissez. L'enfant vous ôte les années qu'il prend.

« Toutes les tristesses de votre cœur se dissipent à ses regards, comme les neiges au soleil. Votre âme se fond à son sourire.

« Ses yeux, brillants de gaieté, — la gaieté de vivre, — éclairent autour de vous toutes choses, même une chambre d'exil.

« Lorsque l'enfant rit, le ciel rit : tout est sérénité, lumière, joie. On devient calme, on devient fort, on devient bon, on devient inébranlable dans la justice, on devient plein de bienveillance et d'amour.

. . . .

« Le regard de l'enfant guérit toutes vos plaies.

« Les petites mains de l'enfant soulèvent le poids sous lequel votre cœur était accablé. Elles l'emportent, sans le savoir, en se jouant. Une seule de leurs mignonnes caresses apaise la sourde blessure.

« Lorsque vous portez votre enfant, — doux fardeau qui vous rend léger ! — il met ses petits bras autour de vous; c'est lui qui vous porte.

« Il vous enlève dans les espaces bleus de l'espérance, au-dessus des nuages, au-dessus des douleurs.

« Enfant ! source de consolation, de joie, de vie ! On lui donne la naissance, et il vous la rend ; car il fait renaître votre âme de ses cendres, de ses débris...

« Il la ranime, il la recrée, il la transporte... Avec ses petits cris d'oiseau joyeux, il semble lui donner des ailes.

« Profond mystère, féconde joie, réciprocité de la vie : le fils régénère le père et la mère, il les crée à son tour !

. . . .

« Les autres bonheurs passent vite ; les moins fugitifs s'usent avec le temps et se déflorent par l'habitude. Celui-là seul se développe sans cesse et fleurit toujours.

« Dès le matin, l'enfant s'éveille, comme l'oiseau, sitôt que le jour luit. Lorsqu'on vous l'apporte sur votre lit, c'est la joie qu'on vous apporte.

« Lui, coquettement, se laisse adorer : il reçoit toutes les caresses et en rend très-peu. Cela lui est dû, il le sait. Qu'avez-vous à regretter là ? Vous fûtes adoré ainsi, et vous fîtes de même. Chacun à son tour.

« Lorsque l'enfant s'est endormi au sein et se réveille ivre de lait, lorsqu'il ouvre les yeux en souriant, tiède et moite dans le coin du bras qui lui sert de nid, rose de la chaleur maternelle, et rose surtout d'une joue, de la joue qui touchait le sein, comme la pêche du côté du soleil, ah! dites, vous qui l'avez vu, quelle est la pêche, quelle est la rose, quel est le fruit, quelle est la fleur qui ne lui cède pas en beauté?

« Dire qu'il existe sous le ciel des gens qui s'adonnent avec passion à l'horticulture, qui aiment les fleurs jusqu'à la manie, et qui n'aiment point les enfants! — les enfants, ces fleurs douées d'intelligence, ces fleurs dont le parfum s'appelle amour!

L'enfant est notre seconde innocence, notre *vita nuova!* »

Il faut, même quand on est célibataire, opposer ces images riantes comme contre-partie aux *Enfants terribles*. La vérité est sans doute entre les deux : ni anges ni démons. Mais M. Deschanel, en célébrant, selon le goût du siècle, qui en cela va un peu loin, l'amour et l'adoration des parents pour les enfants, insiste avec raison sur une idée des plus vraies : c'est une bonne habitude morale d'avoir près de soi quelqu'un qu'on aime mieux que soi.

L'auteur ou compilateur de ce joli petit livre ne saurait être un matérialiste bien dangereux : aussi ne l'est-il pas.

III.

Dans son livre de la méthode physiologique ou naturelle appliquée à la critique littéraire, M. Deschanel prétend simplement que dans toute œuvre d'écrivain, dans toute production un peu considérable, il y a lieu d'étudier et de noter les influences du sang, de la parenté, de la famille, de la race, du sol, du climat. Dans cet énoncé général, la proposition paraît si simple qu'on se demande peut-être ce qu'elle a de nouveau. Il y a longtemps qu'on a remarqué que Montaigne et Montesquieu sont Gascons, et que La Fontaine est Champenois. Ce qui est nouveau, c'est lorsqu'on le peut, et autant qu'on le peut, de démêler attentivement ces diverses influences, d'en relever la trace ou d'en suivre les reflets à travers les œuvres, et d'y joindre toutes les indications puisées dans la vie, dans la destinée, dans le caractère, l'humeur, la complexion et le tempérament de l'écrivain. De même que La Bruyère a peint des caractères moraux qui font type, on arriverait ainsi à tracer quantité de portraits-caractères des grands écrivains, à reconnaître leur diversité, leur parenté, leurs signes éminemment distinctifs, à former des groupes, à répandre enfin dans cette infinie variété de la biographie littéraire quelque chose de la vue lumineuse et de l'ordre qui préside à la distribution des familles naturelles en botanique et en zoographie. Le livre de M. Deschanel aidera à cette œuvre dont l'idée est toute moderne ; il s'est plu à rassembler dans son volume les exemples les plus saillants à l'appui de sa thèse, en même temps que les témoignages et les textes qui la favorisent. Il a peut-être, dans ses citations, sacrifié un peu à l'agrément et à la variété; et je dirais que la précision y perd, si l'on était dans un livre de science pure. Mais c'est de littérature après tout qu'il s'agit, et M. Deschanel a voulu exciter et agiter des idées plus encore que tirer des conclusions rigoureuses.

Il a rencontré des contradictions de deux sortes. On lui a opposé, d'une part, qu'il disait des choses trop évidentes et qui étaient tout accordées, et de l'autre, qu'il en demandait d'impossibles, en croyant pouvoir saisir et dérober le secret du génie, et en voulant suppléer au sens indéfinissable du goût. Je suis à table, je goûte d'un mets, je goûte un fruit : faut-il donc tant de façons pour dire : Cela est bon, cela est mauvais? Et l'on a cité des exemples sensibles et les mieux choisis prouvant l'inutilité de tant de recherches pour jouir et pour goûter.

A cela je réponds, car la thèse de M. Deschanel est en grande partie la mienne : prétendre qu'un lecteur ne doit être, à l'égard des livres anciens ou nouveaux, que comme le convive pour le fruit qu'on lui offre et qu'il trouve bon ou mauvais, qu'il savoure ou qu'il rejette sans en connaître la nature ni la provenance, c'est trop nous traiter en gens paresseux et délicats. Sans être précisément le jardinier en même temps que le convive, il est bon d'avoir, au sujet du fruit qu'on goûte, le plus de notions possible, surtout si l'on a charge bientôt soi-même de le servir et de le présenter aux autres. En un mot, le goût seul ne suffit plus désormais, et il est bon qu'il y ait la connaissance et l'intelligence des choses.

J'accepte les exemples qu'on m'offre : *Paul et Virginie, Manon Lescaut, l'Imitation.* Est-ce que vous croyez que la connaissance de la vie, des voyages, des romans en Pologne, des chimères et des rêves de Bernardin de Saint-Pierre, est inutile à l'intelligence complète de son pur chef-d'œuvre, et à son explication satisfaisante sur tous les points? Je ne le savoure pas moins, je ne l'en savoure que mieux, quand je me rends compte de sa composition à jamais heureuse. J'ai vu l'abeille au travail ; son miel ne m'en est pas moins doux, et il m'en paraît plus savant. — Est-ce que la vie errante, entraînée, fragile, nécessiteuse, besogneuse, peu digne et cependant toujours pardonnée, de l'abbé Prévost, ne me dispose pas à mieux sentir son passionné chef-d'œuvre et à l'absoudre même, si quelque scrupule me venait par endroits en le lisant? — Quant à *l'Imitation,* je l'ai beaucoup lue et goûtée, mais il ne nuirait nullement à mon amour pour cet admirable petit livre de savoir quand, comment il est né, dans quelle cellule, sous quelle lampe du soir ou quelle étoile du matin. Il renferme des obscurités, des énigmes pour moi dans plusieurs de ses parties, et ce n'est qu'à celles où le cœur suffit pour tout entendre que je m'adresse et que je reviens sans cesse.

Mais il y a autre chose que ces charmants petits

livres et que ces élixirs de perfection. Je nie que pour les grandes œuvres du passé, Homère, Dante, Shakspeare, je nie absolument qu'on les puisse bien comprendre, et par conséquent bien goûter, sans des études fort longues et où la méthode a sa grande part. Voyez, rappelez-vous ce qui est arrivé. Les faits parlent, et l'histoire littéraire est là. A mesure qu'on s'est éloigné d'Homère, on l'a pris tout à faux ; on a vu chez lui un auteur, un homme qui a composé un poëme d'après un plan régulier, et là-dessus on s'est mis à raisonner, à inventer des beautés qui n'en sont pas, des explications subtiles dont on a fait des lois. Sans doute les très-belles et touchantes parties, les endroits pathétiques et pleins de larmes, les adieux d'Hector et d'Andromaque, les douleurs de Priam, étaient sentis ; mais tout ce qui tenait aux mœurs, à la sauvagerie d'alors, à la naïveté et à la crudité des passions et du langage, échappait ou s'éludait grâce aux commentateurs ou traducteurs, et se défigurait vraiment à travers l'admiration des Eustathe et des Dacier.

Pour Dante, c'est plus voisin de nous et plus frappant encore ; il a fallu le déchiffrer, l'épeler livre à livre ; on s'en tenait d'abord à l'*Enfer*. Ce n'est que lorsqu'on a pénétré le Moyen-Age, sa philosophie, sa théologie, sa dialectique, son idéal amoureux ; ce n'est que lorsqu'on a aussi connu à fond la vie politique et poétique de Dante, qu'on a marché d'un pas plus sûr à travers les cercles et tout le labyrinthe du mystérieux poëme, et qu'on a conquis, pour ainsi dire, l'admiration. Les Fauriel, les Ozanam et tant d'autres vaillants pionniers y ont sué sang et eau sous nos yeux et ont dû y mettre la hache et la cognée pour nous frayer la route jusqu'à ce divin *Paradis*. — Et Shakspeare donc, est-ce qu'il n'en a pas été ainsi, et par combien de phases ou de degrés n'a-t-on pas eu à passer à son égard? Est-ce que cela a nui à la pleine intelligence de son génie, de mieux connaître toute la littérature et le théâtre de son temps, ce mélange de subtilités et de violences, et de pouvoir le comparer avec les autres auteurs de cette forte couvée dramatique dont il est l'aigle et le roi? Si je parlais à des Anglais je dirais : Est-ce que, pour le sentiment et la dégustation parfaite de Shakspeare, Charles Lamb n'est pas en progrès sur Pope? — Eh! encore une fois, sans doute, il est certaines beautés naturelles, simples, éternelles, de ces grands peintres du cœur humain, qui ont été senties de tout temps; mais, dans les intervalles et pour l'ensemble de l'œuvre, que de restrictions, que de méprises, que de blâmes ou d'admirations à côté, avant que la critique historique fût venue pour éclairer les époques, les mœurs, le procédé de composition et de formation, tout le fond et les alentours de la société au sein de laquelle se produisirent ces grands monuments littéraires!

Vous me direz, et je le sais, je l'accorderai aussi, qu'on a abusé bientôt, qu'on a exagéré et outré, qu'on a raffiné dans un autre sens. La critique littéraire ne saurait devenir une science toute positive; elle restera un art, et un art très-délicat dans la main de ceux qui sauront s'en servir; mais cet art profitera et a déjà profité de toutes les inductions de la science et de toutes les acquisitions de l'histoire.

Oh! qu'on voit bien, dirai-je à mon tour au spirituel Horace de Lagardie — car c'est bien un peu à lui que je pense en ce moment (1), — qu'on voit bien, en vous lisant, Monsieur, que vous êtes une femme d'esprit, mais aussi que vous n'êtes des nôtres que par le piquant, la vivacité et le tour, par bien des qualités qu'on vous envie, et que vous n'en avez pas été de tout temps! vous n'avez pas assisté à nos tâtonnements et à nos luttes; vous n'avez pas vu, pour ne parler que d'une branche, les progrès de la notice littéraire, son enfance, ses essais timides, son bégayement, sa lente croissance. Il fut un temps où la Notice de Suard sur La Rochefoucauld était le chef-d'œuvre et le *nec plus ultra* du genre. Je n'en médis pas et ne déprécie rien, mais on a bien fait de ne pas se tenir à ce goût-là si vite contenté, si promptement dégoûté.

Je maintiens donc, avec quelques-uns de mes confrères d'aujourd'hui, qu'il y a de certaines règles pour *faire le siège* d'un écrivain et de tout personnage célèbre; s'il est mieux de les dissimuler et d'en dérober aux yeux l'appareil, il est bon toujours et essentiel de les suivre. Nous avons vu, dans la personne de M. Villemain, le goût même à l'œuvre sur Cromwell, sur Milton. A-t-il tout dit, a-t-il pénétré jusqu'aux entrailles? Le goût seul ne dispense pas des méthodes armées et précises.

(1) Voir dans le journal *le Temps*, du 5 juin 1864, un article signé *Horace de Lagardie,* sur le livre de M. Deschanel.

Et pourtant je sens la force ou plutôt l'agrément des raisons qu'on m'oppose; je le sens si bien, que je suis tenté parfois de m'y associer et de pousser aussi mon léger soupir; tout en marchant vers l'avenir, je suis tout prêt cependant, pour peu que j'y songe, à faire, moi aussi, ma dernière complainte au passé en m'écriant :

Où est-il le temps où, quand on lisait un livre, eût-on été soi-même un auteur et un homme du métier, on n'y mettait pas tant de raisonnements et de façons; où l'impression de la lecture venait doucement vous prendre et vous saisir, comme au spectacle la pièce qu'on joue prend et intéresse l'amateur commodément assis dans sa stalle; où on lisait Anciens et Modernes couché sur son lit de repos comme Horace pendant la canicule, ou étendu sur son sofa comme Gray, en se disant qu'on avait mieux que les joies du Paradis ou de l'Olympe; le temps où l'on se promenait à l'ombre en lisant, comme ce respectable Hollandais qui ne concevait pas, disait-il, de plus grand bonheur ici-bas à l'âge de cinquante ans que de marcher lentement dans une belle campagne, un livre à la main, et en le fermant quelquefois, sans passion, sans désir, tout à la réflexion de la pensée; le temps où, comme *le Liseur* de Meissonier, dans sa chambre solitaire, une après-midi de dimanche, près de la fenêtre ouverte qu'encadre le chèvrefeuille, on lisait un livre unique et chéri? Heureux âge, où est-il? et que rien n'y ressemble moins que d'être toujours sur les épines comme aujourd'hui en lisant, que de prendre garde à chaque pas, de se questionner sans cesse, de se demander si c'est le bon texte, s'il n'y a pas altération, si l'auteur qu'on goûte n'a pas pris cela ailleurs, s'il a copié la réalité ou s'il a inventé, s'il est bien original et comment, s'il a été fidèle à sa nature, à sa race... et mille autres questions qui gâtent le plaisir, engendrent le doute, vous font gratter votre front, vous obligent à monter à votre bibliothèque, à grimper aux plus hauts rayons, à remuer tous vos livres, à consulter, à compulser, à redevenir un travailleur et un ouvrier enfin, au lieu d'un voluptueux et d'un délicat qui respirait l'esprit des choses et n'en prenait que ce qu'il en faut pour s'y délecter et s'y complaire ! Épicurisme du goût, à jamais perdu, je le crains, interdit désormais du moins à tout critique, religion dernière de ceux même qui n'avaient plus que celle-là, dernier honneur et dernière vertu des Hamilton et des Pétrone, comme je te comprends, comme je te regrette, même en te combattant, même en t'abjurant (1) !

(1) Cet article sur le livre de M. Deschanel a paru un peu insuffisant aux amis de l'auteur et peut-être à l'auteur lui-même. Il est difficile de doser à point la louange, quand on tient à ne pas excéder la vérité. Heureusement MM. Ratisbonne et Young, dans deux articles spirituels du *Journal des Débats* (20 novembre 1864 et 7 décembre 1865), ont ajouté les quelques grains que je n'avais pas mis. M. Young, notamment, a pensé que le mot d'ἀπόστολος, appliqué à M. Deschanel, lui faisait un peu tort, parce que ἀπόστολος, au sens primitif, signifie un *envoyé,* et que M. Deschanel, quand il va de ville en ville et de pays en pays propager le goût des conférences, n'est l'envoyé de personne et ne tient sa mission que de lui-même. Je ne croyais pas que le mot d'*apôtre*, appliqué à un littérateur, fût une diminution de son rôle ; mais j'accorde

très-volontiers que M. Deschanel est « le *conférencier* par excellence, » qu'il a créé ce genre ou, qui mieux est, cette profession, l'un des premiers, et avant qu'elle fût de mode. Il y a mis tout son fonds varié de connaissances et y a tourné tout son talent.

Lundi 14 novembre 1864.

MÉDITATIONS

SUR

L'ESSENCE DE LA RELIGION CHRÉTIENNE

PAR M. GUIZOT (1).

I.

M. Guizot, dans le calme et la dignité de sa retraite, continue de régler sur tous les points les affaires de sa pensée et de sa conscience. Cet esprit ferme, qui n'a jamais connu la défaillance et que l'âge a respecté dans l'intégrité de sa nature, ne peut supporter l'idée que sa ligne morale, politique, historique, religieuse, reste entamée et rompue sans qu'il y ait de sa part réponse et riposte, réparation à la brèche ou même une dernière sortie vigoureuse. En même temps qu'il vaque à l'achè-

(1) Un vol. in-8°; Michel Lévy.

vement de ses Mémoires, à son apologie politique et à la défense de la cause moyenne et restreinte qu'il a si éloquemment soutenue, il revient sur les points essentiels de son dogme en religion, en morale, et les voyant ébranlés par des attaques nouvelles, multipliées, audacieuses ou masquées, ouvertes ou sourdes, il y remet la main pour en raffermir l'idée et la certitude dans les esprits. Il monte aujourd'hui dans la chaire évangélique comme autrefois il montait à la tribune, et devant les centres chrétiens, vacillants et troublés, que peuvent inquiéter en effet des menaces ou des promesses de tant de sortes, il pose de nouveau les principes, écarte d'un geste les difficultés inutiles, les tranche, indique les points de ralliement sûrs, les phares uniques et les seuls lumineux; il résume, il récapitule, il coupe court aux idées vagues, aux illusions dites positives, aux *aspirations* vers tout avenir qui n'est pas le sien, et, selon une expression heureuse (1), il dit à la critique et à la science, comme autrefois à la démocratie et à la Révolution : « Tu iras jusque-là, tu n'iras pas plus loin. » Ses contradicteurs, cette fois, ne s'appellent plus Thiers, Berryer, Odilon Barrot, Duvergier de Hauranne, Garnier-Pagès, Billault, Émile de Girardin : ce sont les Darwin, les Littré, les Renan, les Scherer, etc. Il les combat, il les réfute; il évoque contre eux, de même qu'il le faisait contre les précédents adversaires, et sous une forme à peine différente, le péril de la ruine sociale, le spectre du néant, de l'athéisme, son

(1) Article de M. E. Boutmy dans *la Presse*, du 27 août 1864.

incompatibilité profonde avec l'esprit humain, avec la société humaine, l'abîme de l'irresponsabilité morale où tomberaient les âmes...; en un mot, la fin du monde civilisé, tel qu'il a été jusqu'ici conçu et qu'il a existé depuis la première cité et le premier autel.

Les chapitres principaux de ce livre, qui n'est qu'une première partie, roulent sur les problèmes naturels, c'est-à-dire sur les questions inévitables et troublantes que se posent à eux-mêmes les hommes, à la différence des autres animaux; questions instinctives, opiniâtres, toujours renaissantes, qu'on ne saurait éluder ni supprimer : la négation n'en est pas possible, quoique l'école *positiviste,* du moins une certaine branche de cette école, la proclame et l'établisse au point de départ et qu'elle interdise à l'esprit de vaguer inutilement de ce côté. A ces questions de première nécessité, la religion chrétienne a des réponses, les meilleures réponses, les plus nettes, et M. Guizot se prononce décisivement en faveur de celles-ci : « Pour moi, dit-il, arrivé au terme
« d'une longue vie pleine de travail, de réflexions et
« d'épreuves, d'épreuves dans la pensée comme dans
« l'action, je demeure convaincu que les dogmes chré-
« tiens sont les légitimes et efficaces solutions des pro-
« blèmes religieux naturels que l'homme porte en lui-
« même, et auxquels il ne saurait échapper. »

L'auteur, ou plutôt le penseur chrétien, ne s'arrête point, dans les *Méditations* qu'il nous offre aujourd'hui, à ce qui divise entre eux les chrétiens des diverses communions; il ne s'attache en ce moment qu'aux dogmes fondamentaux dont la suite exacte et l'enchaînement satisfait aux doutes qui agitent l'âme humaine, dès qu'elle se recueille et s'interroge à la manière de Pascal. Et d'abord : comment l'homme est-il venu sur la terre, et d'où ? Les savants cherchent, observent, conçoivent, conjecturent, induisent ; le chrétien tranche, et, en vertu du livre révélé, il répond que Dieu un jour a créé la terre, et puis l'homme. La *création* du monde et de l'homme, voilà la réponse chrétienne, et non pas l'éternité du monde, c'est-à-dire sa formation et ensuite sa transformation (une première matière étant donnée) en vertu de lois naturelles, éternellement existantes, constantes même dans leur infinie progression et ne dérivant que de soi. S'emparant des doutes de la science, des incertitudes qui semblent la partager encore, se donnant pour auxiliaires les illustres naturalistes qui, soit par conviction, soit par prudence, ont biaisé ou qui même ont nié absolument la réalité et la possibilité de la transformation des espèces, M. Guizot triomphe et dégage le dogme de la création de toutes les difficultés et les obscurités dont on voudrait l'environner : ce premier miracle lui paraît plus simple, plus clair que tant d'essais d'explications encore confuses et incompréhensibles ; il l'élève au-dessus de toute attaque, dit-il, à sa hauteur propre et isolée ; il le voit jaillir comme une cime rayonnante du sein des vapeurs mêmes et des nuages bibliques, et il en fait le sommet culminant de sa théologie et de sa foi.

Ce point donné, tous les autres suivent, pour peu qu'on soit logique et conséquent. Il est bien clair que Dieu, ayant créé la terre et l'homme tout exprès, et l'un pour l'autre, n'a point dû laisser ce dernier à l'aventure ni dans l'embarras. « Le Dieu qui crée est aussi le Dieu qui conserve, » le Dieu qui surveille, le Dieu qui guide. Voltaire, avec son Dieu qui crée l'homme et le laisse faire ensuite comme le plus méchant des singes, exposé d'ailleurs à tous les hasards et à tous les fléaux, Voltaire est inconséquent, et son déisme ne porte sur rien. Il devait aller au moins jusqu'à Jean-Jacques, sinon rétrograder jusqu'à Diderot. Qui dit Dieu créateur, en effet, dit *père,* et par conséquent un Dieu qu'on prie. La prière une fois admise et reconnue pour efficace et légitime, la religion existe : Dieu et l'homme sont unis par un lien. Mais la nature, avec ses lois établies, cède-t-elle quelquefois devant la prière? déroge-t-elle, par exception, à sa régularité? le peut-elle en vertu d'une soudaine retouche, et sous la main même qui l'avait primordialement réglée?... Vous êtes bien curieux, ô homme; ayez foi et confiance! c'est l'affaire de Dieu d'arranger tout cela; si les lois de la nature ne sont que sa volonté permanente et comme son souffle infus et continuel, il saura bien tout concilier, tout infléchir, s'il le faut, sans rien briser, tout faire arriver à bon port comme le plus habile des pilotes; car il est à la fois le pilote et le constructeur du navire, et le maître des vents et celui des flots : il a tout prévu.

Je ne suivrai pas M. Guizot dans sa déduction entière des dogmes, mais on la voit d'ici. Il a besoin de la chute et du *péché originel,* pour expliquer le mauvais instinct de l'homme, son penchant obstiné à la désobéissance, et aussi le vague sentiment, le souvenir comme héréditaire d'un premier âge antérieur d'innocence et de félicité. Ici il y a un pont plus mince, plus long, plus suspendu, à franchir; on est entouré d'abîmes, pour peu qu'on regarde à droite ou à gauche (liberté, fatalité, prédestination, prescience divine, responsabilité humaine); le pont tremble sous vos pieds; mais enfin il est jeté, il est franchi; M. Guizot l'a traversé d'un pas rapide et résolu. Ce grand pas fait, le reste découle : à la chute il faut une réparation. Jésus-Christ est annoncé, il est attendu : il paraît. Le Dieu selon la Bible se complète, se corrige, s'attendrit, s'abaisse, s'humanise, se civilise, si j'ose dire, se met à la portée de tous les hommes et de toutes les races par le Dieu selon l'Évangile.

La religion professée dans ce livre par M. Guizot est simple : elle ne heurte aucune des communions chrétiennes, elle s'accommode de toutes; elle s'en passe aussi jusqu'à un certain point. C'est le christianisme de Channing, de Chalmers, sans aucune marque calviniste expresse : il a réduit le christianisme à ses éléments les plus simples, les plus essentiels; mais il lui garde expressément son caractère divin, surnaturel; il le laisse entouré et glorifié des prophéties, prises au vrai sens, et des miracles; il ne souffre aucune amphibologie sur la personne même du Christ, il voit en lui l'homme-Dieu et ne permet point qu'à cette nature divine on substitue, à aucun degré, le plus sage, le plus saint, et fût-ce même le plus divin des hommes. Le socinianisme, sous sa forme moderne la plus mystique, ne l'abuse pas. On n'a droit à ses yeux de se dire chrétien qu'à bon escient. M. Guizot n'aurait qu'un pas de plus à faire, et il rejoindrait exactement un des plus respectables et des plus savants prélats de l'Église française, j'aurais dit autrefois de l'Église gallicane, Mgr Maret, évêque de Sura, dans le discours qu'il a prononcé à Notre-Dame en juin dernier sur l'*Antichristianisme* (1). M. Maret pense comme M. Guizot que, si l'on refuse au christianisme sa sanction miraculeuse, sa divinité, c'est-à-dire sa sincérité même et sa loyauté originelle, de telles négations vont plus loin encore et s'attaquent à autre chose qu'à Jésus-Christ en personne; elles mettent en question tout l'édifice moral du monde dès le commencement: « Elles ne peuvent se concilier, dit-il, avec le gouvernement d'une Providence sage et bonne qui n'a pu permettre que la plus sublime sagesse fût révélée au monde dans la folie la plus méprisable, et la plus haute perfection dans la fourberie la plus repoussante. Il faut donc nier la Providence, il faut nier Dieu lui-même, » qui n'aurait pu vouloir duper l'homme à ce point. Mais ce même genre de raisonnement (remarquez-le), pour peu qu'on le presse, ne mène pas seulement au christianisme, il mène au catholicisme tout droit, au moins durant bon nombre de siècles. Il ne peut y avoir eu un tel *quiproquo* dans l'établissement du christianisme, et je dirai également, du catholicisme, sa forme unique, sa forme organique et manifeste avant et durant tout le

---

(1) *L'Antichristianisme*, discours prononcé dans l'église métropolitaine de Paris pendant l'octave de la dédicace de cette basilique, le 4 juin 1864, par Mgr l'évêque de Sura, doyen de la Faculté de théologie; Paris, Douniol, rue de Tournon, 29.

Moyen-Âge et encore depuis, sans faire injure à la Providence elle-même qui aurait tendu là un singulier piége et préparé un leurre magnifique à l'esprit humain, à la piété confiante des fidèles. La méthode de raisonner, d'ailleurs, du savant prélat et celle de M. Guizot se rapprochent fort et tendent à se confondre. C'est surtout dans le tableau de ce que deviendrait la société dénuée de religion et livrée en proie aux doctrines contraires, que l'orateur sacré puise ses principaux arguments. M. Guizot procède de même. Il a en lui certainement un principe de foi ; il a sucé dès l'enfance une croyance, il ne s'en est jamais complétement sevré ou guéri ; il y revient avec bonheur, et il aime, comme Royer-Collard, à rentrer plus strictement dans l'ordre et dans la règle en vieillissant. Il se souvient, après tout, qu'il est de la race des justes. Je crois voir encore (et de ceux qui ont eu l'honneur de la voir une seule fois, quel est celui qui peut l'avoir oubliée ?) sa vénérable mère dans cette mise antique et simple, avec cette physionomie forte et profonde, tendrement austère, qui me rappelait celle des mères de Port-Royal, et telle qu'à défaut d'un Philippe de Champagne, un peintre des plus délicats nous l'a rendue ; cette mère du temps des Cévennes, à laquelle il resta jusqu'à la fin le fils le plus déférent et le plus soumis, celle à laquelle, adolescent, il avait adressé une admirable lettre à l'époque de sa première communion dans la Suisse française (1) ; je la crois voir encore en ce salon du minis-

---

(1) J'ai lu autrefois cette lettre manuscrite qui s'était conservée parmi quelques personnes du canton de Vaud, et qu'on citait

tre où elle ne faisait que passer, et où elle représentait la foi, la simplicité, les vertus subsistantes de la persécution et du désert : M. Guizot a recueilli et reconquis, on le sent, toute cette piété filiale et maternelle avec les années ; mais de plus, et en dehors du sentiment pur, sa raison et sa prudence interviennent à tout instant pour compléter son principe de foi, pour l'appuyer et le corroborer par de puissantes considérations politiques et sociales :

« Y a-t-on bien pensé ? s'écrie-t-il ; se figure-t-on ce que deviendraient l'homme, les hommes, l'âme humaine et les sociétés humaines, si la religion y était effectivement abolie, si la foi religieuse en disparaissait réellement? Je ne veux pas me répandre en complaintes morales et en pressentiments sinistres ; mais je n'hésite pas à affirmer qu'il n'y a point d'imagination qui puisse se représenter avec une vérité suffisante ce qui arriverait en nous et autour de nous si la place qu'y tiennent les croyances chrétiennes se trouvait tout à coup vide, et leur empire anéanti. Personne ne saurait dire à quel degré d'abaissement et de déréglement tomberait l'humanité. C'est pourtant là ce qui serait, si toute foi au surnaturel s'éteignait dans les âmes, si les hommes n'avaient plus, dans l'ordre surnaturel, ni confiance ni espérance...

« L'histoire naturelle, dit-il encore, est toute la science des époques matérialistes et, pour le dire en passant, c'est là que nous en sommes. Mais le matérialisme n'est pas le dernier mot du genre humain. Corrompue et affaiblie, la société s'écroule dans d'immenses catastrophes ; la herse de fer des révolutions brise les hommes comme les mottes d'un champ ;

comme un monument de foi et un témoignage de grave jeunesse. Pourquoi ne la retrouvé-je pas dans les premières pages des *Mémoires* de M. Guizot? Il ne devrait pas la laisser perdre.

dans les sillons sanglants germent des générations nouvelles;
l'âme éplorée croit de nouveau, etc... »

En présence de semblables pronostics, dans la bouche d'hommes aussi respectés, toute discussion devient difficile ou, pour mieux dire, elle est impossible ; et, pour concilier à mon tour ma sincérité avec les convenances, je ne trouve rien de mieux que de venir montrer, ne serait-ce que comme preuve à l'appui de la thèse de M. Guizot, le portrait d'un philosophe pur, d'un savant et d'un critique de bonne foi qui ne recule devant aucun problème, devant aucune solution, devant aucune absence de solution. Le portrait ne sera ni flatté ni noirci : je tâcherai seulement qu'il soit fidèle, et qu'il exprime la parfaite idée de l'esprit critique en ces matières, tel que je le conçois.

II.

Et d'abord ce philosophe, cet investigateur des grands problèmes vit seul, sans famille, sans enfants, dans une chambre ou deux, à un étage supérieur où les bruits de la rue n'arrivent pas; il habite assez près des toits, comme le philosophe de La Bruyère.

Chimiste ou astronome, ou critique polyglotte, aimant à se poser toutes les questions, il agite surtout celle qui est la principale aujourd'hui et sur laquelle l'effort des esprits élevés est le plus grand, la question des origines. D'où l'homme, d'où la planète, d'où ce système solaire tout entier, qui est le nôtre, sort-il et vient-il, et comment les choses se sont-elles formées? Par quel mouvement continué durant des milliers et des millions de siècles un fragment, un tourbillon de la substance universelle est-il devenu le commencement de ce que nous voyons? Pourquoi le premier noyau, qui impliquait et enfermait déjà tous les germes à venir? Comment les eaux, les mers et cette vie immense qui y flotte, plus aveugle, plus sourde, plus disséminée qu'ailleurs? Pourquoi l'herbe un jour? Pourquoi et comment l'animal terrestre, l'habitant des airs, la faune première? Pourquoi l'homme, ou une première succession de races diverses, variées, graduées, déjà humaines?

Et lorsque après une période, une série de périodes incommensurables, l'homme paraît, quel était cet homme d'abord? Combien misérable, combien désarmé! et par quelle suite laborieuse et lente d'inventions, de hasards heureux, d'industrie et de luttes, par quelles horribles scènes d'entre-mangeries et de massacres, il a dû commencer à se frayer la route, à déblayer et à marquer sa place sur cette terre humide encore et à peine habitable, dont il sera un jour le roi! O mes parents pauvres de ces tout premiers temps du monde, de ces âges sans nom et si obscurément prolongés, je ne rougis pas de vous! On en est sorti enfin : les cités commencent; on invente la justice; les premiers législateurs font parler les dieux. Des races choisies s'entretiennent, se cultivent, se dessinent hardiment, héroïquement, sous le soleil.

Le savant étudie tout; il cherche; il recueille les moindres vestiges, ceux que procurent de temps en temps des fouilles heureuses, des trouvailles fortuites et qui pouvaient aussi bien ne pas se rencontrer. Sa pensée va plus loin, mais il ne s'y livre point avec trop de promptitude, il ne s'y obstine pas : il sait que rien n'est sûr, qu'indépendamment de la rareté de ces débris qui peuvent sembler les témoins d'un des états du monde disparus, sa pensée à lui-même est un instrument bien imparfait, qu'il lui suffirait d'un sens de plus ou de moins, ou du moindre degré changé dans la perspicacité de l'un des cinq sens, pour que tout lui parût sous un jour tout autre. Il ne se hâte donc point de conclure; et ce qui l'intéresse si fort, ce qui est son histoire, celle de ses semblables, le secret de son existence et de la leur, et de toute sa destinée, il se résigne à ne le conjecturer que modestement, sans rien affirmer d'absolu aux autres, sans rien s'affirmer à lui-même.

Pour sa peine, vous l'appelez sceptique : ne croyez pas l'humilier. Qui dit *sceptique* ne dit pas qui doute, mais qui examine. Il examine tout et n'est disposé à trancher sur rien. Jamais il ne tirera la barre après lui.

Ses recherches les plus profondes, les plus heureuses, ses découvertes même, s'il en fait, il sait que c'est si peu de chose; que d'autres avant lui ont cherché et découvert, et que de loin tout cela fait à peine un anneau distinct dans la chaîne, si courte pourtant, et d'hier seulement renouée, des connaissances humaines. Ce qu'il ambitionnerait le plus de connaître, il ne le saura jamais; d'autres le sauront après lui, et ceux-ci, à leur tour, ambitionneront un terme plus éloigné qu'ils n'atteindront pas. Tant qu'il y aura des hommes sur la terre, on cherchera ainsi toujours, et le dernier mot, reculant sans cesse, ne se trouvera jamais.

Mais savez-vous bien que ce n'est pas là un état agréable? me dira-t-on. — Et qui vous a dit que ce fût un état agréable? Aussi vous ai-je prévenu que mon savant vit seul; il n'a pas d'enfants autour de lui qui l'interrogent et auxquels il faut faire une réponse à tout, une réponse quelconque, car ils en veulent une; il n'a pas à parler non plus à ces hommes réunis qui sont plus ou moins comme des enfants; il cause avec quelques amis, avec des chercheurs comme lui; ils se communiquent leurs doutes, leurs espérances hardies, leurs ambitions droites et sobres, leurs joies austères : il n'y a jamais place pour le sourire.

Mais au moral c'est bien pis, si vous le prenez par ce côté du sentiment. En étudiant et en voyant de près la nature, le savant a reconnu que la destruction est perpétuellement la loi et la condition de la vie, de sa croissance et de son progrès; les uns sont invariablement sacrifiés aux autres, sans quoi les autres ne prospèrent pas; la vie s'étage et s'édifie ainsi sur la mort même et sur de larges assises d'hécatombes; le faible est mangé par le fort : et cette dure nécessité se retrouve partout, dans l'histoire comme dans la nature; on la masque tant qu'on peut; mais regardez bien, elle dure encore. Et pour les individus aujourd'hui, et sous nos yeux, journellement, que voyons-nous? La société, en se perfectionnant, s'est faite protectrice, et elle a entouré de

6.

plus de soins et de plus de garanties la vie des hommes : la nature reste dure et implacable. Cet homme charmant et instruit, cette jeune fille aimable et belle, comme si une divinité jalouse les choisissait entre tous, sont impitoyablement frappés. Pourquoi l'un, au bras de sa jeune épouse, reçoit-il dans une promenade, en un jour de joie innocente, cette pierre à la tempe, ce coup de fronde aveugle qui le renverse et le laisse privé de sentiment? Pourquoi l'autre porte-t-elle dans sa poitrine ce gravier rongeur qui va croître, mûrir, se détacher comme le plus régulier des fruits, et l'enlever à toutes les affections qui l'entourent et aux plus doux des devoirs? Pourquoi? A cette vue, le sage, tel que je le dépeins, demeure attristé, non étonné, et ne sait point de réponse. Ne lui en demandez pas; il rougirait de se payer et de vous payer de ce qui n'est pour lui que sons et vains mots. Ah! si la personne atteinte d'un mal lent et mortel lui est particulièrement chère, il suit la mort dans ses progrès, il la voit venir à coup sûr, fatale, irrémédiable ; il sait le néant des illusions, des espérances ; il ne manque cependant à aucun des soins, à aucune des sollicitudes, tout en sachant et en se prédisant presque à heure fixe, et montre en main, le terme funèbre que tous ses soins ne reculeront pas.

Dans ses relations au dehors et pendant les intervalles de la science pure, il ne se contente pas de ne faire tort à personne ; s'il le peut, il fait le bien. Cherche-t-il la reconnaissance? l'attend-il? Ne sait-il pas aussi la loi des cœurs? Quelques-uns sont une exception heureuse; on les distingue, on les compte, la plupart, ni bons ni mauvais, à la merci des impressions, ont un premier mouvement naturel ; mais le temps, les années, les circonstances et les intérêts qui changent et s'éloignent, les changent aussi. Il y a des raisons et des excuses pour toutes les vicissitudes et les inconstances du sentiment.

Je n'ai pas fini : tout homme, par cela même qu'il vit, a une secrète horreur de l'anéantissement total ; on se donne le change comme on peut ; on veut au moins lutter contre l'oubli, laisser un souvenir, un nom. Le sage et le savant, tel que je le conçois, sait, hélas! trop bien que c'est là une dernière forme trompeuse, un dernier mirage que s'offre à elle-même et que projette devant elle l'imagination des hommes. Chaque être (et je parle des élus et des plus favorisés), dans cette série immense, innombrable, où il n'est qu'un atome de plus, a eu son jour, son heure d'éclosion brillante, son printemps sacré ; après quoi vient le déclin, et l'ombre et la nuit. Ceux qui se flattent de vivre dans l'histoire sont la plupart le jouet d'une sorte d'illusion subtile : à quelques siècles de distance, et quelquefois dès le lendemain, les noms mêmes, les grands noms réputés le plus immortels, ne signifient plus l'être d'autrefois, tel qu'il a réellement été, mais bien ce que le font à leur gré les fantaisies ou les intérêts bruyants des générations successives. A part un très-petit nombre, la presque totalité des noms, un moment célèbres, est vouée vite à un véritable oubli. Au lieu de vainqueurs qui courent le flambeau à la main, je ne vois que des naufragés qui se succèdent ; quelques-uns, en nageant, portent et soutiennent le plus loin qu'ils peuvent les survivants du précédent naufrage; mais eux-mêmes, après un certain temps d'effort, ils s'engloutissent et disparaissent avec leur fardeau.

Ce qu'on appelle instinct et qui semble à d'autres d'une portée infaillible ne trompe pas mon sage ; il y applique son analyse; il en démêle le principe et le jeu; il s'en rend compte d'après les lois de l'optique morale. Il sait que le cœur humain est un labyrinthe ainsi fait, et avec un écho si bien ménagé, qu'une seule et même voix peut se faire à elle-même la demande et la réponse. Il tient donc ces réponses pour de simples reflets de désirs, des répercussions et des réflexions du même au même, qui ne prouvent autre chose que le foyer intérieur d'où elles sont parties, et qui peuvent rester stériles comme tant de désirs.

Il est enclin à penser qu'il en est de l'humanité en masse comme de bien des hommes en particulier : elle voudrait bien se faire passer pour ce qu'elle n'est pas. Mais ce n'est pas une raison pour lui d'aller directement l'humilier et l'offenser; il convient d'être poli avec les hommes. Et puis il est bon d'aspirer à monter toujours plutôt qu'à descendre, pourvu que celui qui prêche aux autres l'élévation et le *sursum corda* commence par prêcher d'exemple.

Pour lui, prêcher n'est pas son fait. Il est bien plutôt occupé à rompre l'arrangement artificiel et les antithèses spécieuses qu'engendre la parole, pour se remettre sans cesse en présence de la vérité des objets et de la réalité nue. Soigneux d'échapper aux apparences trompeuses, il sait que le talent de la parole crée plus de choses encore qu'il n'en exprime. Le mot simule l'idée, et, s'il est brillant, il lui prête la vie. L'antique mythologie s'est peuplée tout entière de ces simulacres. Hier ce n'était qu'une métaphore, le lendemain c'était devenu une divinité. La piperie en ce genre n'a point cessé autant qu'on le croirait. Dans ce que nous lisons chaque matin, combien de fois la parole donne un corps à ce qui n'en a pas!

Le sage et le critique qui a d'avance purgé son esprit de toutes les idoles et de tous les fantômes se dit à lui-même et ces choses-là et beaucoup d'autres, et il ne continue pas moins, chaque jour et à chaque instant, de servir à sa manière l'avancement de l'espèce, d'étudier, de chercher le vrai, le vrai seul, de s'y tenir sans le forcer, sans l'exagérer, sans y ajouter, et en laissant subsister, à côté des points acquis, tous les vides et toutes les lacunes qu'il n'a pu combler. Aussi le répéterai-je encore, il vit pour le mieux en dehors des liens, exempt et affranchi de ce qu'entraînent à leur suite les relations de famille, les devoirs de société, les convenances publiques et oratoires : dès qu'on entre dans cet ordre mixte, le point de vue change ; il y a lieu de payer tribut, plus ou moins, au décorum de l'humanité, à ses désirs, à ses préjugés et à ses conventions honorables, aux bienfaits immédiats et à l'utilité pratique qui en découlent. Caton défendait à César de se montrer épicurien en plein Sénat. « L'impiété, a dit Rivarol, est la plus grande des indiscrétions. » L'humanité n'est pas un philosophe ; la majorité des hommes ne supporte pas le doute, l'incertitude; il leur faut des solutions, et qu'elles soient encourageantes, consolantes, salutaires; il leur faut des réponses à tout prix : à défaut de celles des savants, ils en demanderaient plutôt aux oracles. Le genre humain, depuis qu'il est sorti des forêts, n'a plus envie de loger en plein vent ni de dormir à la belle étoile : aucune demeure ne lui semble assez magnifique pour lui.

Au contraire, l'intérieur de l'esprit et de la pensée de mon savant me paraît fort ressembler à l'intérieur de sa chambre. Cette chambre est mal meublée, ou plutôt très-inégalement meublée. Pour la décrire, je voudrais posséder le burin d'un Albert Durer et rendre l'allégorie sensible aux yeux. A côté d'un fourneau à demi éteint où une expérience s'est faite et a réussi, un autre brûle inutilement, et l'expérience qui a manqué vingt fois manquera toujours. Un pauvre animal écorché atteste une curiosité physiologique qu'on a satisfaite; des taches de sang souillent encore le plancher. Des livres, des sphères, sont entassés pêle-mêle, non loin d'un télescope braqué sur un espace de ciel assez vaste qui brille d'un froid d'hiver au-dessus des cheminées et des toits. Un manuscrit arabe ou sanscrit ouvert sur une table annonce d'érudites recherches inachevées. C'est presque le cabinet d'un docteur Faust, s'il n'y avait plus de méthode dans l'esprit du maître, sans trace aucune de diablerie. Mais ce qui frappe au premier coup d'œil et ce dont ce laboratoire est l'emblème, c'est qu'à côté d'une chose sue il en est une autre ignorée encore et indéchiffrée, c'est le manque de complet, un effort multiple, incessant, une étude sans trêve et sans terme, et où la vie se consumera. Le lit est d'un Spartiate ; l'oreiller n'est pas du tout ce doux oreiller du doute sur lequel Montaigne berçait son *Que sais-je?* il est au moins à moitié rembourré d'épines. Nous avons affaire à l'un de ces esprits qui dorment peu et qui, dans leurs veilles comme dans leurs songes, se passent d'être amusés et consolés.

Et voilà comment, à l'aide d'un assez grand tour, je reviens à M. Guizot et me trouve d'accord en un sens avec lui. Quand on est meublé comme mon savant et mon critique, on n'invite pas les autres à venir chez soi ; on n'y laisse monter que les rares amis et les adeptes ; on n'aura rien, de bien longtemps, à offrir aux foules, aux auditoires, aux diverses sortes de publics. On n'a pas de bonnes nouvelles, comme ils l'entendent, à leur annoncer : on poursuit solitairement des vérités hautes, mais imparfaites, dont le prix n'est qu'en soi et à l'usage du très-petit nombre. On est le premier à savoir que les transformations du monde moral lui-même, comme celles du monde physique, ne se font qu'avec une extrême lenteur et moyennant des milliers de siècles ; qu'il serait téméraire de les devancer, et que rien qu'à vouloir les trop présager à l'avance et les prédire on risquerait d'amener des soulèvements anticipés et des explosions partielles. Mon savant n'a donc rien de menaçant, ni d'engageant, ni de contagieux ; il est même, pour peu qu'on le veuille, une preuve vivante à l'appui de l'insuffisance et des misères morales de la science. Je le livre aux croyants plus heureux que lui dans tout son incomplet et sa nudité.

Mais, indépendamment de toute preuve, ce que j'admire surtout dans ce dernier volume de M. Guizot, c'est l'individualité de l'homme persistante, et qui s'applique à tout ce qu'il touche. Cet esprit vigoureux et net, aime l'ordre en tout, il le veut, il le fait; il désire l'accommoder avec une certaine liberté sans doute, mais avec une liberté limitée. Il est protestant; il reste tel, mais il ne concède pas aux protestants une latitude indéfinie. *Tout protestant est pape, une bible à la main.* Oui, sans doute, mais à la condition que dans la Bible il n'ira pas au delà d'une certaine interprétation. Pour être chrétien aux yeux de M. Guizot, et pour rester membre de son Église, il faut admettre et respecter un certain symbole dont les premiers articles sont révélation, miracles, divinité du Christ. Il n'est ni pour la grande Église catholique hiérarchique, ni pour l'émancipation absolue et l'Église libre universelle, de même qu'en politique il n'était ni pour la forme monarchique ou aristocratique pure, ni pour la liberté démocratique et le suffrage universel. Sa communion, les jours même où il l'étend le plus, a sa barrière infranchissable et reste fermée d'un côté. De ce côté, il se tient debout comme une sentinelle vigilante, et il déclare que, si vous outre-passez, il y a abîme. Quelques-uns le voudraient plus large, moins arrêté ; mais il est conséquent avec lui-même, avec toute sa vie ; il est consistant. Quelles que soient les questions qu'il traite, il leur impose et leur imprime la forme de son esprit. Dans ce qu'il nous offre comme une solution générale, je reconnais et j'étudie avant tout l'empreinte personnelle distincte : là où il prétend me donner une philosophie, une théologie, je vois un homme, l'homme d'État, l'historien encore, et son portrait, en achevant de se graver dans mon esprit, n'obtient et n'entraîne rien de plus sûr ni de plus sincère que mon respect (1).

(1) On sera peut-être curieux de savoir comment l'illustre écrivain a accueilli cet article où il était vu et présenté si librement. Je crois pouvoir me permettre ici de donner la lettre que j'ai reçue de M. Guizot, d'autant plus qu'elle contient sur un point une réclamation à laquelle je fais droit en la publiant. « Val Richer, 16 novembre 1864. — C'est dommage, mon cher confrère, que nous ne soyons pas du même avis; nous serions bien forts à nous deux pour le faire prévaloir. Vous avez mis votre pensée en regard de la mienne avec une habileté consommée en même temps qu'avec une parfaite courtoisie. Je prendrais grand plaisir à discuter avec vous; mais je ne vous écris aujourd'hui que pour vous remercier. Il est impossible de mieux parler d'idées qu'on ne partage pas, et d'un homme avec lequel on ne vit pas. Mon remerciement est aussi sincère que le mot par lequel vous avez bien voulu terminer votre article. Voici ma seule réclamation. Je suis plus complètement libéral que vous ne me faites, car je veux la complète liberté civile pour tous, la même pour mes adversaires que pour moi-même. J'admets comme un droit naturel et universel la liberté de la pensée; mais, parce qu'elle est essentiellement libre, elle n'est pas indifféremment vraie, et ceux-là seuls qui pensent comme moi sont, pour moi, dans la vérité et appartiennent à la même société intellectuelle, c'est-à-dire à la même Église que moi. Regardez-y bien, je vous prie, il n'y a rien là que de parfaitement légitime et simple, et absolument rien de contraire à la liberté. — Recevez, etc. » A mon tour, je glisserai une légère observation. Il ne serait pas exact de penser, comme paraît l'avoir cru l'illustre écrivain, d'après une autre lettre de lui écrite à la même date et dont j'ai eu communication, que ce « philosophe

critique, sans femme, sans enfants, sans affaires, spectateur curieux et douteur, ce soit moi-même, » et que j'aie mis là mon portrait en regard du sien. C'eût été, de ma part, une outrecuidance et, tranchons le mot, une fatuité. J'ai simplement produit une conception de mon esprit, arrivé au terme. Mais je me souviens trop bien des phases morales par lesquelles j'ai passé dans ma jeunesse, de mes sensibilités et de mes inconstances poétiques, de l'âge où j'ai rêvé les *Consolations*, de celui où j'ai écrit *Volupté* et nombre de pages de *Port-Royal*, pour avoir jamais la prétention de m'offrir à l'état d'un type quelconque. Je mets seulement mon honneur à les comprendre tous, sauf à préférer en définitive celui qui, toute expérience faite et toutes illusions dissipées, me paraît le plus vrai.

Lundi 21 novembre 1864.

EXPLORATION DU SAHARA

LES TOUAREG DU NORD

PAR M. HENRI DUVEYRIER (1).

L'instinct des voyages dut être l'un des plus anciens de l'homme. Aller en avant, marcher devant soi à travers la terre habitable était un désir à la fois et une nécessité. Au retour du printemps, dès que la terre ne suffisait plus à ceux qui en vivaient, dès que la famille humaine devenait trop nombreuse, un essaim de jeunesse prenait son essor et s'envolait à la découverte, à l'aventure, vers des pays où le soleil s'annonçait plus beau. L'instinct de la patrie qui enchaîne l'homme au sol natal et l'instinct du départ ou de la migration

(1) Un volume in-8°, chez Challamel aîné, 30, rue des Boulangers.

alternaient et se balançaient inégalement selon les peuples et les races. Encore aujourd'hui, on distingue au premier abord les peuples qui aiment à voyager de ceux qui se plaisent chez eux sans avoir le besoin d'en sortir. La facilité pourtant a fini par tenter tout le monde; mais même dans ce déplacement agité et cette locomotion universelle qui se prononce à certaines saisons, on distinguerait aisément les promeneurs des voyageurs. Et puis, parmi ceux même qui méritent ce dernier nom par l'étendue du cercle qu'ils embrassent, il y a encore voyageurs et voyageurs. La plus noble forme que revêt la vocation des voyages est assurément celle qui réunit l'instinct et la science, qui pousse des hommes jeunes à aller chercher, loin des douceurs aisées de la patrie, les fatigues, les périls de tout genre, non uniquement pour changer et pour voir, et pour raconter ensuite au courant de la plume ce qu'ils ont vu en touristes et en amateurs, mais pour étudier, pour connaître à fond des contrées et des civilisations lointaines, pour les décrire avec rigueur, pour accroître ainsi sur quelques points nouveaux et compléter l'histoire de la planète que nous habitons. M. Henri Duveyrier semble avoir reçu de la nature ce don, ce besoin impérieux qu'une éducation spéciale a perfectionné. Fils d'un père explorateur hardi dans la région des idées et l'un de ceux qui méritent le plus de compter dans le mouvement intellectuel de notre époque, il a dirigé de bonne heure son activité sur un champ plus positif et plus défini. A dix-neuf ans, il méditait un voyage vers ces contrées centrales de l'Afrique qui n'ont encore été explorées que rarement et par quelques voyageurs, la plupart victimes de leur curiosité intrépide et savante. A cet effet il combina son plan d'une façon particulière, et, profitant de notre situation en Algérie, il entreprit d'attaquer la difficulté par un point qui était à notre portée et qui cependant pouvait donner accès, moyennant détour, sur les endroits les moins connus et jusqu'au cœur même du continent africain.

I.

La nature semble avoir voulu dérober de tout temps l'intérieur même de ce continent torride aux recherches et aux atteintes des Européens et des hommes du Nord, en séparant la côte nord et la lisière cultivable qui borde la Méditerranée des régions du centre par un vaste désert et une mer de sable, ce qu'on appelle le Sahara. Sahara en arabe signifie *terre dure*. Le Sahara se compose, en effet, d'un double élément et offre deux formes caractéristiques : « d'un côté, d'immenses plateaux dénudés, où la roche, continuellement balayée par les vents, n'est recouverte de terre végétale que dans les parties abritées; d'un autre côté, d'immenses bas-fonds, envahis par les sables, de manière à faire disparaître le sol primitif, et dans lesquels s'amoncellent, en véritables montagnes, des dunes de cent mètres et plus de hauteur. » Ce sont ces dunes, et les bas-fonds ramifiés dans les intervalles, qu'a d'abord à traverser le voyageur dans toute la zone qui sépare la chaîne atlantique des massifs de l'intérieur : première difficulté.

M. H. Duveyrier, en se consacrant à une vie de voyage et d'exploration africaine, a procédé graduellement et s'y est pris avec méthode. Il avait commencé par tâter le désert à sa lisière et sur des points différents. Parti de la province de Constantine en 1859, il tenta une reconnaissance aventureuse, une pointe sur El-Goléa, à cent lieues au sud de Laghouat, dans une ville où aucun autre Européen n'avait encore pénétré. Malgré les lettres de recommandation dont il était muni de la part des chefs arabes de notre domination, il y fut très-mal accueilli; l'hospitalité lui fut refusée, avec accompagnement de menaces qui auraient été suivies d'exécution, s'il n'avait promptement battu en retraite. Il passa le reste de l'année 1859 à diverses reconnaissances dans les parties du Sahara dépendant des provinces d'Alger et de Constantine; il effleurait son sujet et s'aguerrissait en même temps. Les six premiers mois de 1860 furent employés par lui à explorer le Sahara tunisien; il était muni des meilleures recommandations du bey; il fut toléré partout, mais ne fut bien accueilli nulle part, et il revint bientôt à Biskra préparer le voyage décisif qu'il avait en vue.

Son but, c'était de pénétrer jusqu'à deux cents lieues environ au sud de la province de Tripoli, jusqu'au massif de montagnes habitées par une population nomade, les Touâreg, débris de l'ancienne nation berbère, qui se divisent eux-mêmes en quatre confédérations et occupent un vaste espace montueux, un immense quadrilatère, confinant, vers l'est, au Fezzan ou pays des antiques Garamantes, *extremi Garamantes*; au midi, au Soudan; à l'ouest, à des sables et des déserts inhospitaliers qui s'étendent au nord du Niger. Ce pâté de montagnes est partagé en deux par une arête ou une suite d'arêtes et offre deux versants. Les Touâreg du Nord, comprenant deux confédérations, habitent sans lieu fixe le versant septentrional, l'ensemble de montagnes, de plateaux et de vallées qui s'étendent et s'échelonnent jusqu'à l'endroit où se fait le partage des eaux. Les eaux qui coulent vers le nord de l'Afrique et vers la Méditerranée, sans y arriver pour cela, et celles qui, d'autre part, coulent sur les versants opposés et vont rejoindre le Niger, séparent, à leur source, les Touâreg du Nord d'avec ceux du Midi. Ce sont les premiers seulement que M. H. Duveyrier avait en vue et avec qui il devait s'efforcer de nouer des relations politiques et commerciales dans l'intérêt de notre colonie algérienne. Les Touâreg du Sud, appartenant à l'Afrique centrale, ont été l'objet, il y a quelques années, d'une exploration attentive de la part du docteur Barth, de Berlin, que notre jeune homme appelle « son savant ami et protecteur, » et dont il s'attache à suivre la trace et les méthodes dans sa courageuse entreprise (1).

C'est aussi, avec les progrès amenés par le temps,

(1) Le docteur Barth est de Hambourg, mais il est établi à Berlin. Son grand ouvrage a paru à la fois en allemand et en anglais. Il n'existe pas en français, ou du moins il n'en a été publié en Belgique qu'une traduction abrégée et tronquée, pour le plus d'agrément, selon notre usage trop habituel. — Depuis que ceci est écrit, la science a eu à déplorer la mort prématurée du docteur Barth.

c'est la méthode de Volney, en son beau Voyage de Syrie et d'Égypte, que je retrouve appliquée dans l'ouvrage de M. H. Duveyrier. Son livre n'est point un Journal suivi, ce qui serait plus intéressant à coup sûr pour le vulgaire des lecteurs ; mais il a dû procéder autrement, en raison du but plus sérieux qu'il se propose. La géographie physique des lieux parcourus, la géologie, la météorologie, les productions minérales, la flore, si l'on ose parler ainsi, la faune, sont la matière d'autant de chapitres et de tableaux ; puis l'on passe au moral des peuples qui se meuvent dans ce cadre inflexible et sous ce climat impérieux : les centres commerciaux, les centres religieux, puis les mœurs des Touâreg en particulier, leurs origines probables, leur histoire (si histoire il y a), leur constitution, leur vie politique et intérieure, tout vient par ordre et en son lieu. Non, ce jeune homme de dix-neuf ans, qui n'en a pas encore vingt-cinq aujourd'hui, et qui après un voyage de près de trois années et l'interruption d'une maladie des plus graves, a pu rédiger un livre de cette précision et de cette maturité, n'est pas un simple curieux intrépide, c'est un voyageur pris au sens le plus élevé du mot, qui joint à toutes les qualités physiques et morales qu'une telle vocation suppose toutes les armes et la provision de la science la plus avancée et la plus exacte. C'est ainsi qu'en ont jugé, en France et à l'étranger, les sociétés savantes et les rapporteurs les plus compétents.

L'idée qu'il nous donne d'abord du Sahara, de cette vaste zone sablonneuse qu'il eut à traverser, devient très-nette, de vague qu'elle était. Ceux qui ont vécu dans les montagnes, au voisinage des glaciers, savent que chaque chose a son nom ; les habitants du pays ou, à leur défaut, les savants, ont tout observé, tout nommé. De même les Arabes du désert, les indigènes, ont donné un nom à chacune des formes, des circonstances ou des particularités de cette mer de sable. Il faut voir chez M. Duveyrier toute la richesse et la variété de ce vocabulaire descriptif. Chaque forme de dune a son appellation propre : celle qui est en pente douce, en *dos d'âne,* s'appelle autrement que la dune, véritable montagne, et qui atteint parfois les dimensions des montagnes ordinaires; celle qu'on a comparée à la lame d'un *sabre,* et dont l'une des parois est verticale, à pic, ne se désigne pas comme celle qui a deux pentes normales. Les dépressions qui séparent les dunes ont également des noms pour marquer leurs principales variétés : le col étroit, oblong, resserré entre deux dunes; la vallée plus large, et toujours ouverte dans la direction des vents régnants ; le couloir tournant et en labyrinthe; le bassin, d'une certaine étendue ; le palier plus plat et uni en raison d'un mélange de sable et de plâtre cristallisé : tous ces creux et ces irrégularités de niveau ont autant de noms distincts :

« C'est dans ces bas-fonds comparés par les Arabes à un réseau de veines (*erg, areg*) que se trouvent les chemins et les puits sans lesquels les dunes seraient infranchissables.

« On aura une idée approximative de l'aspect général des dunes en se figurant une mer en courroux qu'un miracle aurait instantanément solidifiée. Les *Gour* seraient les pointes de rochers montrant leurs têtes au milieu des eaux; les *Ghourd,* les *Zemla* et les *Sif,* les vagues que les vents auraient soulevées et dressées au-dessus du niveau général ; les *Theniya,* les *Ouâd,* les *Douriya,* les *Haoudh* et les *Sahan,* les dépressions houleuses séparant les vagues.

« Mais quelle que soit la puissance de l'imagination de l'homme, elle ne peut pas plus se figurer l'émouvant spectacle du chaos des dunes que celui des mers de glace à leur dégel. Il faut avoir vu et, quand on a vu, renoncer à reproduire ses impressions. »

De ces dunes, les vraies montagnes, les *Ghourd,* ne sont de nature à être gravies par aucun homme ni aucun animal; tout au plus, en s'aidant de ses pieds et de ses mains, peut-on monter la pente de quelque *Zemla.* — Et qu'on ne se figure pas cette région sablonneuse variant à l'infini et subitement, au gré des vents et des tempêtes; elle est, jusqu'à un certain point, constante dans sa mobilité même. Bien que les vents régnants déplacent continuellement les sables, les proportions de ces changements sur les dunes ne sont point notables et appréciables à l'œil : il y faut la vie d'un homme pour constater quelque différence sensible. « Cela se comprend; le vent opposé remet en place le lendemain le grain de sable déplacé la veille. Cependant il est incontestable que les dunes marchent dans la direction des vents alizés. » —

« Il est plus facile, ajoute M. Duveyrier, de constater le déplacement continuel des sables sur le terre-plein du sol. En marche, par exemple, lorsque le vent souffle, un voyageur ne peut suivre la trace des pas de son compagnon, si ce dernier le devance de quelques mètres seulement. Comme le navire à la mer qui ne laisse de trace de son sillage que par les résidus de l'office surnageant à la surface des eaux, de même la caravane ne marque souvent son passage sur les sables que par les crottins de ses chameaux. »

En lisant cette description du Sahara, je me dis que si d'autres, tels que les Fromentin, les Théophile Gautier, en eussent mieux reproduit l'éclat, la couleur, la lumière, M. H. Duveyrier en a rendu parfaitement le dessin, et un dessin exact et sévère comme son objet. Il a donné l'anatomie du désert. Au moment d'y entrer, le cheik Othman, son protecteur et son grand ami, qui s'était chargé de le conduire chez les Touàreg, lui fit quatre recommandations :

« 1° S'armer de beaucoup de patience et de résignation ; — 2° Ne pas intervenir dans les discussions des guides ou *khebir*, relativement à la marche de la route; — 3° Faire provision de beaucoup d'eau ; — 4° Être libéral envers les guides, envers ses serviteurs et ses compagnons de voyage. »

Ces guides du Sahara sont des personnages respectés. De leur expérience dépend souvent le salut ou la perte d'une caravane; ils exercent une sorte de sacerdoce.

Les oasis sont la ressource et la consolation du désert. Partout où l'on peut atteindre l'eau et où le palmier peut croître, on a l'oasis. Le palmier dattier, disent les Sahariens, doit, pour produire de bons fruits, « avoir la tête dans le feu et les pieds dans l'eau. » L'industrie des indigènes à trouver et à découvrir les eaux cachées a été grande de tout temps : le besoin, comme toujours, a aidé à l'invention. Autrefois les eaux qui descendaient du massif des montagnes, habitées aujourd'hui par les Touâreg du Nord, se réunissaient probablement pour former un fleuve que les Anciens paraissent avoir eu en vue sous le nom de *Gir* ou *Niger* (qui n'a rien de commun avec l'autre Niger) et qui n'est plus qu'un lit desséché. Les *ouadi* ou cours d'eau ne sont plus que temporaires; ce sont des torrents qui ne roulent que par accès. Quelques lacs, et des lacs à crocodiles, restent de distance en distance témoins de l'état primitif et comme des flaques oubliées d'un grand fleuve disparu. Déjà, du temps du roi Juba cité par Pline, il était dit que « le grand fleuve de la Libye, indigné de couler à travers des sables et des lieux immondes, se cachait l'espace de quelques journées; » il se dérobait dans les sables. Il y avait des pertes de ce Niger, comme il y en a une du Rhône; mais la perte, avec le temps, est devenue définitive. Il en résulte cependant que le sable ayant bu l'eau, comme fait une éponge, recèle des nappes souterraines et des courants cachés qui communiquent. Il ne s'agit que de les atteindre, et partout où on le peut, il y a oasis. — Le Sahara, ainsi analysé et défini, passe à l'état scientifique. Il cesse d'être purement et simplement la *mer houleuse* de sable de Pomponius Méla, ou la *peau de panthère* à laquelle le comparait Strabon. Il faut lire tout ce chapitre chez M. Duveyrier.

II.

Une de ses premières étapes et l'un de ses temps d'arrêt fut à Ghadamès, ville fort ancienne, au sud de la Tripolitaine, l'antique Cydamus, et dont l'emplacement fut déterminé de temps immémorial par la présence d'une source d'eau des plus abondantes, entre deux vastes déserts sablonneux, et sur la grande voie commerciale de la Méditerranée à la mystérieuse Nigritie. Ghadamès est une contemporaine de l'Égypte des Pharaons. Elle n'a cessé d'être habitée depuis. C'est un point commercial nécessaire. Les habitants, au nombre de sept mille environ, sans compter la population flottante, sont de race berbère, c'est-à-dire autochthone, et non arabes; ils sont ainsi parents des Touàreg, mais civilisés, assis et d'humeur citadine, tandis que les autres sont restés obstinément nomades :

« Comme les nomades Touàreg, les Ghadamésiens sont souvent sur les routes pour leurs affaires; mais rencontre-t-on une ville, ces derniers saisissent, en vrais citadins, l'occasion qui leur est offerte d'aller chercher un abri sous un toit protecteur, tandis que les Touàreg semblent tenir à honneur de ne jamais accepter l'hospitalité dans l'enceinte d'une ville, dans l'intérieur d'une maison. On dirait qu'ils craignent de ne pas avoir assez d'air à respirer ou assez d'espace pour se mouvoir, s'ils interposent quelque obstacle entre eux et l'immensité du ciel et de la terre. »

Les marchands de Ghadamès commercent surtout avec le Soudan; ils en tirent l'ivoire. Il est reconnu qu'un voyage au Soudan suffit à enrichir son homme; on y gagne cent pour cent. Les chemins du désert, de ce côté, paraissent sûrs. Les caravanes ne se font faute de déposer sur leur passage, à ciel ouvert, des ballots, des charges de marchandises qu'elles retrouveront au retour. Quand un chameau vient à périr, comme il n'y en a pas de rechange, on laisse sa charge sur la route, avec la certitude de la retrouver intacte, fût-ce même après une année. Ce n'est pas à dire qu'il en soit ainsi de toutes les routes du désert; même dans le Sahara, et parmi les populations qui le bordent, il y a coquins et honnêtes gens.

Ce fut à Rhât, l'ancienne *Rapsa,* un centre plus avancé, une autre ville berbère, indépendante encore des Touâreg, quoique sise au milieu de leurs campements et relevant de leur protectorat amical, ce fut là que le voyageur rencontra des difficultés presque menaçantes; il ne put y pénétrer. Il était l'hôte de l'émir des Touâreg et campé avec lui sur le marché même de la ville, en dehors des murs. Dans ces limites il n'avait à redouter aucun danger; mais l'intérieur lui fut interdit. Il se retrouvait en présence du fanatisme musulman, excité à son approche contre un chrétien et contre un Français.

M. Duveyrier entre ici dans un détail des plus intéressants au sujet des centres rivaux d'influence qui se partagent ces peuples d'origine diverse, mais tous musulmans de religion. De même qu'il y a chrétiens et chrétiens, il y a musulmans et musulmans. Il en est de zélés entre tous, de purement fanatiques, criant à la décadence de l'Islamisme, jaloux d'y pourvoir et de raviver l'ancienne ferveur : ce seraient gens, chez nous, à vouloir restaurer le Moyen-Age et l'Inquisition. Il en est d'autres, au contraire, humains, tolérants, non exclusifs, je dirais presque philanthropes, et prêts à tendre la main à une civilisation autre que la leur ; comme qui dirait des musulmans à la Cheverus ou à la Fénelon. Deux confréries représentent cette double influence : l'une, celle des Senoûsi, ainsi appelée du nom de leur fondateur Es-Senoûsi (mort en 1859), est notre ennemie mortelle ; elle est fondée sur une pensée de protestation religieuse contre toutes les concessions faites à la civilisation de l'Occident, contre toutes les innovations introduites dans divers États de l'Orient par les derniers souverains, et contre tout essai nouveau d'agrandissement ou d'action de la part des infidèles. Notre conquête de l'Algérie lui a fourni une belle matière et un point de mire excitant. Aussi cette confrérie s'étend-elle contre nous particulièrement en Afrique, et elle a un puissant auxiliaire dans le désert : « c'est ce désert qu'Es-Senoûsi avait choisi pour champ d'application de ses projets, et qu'il prétendait opposer comme un cordon sanitaire à la contagion européenne. Pendant que d'autres fanatiques préparaient en Asie les massacres de Djedda et de Damas, lui, il dressait le plan de la conquête du Sahara africain par une propagande active ; il y fondait des *Zaouiya,* des couvents musulmans, échelonnés de manière que le dernier, le plus isolé, le plus éloigné, pût encore servir de refuge *in extremis* aux derniers éléments d'une foi déjà atteinte par l'indifférence. » Pour fonder un de ces centres, un de ces couvents armés contre nous, que fait-on? On creuse des puits, on plante des dattiers, on crée des oasis : la *Zaouiya* s'élève comme par enchantement. En moins de quinze années, huit de ces centres de fanatisme ont été créés ainsi et organisés contre nous en plein désert. Notre colonie de l'Algérie et la Tunisie elle-même sont bordées et comme cernées à distance par des foyers de révolte, de ravitaillement fanatique et de haine. Ces membres de la confrérie des Senoûsi, ces janissaires de l'Islamisme, se dessinent nettement à nos yeux sous la plume du jeune voyageur qui les a rencontrés partout sur son chemin comme ennemis. Le livre de M. Duveyrier éclaire d'un jour tout nouveau cette hostilité ardente qui n'est pas près de s'éteindre et qui, hier encore, par une vaste traînée d'insurrection, s'est assez clairement révélée.

Mais il est une autre confrérie rivale, bienveillante, fondée depuis près d'un siècle déjà, contre laquelle nous n'avons jamais eu à lutter, et qui, par une coïncidence singulière, s'est trouvée plus d'une fois avoir les mêmes ennemis que nous. C'est elle qu'Abd-el-Kader est allé froisser et offenser sans raison dans la personne d'un de ses représentants les plus vénérés, en faisant le siége d'Aïn-Madhi, cette ville sainte à l'ouest de Laghouat, et que Fromentin nous a peinte. M. Duveyrier s'est appuyé sur cette corporation amie; le grand maître auquel il avait été recommandé crut avec raison qu'il le protégerait mieux à distance par un signe visible émanant de lui; il lui conféra en conséquence le titre de *frère* et le revêtit du chapelet de l'Ordre. « Ainsi, quoique chrétien, quoique Français, titre aggravant pour tous ceux qui croient leur indépendance menacée, j'ai voyagé, nous dit M. Duveyrier, comme frère de l'Ordre des *Tedjadjna,* et j'ai été accueilli comme tel par tous ceux qui en font partie ou qui le respectent. » Voilà une franc-maçonnerie de première utilité et des plus louables.

Accueilli de plus et présenté par un des chefs des Touâreg, M. Duveyrier a joui de l'hospitalité parmi ces nobles tribus de montagnards nomades, et il nous a décrit (en ce qui est de ceux du Nord) leurs mœurs, leurs usages, leur caractère et tout ce qui les concerne, de façon à laisser peu à désirer.

III.

Les Touâreg sont une fraction d'un des plus anciens peuples de l'Afrique, antérieur aux Arabes; ils ont résisté longtemps à la religion de Mahomet. Leur nom *Touâreg* signifie en arabe les *délaissés* ou *abandonnés;* ils ne l'acceptent pas et se nomment de leur vrai nom les *libres* et *indépendants.* Les Berbères, dont ils font partie, sont un très-ancien peuple qui a éprouvé de grandes fluctuations et qui s'est vu porté tantôt à l'ouest et au sud de l'Afrique, tantôt du sud au nord-est. Il fut un temps où ils avaient fondé dans la partie centrale et occidentale du Sahara un grand royaume; ils en furent dépossédés et durent se retirer devant les Noirs. La filiation des Touâreg, certaine en gros et pour

le corps de la nation, est d'ailleurs fort obscure et fort
mêlée dans le détail ; ne les interrogez pas de trop près
sur leur généalogie : un d'Hozier leur manque, et de
l'aveu même des plus instruits d'entre eux : « Si tu nous
« demandes, disent-ils, de mieux caractériser les ori-
« gines de chaque tribu et de distinguer les nobles des
« serfs, nous te répondrons que notre ensemble est
« mélangé et entrelacé comme le tissu d'une tente dans
« lequel entre le poil du chameau avec la laine du
« mouton : il faut être habile pour établir une distinc-
« tion entre le poil et la laine. »

Les Touâreg forment une confédération aristocratique.
Il y a parmi eux des nobles, des tribus mixtes, des serfs,
et même des esclaves noirs venus du Soudan. Les nobles sont seuls en possession des droits politiques dans
la confédération, et seuls ils exercent le pouvoir dans
chaque tribu. Exempts comme gentilshommes de toute
occupation manuelle, ils sont assez occupés, d'ailleurs,
à faire la police du territoire dans leur tribu, à assurer
la sécurité des routes, à protéger les caravanes, à veiller
sur l'ennemi, à le combattre au besoin et à se mettre
à la tête des serfs :

« Aussi, nous dit M. Duveyrier, la vie des nobles est loin
d'être inactive ; car, pour remplir les devoirs qui leur in-
combent, ils sont toujours par voies et par chemins, par
monts et par vaux. L'espace que chacun d'eux parcourt dans
une année dépasse tout ce que l'imagination la plus féconde
peut supposer. Chez les Touâreg, une femme franchit à chameau 100 kilomètres pour aller à une soirée, et un homme
sera quelquefois dans la nécessité de voyager vingt jours

pour aller à un marché. L'immensité du désert dévore la vie des nobles. »

Figurez-vous une population de 50,000 âmes, plus ou moins, éparse sur une étendue deux fois grande environ comme la France.

Les *marabouts*, très-respectés parmi eux, sont des nobles qui ont abdiqué tout rôle politique dans la gestion des affaires pour conquérir une plus grande autorité religieuse, et pour exercer une sorte de magistrature libre dans l'ordre de la justice et de l'instruction publique. Prêtres, juges, professeurs, ils représentent dans cette société élémentaire toute une force civile et morale d'autant plus puissante qu'elle est moins définie. A la différence des marabouts arabes qui attendent leurs clients à domicile, les marabouts des Touâreg, pour peu qu'ils veuillent exercer de l'influence sur leurs *contribules* ou concitoyens, sont obligés, comme des missionnaires, de se rendre partout où leur intervention est nécessaire. Il est tel marabout considérable qui est souvent forcé d'être, pendant des mois ou des années, absent de son couvent.

Parmi ces marabouts, il en est un, le cheik Othman, qui a été le protecteur particulier de M. Duveyrier, et qui s'est même laissé décider par lui à venir à Paris en 1862, accompagné de deux de ses disciples. Ce cheik Othman, ami et promoteur de la civilisation, l'un de ces hommes qui, à travers toutes les distances de races et de croyances, permettent de penser que les hommes sont frères ou qu'ils le deviendront, disait à ses disciples à sa sortie des Tuileries :

« Chacune des religions révélées peut élever la prétention d'être la meilleure : ainsi nous, musulmans, nous pouvons soutenir que le Coran est le complément de l'Évangile et de la Bible; mais nous ne pouvons contester que Dieu ait réservé pour les chrétiens toutes les qualités physiques et morales avec lesquelles on fait les grands peuples et les grands gouvernements. »

M. Duveyrier a tracé de lui une vie abrégée et un beau portrait en ces termes :

« ... Héritier de la réputation de ses ancêtres, Othman, dès son enfance, s'est fait remarquer par sa perspicacité. Jeune encore, à l'époque des grandes guerres du premier Empire français, il était à Ghadamès au milieu d'une réunion d'hommes graves, lorsqu'on apporta la nouvelle d'une reprise d'hostilités entre les chrétiens. « Tant mieux! dit un vieux marchand, puissent-ils s'entre-tuer jusqu'au dernier! » — « Tant pis! dit l'imberbe Othman, au grand étonnement de tous; car, si les chrétiens se font la guerre, le commerce en souffrira. » — Le lendemain, une caravane, chargée de produits soudaniens, partait pour Tripoli et devait en retour prendre des marchandises d'Europe. A Tripoli, la caravane ne trouva ni acheteur ni vendeur. On se souvient encore à Ghadamès de la prédiction du jeune Othman.

« De 1826 à 1827, arrive à Ghadamès un chrétien recommandé par le consul général d'Angleterre à Tripoli : c'est le major Alexandre Gordon Laing. Il veut se rendre à In-Salah et de là tenter d'arriver à Timbouktou. Mais In-Salah est encore plus inabordable aux chrétiens que Timbouktou. Qui l'y conduira? Othman. Seul entre tous ses coreligionnaires, il a assez de crédit pour faire accepter un chrétien dans une ville où nul autre n'a pu pénétrer depuis. Pendant le voyage, Othman apprend quelques mots d'anglais que sa mémoire avait fidèlement conservés jusqu'en 1862. A son retour de Timbouktou, le major Laing est assassiné. L'Angleterre et sa famille ont intérêt à retrouver ceux de ses papiers qui n'ont pas été détruits. Mais qui osera aller sur la trace d'assassins, s'intéresser aux notes d'un infidèle, victime du fanatisme musulman ? Encore Othman. Par ses soins, le consul général d'Angleterre à Tripoli recevra religieusement tout ce que des recherches de plusieurs années peuvent reconquérir sur la cupidité de barbares.

« Enfin, l'heure est venue où les Touàreg et les Français ont besoin de se connaître. Othman fait d'abord trois voyages en Algérie, et, entre chacun de ces trois voyages, il conduit des explorateurs français dans son pays ; enfin, pour couronner ses efforts, tendant à des ouvertures de relations, il vient en 1862 à Paris, ville où jamais un Targui n'avait mis les pieds... Homme d'une haute intelligence et d'un grand sens pratique, Othman a surtout remarqué en France ce qui contraste avec le désert : le nombre considérable des habitants, l'abondance des eaux, la richesse et la variété de la végétation, la rapidité et la sécurité des communications, enfin la généreuse hospitalité qu'il y a reçue. Au milieu de toutes les merveilles qui ont captivé son attention, il a choisi, pour les reporter dans son pays, les choses les plus utiles : une collection de médicaments, un choix de livres arabes sur la religion, le droit, l'histoire et la littérature, un assortiment d'outils de professions les plus ordinaires, et spécialement des instruments agricoles, des pelles et des pioches pour creuser des puits, et des poulies pour en tirer l'eau.

« Le cheik Othman n'a pas d'enfants. Son ambition, avant de mourir, après avoir accompli le pèlerinage de la Mecque, est de consacrer sa fortune à poursuivre l'œuvre commencée par son père : doter les routes de son pays de puits utiles aux voyageurs. »

Si l'on peut se figurer un moment qu'on soit Touàreg, on ambitionnerait d'être le cheik Othman, c'est-à-dire celui qui désire que les hommes, si séparés qu'ils soient, s'entendent pour le bien et se donnent la main. Salut donc, répéterons-nous avec M. Duveyrier, salut à l'ami des hommes, au bienfaiteur du désert!

IV.

La situation des femmes, chez les Touâreg, est digne de toute attention : elle n'est pas du tout celle des femmes arabes musulmanes et dénote des origines toutes différentes ou même contraires. La femme, chez les Touâreg, représente le principe noble. La transmission du pouvoir n'a lieu ni d'après la loi musulmane, ni d'après la coutume générale des autres peuples, en ligne directe, du père au fils, mais par voie indirecte, *du défunt au fils aîné de sa sœur aînée.* On est plus sûr ainsi de transmettre une parcelle du vrai sang de la race ; on est plus à l'abri de toute infidélité, du côté des moins chastes Lucrèces.

« L'enfant, chez les Touâreg, suit le sang de sa mère : — le fils d'un père esclave ou serf et d'une femme noble est noble ; — le fils d'un père noble et d'une femme serve est serf ; — le fils d'un noble et d'une esclave est esclave. — *C'est le ventre qui teint l'enfant,* disent-ils dans leur langage primitif (1). »

(1) Parmi les nombreuses variétés de coutumes que présentait le régime féodal, on peut relever cette singularité que, dans notre ancienne province de Champagne, la noblesse *utérine* faisait partie du droit commun. M. Biston, avocat à Châlons-sur-Marne, veut bien m'écrire à ce sujet : « S'il n'est pas tout à fait exact de dire que, dans la Coutume de Champagne, *la femme représente le principe noble,* comme chez les Touâreg, on doit cependant remarquer que

Dans la famille, la femme chez eux est pour le moins l'égale de l'homme. Presque toutes les femmes savent lire et écrire, dans une proportion plus grande que les hommes ; les jeunes filles reçoivent de l'éducation ; elles disposent de leur main, sauf des cas rares ; dans la communauté, les femmes gèrent leur fortune personnelle et ne contribuent aux dépenses qu'autant qu'elles le veulent. Elles s'occupent exclusivement des enfants qui, en fait et en droit, on vient de le voir, sont plus à elles qu'au mari, et elles dirigent leur éducation. Dans cet état civil des femmes, il est aisé de reconnaître des traces persistantes et des restes d'une civilisation tout autre que la musulmane. Il en résulte de vraies semences de vertu.

Les Touâreg sont aussi appelés *les voilés*. L'usage du voile, soit du voile noir, soit du blanc, est, en effet, général chez eux, et ils ne le quittent jamais ni en voyage ni au repos, ni même pour manger, ni pour dormir. A Paris, on ne put obtenir du plus éclairé d'entre eux, le cheik Othman, qu'il se dévoilât devant le miroir d'un appareil pour livrer ses traits à la photographie. C'est chez eux préjugé de race encore plus que de religion.

nos *damoiselles* y jouissaient d'un privilège considérable, puisque, lorsqu'elles épousaient des roturiers, elles ne perdaient pas leur noblesse, et pouvaient la transmettre à leurs enfants. Si, chez les Touâreg, *le ventre teint l'enfant*, le ventre *noble* affranchissait et anoblissait à Châlons. Les auteurs ne sont pas d'accord sur l'origine du privilège champenois ; mais à ceux qui plaisantaient sur la noblesse *utérine*, il fut répondu plus d'une fois : *Incertus pater, mater vero certa.* »

Les Touàreg se teignent la figure, les bras et les mains avec de l'indigo en poudre ; aussi, quoique blancs de peau, ils paraissent bleus. Ils ne se lavent jamais ; ils ne font les ablutions prescrites par la religion qu'avec du sable ou un caillou. C'est un peu dur.

Les Touàreg sont grands, maigres, secs, nerveux; leurs muscles semblent des ressorts d'acier :

« Un des caractères physiques auxquels un Targui peut se reconnaître entre mille est l'attitude de sa démarche grave, lente, saccadée, à grandes enjambées, la tête haute, attitude qui rappelle un peu celle de l'autruche ou du chameau en marche, mais qui est due principalement au port habituel de la lance. »

Ils sont pauvres. Dans les années de sécheresse surtout, ils ont à peine de quoi se nourrir. Ces années de sécheresse sont fréquentes et continues. Quand M. Duveyrier arriva chez les Touàreg, il n'y avait pas moins de neuf ans qu'il n'avait plu,—sérieusement plu,—sur leur territoire ; on peut juger de l'aridité. Il est vrai qu'il suffit de quelques journées de pluie abondante (le voyageur en fut témoin) pour transformer de vastes espaces, nus la veille, en pacages de la plus belle verdure. C'est un changement à vue qui se fait comme par miracle. Mais les miracles sont rares. En les attendant, on a soif et l'on pâtit. Quand il n'y a plus de quoi subsister au logis, nobles et serfs, riches et pauvres, se serrent le ventre avec une ceinture et vont dans les champs disputer de maigres plantes aux troupeaux. On prendra idée de ce pays de famine lorsqu'on saura qu'ils ont trouvé moyen de faire un aliment de la graine de coloquinte. L'invasion des sauterelles, partout ailleurs si calamiteuse et redoutée comme un fléau, est considérée ici comme un bienfait et saluée comme une manne du ciel. Ils en vivent comme saint Jean-Baptiste au désert.

Les Arabes sont sobres ; mais relativement aux Touàreg, ils paraissent de grands mangeurs et des Lucullus. Aussi, dans leurs luttes avec ces Arabes ennemis, les Touàreg ont fait contre eux un chant de guerre qui exprime ce sentiment d'envie ou de mépris, naturel à des affamés contre des gens repus. Les hommes libres en veulent aux esclaves, les Grecs aux Perses, les Chrétiens du temps de Roland aux Sarrasins; les manants du temps de la Jacquerie en veulent à mort aux chevaliers, les Puritains aux Cavaliers, les républicains de 93 aux rois et aux despotes : les Touàreg qui meurent de faim et de soif en veulent aux Arabes qu'ils estiment gorgés et somptueux. Voici une *Marseillaise* qu'ils chantent en les allant combattre :

« Que Dieu maudisse ta mère, Matalla (nom d'un chef arabe), car le diable est en ton corps! — Ces hommes, les Touàreg, tu les prends pour des lâches ; — cependant ils savent voyager et même guerroyer ; — ils savent partir de bon matin et marcher le soir ; — ils savent surprendre dans son lit tel homme couché ; — surtout le riche qui dort au milieu de ses troupeaux agenouillés ; — celui qui a orgueilleusement étendu sa large tente ; — celui qui a déployé en leur entier et ses tapis et ses doux lainages ; — celui dont le ventre est plein de blé cuit avec de la viande, — et arrosé de beurre fondu et de lait chaud sortant du pis des chamelles ; — ils le clouent de leur lance, pointue comme une épine, — et lui se met à crier, jusqu'à ce que son âme s'envole. — Nous le laverons de son bien, sans même lui laisser d'eau ; — sa gourmande de femme (celle qui devant un bon mets fait *hen, hen, hen,* comme le cheval auquel on apporte sa musette pleine d'orge), ne pourra plus supporter son désespoir. »

M. Duveyrier a très-bien commenté ce chant sauvage, au point de vue littéraire. On y voit toutes les passions en jeu et les cupidités qui ressortent des privations mêmes; chacun fait de la poésie avec les images qui hantent sa pensée: toutes ces jouissances inconnues des Touâreg, y compris celle de l'eau qu'eux-mêmes n'obtiennent qu'à de rares intervalles, ils les enlèveront avec joie et rage à leur ennemi.

J'ai à peine donné idée de ce volume intéressant. Pour M. H. Duveyrier, son premier voyage n'est qu'un prélude; il médite, sa tâche de rédaction terminée, de pénétrer dans l'Afrique centrale, dans le Soudan, et même de visiter, s'il se peut, Tombouktou. Un seul Français jusqu'à présent y est allé, René Caillié, un intrépide marcheur, mais rien qu'un marcheur : il y faut un observateur véritable. Ne laissons pas aux Anglais et aux Allemands tout l'honneur de ces courageuses et savantes expéditions.

Lundi 28 novembre 1864.

RÉMINISCENCES

PAR M. COULMANN

ANCIEN MAÎTRE DES REQUÊTES, ANCIEN DÉPUTÉ (1).

Nous savons l'histoire anecdotique du xviiie siècle et celle même du xviie comme si nous y avions vécu ; nous en connaissons les intrigues, les rivalités, les galanteries, de manière à en discourir pertinemment et impertinemment, à tort et à travers ; le temps a tout fait sortir, les vérités et les méchants propos : du xixe siècle, du nôtre, nous savons beaucoup moins à certains égards; nous savons ce que nous en avons vu directement; mais des Mémoires familiers, intimes, véridiques, il n'en a point encore paru ; ils dorment en portefeuille, ils attendent. Ceux qu'on a publiés ne renferment que ce qu'on a voulu perdre et n'étaient, la plupart, que des spéculations de librairie. La vérité des relations et des intrigues de cour et de société sous l'Empire, sous la

(2) Deux volumes, in-8°, Michel Lévy.

Restauration, sous Louis-Philippe, on la raconte, on en cause avec quelques-uns des demeurants et des bien informés, on ne l'a pas encore écrite ou du moins mise au jour. Les Mémoires de M. Coulmann, que cet honorable personnage secondaire publie en ce moment, ne combleront pas une lacune ; ils ne sont pas dénués pourtant de tout intérêt.

Mais je demanderai avant tout à M. Coulmann pourquoi il appelle *Réminiscences* ce qu'il aurait dû intituler *Souvenirs*. Évidemment le titre d'un ouvrage anglais, des *Réminiscences* d'Horace Walpole, l'a séduit ; mais, en laissant à la charge de l'auteur anglais le mot de *Réminiscences* pris en ce sens, je nie qu'en français ce soit le mot juste. Qui dit *réminiscences,* en effet, dit ressouvenirs confus, vagues, flottants, incertains, involontaires. Un poëte, qui, en faisant des vers, imite un autre poëte sans bien s'en rendre compte, et qui refait des hémistiches déjà faits, est dit avoir des *réminiscences*. On dirait très-bien de quelqu'un dont la tête faiblit et qui ne gouverne plus bien sa mémoire : « Il n'a que des *réminiscences,* il n'a plus de *souvenirs.* » La *réminiscence* est, en un mot, un réveil fortuit de traces anciennes dont l'esprit n'a pas la conscience nette et distincte. Le titre donné par M. Coulmann à ses Mémoires est donc assez impropre, à moins qu'il n'ait voulu se critiquer légèrement lui-même. Je ne l'aurais pas remarqué si cette incertitude dans l'expression ne se rattachait à beaucoup d'autres incertitudes et indécisions de l'honorable auteur-amateur qui, avec de l'esprit, de l'amabilité et de belles qualités sociales, me paraît être resté toujours dans des intervalles et des entre-deux.

Et qu'est-ce, me diront beaucoup de lecteurs, qu'est-ce d'abord que M. Coulmann pour venir nous entretenir ainsi, nous qui ne sommes pas de sa famille, et nous informer en détail de ses historiettes de société et de ses impressions de tout genre? M. Coulmann, né vers 1795 ou 1796 en Alsace, aux bords du Rhin, était le frère de la belle comtesse Walther, femme d'un brave général né dans ces mêmes contrées, et qui commanda avec honneur et gloire les grenadiers à cheval de la Garde impériale. Plus jeune de dix années que cette sœur charmante, après sa première enfance passée dans son pays natal, le jeune Jacques fut amené à Paris et mis en pension chez M. Dabo, puis chez M. Labbé, puis à Sainte-Barbe. Toutes ces premières impressions, celles du toit domestique, de la maison du pasteur auquel d'abord on l'avait confié, la mort d'une mère, puis la première communion, et le sentiment pénible qu'éprouva le jeune garçon en passant de son Alsace riante et champêtre aux murs froids d'un collége, ces premières descriptions ne peuvent nous toucher que médiocrement : il y a du vrai, de la sincérité; mais ces peintures de l'enfance, recommencées sans cesse, n'ont de prix que lorsqu'elles ouvrent la vie d'un auteur original, d'un poëte célèbre. « Les souvenirs de ma première enfance
« sont bien vagues, nous dit M. Coulmann au début;
« cependant je me rappelle encore et l'époque où je
« portais une robe de percale brune avec des étoiles
« jaunes, et un grand poirier qui était dans le jardin
« près de la maison : c'est la trace la plus éloignée qui

8.

« soit restée empreinte dans ma mémoire. » Mais si ces souvenirs sont vagues, pourquoi vouloir nous y faire participer? Honnête homme, homme sensible, vous avez beau faire, vos *époques* ne sont pas précisément les nôtres. Il faudrait être un peintre pour donner du relief et de la valeur à de semblables tableaux. On s'intéresse à la première communion d'un Chateaubriand, mais peu à celle de tout autre qui n'a été qu'un homme distingué ordinaire. M. Coulmann a une nature morale assez riche, et c'est assurément un homme d'esprit; mais son pinceau est mou; on voit bien qu'au collége il se plaisait à lire en allemand les romans d'Auguste Lafontaine auxquels il avait collé un titre d'*Histoire romaine* pour mieux tromper le maître d'étude. Il avait gardé un premier accent alsacien dont ses camarades se moquaient, et qu'il perdit, nous dit-il, par la suite. En est-il bien sûr?

A Sainte-Barbe, il se trouvait, non de la même année, mais en même temps que Scribe, plus âgé que lui et déjà en rhétorique, « Eugène Scribe, ce piquant dra-
« maturge qui, *en renversant les bases de la vieille comé-*
« *die,* et en en faisant l'ingénieuse contre-partie, a fait
« pendant vingt-cinq ans les délices de la société euro-
« péenne; » j'emprunte la phrase de M. Coulmann, et l'on voit déjà qu'on n'a pas affaire en lui à un écrivain. Écoutons-le pourtant comme causeur et comme un témoin à nous bien renseigner parfois. Vatout était aussi un barbiste de ce temps-là, Vatout gai, vif, léger dans sa lourdeur, esprit frivole sous son enveloppe épaisse; M. Coulmann se hâte de l'appeler, d'un mot de Delatou-

che, « un papillon en bottes à l'écuyère. » En général,
M. Coulmann ne se souvient pas assez de lui-même; il
mêle trop à ses propres souvenirs ceux des autres et
ceux même de ses lectures. J'en pourrais donner bien
des preuves. C'est ce qu'on peut appeler véritablement
des *réminiscences.*

Toujours à Sainte-Barbe, il eut des succès dans les
hautes classes ; il en eut même à la lingerie, ce qu'il
nous apprend d'une manière assez peu voilée. En parlant des amours de ce temps-là, des amourettes de sa
jeunesse, je regrette qu'il en prenne occasion (tome I,
page 43) de déclamer contre les amourettes de ce temps-
ci : il invoque même contre les mœurs nouvelles des
autorités bien imposantes, — celle d'un célèbre directeur de l'École normale. — Je ferai remarquer que,
quand on a été jeune en 1814 et qu'on parle de la jeunesse de 1864, on n'est pas très en position de comparer par soi-même et de mesurer exactement la différence
qu'il peut y avoir entre les deux jeunesses. On est trop
juge et partie ; on est trop intéressé à donner raison à
Caton le censeur. On ne sait bien ces choses-là qu'une
fois, et tous les ouï-dire du monde ne sauraient tenir
lieu de l'expérience personnelle. Parlant du *Prado* de
son temps et de la *Chaumière,* M. Coulmann dit que
« ces bals étaient des modèles de décence, en comparaison de ceux qui ont lieu aujourd'hui. » Qu'en sait-il?
qu'en savons-nous? Regrettons de grand cœur les jours
passés, mais n'accusons pas trop le présent qui passera
peut-être dans quarante ou cinquante ans pour un charmant et décent modèle à son tour.

Je louerai plus sincèrement M. Coulmann d'avoir eu toutes les nobles et bonnes passions de son temps, et de les avoir eues à leur heure. En 1814 il eut, nous dit-il, la douleur de voir les Cosaques faire leur entrée dans la capitale. Il était sur le boulevard, en face de la rue de la Paix; autour de lui on criait : *Vive Alexandre! Vivent les Alliés!* et déjà *Vive le Roi!* Lui, il gardait son chapeau sur la tête; on le lui arracha de force. Ce n'est point pourtant un bonapartiste pur sang que M. Coulmann; dès le lendemain il est pour la Charte; il écrit dans les journaux, dans *l'Ami du Roi.* Il cherche une mesure entre ses regrets pour l'Empire tombé et ses goûts pour la liberté renaissante. L'intention était bonne; mais ces articles de journaux ne valaient réellement pas la peine qu'il les réimprimât. Voici pourtant une page des Mémoires, sur les invasions étrangères, qui me semble aussi bien pensée que bien écrite. L'auteur vient de parler des vexations et des procédés brutaux qu'il eut à essuyer de la part des Prussiens dans son domaine d'Alsace, à Brumath; cela le conduit à une réflexion fort sage :

« De ces excès, dit-il, dont aucune armée n'est innocente, soit qu'ils empruntent de la main lourde et de l'intelligence lente des Autrichiens un caractère de petitesse et de détail, à la fois étouffant et solennel; soit que la demi-civilisation du Russe leur imprime une fourberie raffinée ou une violence sauvage; soit que le Prussien y mette sa hauteur et sa prétention; soit enfin que la malice et la moquerie rendent insupportables les ingénieux tourments que le Français sait infliger à ses victimes, je ne veux tirer qu'une conséquence : c'est que la guerre, quelquefois si légèrement commencée, laisse aux intérêts et aux amours-propres des plaies qu'un siècle cicatrise à peine. « C'est grand'pitié que de la guerre : je croy que si les sainctz du paradis y alloient, en peu de temps ils deviendroient diables, » dit Claude Haton en 1553 déjà. »

1815 vient renflammer les plaies et aggraver tous les maux. Le général Walther était mort atteint du typhus dès la retraite de Leipsick. M. Coulmann, tenant à une famille impérialiste, se trouvait toutefois de cette jeunesse dégoûtée de la guerre et vouée à la paix, qui ne demandait pas mieux, on le voit, que d'être favorable aux Bourbons. Il fit dans les Cent Jours une brochure pour la *Défense des volontaires royaux* qui s'étaient armés pour s'opposer au retour de l'île d'Elbe : plus tard, trois ans après, il en fera une autre pour la *Défense des bannis*. Le meurtre du maréchal Ney le désaffectionna assez vite des Bourbons auxquels il n'était point systématiquement hostile. A vrai dire, M. Coulmann me plaît, dans ses Mémoires, par ce côté même d'absence de toute originalité : il est l'expression honnête et facile du milieu où il vit, et il nous en marque la température assez exacte, sans y mêler la résistance ou le surcroît d'un caractère trop individuel. C'est une bonne moyenne. Il est comme le parti auquel il appartient et qui se formait peu à peu en s'essayant ; il ne sait pas très-bien ce qu'il veut ; mais ce à quoi il tend est, en somme, généreux, humain, libéral. J'ai oublié de dire qu'il était protestant, et c'était là un élément de garantie qui ajoutait à sa jeune sagesse. Dans le monde libéral où il vivait, il eut l'honneur de défendre plus d'une fois

M. Cuvier dont il était l'ami, l'allié, le protégé, et qui, par sa participation au pouvoir, encourut à certains moments l'impopularité.

Et à ce sujet, il nous apprend à quel point M. Cuvier était opposé à la rhétorique; il est bon de l'entendre là-dessus :

« M. Cuvier, dit-il, un des plus grands génies de notre époque, qui a participé à l'instruction publique toute sa vie, soit comme professeur, soit comme haut administrateur, soit par ses ouvrages, soit par ses voyages d'inspection, était un ennemi prononcé de la *rhétorique*. Il la regardait presque comme une calamité nationale. C'était pour lui l'enluminure et, par conséquent, l'altération de la vérité; c'était la pompe et la vanité, substituées à la raison et à la logique ; c'était le succès de la cause, sacrifié au succès de l'orateur ; enfin, la déplorable phrase, au lieu du mouvement du cœur et de l'esprit. Je ne sais plus quelles conséquences il n'en tirait pas pour notre caractère et pour notre histoire. Le besoin de *faire effet*, d'être *dramatique* et *de poser*, pouvait mener aux plus funestes résultats, et l'enseignement de la rhétorique était au fond de tout cela. C'est ainsi, disait-il, que, dans nos assemblées politiques, à la Chambre des députés, par exemple, la forme théâtrale de la salle, cette tribune au centre, sur laquelle il faut monter de huit à dix marches, après avoir parcouru l'enceinte, ne permettent plus de faire une réflexion simple, pratique et judicieuse, mais forcent à prononcer un discours, à se guinder à la hauteur de l'appareil, à être déclamatoire et pompeux, au grand préjudice du bon sens et du temps. La funeste rhétorique a là son trépied et donne le diapason aux discussions publiques. »

Ce jugement qu'il rapporte, presque en ayant l'air d'y adhérer, n'empêche pas M. Coulmann d'être très-sensible à l'éloquence de tribune et de ressentir tous les accès de la fièvre enthousiaste d'alors. Lui-même, dans son style, il ne se prive pas de pratiquer la rhétorique ou la demi-rhétorique. Il appelle Napoléon à Sainte-Hélène le *Thémistocle français*, etc.

On voit très-bien chez lui, par les anecdotes qu'il raconte et par les lettres qu'il produit, comment et par quels degrés, après 1815, l'Opposition commença à poindre, à reparaître ; comment les battus et les proscrits de la veille en vinrent à se rejoindre et à se rallier. Cauchois-Lemaire, l'un des rédacteurs du *Nain jaune,* réfugié alors en Belgique, écrivait à M. Coulmann, dans l'été de 1817 : « On a déjà obtenu en France de « grandes concessions. Il s'y forme une sorte d'esprit « public. Benjamin Constant lui-même n'est point sans « énergie ; les élections promettent, les ultra se taisent... « Oui, mais les étrangers sont là, mais le Comité euro- « péen tient ses séances à Paris... » Vous aurez remarqué ces mots : *Benjamin Constant lui-même...* Ce grand citoyen avait fort à faire pour se relever dans l'opinion de sa palinodie des Cent Jours.

1818 est le beau moment de la Restauration. Le pouvoir est remis dans les meilleures mains ; peu s'en faut que l'Opposition libérale ne désarme, que Béranger ne devienne le chansonnier officiel. Quant à M. Coulmann, il est plus que disposé à se rallier ; il est candidat sous-préfet pour Saverne. Sa demande au ministre de l'intérieur est apostillée (circonstance unique) par M. d'Argenson qui n'a peut-être jamais apostillé que cette requête, et surtout dans les termes où il le fit. Mais un contre-temps survient, un léger retard ; le vent tourne, le ministère est entamé. M. Coulmann retombe à son état d'opposant; il en est quitte pour se mêler des élections et pour être, avec les jeunes hommes de son âge, de toutes les *parlottes* et les conférences parlementaires de ces chaudes années.

« Jeune, avec du cœur, de l'âme, de l'esprit, de l'instruction, et ce qu'il faut de fortune pour vivre indépendant, » il va dans le monde; il y a des succès et y est aimé. Il paraît bien (remarquez que je parle d'autant plus hardiment de lui que je n'ai nullement l'honneur de le connaître), il paraît bien, dis-je, qu'il était fort joli garçon, digne de ses charmantes sœurs, un bel Alsacien, très-blond. La princesse Pauline Borghèse, quand elle le vit à Pise en 1823, trouva qu'il ressemblait d'une manière frappante au général Leclerc, son premier mari. Mme Sophie Gay disait un jour en riant que sa fille Delphine et M. Coulmann s'étaient querellés en promenade, s'étaient arraché les cheveux, « mais qu'on avait peine, tant la couleur était la même, à savoir à qui appartenaient les uns et les autres. » Voilà donc un jeune homme de très-bon air, fort bien accueilli, fort goûté en tout lieu, et qui dut être, en effet, parfaitement aimable. Un peu auteur, pas trop, il est lié avec toutes les muses du temps, avec Mme Dufrenoy, avec la princesse de Salm, avec Mme Voïart, avec Mme Sophie Gay; il est un des habitués des grands salons libéraux de ce temps-là, et particulièrement de celui de Mme Davillier, boulevard Poissonnière; il dîne chez Benjamin Constant, chez M. Laffitte. Il a l'habitude, en rentrant le soir, de noter brièvement ce qu'il a entendu de plus remarquable ; il nous livre aujourd'hui ces notes ; il y joint les lettres qu'il a reçues de ces personnages célèbres ou de ces femmes d'esprit. Tout cela nous est donné un peu pêle-mêle, sans explication, sans commentaire. Lecteur, tire-t'en comme tu peux. Nous avons à y mettre l'ordre et quelquefois le sens caché, en le lisant, et sans y parvenir toujours.

Une observation générale est à faire, pour qu'il n'y ait pas de mécompte. Si l'on prétendait juger de l'esprit qui se dépensait à ces fameux dîners de l'Opposition par les notes qu'en rapporte M. Coulmann, on en prendrait une faible idée : ce menu d'esprit est un peu maigre. Presque tout ce qu'on citait comme bons mots nous arrive bien frelaté, bien éventé. Les traits qui parurent le mieux lancés ne portent plus. Décidément, on ne raconte pas les dîners, même les meilleurs : il n'y a pas de milieu ; il faut en être ou n'en être pas. — Beaucoup de correspondances qui eurent tant d'intérêt dans leur nouveauté éprouvent aussi leur déchet, mais un peu moindre. Presque tout ce qui a plu, à vingt ou trente ans de distance, demande à être lu avec de la bonne volonté. Ce n'est pas ce qui me manque.

Mme Dufrenoy est une des personnes que M. Coulmann a le plus connues, et il a eu l'honneur d'inspirer à cette femme distinguée une amitié véritable. Mme Dufrenoy était un vrai poëte par l'âme, par la passion, par le sentiment du rhythme et de l'harmonie ; elle avait de la composition, du dessin jusque dans l'élégie : par malheur, l'éclat du style a manqué à ses inspirations et à sa flamme. Les images font défaut; l'expression est restée terne et abstraite. Le ton gris domine. Il est difficile, en général, à une femme de se créer sa palette; elle accepte d'ordinaire celle de son temps. Mme Dufrenoy reçut la sienne des mains de Fontanes dont elle était l'amie dès les premières années de la Révolution. Pouvait-elle se douter que cette palette du plus pur, du plus réputé classique et du plus lauréat des poëtes d'alors, paraîtrait bientôt pâle, effacée et insuffisante de couleur? Elle aimait tout de lui, disait-elle dans des vers passionnés :

J'aime tout dans celui qui règne sur mon cœur...

Elle aimait son talent, ce qu'elle appelait son génie, ses défauts même, son air *vaurien* ou *lutin*, et jusqu'à ses infidélités et ses inconstances : comment n'aurait-elle pas aimé sa manière correcte et digne? — « Imaginez-vous, disait-elle à M. Coulmann, que je distinguais de loin le fiacre qui me l'amenait. » — Ce fiacre, quand je la connus, nous dit M. Coulmann, ne venait plus que rarement. — Elle ne lui en voulait pas de sa froideur et de l'éloignement amené par les années. Une femme d'esprit disait en parlant d'un ancien amant qui avait pris toute sa jeunesse : « Il m'a laissée là quand il m'a vue flétrie; mais je me suis dit: Je vais me venger et lui jouer un bon tour, je resterai son amie. » Mme Dufrenoy avait pensé à peu près la même chose, mais elle l'avait dit sans un malin sourire et d'un ton plus élégiaque et tout sentimental :

Amour, redonnez-lui le dessein de me plaire :
Mais, quoi que l'ingrat puisse faire,
Ne sortez jamais de mon cœur !

Aimer follement lui avait paru de tout temps la seule manière raisonnable d'aimer. Elle avait donc gardé pour Fontanes un culte ; et lui, pour elle, de l'amitié. Elle était pauvre ; elle travaillait pour vivre à des ouvrages de prose, à des biographies. Elle se prit pour ce beau jeune homme, M. Coulmann, d'une tendre amitié, d'un vif intérêt de cœur. Les lettres qu'il nous produit sont vraiment touchantes et belles de simplicité, de vérité. Il aurait bien quelques explications à nous donner, s'il voulait que tout fût clair. Mme Dufrenoy, dévouée à un mari vieux et aveugle, puis à une mère, à un fils distingué, avait de plus, en ces années, une amie du nom de *Jenny*, qui paraît avoir éprouvé pour M. Coulmann des sentiments assez tendres et qui se trouvèrent blessés, à la fin, d'un manque de confiance ou d'un partage de tendresse. Je n'approfondis pas, mais quand on nous donne des lettres intimes sans un mot d'explication, on nous livre à nos propres conjectures. Mme Dufrenoy, pour peu qu'elle eût été de quelques années plus jeune, eût éprouvé peut-être quelque chose de ce même sentiment pour son jeune ami. Il y a des lueurs, des velléités qui percent çà et là. Elle lui écrivait un jour : « Adieu, Jacques ; je ne sais pourquoi ce nom de Jacques me paraît maintenant si harmonieux. Pourquoi ? C'est que vous le portez. » Elle lui écrivait encore pendant un voyage qu'il faisait en Suisse (juillet 1824) :

Elle est absente pour deux mois, ma Jenny. Heureusement elle ne s'égare point dans les Alpes; elle est tout bonnement à Montrouge, parce que les médecins ont décidé qu'elle avait besoin de l'air des champs. Je vais l'y voir tous les dimanches avec ma mère et ma sœur. Hier je m'y rendis; elle me vit une figure assez triste, et dès que nous fûmes tête à tête, elle me demanda : « Avez-vous des nouvelles? » — « Non, et je n'y conçois rien. » — « Ni moi non plus. » Et nous allions énumérer tous les accidents qui peuvent survenir en voyage, lorsque Suzanne entre et me présente une lettre de Genève. « C'est de M. Coulmann, dit Suzanne; on me l'a remise au moment où nous montions en voiture, et je ne vous l'ai pas donnée devant le monde, sachant que vous vous plaisez à lire en particulier les lettres que vous attendez avec impatience. » Dix ans plus tôt j'aurais rougi de cette remarque; hier, j'en sus gré à Suzanne. Nous lûmes vite, bien vite, la lettre, ensuite nous la relûmes... »

C'est là comme un joli début d'élégie en prose. Mme Dufrenoy que je vois en cela semblable à d'autres personnes qui ont souffert du désaccord conjugal et qui n'ont point trouvé de satisfaction complète ailleurs, dans les passions inspirées ou ressenties, en était venue à placer naturellement le bonheur dans la situation contraire à la sienne, c'est-à-dire dans un bon mariage, dans une union bien assortie. Elle pensait tout à fait là-dessus comme Mme Récamier, comme Mme de Staël; et puisque j'ai rappelé ces deux noms de femmes célèbres, je citerai un touchant passage de lettre qui les concerne. Mme Dufrenoy écrivait à M. Coulmann le 29 juillet 1817, quinze jours après la mort de Mme de Staël :

« J'ai regretté vivement Mme de Staël; je pense comme vous qu'on ne peut la remplacer sous plus d'un rapport. Mme Récamier en est inconsolable. Elle est venue me voir hier, et ses beaux yeux ont répandu des larmes si vraies qu'elles m'ont touché jusqu'au fond de l'âme; cette douleur fait le plus grand éloge de Mme de Staël. En regardant Mme Récamier, je me souvenais de ces mots, que Mme Cottin a mis dans la bouche de Malvina : « Il n'a pas versé toutes ses larmes, lui! » et je souffrais horriblement de ne pouvoir pleurer. J'en ai gardé encore une forte oppression de poitrine. Après le départ de Mme Récamier, je réfléchissais aux jugements de ce monde : il a souvent accusé cette jolie femme de coquetterie, de légèreté, et je la voyais livrée à un sentiment si profond de regret, elle exprimait en si peu de mots et avec tant de douceur ses plaintes, que j'ai plus d'une fois pensé que tous les succès de Mme de Staël ne valaient point une semblable amitié. Enfin, quand elle posa sa tête sur mon épaule, que ses larmes mouillèrent ma robe, je pressai sa main avec force sur mon cœur, et je sentis que le malheur est le plus fort de tous les attraits. »

Mme Dufrenoy s'est souvent plainte, pour elle, de cette sécheresse extérieure : « J'ai toujours besoin de pleurer, disait-elle, et mes yeux ne peuvent verser des larmes. » La passion n'avait épuisé ni tari en son âme la source de la sensibilité, mais le ruisseau ne coulait plus à la surface.

J'ai dit le bien, j'ai indiqué le naturel; pourquoi s'y mêlait-il de la roideur classique qui en gâte pour nous le charme? « Adieu, mon ami, écrivait-elle un jour à M. Coulmann, je désire que votre absence ne se prolonge pas trop et que vous me trouviez encore *sous ces ombrages où je touche de nouveau la lyre.* » J'étais attiré, j'allais vers la femme, et voilà la pose de muse, le geste théâtral qui m'arrête et me fait fuir.

Mme Sophie Gay a été aussi une des amies et des correspondantes du jeune M. Coulmann. Cette nature vaillante, franche, hardiment spirituelle, se produit avec avantage dans les lettres d'elle qu'il publie. M. Coulmann, en abordant Mme Sophie Gay, avait, il paraît, quelques préventions, quelques craintes : il la savait railleuse et mordante, il la croyait dangereuse peut-être; il se la figurait plus compliquée qu'elle n'était; enfin, il laissa entrevoir un soupçon, un sentiment de réserve, tout en lui demandant son amitié. Elle lui répondit comme une personne qui n'entend rien à tous ces mystères et qui, dans tout son procédé, y va bon jeu bon argent (octobre 1821) :

« Savez-vous bien que cette dernière lettre, à laquelle vous ne pensez peut-être déjà plus, m'a fourni bien des réflexions, et que je ne sais vraiment comment y répondre? Vous y réclamez ma confiance en me conjurant de vous laisser la méfiance et toutes les préventions que vous nourrissez contre moi. Vous y tracez le portrait le moins ressemblant de mon caractère et poussez l'erreur jusqu'à prendre le change sur mes impressions. Que vous dirai-je? je ne sais pas plus me cacher que m'apprendre ; la personne qui me regarde sans me voir et m'écoute sans me connaître ne me comprendra jamais. J'ai cru un moment que vous ne pouviez pas tomber dans ce tort, vous avec qui j'ai toujours causé si franchement... »

Les lettres de Mme Sophie Gay ont de l'entrain, de la vivacité; elle se plaint parfois de M. Coulmann, de ses inexactitudes, de ses fuites et peut-être de ses faux-fuyants; elle le querelle, mais avec bonne grâce et cordialité. A propos d'une visite qu'elle fait à leur ami commun, M. de Jouy, condamné à un mois de prison pour un article biographique sur les frères Faucher, je note cet agréable passage (3 mai 1823) :

« Encore tout heureuse de votre lettre, j'ai été la montrer à notre ami prisonnier; il se porte à merveille et reçoit plus de visites qu'un ministre en crédit. J'ai vu des scènes dignes de Walter Scott pour parvenir jusqu'à lui. Je me suis trouvée avec une douzaine de femmes ou maîtresses de voleurs qui venaient aussi chercher leur permission. L'une d'elles m'a demandé si le *mien* partait aussi avec la chaîne du 1ᵉʳ mai? J'ai répondu que le *mien* n'avait pas le bonheur d'être pour les galères. Alors, me supposant l'amie d'un homme à pendre, je suis devenue l'objet de la considération et de l'intérêt général, ce qui m'a valu des confidences de tous les genres et très-nouvelles pour moi, je vous jure; j'en ai bien fait rire notre ami. Cette histoire est la comédie du genre : celle de Magalon en est le drame... »

En lisant cette lettre de Mᵐᵉ Sophie Gay, ne croirait-on pas lire déjà un piquant feuilleton de sa fille?

Un jour, dans une querelle avec M. de Jouy, qui se laissait volontiers contredire et retourner en tous sens, et qui avait « l'amour-propre bon enfant, » Mᵐᵉ Gay réussit pourtant à le mettre en colère. Il lui soutenait que l'italien n'était pas une langue; elle le réfutait, elle épuisait les raisons : il ne se rendait pas. Outrée à la fin, elle s'écria: « Il n'y a rien de plus désolant que de se disputer avec un homme médiocre. » Jouy se sentit piqué dans le moment. « C'est la Reine de l'injure, » disait-il ensuite en parlant de sa violente amie, mais sans lui en vouloir du tout. Elle avait fait miracle; elle avait tiré de lui une expression qui est une étincelle.

M. Coulmann nous apprend que la chanson de Béranger si connue, et dont le refrain est :

Ange aux yeux bleus, protégez-moi toujours,

était faite à l'intention de Mlle Delphine Gay et lui était d'abord adressée. La destination en fut changée à l'impression. Que s'était-il passé dans l'intervalle? La raison qu'en donne M. Coulmann, si elle est la vraie, est bien petite. Un jour, comme on répétait devant Mme Gay des éloges que Béranger avait donnés aux vers de sa fille dans un monde un peu différent et moins favorable, où la jeune muse n'allait pas, il lui échappa de dire : « Delphine rend bien aussi justice à Béranger. » Ce mot d'égal à égal, redit au chansonnier, le piqua et lui fit retirer sa chanson. C'était être bien susceptible.

M. Coulmann rapporte bien des mots qui marquent la causticité de Béranger et son peu de bienveillance dans le propos. Dans ce salon de Mme Davillier, où se réunissaient toutes les illustrations libérales du temps, anciens ministres de l'Empereur, anciens généraux, députés de l'Opposition, académiciens alors populaires, Benjamin Constant était l'homme d'esprit par excellence, et il rayonnait de tous ses traits. Béranger, dans son coin, les bras croisés, malin, taquin, s'abandonnait à sa verve, et, si l'on excepte Manuel, il se moquait de tout et de tout le monde. M. Laffitte lui-même n'y échappait pas. Mais M. de Jouy surtout, Jouy, le meilleur des hommes et le plus chaleureux des amis, prêtait à ses épigrammes, et cela même passait quelquefois jusqu'à l'action. Un jour à Bagneux, maison de campagne de M*me* Davillier, après une longue discussion sur l'opéra de *Fernand Cortez,* sur lequel on avait pris plaisir à le chicaner : « Vous avez beau dire, s'écria Jouy en ne plaisantant qu'à demi, il y a dans cette pièce un acte excellent que vous n'êtes pas assez forts pour découvrir. » Béranger, qui avait retenu le mot, se lève au milieu de la nuit, appelle deux des interlocuteurs qui étaient ses voisins, et ils s'en vont frapper à la porte de la chambre de Jouy qui s'éveille en sursaut. « Nous venons pour savoir, lui crient-ils, quel est le bon acte de *Fernand Cortez.* »

Du même Jouy, il disait encore : « Pour lui, il ne sait jamais s'il a bien ou mal fait; il écoute toutes les critiques et efface tout ce qu'on veut. Constant est de même; il n'est pas sûr d'avoir du talent. *C'est manque de caractère chez eux.* » Cette épigramme, dans sa bouche, avait l'avantage de faire coup double et de frapper deux lièvres à la fois.

Benjamin Constant et Béranger ne s'aimaient pas; ce dernier surtout n'aimait pas l'autre. Ils étaient rivaux sur un point; ils courtisaient tous deux la même maîtresse, la popularité. Benjamin Constant rappelait que Béranger lui avait dit un jour : « Quand j'étais garçon d'auberge, j'avais souvent envie de casser les assiettes sur la tête de ceux auxquels j'étais obligé de les donner. » — Béranger ayant été condamné à trois mois de prison en 1823, M. Coulmann l'alla voir à Sainte-Pélagie, et il rapporte l'entretien suivant ou plutôt le soliloque du prisonnier :

« L'affluence à mon procès m'a fait plaisir, disait Béranger, mais je sais ce que cela vaut. Je n'ai jamais rien trouvé de si vide que la gloire, et à plus forte raison ma *gloriette* à moi. La retraite et l'intimité sont bien mieux mon fait. Quand on a perdu, comme moi, sa queue dans la bataille, on a appris à apprécier les hommes et les choses. Les manifestations en ma faveur, chez Laffitte et chez Mme Davillier, m'étaient plutôt importunes qu'agréables. Le maréchal Soult me félicita chez le premier, parce que le ministère était déjà formé (et qu'il n'en était pas). S'il y avait eu, comme dans la Révolution, peine de mort pour des signes de commisération, si les têtes avaient dû tomber, la plupart se seraient gardés de me dire un mot, et j'aurais eu peu de visites. J'excepte mes amis... »

Benjamin Constant n'était pas de ceux qu'il exceptait; car M. Coulmann lui ayant dit qu'il se proposait de venir le voir :

« Oui, répondit Béranger, je suis sûr qu'il viendra; il ne néglige pas cette occasion de popularité. Je remarquai dimanche qu'il devait se dire en lui-même, quand tout le monde m'environnait : « Je voudrais avoir fait les chansons et être ainsi condamné. » Il n'y a pas de triomphe qui ne lui fasse envie. Cela lui procure des sensations. — Il croyait aimer Mme de Staël, et il n'aimait que les émotions qu'elle lui donnait. Il est si usé que c'est aux autres qu'il emprunte les sentiments qu'il ne trouve plus en lui-même. Ses passions sont tout artificielles. Quand il manifestait celle qu'il croyait avoir pour Mme de Staël, il écoutait les paroles qu'il lui adressait ; elle lui répondait, cherchant aussi, dans son éloquence, s'il n'y aurait pas quelques phrases qu'elle pût placer dans un de ses romans. Tout était factice entre eux. Elle prétendait avoir pour lui une *antipathie physique...* »

Béranger, une fois lancé, ne s'arrête pas en si beau train ; il parle du monde de Mme de Staël comme s'il y avait vécu ; il tire à droite et à gauche. M. de Montmorency y attrape son éclaboussure :

« Une nuit on vient annoncer que Constant s'était empoisonné de désespoir. Tout le château de Coppet fut réveillé. On entre chez Mathieu de Montmorency, qu'on trouve priant au bord de son lit. « M. de Constant s'est empoisonné, » lui cria-t-on. — « Il faut chercher un médecin, » reprit-il, et il continua ses patenôtres. »

Et, se rabattant sur Benjamin Constant, il continuait lui-même sur le ton de médisance :

« Constant est tellement usé, il a tellement besoin que quelqu'un l'anime et le travaille, que je lui disais que vieux et ne pouvant plus quitter le coin de son feu, il donnerait de la tête contre le marbre de la cheminée pour se secouer. Il m'a avoué qu'il ne joue que pour cela (1). »

(1) Ce n'était pas seulement Béranger qui jugeait ainsi de près Benjamin Constant ; M. de Barante, qui avait du trait en causant, mais qui n'était pas précisément caustique, disait de lui ce mot terrible : « C'est une *fille* qui mourra à l'hôpital. »

On assiste à ce commérage spirituel qui faisait le tous-les-jours de Béranger dans l'intervalle de ses chansons, et qui n'a pas discontinué pendant plus de trente ans. Cette causticité roulante n'empêchait pas la bonté du fond ; mais il fallait le savoir. C'était une mauvaise langue et un bon cœur que Béranger. M. Coulmann, qui cite avec un certain plaisir tous ces mots à charge sur Benjamin Constant, les rétracte ou les adoucit à d'autres endroits, et il s'en réfère à une lettre de Sismondi écrite au lendemain de la mort du célèbre tribun et adressée à Mlle Eulalie de Sainte-Aulaire. Voici cette lettre qui contient un jugement définitif impartial, et qui, si on pouvait oublier tout ce qu'on sait et négliger le détail pour ne juger que de l'ensemble, devrait être le dernier mot sur un grand esprit, trop souvent calomniateur de lui-même. Nous venons de voir et d'écouter en Béranger le Tallemant des Réaux de Benjamin Constant : il est juste maintenant d'entendre Sismondi, qui en est l'historien et l'apologiste équitable :

« 13 décembre 1830.

« Oui, ma jeune amie, j'ai éprouvé une singulière émotion de la mort de Benjamin Constant. Je l'avais jugé dès longtemps sans espérance ; je l'attendais, je dirai même que je ne la craignais pas pour lui, cette mort. La maladie avait donné à son esprit une agitation, une irritabilité toute fiévreuse qui le faisait sortir de sa sagesse habituelle, qui le liait avec des hommes dont il ne partageait pas les opinions contre ceux dont il était habituellement plus rapproché. Je sentais que, dans ces derniers mois, il faisait tort à sa réputation, il s'aliénait les personnes qui étaient les plus chères à son cœur, et dont la froideur qu'il avait causée lui-même était ensuite son plus grand tourment...

« On n'a point connu Mme de Staël, si on ne l'a pas vue avec Benjamin Constant. Lui seul avait la puissance, par un esprit égal au sien, de mettre en jeu tout son esprit, de la faire grandir par la lutte, d'éveiller une éloquence, une profondeur d'âme et de pensée qui ne se sont jamais montrées dans tout leur éclat que vis-à-vis de lui, comme lui aussi n'a jamais été lui-même qu'à Coppet. Quand, après la mort de Mme de Staël, je l'ai vu si éteint, j'aurais à peine pu croire que ce fût le même homme. Mais je suis tout étonné du jugement sévère qui perce dans votre lettre sur lui. Je sens bien qu'il est resté fort au-dessous de ce qu'il pouvait être, mais il me paraît en même temps s'être élevé fort au-dessus de tous ses contemporains. En politique, il a bien plus fondé de doctrines que ceux qu'on a nommés doctrinaires; en philosophie, son ouvrage sur les religions contient plus de vérités neuves et mères qu'aucune des trois écoles opposées de Lamennais, de Cousin et de Tracy. En littérature même, il me semble fort supérieur à toute l'Académie qui le jugeait. Ce n'est que comparé à lui-même qu'on sent tout ce qui lui manque. »

Je pourrais extraire encore bien des passages de ces Souvenirs de M. Coulmann. Il a quelques bons portraits, notamment celui de M. de Salvandy, son ami particulier, dont il retrace avec vérité la physionomie animée, ardente, et les belles qualités au service desquelles étaient, pour ainsi dire, attelés de légers ridicules qui avançaient leur homme plutôt qu'ils ne le retardaient. M. Coulmann parle aussi très-bien d'Alexandre de Humboldt, et il fait remarquer avec raison « qu'on n'a jamais vu un Allemand ni un Prussien plus jaloux et plus ambitieux que lui de la légèreté parisienne; sa médisance tenait certainement plus du désir d'être amusant et agréable que de l'envie et de la malignité. »

Ce sont là des traits heureux et justes. Ils sont épars chez M. Coulmann, et il est nécessaire, après lui, de les rassembler. Il n'est pas homme à lier lui-même toutes ses gerbes.

M. Coulmann voyagea dans sa jeunesse; il fit les pèlerinages et les stations les plus remarquables et les plus indiquées de Suisse et d'Italie. Il est l'un des rares Français qui virent lord Byron; il le visita à Gênes, recueillit la conversation qu'il eut avec le noble poëte, et reçut même de lui une lettre qu'il publia dans le temps et qu'il reproduit aujourd'hui. Lord Byron, dans cette lettre, rectifie les idées fausses que les biographes français donnaient de ses parents, et il se montre, en homme vraiment délicat, plus attentif à ce qui intéresse la mémoire de son père qu'à sa réputation propre.

J'aurais eu, en terminant, une petite querelle à vider avec M. Coulmann. C'est au sujet de M. Necker qu'il me reproche d'avoir déprécié en disant qu'avec tout son esprit et sa fine intelligence il était, par son indécision et son peu de volonté, « le contraire d'un pilote dans une tempête. » J'aurais trop beau jeu vraiment à me justifier et à répliquer. J'avoue que je m'en étais donné le plaisir; je supprime ce que j'avais écrit d'abord. Mais, en général, le reproche que je me permets, à mon tour, d'adresser à M. Coulmann, c'est d'être sur beaucoup de points dans l'entre-deux. A le juger tel qu'il se montre dans ces Souvenirs, je le vois en poli-

tique, en littérature, en art, en tout, n'ayant rien de
bien tranché ni de saillant. Il est pour la Charte en
1814, et cela ne l'empêche pas d'avoir des restes d'im-
périalisme, d'aller rendre visite dans ses voyages aux
principaux membres dispersés de la famille de Napoléon. Il est l'un des hôtes et des visiteurs d'Arenenberg,
et il s'en souvient aujourd'hui à ravir ; mais alors, pourquoi ce coup de lance subit en faveur de M. Necker qu'il
ose mettre en balance d'une manière incroyable avec
Napoléon? M. Coulmann est constitutionnel, et en même
temps il a bien soin de nous avertir par une note qu'il
ne blâme pas absolument un coup d'État qui était encore récent. Remarquez que ce n'est pas l'impartialité
ni la modération dont je lui fais un léger reproche,
c'est l'indétermination. Il n'est pas non plus un pur classique en littérature, ni encore moins un romantique
décidé ; il est ballotté entre les deux. Byron lui paraît
un grand poëte, mais M. de Jouy reste pour lui notre
premier prosateur. Lui-même il n'écrit pas mal, il
n'écrit pas bien non plus; il semble, à un moment,
d'après Cuvier, prêt à abjurer la rhétorique, puis tout
aussitôt les fausses fleurs reviennent et abondent sous
sa plume. S'il tient d'un côté à l'Allemagne, ce n'est
point par Gœthe, c'est par Auguste Lafontaine. En un
mot, il a le goût un peu hybride; son esprit, qui est
assez solide, n'a pas la trempe ni le fil : il ne lui a manqué peut-être que le dur besoin, la nécessité, cette
pierre à aiguiser; mais le fait est qu'il ne sépare pas
nettement les choses, il ne discerne pas toujours vivement les personnes; son métal n'est pas d'un son clair

et net : il admet quelque amalgame. — A cela près, le plus galant homme, le plus droit, le plus véridique, je le crois sans peine, bon à écouter de temps en temps ou à parcourir, et méritant, comme je viens de le faire, qu'on aille glaner chez lui.

Lundi 5 décembre 1864.

LA
RÉFORME SOCIALE EN FRANCE

DÉDUITE DE L'OBSERVATION COMPARÉE
DES PEUPLES EUROPÉENS,

Par M. LE PLAY, conseiller d'État (1).

Ce livre important se distingue de tous ceux qui ont eu pour objet la guérison de nos maladies sociales et la réforme de nos lois ou de nos mœurs, en ce qu'il est le résultat d'une méthode et d'une observation particulières : et cette méthode est si bien le fait de M. Le Play, elle constitue si nettement son originalité propre, qu'il me paraît curieux et utile pour tous de la faire comprendre et de l'exposer ici avec quelque étendue.

M. Le Play est un polytechnicien des plus distingués.

(1) Deux volumes in-8°; Henri Plon, rue Garancière, 8.

Issu d'une famille de cultivateurs et propriétaires ruraux, et à la fois gentilshommes, du pays de Caux, dont une branche s'est transplantée dans le Canada, il se destina de bonne heure aux travaux utiles, aux sciences, et fut reçu à l'École polytechnique le second de sa promotion, en 1825. Cette promotion remarquable qui comptait les Liouville, les Daru, Lamoricière, Michel Chevalier, Jean Reynaud, etc., a jeté et poussé partout des branches. Entré le second, sorti le second, — le premier dans les mines, il fut bientôt ingénieur en chef dans ce corps savant et professeur de métallurgie à l'École même des mines. Esprit exact, sévère, pénétrant, exigeant avec lui-même, il ne négligea rien de ce qui pouvait perfectionner son enseignement et faire avancer la science d'application à laquelle il s'était voué. Au lieu de s'en tenir aux livres et aux procédés en usage dans son pays, il voyagea et le fit avec ordre, méthode, en tenant note et registre de chaque observation, sans rien laisser d'inexploré ou d'étudié à demi. On prendra idée de la masse de notions précises ainsi amassées par lui et passées ensuite au creuset, pour ainsi dire, de son rigoureux esprit, en sachant que depuis 1829 jusqu'en 1853, c'est-à-dire pendant vingt-quatre ans, il fit un voyage de six mois chaque année, et un voyage d'étude, non une tournée de plaisir. L'hiver à Paris, il faisait son cours, et l'été venu, il partait pour aller vérifier sur les lieux les procédés d'exploitation et d'élaboration en usage dans les divers pays. A cette fin il visita une fois le Danemark, une fois la Suède et la Norwége, trois fois la Russie, six fois l'Angleterre, deux fois l'Espagne, trois fois l'Italie, une fois la Moravie, la Hongrie, la Turquie d'Europe; il fit un grand voyage en Carinthie, dans le Tyrol; il traversa nombre de fois l'Allemagne : bref, la Scandinavie exceptée, il a visité à peu près trois fois en moyenne chaque partie de l'Europe. Des missions spéciales qui lui furent confiées par les gouvernements, par des souverains ou par de très-puissants particuliers, le mirent à même de faire des observations comparées approfondies, depuis la Belgique jusqu'aux confins de l'Europe et de l'Asie; pas une forge importante ne lui a échappé; il a eu à en diriger lui-même; il a eu dans les usines de l'Oural jusqu'à 45,000 individus sous ses ordres, une véritable armée d'ouvriers.

L'un de ces hommes rares, chez qui la conscience en tout est un besoin de première nécessité et dont le plus grand plaisir comme la récompense est dans la poursuite même d'un travail et dans l'accomplissement absolu d'une fonction, il fit ainsi son métier de métallurgiste avec passion et scrupule; il épuisa la connaissance détaillée qu'on en peut avoir. Mais ceci sort tout à fait de notre appréciation et de notre portée : ce qui y rentre davantage, c'est l'étude morale et sociale qu'il ne tarda pas à joindre à celle des procédés techniques et qu'il mena bientôt parallèlement avec le même zèle. En voulant déterminer les conditions principales d'une industrie, il en vint à reconnaître que le procédé technique n'était plus que la chose secondaire et que la condition essentielle tenait le plus souvent à un ressort moral, à un sentiment de fixité, de stabilité, d'affection

et d'attachement au sol ainsi qu'à l'œuvre collective et
à la communauté dont on fait partie. C'est ainsi que,
visitant, avec son ami Jean Reynaud, les mines du Hartz
dans le Hanovre, tandis que l'un s'exaltait plutôt en
poëte devant les paysages, la physionomie des lieux et
des habitants, et les sujets de description animée qu'il
devait en rapporter, M. Le Play remarquait surtout le
contentement de cette population d'ouvriers condamnés
à une vie dure et sévère, et même malsaine en définitive, mais garantie d'ailleurs par des institutions efficaces, et protégée par des principes subsistants de hiérarchie industrielle et de patronage. Propriétaire viager
ou, si l'on veut, locataire à vie de la maison qu'il occupe, ayant ainsi le sentiment du chez-soi, l'ouvrier du
Hartz, en sa qualité de membre de la corporation des
mines, « possède sur les richesses minérales et forestières de ce district une sorte d'hypothèque légale qui
le garantit, ainsi que sa famille, contre toutes les éventualités fâcheuses qui peuvent se présenter. » Il a non-
seulement l'habitation et le jardin qui y tient, il a le
droit de récolter à titre gratuit dans les forêts domaniales le bois de chauffage; le blé lui est assuré à un
prix invariable et toujours au-dessous de celui du marché. L'école pour les garçons est gratuite. Moyennant
tout un ensemble d'engagements réciproques et de subventions tutélaires, lui et sa famille restent attachés,
affectionnés même à cette existence frugale, à ce labeur
pénible dans lequel il vit presque toujours enfoui. Le
tabac à fumer est sa principale distraction; au moyen
d'une dépense annuelle de dix francs, il s'assure cette

maigre jouissance ; il fréquente peu le cabaret, ne consomme l'eau-de-vie qu'à petites doses et en général dans le ménage, après le principal repas. Ajoutez les veillées de famille, les cérémonies sévères du culte luthérien, vous avez les seules diversions que puisse trouver le mineur du Hartz au milieu de ses travaux assidus et durs : et cependant il ne désire rien de mieux, il vit content ; il a le patriotisme local ; il a su résister dans les années difficiles à l'appât des salaires élevés et aux excitations de tout genre qui attiraient vers les travaux des chemins de fer les ouvriers du nord de l'Allemagne. « Aucun exemple peut-être n'est plus propre, » nous dit M. Le Play, « à indiquer la tendance naturelle des po- « pulations ouvrières, et à prouver qu'elles savent pré- « férer, même à des nouveautés séduisantes, une exis- « tence rude, mais fondée en toute sécurité sur le « patronage et sur un bon régime de subventions. »

Ces problèmes moraux occupèrent bientôt M. Le Play autant et plus que l'extraction et le traitement du minerai. — Ailleurs, plus à l'est de l'Europe, il était témoin d'un état d'organisation que nous appelons arriéré, et qui reproduisait assez fidèlement sous ses yeux l'ancien état féodal, mais qui lui expliquait aussi les ressources et les racines profondes de ce régime disparu. Tout, évidemment, n'y était pas mauvais ; les populations inférieures, imprévoyantes par leur nature et leur condition, trouvaient appui et tutelle dans le supérieur, et demeuraient en rapport avec lui à tous les instants et par tous les liens. La famille de l'ouvrier vassal, telle qu'elle existe encore dans des contrées du nord et de l'est de l'Europe, se développe dans son humble sphère avec sécurité, et même avec une sorte de majesté. Partout où l'ouvrier a la propriété de son habitation, où la mère de famille n'est pas obligée d'aller travailler chez les autres, où elle siége et trône, en quelque sorte, au foyer domestique, elle est souverainement respectée, et les vertus naissent, s'entretiennent, se graduent d'elles-mêmes autour d'elle. Cet état de société plus élémentaire et dès longtemps aboli dans notre Occident, reparaissant aux yeux de l'observateur à l'état actuel et pratique, lui commentait d'une manière vivante, lui expliquait le passé, comme en géologie on s'explique mieux les couches, partout ailleurs ensevelies, en les retrouvant à la surface et non encore recouvertes, telles qu'elles parurent autrefois dans leur règne et à leur véritable époque, en pleine lumière et sous le soleil. Des comparaisons fécondes se faisaient à chaque instant dans l'esprit de l'observateur, et ce n'était pas seulement l'histoire qu'il y gagnait de mieux comprendre; il se demandait si de ces institutions, si réprouvées chez nous, quelque chose n'était pas bon, n'était pas utile, n'était pas à reprendre et à réimplanter en le transformant. Et c'est ainsi que la partie morale et sociale, menée de front avec l'étude scientifique et technique, prenait insensiblement le dessus dans son esprit.

Avec l'instrument de précision dont il dispose (j'appelle ainsi la forme analytique expresse qui est la sienne), M. Le Play se tourna dès lors à étudier l'ouvrier sous tous les aspects et dans toutes les conditions de son existence; il fit ces monographies exactes et complètes qui ne laissent rien à désirer et qui sont d'excellentes esquisses à la plume; il *photographia*, selon son expression, des types d'ouvriers et de familles. Il en est résulté son livre si original et si neuf, *les Ouvriers européens* (1), qui a obtenu en 1856 le prix de statistique à l'Académie des sciences. Jamais la statistique n'avait encore été traitée de la sorte ni serrée d'aussi près, de manière à rendre tous les enseignements qu'elle contient, et rien que ce qu'elle contient. Doué d'un esprit de suite, de teneur et de patience incroyable, obstiné et même acharné à mener son idée à fin et à la pousser aussi loin que possible, M. Le Play, en rassemblant les éléments du problème social qu'il avait dès lors en vue, a fait un premier ouvrage qui, sans parti pris, est un modèle et qui devrait être une leçon pour tous les réformateurs, en leur montrant par quelle série d'études préparatoires, par quelles observations et comparaisons multipliées il convient de passer avant d'oser se faire un avis et de conclure.

Il a appliqué sa méthode de description à trente-six monographies d'ouvriers, en les prenant dans les conditions sociales les plus diverses : 1° dans l'état encore à demi nomade; 2° dans le système des *engagements forcés,* comme au temps du servage; 3° dans celui des

---

(1) LES OUVRIERS EUROPÉENS, *Études sur les travaux, la vie domestique et la condition morale des populations ouvrières de l'Europe, précédées d'un exposé de la méthode d'observation,* par M. F. Le Play, ingénieur en chef des mines, etc. (Imprimerie Impériale, un volume format atlantique, 1855.)

engagements volontaires permanents; 4° enfin, dans le système des *engagements momentanés,* qui est généralement le nôtre. Il les a pris dans tous les états et toutes les professions, depuis le pasteur du versant de l'Oural et le paysan agriculteur de la Russie méridionale jusqu'au moissonneur émigrant du Soissonnais, au maître blanchisseur de la banlieue et au chiffonnier de Paris. Jamais, dans son travail, il n'a fait fléchir la méthode : sa description est claire, nette, exacte, complète, mais toute positive et scientifique ; il a réservé les considérations morales, et les conclusions qu'il était induit à tirer de ses tableaux comparatifs, pour des appendices qu'il y a joints.

Ceux qui y chercheraient le pittoresque seraient trompés. Les faits seuls y sont, mais ils parlent ; en mettant à les bien entendre et à les méditer quelque chose de la même attention et de la même patience qui les a amassés et classés si distinctement, on sent naître en soi des réflexions sans nombre. C'est après avoir compulsé et conféré entre eux de pareils tableaux qu'on pourrait, ce semble, se mettre à écrire de *l'Esprit des lois* et des mœurs. Mais le génie, en tout, a devancé la méthode ; il a eu des aperçus, des lueurs perçantes : le hasard a présidé aux plus beaux ouvrages. Le pressentiment a des jets sublimes : la science plus lente et plus sûre n'est venue qu'après.

J'aimerais, après avoir causé avec M. Le Play de son livre, à rendre ici quelque chose de l'impression plus vive qui m'est restée et à le faire sous une forme moins froide que celle que la statistique exige. Et par exemple, M. Le Play était en visite chez les Bachkirs voisins des Kirghiz, au delà de la frontière nord-est de l'Europe, aux premiers confins de la Sibérie, et depuis quelques jours il observait tous les détails de ce régime à demi nomade, cette manière de vivre très-voisine de la primitive et par laquelle ont dû passer autrefois ceux qui furent peut-être nos ancêtres et nos pères. La nourriture, la boisson la plus recherchée et la plus agréable pour ces peuples pasteurs est du lait de jument fermenté, qui laisse ceux qui en ont trop pris dans un léger état d'assoupissement et d'ivresse d'où l'on sort d'ailleurs sans trop de fatigue et sans détérioration pour les organes. C'est leur opium à eux, un opium plus innocent. Chacun a son idéal de fortune et de bonheur. Chez les Bachkirs le terme des désirs de la famille la plus laborieuse est de posséder huit ou dix juments, au moyen desquelles elle puisse se soustraire à tout travail agricole et se nourrir presque exclusivement de *khoumouis* (c'est le nom de la délicieuse boisson qui endort et fait doucement rêver). Un seul point inquiétait encore l'observateur : c'était de savoir si la condition des femmes chez ces peuples est aussi inférieure qu'on le dit, et si elles y sont entièrement soumises et subordonnées à l'homme. La question se résolut pour lui d'elle-même et par la meilleure des démonstrations. Une après-midi qu'il était avec son truchement à interroger le chef de famille, deux femmes entrèrent brusquement sous la tente, et l'une d'elles assaillit de paroles très-vives le pauvre homme qui était son mari et qui se tenait coi, l'oreille basse. M. Le Play, ayant questionné son truchement, sut de lui qu'elle venait se plaindre en termes amers de ce que son mari depuis quelques jours faisait le fainéant, s'amusait à causer, à baguenauder avec un étranger; de ce que le travail des champs était en souffrance et que les foins ne se faisaient pas. A l'instant il prit la parole et fit dire par son truchement à la dame en colère qu'il était un savant venu de fort loin pour observer les mœurs, les coutumes des Bachkirs, et voir ce qu'il pourrait en rapporter d'utile pour son pays; mais qu'il n'était nullement dans son intention de jeter le moindre trouble dans la famille et que, s'il était la cause involontaire de quelque dommage pour ses hôtes, il prétendait les en indemniser et au delà. A ces paroles bienveillantes et bien sonnantes, rapportées par le truchement, la physionomie de la mère de famille s'éclaircit, la volubilité d'injures cessa, la paix rentra dans le ménage: mais le voyageur moraliste put s'assurer que là, comme presque partout ailleurs, la femme, dès qu'elle veut en prendre la peine, est aisément maîtresse au logis.

M. Le Play a raconté le fait dans la première monographie de son livre (page 57), mais il s'est borné à le constater en peu de mots et avec sa précision ordinaire, en ne cherchant à rendre ni le mouvement ni le jeu de scène. La manière dont il le raconte de vive voix est bien autrement circonstanciée et curieuse; et en général, sur tous ces pays qu'il a vus et sur les singularités de mœurs, je ne sais rien de plus intéressant que sa conversation. C'est le même langage uni et simple que dans son livre, avec l'abondance de plus, avec la particularité et un certain accent qui grave.

Il y a lieu de croire que la Révolution de 1848, les graves problèmes qu'elle souleva et les sombres pensées qu'elle fit naître, introduisirent un degré d'examen de plus dans quelques parties du livre, et tinrent plus constamment en éveil l'attention de l'observateur sur le principe moral qui maintient dans l'ordre certaines populations d'ouvriers, moins avancées et plus heureuses pourtant que d'autres. Serait-ce donc une loi fatale que plus l'homme s'élève dans l'échelle de la civilisation, moins il est satisfait et content de son sort? M. Le Play en vint à reconnaître que l'élément conservateur, le principe calmant et consolant, dans tous les cas qu'il avait observés, n'était pas distinct ni séparable de l'élément religieux. Dans tout état de société, — qu'il s'agisse de la Russie méridionale et des paysans agriculteurs, chez qui la religion n'empêche sans doute ni l'intempérance, ni la ruse, ni la fraude, ni bien des vices, mais à qui elle inspire un pieux et absolu respect dans les rapports des fils aux parents, « une résignation stoïque dans les souffrances physiques et morales, et, en présence de la mort, une assurance, une sérénité qui a parfois un véritable caractère de grandeur; » — qu'il s'agisse, tout au contraire, des peuples et des régimes les plus avancés, tels que l'Angleterre, chez qui les hautes classes et les lords peuvent être dissolus à leur aise, mais que gouverne réellement et que maintient avec fermeté, en présence des masses chartistes, l'immense classe bourgeoise ou rurale moyenne, tout imprégnée de la Bible et de la forte moralité qui en découle; — partout l'élément religieux, sous une forme ou sous une autre, lui a paru essentiel à la durée et à la stabilité des sociétés. Homme de progrès, n'ayant pas, comme certains philosophes opiniâtres, d'attache et de parti pris pour un ancien régime, par cela même qu'il est ancien, il s'est pourtant demandé, en terminant cette série d'études comparatives, comment il se faisait que le dégagement de l'individualité et du libre arbitre, la plus grande disposition de soi-même et le choix dans le travail n'amenaient pas toujours (tant s'en faut!), pour les populations ouvrières, une plus grande somme de moralité et de bonheur. Il a remarqué aussi que, pour l'agriculture, ce qui a été considéré politiquement comme une des conquêtes de 1789, l'extrême division des propriétés, due à la loi des successions et au partage égal entre les enfants, a eu en certaines contrées des effets funestes pour la meilleure exploitation des terres, et peut-être pour la condition des petits propriétaires eux-mêmes. Il a présenté en traits caractéristiques et non chargés ce type spécial à la civilisation moderne et qui n'y fait guère d'honneur, le *propriétaire indigent,* avec son bien grevé d'hypothèques et rongé par l'usure. En conséquence, il s'est demandé s'il n'y avait pas quelque remède, un moyen terme à proposer entre le retour impossible à l'ancien régime et le morcellement moderne indéfini. Poussé par la force de l'induction, il revenait à regretter, à désirer de grands propriétaires, d'utiles patronages, des influences d'élite, en partie désintéressées; il aspirait à nous rendre des mœurs, tant à la ville qu'aux champs. Ces idées qu'il jetait à l'état de questions, à la fin de son premier ouvrage, montraient que le second était déjà en germe dans son esprit. Il avait passé de l'étude des métaux à celle des hommes; il passait maintenant de celle-ci au traitement des sociétés : il se préparait à aborder résolûment les questions de réforme.

Animé désormais du plus noble prosélytisme, M. Le Play provoquait également, dans les conclusions de son premier ouvrage, la formation d'une *Société internationale*, ayant pour objet d'observer et de décrire à son exemple dans tous les pays du monde les faits sociaux, et particulièrement ceux qui intéressent les diverses classes et familles d'ouvriers, cette observation positive et dégagée de tout système devant suggérer à sa suite des mesures spéciales et pratiques de conservation et de réforme que la théorie toute seule ne découvrirait pas. Cette Société s'est constituée; elle fonctionne, elle a déjà publié plusieurs volumes d'études (1).

Puisque l'émulation s'en mêle, elle me gagne à mon tour et je suis tenté de venir payer incidemment ma quote-part. Parmi tous ces types d'ouvriers que M. Le Play ou ses collaborateurs ont si bien décrits, l'ouvrier émigrant ou le *maçon*, l'ouvrier sédentaire ou le *tailleur*, le *charpentier* de Paris, compagnon du *devoir* ou

(1) LES OUVRIERS DES DEUX MONDES, *Études sur les travaux, la vie domestique et la condition morale des populations ouvrières des diverses contrées et sur les rapports qui les unissent aux autres classes*, publiées par la Société internationale des Études pratiques d'économie sociale. (Chez Guillaumin, rue Richelieu, 14; ou au siège de la Société, quai Malaquais, 3.)

10.

de la *liberté,* etc., il en est un qu'ils ont négligé et que
je signale à leur attention ; celui-là, je l'ai observé de
près depuis bien des années, et j'ai vécu avec lui, je
pourrais dire, comme lui; aussi suis-je en état de le
décrire, et je l'essayerai même, puisque l'idée m'en est
venue : c'est *l'ouvrier littéraire.*

Lui aussi, il est un ouvrier parisien par excellence,
généreux, vif, amusant, malin, indiscret, aimable, —
généralement imprévoyant : et pourquoi n'ajouterai-je
pas? il a raison de l'être. Il engendrerait trop de soucis
autrement. Sa gaieté, ses saillies, ses étincelles, le
meilleur de sa verve est à ce prix. L'ouvrier littéraire
ne s'est pas fait lui-même : il est le produit de l'éducation, et s'il s'est égaré en prenant sa voie qui n'est pas
une voie, la faute en est d'abord à cette direction singulière qu'on nous donne et à la culture première que
nous recevons. On nous apprend à aimer le beau,
l'agréable, à avoir de la gentillesse en vers latins, en
compositions latines et françaises, à priser avant tout
le style, le talent, l'esprit frappé en médailles, en beaux
mots, ou jaillissant en traits vifs, la passion s'épanchant du cœur en accents brûlants ou se retraçant en de
nobles peintures; et l'on veut qu'au sortir de ce régime
excitant, après des succès flatteurs pour l'amour-propre
et qui nous ont mis en vue entre tous nos condisciples,
après nous être longtemps nourris de la fleur des
choses, nous allions, du jour au lendemain, renoncer à
ces charmants exercices et nous confiner à des titres de
Code, à des dossiers, à des discussions d'intérêt ou
d'affaires, ou nous livrer à de longues études anatomi-

ques, à l'autopsie cadavérique ou à l'autopsie physiologique (comme l'appelle l'illustre Claude Bernard)! Est-ce possible, pour quelques-uns du moins, et de ceux qu'on répute les plus spirituels et qui brillaient entre les humanistes ou les rhétoriciens? On sort du collége, et, à peine sorti, on a déjà choisi son point de mire, son modèle dans quelque écrivain célèbre, dans quelque poëte préféré : on lui adresse son admiration, on lui porte ses premiers vers; on devient son disciple, son ami, pour peu qu'il soit bon prince; on est lancé déjà : à sa recommandation peut-être, un libraire consent à imprimer gratis vos premiers vers; un journal du moins les insère; on y glisse de la prose en l'honneur du saint qu'on s'est choisi et à la plus grande gloire des doctrines dont on a le culte juvénile : comment revenir après cela? Si l'on est honnête, on garde, même dans les vivacités de cet âge, des réserves et des égards : on ne s'attaque dans les adversaires qu'aux travers de l'esprit, non à des ridicules extérieurs ou futiles que le plus souvent on serait réduit à inventer; on s'abstient de la calomnie, cette chose odieuse; du mensonge, cette chose honteuse! L'on sait, jusque dans la mêlée du combat, observer l'honneur littéraire, les délicatesses du métier. Mais que de hasards d'ailleurs, que de témérités de plume! que d'insolences involontaires! que d'étranges jugements de choses et de personnes, qu'on est étonné plus tard d'avoir proférés! On vit dans un temps où les journaux sont tout et où seuls, presque seuls, ils rétribuent convenablement leur homme : on est journaliste; on l'est, fût-on romancier, car c'est en feuilletons que paraissent vos livres même, et l'on s'en aperçoit; ils se ressentent à tout moment des coupures, des attentes et des suspensions d'intérêt du feuilleton; ils en portent la marque et le pli. On a des veines de succès, on a des mortes-saisons et des froideurs. On vit au jour le jour; l'or coule par flots, puis il tarit; mais aussi, comme l'ouvrier parisien, on a l'heureuse faculté de l'imprévoyance : on a sa guinguette, on a ses soirées; on a le théâtre; on rencontre, on échange de prompts et faciles sourires; on nargue la famille; on est en dehors des gouvernements; même si on les sert, on sent qu'on n'en est pas. De tout temps, on l'a observé, les gens de lettres n'ont pas été des mieux et n'ont pas fait très-bon ménage avec les hommes politiques, même avec ceux qu'ils ont servis: on l'a remarqué des plus grands écrivains, gens de fantaisie ou d'humeur, de Chateaubriand, de Swift; écrivains et gouvernants, ils peuvent s'aimer comme hommes, ils sont antipathiques comme race. Pourquoi cela? Les points de vue d'où l'on part et ceux où l'on tend sont si différents, si contraires; les mobiles sont si opposés! La bohême, même la plus sérieuse et la plus honnête, — et par bohême j'entends tout ce qui est précaire, — est à cent lieues de la bureaucratie, même la plus prévenante et la plus polie. La politique, il est vrai, est au-dessus et peut avoir l'œil sur toute chose; mais se soucie-t-elle de ce monde léger dont chaque plume n'est rien, dont toutes les plumes toutefois finissent par peser et comptent? Quoi qu'il en soit, en fait l'ouvrier littéraire, dans son imprévoyance, se multiplie et pullule chaque jour; son existence est devenue une nécessité, un produit naturel et croissant de cette vie échauffée qui se porte à la tête et qui constitue la civilisation parisienne. Poussée à ce degré, l'espèce (qu'on me passe ce mot scientifique) n'est-elle pas aussi un inconvénient, — Dieu me garde de dire un danger? Si l'ouvrier littéraire ne s'aigrit pas en vieillissant et en grisonnant, c'est qu'il est bon de nature et un peu léger. Ce qu'il a dû éprouver (et je n'en excepte aucun) de rebuts, d'ennuis, de mortifications d'amour-propre, de piqûres à découvert ou d'affronts secrets, il le sait plus qu'il ne le dit, car c'est un gueux fier. Par bonheur, je le répète, il a l'insouciance tant qu'il a sa plume, comme le militaire tant qu'il tient l'épée. La comparaison cloche toutefois : le militaire a pour lui l'avancement et les honneurs du grade : l'ouvrier littéraire, en général, n'avance pas; il n'a pas de grade reconnu, même dans son ordre. Il tourne le dos à l'Académie. Les difficultés augmentent d'ordinaire pour lui vers quarante ou quarante-cinq ans, c'est-à-dire à l'âge où bien des gens dans d'autres professions ont déjà fait leur fortune et où tous du moins sont casés. Lui, s'il ne parvient pas à être une des *fonctions* utiles et nécessaires d'un journal, une des quatre ou six roues qui le font aller, il reste nomade et errant; il végète; il est obligé d'offrir son travail : on ne sait pas tout ce que cette offre amène avec soi de lenteurs, de désagréments et de mécomptes. Et là où il est le mieux et où il a dressé sa tente, là où le débouché lui est ouvert, dans cette consommation et cette prodigalité d'esprit de chaque jour, quel travail de Danaïdes, s'il y réfléchit! que de saillies, de traits charmants et sensés, que de précieux ou de piquants souvenirs, que d'idées, que de trésors jetés aux quatre vents de l'horizon et qu'il ne recueillera jamais! que de poudre d'or embarquée sur des coquilles de noix et abandonnée au fil de l'eau!... Ne serait-il pas juste de s'occuper un peu de cette race, après tout intéressante et qui en vaut une autre? Est-ce le laisser aller absolu, l'individualisme sans limite qui est le meilleur régime? et de sages institutions d'emploi, d'occupation sûre, de retraite encore laborieuse, de rangement graduel avec les années, de crédit, — oh! un crédit très-mobilier, — d'avenir final, sont-elles à jamais impossibles? Un cœur éminent (Enfantin), qui vient de s'éteindre, y avait songé; d'autres depuis y ont songé encore.

Je propose à M. Le Play le problème pour une des futures livraisons des *Ouvriers des Deux Mondes*, et je continuerai d'examiner les savants et méritoires écrits qu'on lui doit.

Lundi 12 décembre 1864.

LA

RÉFORME SOCIALE EN FRANCE

DÉDUITE DE L'OBSERVATION COMPARÉE
DES PEUPLES EUROPÉENS,

Par M. LE PLAY, conseiller d'État.

(SUITE ET FIN.)

J'ai dit que le second ouvrage de M. Le Play était contenu dans le premier: il en est sorti à la parole et sur le désir du plus méditatif et du plus philantrophe des souverains. M. Le Play, averti par lui et sentant qu'on ne pouvait de soi-même chercher et trouver dans son grand in-folio les mille inductions éparses qui résultaient de cet ensemble d'observations particulières, a pris le soin de résumer les idées, d'élever les points de vue, de grouper et de serrer les comparaisons, de les développer en même temps et de les mettre dans leur vrai jour, d'en tirer les conclusions plus ou moins pratiques, plus ou moins immédiates, mais toutes fondées sur une connaissance exacte des sociétés et des peuples. Dans une suite de chapitres ou de livres traitant de la *religion*, de la *propriété*, de la *famille*, du *travail*, de l'*association*, des *rapports privés* et du *gouvernement*, il a parcouru et approfondi tous les aspects, les modes de combinaison et les ordres de sentiments et de faits sous lesquels se présentent les sociétés modernes, et il a proposé en détail dans chaque ordre son plan raisonné de réforme. Habitué comme je le suis et enclin par nature à étudier surtout les individus, et ainsi fait moi-même que la forme des esprits et le caractère des auteurs me préoccupent encore plus que le but des ouvrages, je l'ai défini et appelé tout d'abord, après avoir lu de lui quelques chapitres : « un Bonald rajeuni, progressif et scientifique. » Mais de telles désignations sommaires ne signifient rien que pour ceux qui savent déjà tout ce qu'on y met.

I.

La grande différence entre les réformes proposées par M. Le Play et celles des autres philosophes politiques, lors même qu'ils ont l'air de se rapprocher, consiste dans le point de départ, dans la méthode et aussi dans l'inspiration. M. de Bonald, par exemple, que je viens de nommer, était un esprit éminent et ingénieux, mais absolu, qui, vivement frappé de tout ce que la Révolution avait supprimé de fondamental et de vital en détruisant l'ancien régime, désirait un retour en arrière, et qui, la Restauration venue, aurait voulu voir rétablir purement et simplement, et par des moyens d'autorité directe, tout ce qu'on pouvait ramener de cet ancien régime à moitié ressuscité. Appartenant à la vieille race de gentilshommes ruraux que n'avaient pas atteints la corruption de Cour et l'élégance des vices inhérents à Versailles ou même nés bien auparavant à Fontainebleau et à Chambord dès le règne de François Ier, il déplorait la perte d'un état de choses, où la grande propriété, la famille, la religion, les mœurs étaient garanties; il avait l'imagination et le souvenir remplis des tableaux d'une vie simple, régulière, patriarcale, frugale, antique, et il demandait au Pouvoir royal restauré de rétablir de son plein gré et de toute sa force ce qu'il avait laissé perdre par sa faute, ce qu'il avait compromis et entraîné avec lui dans une ruine commune. Ses écrits fourniraient les plus belles et les plus spécieuses maximes en ce sens et à ce sujet :

« Que s'est-il donc passé dans la société, qu'on ne puisse plus faire aller qu'à force de bras une machine démontée qui allait autrefois toute seule, sans bruit et sans effort? » —

« Le bon sens ou les habitudes d'un peuple d'agriculteurs sont bien plus près des plus hautes et des plus saines notions de la politique que tout l'esprit des oisifs de nos cités, quelles que soient leurs connaissances dans les arts et les sciences physiques. » —

« Les grandes propriétés sont les véritables greniers d'abondance des nations civilisées, comme les grandes richesses des Corps en sont le trésor. »

Il ne cesse d'insister sur les inconvénients du partage égal et forcé entre les enfants, établi par la Révolution et consacré par le Code civil :

« Partout, dit-il, où le droit de primogéniture, respecté dans les temps les plus anciens et des peuples les plus sages, a été aboli, il a fallu y revenir d'une manière ou d'une autre, parce qu'il n'y a pas de famille propriétaire de terres qui puisse subsister avec l'égalité absolue de partage à chaque génération, égalité de partage qui, un peu plus tôt, un peu plus tard, détruit tout établissement agricole et ne produit à la fin qu'une égalité de misère. »

Il trace un idéal d'ancienne famille stable et puissante, qui rappelle un âge d'or disparu :

« S'il y avait, dit-il, dans les campagnes et dans chaque village une famille à qui une fortune considérable, relativement à celle de ses voisins, assurât une existence indépendante de spéculations et de salaires, et cette sorte de considération dont l'ancienneté et l'étendue de propriétés territoriales jouissent toujours auprès des habitants des campagnes; une famille qui eût à la fois de la dignité dans son extérieur, et dans la vie privée beaucoup de modestie et de simplicité; qui, soumise aux lois sévères de l'honneur, donnât l'exemple de toutes les vertus ou de toutes les décences; qui joignît aux dépenses nécessaires de son état et à une consommation indispensable, qui est déjà un avantage pour le peuple, cette bienfaisance journalière, qui, dans les campagnes, est une nécessité, si elle n'est pas une vertu; une famille enfin qui fût uniquement occupée des devoirs de la vie publique ou exclusivement disponible pour le service de l'État, pense-t-on qu'il ne résultât pas de grands avantages, pour la morale et le bien-être des peuples, de cette institution, qui, sous une forme ou sous une autre, a longtemps existé en Europe, maintenue par les mœurs, et à qui il n'a manqué que d'être réglée par des lois? »

Considérant la famille comme l'élément social par excellence, il se lamentait de voir tout ce qui diminuait l'autorité du chef et qui témoignait du relâchement des liens. Faisant allusion au tutoiement universel décrété et imposé sous la Terreur, il disait:

« Le tutoiement depuis s'est retranché dans la famille; et après avoir tutoyé tout le monde, on ne tutoie plus que ses père et mère. Cet usage met toute la maison à l'aise: il dispense les parents d'autorité, et les enfants de respect. »

Toutes ces pensées dont on voit l'originalité morose et dans lesquelles il entrait une part de vérité, avaient l'inconvénient toutefois de ne comprendre qu'un seul côté de la question, le côté qui regarde le passé, de ne tenir aucun compte des changements survenus, de l'émancipation des intelligences, du libre développement de l'individu, des progrès des villes, de ceux de l'industrie, des rapports multipliés avec l'étranger. C'était moins là, en effet, proposer un remède qu'opposer une résistance et porter un défi à la société moderne. De telles idées, en un mot, à ce degré de crudité et de réaction, tendaient à ramener violemment cette société vers un état à jamais détruit et de toutes parts dépassé; et, si l'on n'y parvenait pas, elles n'allaient à rien moins qu'à faire jeter, comme on dit, le manche après la cognée, à faire désespérer de tout, du présent et de l'avenir. Elles n'avaient de valeur que comme protestation.

M. de Bonald était chez nous le plus éminent, mais n'était peut-être pas le plus exagéré des esprits qui réagissaient dans cette voie. Ceux qui ont lu les dernières Lettres de Lamennais publiées par M. Forgues, ont dû être frappés d'une phrase qui revient souvent sous la plume de l'illustre agitateur catholique, avant qu'il fût devenu un agitateur démocrate en sens inverse : « *Avez-vous lu Rubichon?* » écrit-il à plusieurs reprises à son correspondant, le marquis de Coriolis. — « Vous a-t-on envoyé le dernier ouvrage de Rubichon? Si vous ne l'avez pas lu, lisez-le vite... Il faut absolument le lire : c'est une des choses les plus remarquables qu'on ait publiées depuis longtemps; des faits extrêmement curieux et presque tout à fait ignorés, des réflexions profondes et piquantes, un esprit original, voilà ce qui s'y trouve... Il serait à désirer que ce livre fût très-répandu; je n'en connais point de plus propre à dissiper une foule de préjugés très-dangereux. » Et plus loin (car cela lui tient au cœur) : « Vous ne m'avez pas dit si vous avez lu l'admirable livre de Rubichon sur l'*Influence du Clergé dans les Sociétés modernes.* » (Juillet 1829.)

Le livre, si admirable au gré de Lamennais, manqua, hélas! sa destinée et son but. L'appel du grand tribun catholique fut peu entendu. On a besoin d'expliquer aujourd'hui quel était ce M. Rubichon si peu connu même de son temps, et dont Lamennais goûtait si fort le tour d'esprit et les hardiesses : c'était un défenseur de l'ancien régime, mais un défenseur si absolu, si pur et si radical, que M. de Bonald semblait pâle auprès de lui. Il avait d'ailleurs des vues, des idées originales et bien des termes de comparaison, ayant habité l'Angleterre, visité l'Espagne, le Portugal ; il connaissait même l'étranger beaucoup mieux que la France, d'où il avait émigré et où il semblait craindre de remettre les pieds depuis que la Charte en avait empoisonné l'air et le sol. Dans son observation des contrées étrangères où ses affaires l'avaient conduit, il avait porté ses préventions et des idées préconçues. On ne saurait lui refuser toutefois un sentiment très-vif de la civilisation antérieure, propre aux vieux siècles catholiques; il a de fortes pages là-dessus. Son malheur était d'avoir contracté, en quelque sorte, l'hydrophobie de tout ce qui était moderne. Pour lui toutes les libertés nouvelles se ressemblaient, c'est-à-dire équivalaient à des tyrannies. Il faisait remonter très-haut la déchéance et la dégradation de l'ancien ordre social ; il voyait déjà Louis XI rendant des édits contre les droits de primogéniture ou de substitution. Les effets en furent lents, il est vrai, et deux siècles se passèrent avant qu'on se ressentît et qu'on s'aperçût des résultats : « Mais alors arriva *le Génie du mal,* Richelieu ; il commença l'application de ces édits, application malheureusement continuée par Louis XIV. Les Parlements, magistrature bourgeoise, renchérirent sur les vices de cette législation, et jusqu'à l'époque de 1789, elle déchira la France en lambeaux. » Il va sans dire que je répète telles quelles, sans les endosser le moins du monde, les assertions historiques surprenantes de ce bizarre esprit (1). L'année 1745 était particulièrement fatale à ses yeux : le chancelier d'Aguesseau, cette année-là, avait fait rendre un édit par lequel le Clergé ne pouvait plus acquérir de biens fonds. Cet édit paraissait à M. Rubichon avoir été tout plein de conséquences funestes. Dans sa théorie, il attribuait aux immenses biens du Clergé une efficacité particulière pour la prospérité des sociétés et la guérison ou l'adoucissement des plaies inévitables. On ne saurait s'imaginer, en parcourant aujourd'hui ces écrits oubliés (2), tout ce qu'on y rencontre de vues rétrospectives perçantes, et d'aveuglement aussi et d'aheurtement du côté de l'avenir. Sa préconisation absolue de l'ancien régime, en ce qui est de l'état des populations rurales, peut se résumer en ces termes :

« Dans le cas de maladie, de vieillesse ou d'incendie, le presbytère, l'abbaye ou le château voisin devenaient la ressource naturelle de la victime de ces calamités. Les populations s'accroissaient lentement; les enfants, à la mort d'un père, n'allaient pas, comme aujourd'hui, démantibuler sa ferme pour en partager les terres entre eux; au contraire, ils la renforçaient; les cadets se servaient des forces acquises pour défricher, à leur profit, les landes voisines. Jusqu'à une époque que je fixerai vers l'an 1750, l'aisance du peuple français avait toujours augmenté, c'est-à-dire que

---

(1) Le fait même des édits qu'il allègue et qu'il impute à Louis XI (car Louis IX que porte le texte ne peut être qu'une faute d'impression) n'est nullement justifié ni prouvé; mais, dans sa pétulance et son tranchant, l'érudition rubichonienne n'y regarde pas de si près.

(2) Voir notamment son livre : *Du Mécanisme de la Société en France et en Angleterre;* un vol. in-8º, 1833.

la quantité des subsistances s'accroissait plus que celle des habitants, et que, pour le même travail, ils en obtenaient tous les jours une ration plus forte... »

Paris, l'énorme capitale qui s'est accrue successivement de tant de richesses et aussi recrutée de tant de cupidités et de misères, cette cité-tête-monde et gouffre que nous définissait admirablement hier M. le baron Haussmann qui a si bien qualité pour cela (1), était, on le conçoit, l'épouvante et le cauchemar de ce M. Rubichon, le plus rétrograde des économistes gens d'esprit. Il dit quelque part, en parlant des députés qui arrivent bons et sains de leurs provinces, et que l'esprit de Paris a si vite gâtés : « Si la province envoyait des Catons, Paris en ferait des Catilinas. » L'expression est forte, mais l'idée n'est pas absolument fausse. Ce qui devient comique, c'est que Paris lui semblait, au point de vue du Gouvernement, un tel embarras et un tel fléau, qu'il ne trouvait rien de mieux à conseiller à un monarque qui veut agir librement et en dehors d'une sphère d'influences délétères, que d'abandonner Paris, « l'égout de l'Europe, » à sa destinée de cloaque et de Babel, et de transférer le siège de l'empire à Bourges. La raison qu'il en donne est que « Bourges est bien l'endroit le plus triste, le plus monotone et le plus ennuyeux du royaume, » et que le roi, ne devant être suivi que des gens graves de sa Cour, se trouvera là en parfaite har-

(1) Voir dans *le Moniteur* du 6 décembre 1864 tout le passage qui commence par ces mots : « En effet, messieurs, est-ce bien à proprement parler une commune que cette immense capitale, etc.? »

monie avec les lieux : dans ce séjour d'ennui choisi tout exprès, il pourra se livrer sans distraction et sans partage à l'œuvre immense de réparation qui pèse sur ses bras :

« Milton, ajoute-t-il, si médiocre dans les écrits qu'il a faits pendant qu'il jouissait de la vue, devint sublime et fit son *Paradis perdu*, dès que, devenu aveugle, il ne fut plus distrait de ses inspirations et de ses méditations. Bourges est le centre du royaume, partie de la France si rançonnée, si opprimée, qu'on s'y croirait dans les déserts de l'Amérique : là, le roi peut fonder un nouvel État; il n'y sera pas gêné par les intérêts de la petite culture, ni même par ceux de la grande, le pays étant à peu près inculte à trente et quarante lieues de distance. »

L'Escurial avec sa tristesse et son désert suffirait à peine à M. Rubichon pour y cantonner un roi de son choix : l'exemple de Milton qu'il allègue est à faire trembler ; on crève, dit-on, les yeux au rossignol pour qu'il chante mieux : il serait homme à vouloir son monarque aveugle pour le rendre plus réfléchi et plus perspicace.

J'ai tenu à montrer l'excès dans ce système de restauration pure du passé, dont M. de Bonald nous représente le sommet le plus éminent et le plus imposant, mais dont M. Rubichon nous marque le degré le plus hardiment rétrograde. Avec de tels hommes, pas plus avec celui qui rendait ses oracles d'un ton chagrin, négatif et répulsif, qu'avec celui qui nous lançait à la tête ses anathèmes à l'état de singularités et de boutades, il n'y avait moyen de s'entendre ; la guerre continuait;

les passions s'entretenaient par contraste et se réchauffaient : c'était une contre-révolution de toutes pièces qu'eux et leurs amis nous proposaient, ce n'était pas une réforme véritable. Aussi la société avait pris le parti de leur tourner le dos et ne les écoutait plus.

II.

M. Le Play est d'une génération toute nouvelle ; il est l'homme de la société moderne par excellence, nourri de sa vie, élevé dans son progrès, dans ses sciences et dans leurs applications, de la lignée des fils de Monge et de Berthollet ; et, s'il a conçu la pensée d'une réforme, ce n'est qu'à la suite de l'expérience et en combinant les voies et moyens qu'il propose avec toutes les forces vives de la civilisation actuelle, sans prétendre en étouffer ni en refouler le développement. Toutefois il a vu des plaies, il les a sondées, il a cru découvrir des dangers pour l'avenir et, à certains égards, des principes de décadence, si l'on n'y avisait et si l'on n'y portait remède ; et non-seulement en bon citoyen il pousse un cri d'alarme, non-seulement il avertit, mais en savant, en homme pratique, muni de toutes les lumières de son temps et de tous les matériaux particuliers qu'il a rassemblés, au fait de tous les ingrédiens et les mobiles sociaux, sachant tous les rouages et tous les ressorts, il propose des moyens précis de se corriger et de s'arrêter à temps.

Lui aussi, il rend justice au passé, à l'ancien ordre social disparu : il croit que ce sont les derniers règnes seulement et les vices de Cour, avant tout, qui ont tué l'ancienne monarchie ; il regrette que les passions, excitées et portées au dernier paroxysme par les abus et les scandales dont la tête de l'ancien régime donnait l'exemple, aient amené l'explosion finale et rendu la rupture aussi complète avec l'ancienne tradition, avec l'ancienne nationalité française. Les historiens de nos jours qui ont tout fait pour renouer le fil de cette tradition, pour triompher des préjugés révolutionnaires et des haines étroites, pour rendre justice, par delà Louis XIV, à ce que renfermaient de bon les âges antérieurs et notamment le Moyen-Age, obtiennent ses sympathies et ses éloges. Dans des matières aussi complexes, il y a danger toujours qu'on ne voie qu'un point et qu'on se presse de conclure du particulier au général. M. Le Play n'a rien négligé pour se faire une idée étendue et juste. Afin de mieux se rendre compte des restes de l'esprit ancien, subsistant au cœur d'anciennes provinces, il est allé jusqu'à acheter successivement de grandes propriétés rurales dans des contrées où il savait ne point devoir résider longtemps, à cette seule fin de se mettre en commerce plus intime avec l'esprit des populations. Ce mot de La Fontaine : *Notre ennemi, c'est notre maître,* mot terrible et décisif s'il était reversible sur tout l'ancien régime de la France, lui a paru un cri particulier à la Champagne, et qui s'expliquait, selon lui, par les circonstances propres à cette province. Ailleurs il a cru voir, au contraire, que l'affection du sujet au maître, du vassal au seigneur, leur solidarité mutuelle, amenaient un autre mot d'ordre. *Le cœur d'un homme vaut tout l'or d'un pays,* ce beau vers d'un poëte du Moyen-Age lui a paru avoir dû se réaliser et avoir trouvé son écho en bien des provinces de notre France. Il cite, à ce sujet, M. Léopold Delisle pour l'état des terres et le rapport des classes en Normandie; il aurait pu citer également, en portant son regard à l'autre extrémité du royaume et vers le Midi, M. A. Germain pour ses beaux travaux sur la Commune de Montpellier (1). A la ville, comme aux champs, il y avait place pour bien des libertés locales et réelles dans les interstices de l'immense réseau d'alors. De cette justice rendue à de belles et bonnes parties du Moyen-Age, M. Le Play est loin de conclure, à la façon des publicistes ultra-conservateurs, que le régime de privilége détruit en 1789 doive être préféré à celui du droit commun inauguré depuis lors, et qu'il puisse avoir des chances de se relever : tous les champions, d'ailleurs, de cet ancien régime, tous « ces demeurants d'un autre âge » sont tombés l'un après l'autre et ont définitivement disparu ; aucun parti, à l'heure qu'il est, n'avoue ni ne défend plus leur programme. Pour lui, il est des premiers à reconnaître et il se fait fort d'établir que « la solution des problèmes sociaux se trouvera désormais de moins en moins dans les institutions qui maintiennent systé-

(1) *Histoire de la Commune de Montpellier* (3 vol. in-8°, 1851), par M. A. Germain, professeur d'histoire à la Faculté des lettres de Montpellier. L'auteur a particulièrement insisté, en maint endroit, sur l'esprit de liberté, d'égalité et d'harmonie, qui animait les bourgeois de cette Commune sous la vive influence du christianisme dont ils étaient imbus et pénétrés. (Voir notamment, au tome I, le chapitre VI.)

matiquement l'inégalité entre les hommes, et qu'il faut la chercher de plus en plus dans les sentiments et les intérêts qui créent entre toutes les classes *l'harmonie encore plus que l'égalité.* » C'est cette *harmonie sociale,* dont l'histoire découvre des exemples dans le passé sous le règne d'un autre principe, qu'il voudrait voir renaître et se former aujourd'hui autour du principe nouveau et fécond de la liberté. Notre condition, si préférable à celle de nos pères par tant de douceurs et de garanties acquises, est moins bonne pourtant sur un point : nos luttes sont plus intestines.

« Assurément, dit M. Le Play, l'antagonisme social n'est point un fait nouveau, spécial à notre temps : les discordes civiles avaient même autrefois un caractère de violence qu'elles n'offrent guère aujourd'hui. Mais il y a, entre les deux époques, cette différence essentielle que, dans l'ancien régime, chaque patron allait au combat soutenu par ses ouvriers ou ses domestiques, tandis que maintenant il les rencontre armés devant lui. Autrefois, après la lutte, on trouvait dans l'atelier et dans la maison la paix et un repos réparateur : aujourd'hui la lutte est dans la maison même; elle continue d'une manière sourde, lorsqu'elle n'éclate pas ouvertement; elle mine donc incessamment la société en détruisant toute chance de bonheur domestique. »

La Révolution française, en s'attaquant aux désordres des règnes antérieurs et, du même coup, à tout l'ordre ancien, a dû faire appel à la passion plus encore qu'à la vérité. Aujourd'hui les abus que l'on combattait alors ont en partie disparu : les passions et surtout « les erreurs que la passion a propagées » subsistent encore. Il s'agit, selon M. Le Play, de purger le corps social de ces restes de levain irritant. Il s'agit de renoncer à quelques-unes des idées qui, mises en avant dans la lutte, n'étaient que des armes de guerre.

III.

Une des réformes qu'il propose avec le plus d'insistance et d'énergie, c'est de changer la loi des successions et de rendre au père de famille l'entière liberté testamentaire, moyennant laquelle celui-ci pourrait instituer un principal héritier chargé de continuer son œuvre. La famille, prise au sens le plus sérieux et le plus large, constitue pour M. Le Play la véritable unité sociale; or, cette unité, dans l'état présent, est faible, instable, précaire et caduque : les fortunes, par suite du partage égal forcé, se brisent à chaque génération; les plus grandes créations d'existence sociale, après deux ou trois transmissions successives, tendent à se fondre et à rentrer dans la masse : c'est à recommencer toujours. Que d'autres en félicitent l'ordre actuel et y voient un puissant motif d'encouragement et un stimulant plus prompt pour l'ambition de tout homme nouveau et de tout prolétaire qui aspire à s'élever et à devenir créateur à son tour : lui, il ne peut voir dans cette incessante mobilité qu'une cause d'affaiblissement pour les mœurs, pour la fécondité des mariages, pour les bonnes traditions domestiques, pour la meilleure culture des terres, pour l'exercice des influences bienfaisantes. Il ne propose pas, comme les réacteurs du temps de la Restauration, de rétablir le droit d'aînesse, droit forcé et qui s'applique aveuglément ; il ne demande que de laisser au père de famille la liberté de tester, comme cela se pratique aux États-Unis. Il estime que, cette liberté lui étant donnée, le père de famille, dans la plupart des cas, choisira pour son associé, pour son continuateur après lui, le plus capable de ses fils : les autres enfants auraient des dots pour s'établir au dehors, ou on leur constituerait des pécules, s'ils consentaient à rester au foyer et dans la dépendance de la famille-mère, de la *famille-souche* : c'est de ce nom qu'il la désigne.

Cette conception de la *famille-souche,* cette reconstitution naturelle des grandes maisons sur une base moderne, qui est le noyau, le pivot, la pierre angulaire de la réforme proposée par M. Le Play, excitera bien des discussions et sera fort contredite. Il faut convenir qu'elle choque au premier abord toutes nos idées d'égalité. J'entends d'ici s'élever de toutes parts les objections. Quoi! vous ne voulez pas du droit d'aînesse aveugle, vous voulez introduire un droit d'aînesse éclairé et libre, une capacité au choix! Mais vous n'obtiendrez, dans bien des cas, qu'un droit de favoritisme et de caprice!

« Eh! quoi! s'écriait Mirabeau dans cet admirable discours que M. de Talleyrand vint lire à l'Assemblée nationale l'après-midi même du jour où le grand orateur avait rendu le dernier soupir ; eh quoi! n'est-ce pas assez pour la société des caprices et des passions des vivants? nous faut-il encore subir leurs caprices, leurs passions, quand ils ne sont plus? N'est-ce pas assez que la société soit actuellement chargée de toutes les conséquences résultant du despotisme testamentaire depuis un temps immémorial jusqu'à ce jour? faut-il que nous lui préparions encore tout ce que les testateurs futurs peuvent y ajouter de maux par leurs dernières volontés, trop souvent bizarres, dénaturées même? N'avons-nous pas vu une foule de ces testaments où respiraient tantôt l'orgueil, tantôt la vengeance, ici un injuste éloignement, là une prédilection aveugle? La loi casse les testaments appelés *ab irato* ; mais tous ces testaments qu'on pourrait appeler *a decepto, a moroso, ab imbecilli, a delirante, a superbo*, la loi ne les casse point, ne peut les casser. Combien de ces actes, signifiés aux vivants par les morts, où la folie semble le disputer à la passion; où le testateur fait de telles dispositions de sa fortune, qu'il n'eût osé de son vivant en faire confidence à personne ; des dispositions telles, en un mot, qu'il a eu besoin, pour se les permettre, de se détacher entièrement de sa mémoire, et de penser que le tombeau serait son abri contre le ridicule et les reproches ! »

Un tonnerre d'applaudissements éclata à ce beau moment, à ce magnifique mouvement du discours : nous sommes encore nous-mêmes sous le coup de ces applaudissements. On dira que Mirabeau, il est vrai, était payé pour ne pas se fier à la justice des pères et pour compter sur leur tyrannie et leur délire ; mais où est-il ailleurs ce modèle de père de famille que l'antique Rome connaissait et subissait avec crainte, et jusqu'à la hache inclusivement; que l'état patriarcal nous montre de loin dans sa candeur et sa blancheur plusieurs fois séculaire; que la vénération du Moyen-Age avait retrouvé peut-être; où est-il présentement, dans la familiarité et dans la facilité de nos mœurs, dans la promiscuité de nos habitudes? Aujourd'hui que personne ne veut être vieillard, que personne ne l'est et que l'on fait le fringant à 70 ans, est-il encore de tels pères? Que la vieillesse commence par prendre ouvertement ses quartiers d'hiver et par se constituer vieillesse, et l'on verra après.

D'autres font un autre genre d'objections qui couperait l'idée à sa racine, et ils disent : Quand vous accorderiez la liberté de tester au père de famille, l'égalité est si bien passée dans nos mœurs, dans notre manière de voir et de sentir, que l'immense majorité des pères n'en userait que dans le sens du droit établi et dans l'esprit de la loi actuelle; et rien ne serait changé. M. Le Play nous apprend dans une note curieuse que, s'entretenant avec M. de Tocqueville de cette idée dont l'illustre écrivain reconnaissait la portée et peut-être la justesse, celui-ci lui parut convaincu en même temps « qu'un écrivain, aujourd'hui, tenterait vainement de réagir contre les idées fausses qui minent notre société, et qu'il n'aboutirait, en voulant montrer la vérité, qu'à se compromettre et à se discréditer devant l'opinion publique (1). »

(1) L'idée de M. Le Play est allée au cœur de la fraction distinguée du parti conservateur, qui pourrait s'intituler aristocratique libérale. M. de Montalembert écrivait à M. Augustin Cochin, le 10 octobre 1864 : « Je lis le livre de Le Play, et j'en suis *émerveillé.* — Il n'a pas paru de livre plus important et plus intéressant depuis le grand ouvrage de Tocqueville sur la Démocratie : *et Le Play a le mérite d'avoir bien plus de courage que Tocqueville, qui n'a jamais osé braver un préjugé puissant...* Il faut que vous lui rendiez pleine justice, et que nous adoptions son livre comme notre programme, sans nous arrêter aux dissentiments de détail, qui pourront être assez nombreux. »

Honneur à M. Le Play pour avoir eu le courage de fronder une opinion si généralement reçue et pour avoir arboré toute sa pensée! Il ne se discréditera point pour cela. Il sera discuté, contredit, appuyé peut-être, et nul ne l'en considérera moins de ce qu'il aura tenté de relever parmi nous la statue du Respect.

IV.

S'il se rapproche des publicistes de l'ancienne école et des admirateurs de la vieille société par son désir de voir se fonder des maisons durables, M. Le Play s'en sépare nettement par sa manière d'entendre les rapports du Clergé avec l'État, par ses idées en matière de presse, par tant de vues neuves qui prouvent à quel point il se confie en la vertu et la fécondité du principe moderne, tout favorable à l'initiative individuelle. Sa façon d'entendre la tolérance me paraît surtout supérieure et digne d'être méditée. L'intolérance, en effet, selon sa remarque, est un défaut français par excellence ; nous sommes prompts, nous sommes vifs et exclusifs ; nous portons notre prévention du moment dans toutes nos idées ; nous passons vite de la parole à l'acte (1). Notre avenir politique, comme nation, est sans doute lié et subordonné à l'apprentissage pratique

(1) M. Ad. Franck, le savant israélite, professeur au Collége de France, parlait un jour de la tolérance et il en parlait avec feu ; un de ses auditeurs, qui était d'un avis différent, marqua sa désapprobation ; un autre auditeur, voisin du premier, et qui tenait pour

que nous ferons, tous, de la tolérance, cette vertu la plus contraire à notre défaut. M. Le Play s'applique à la définir, comme on ne l'avait pas fait encore, et il en détermine excellemment les conditions véritables. La tolérance n'est point l'indifférence à ses yeux, et elle en diffère essentiellement. L'indifférence est propre aux esprits blasés, aux régimes usés, et elle amène avec elle à sa suite la décadence et la ruine. La tolérance, telle qu'elle convient à un régime jeune et vivant, est une vertu des plus vigilantes, des plus actives et des plus viriles. Pour rester impassible en présence d'une contradiction ardente, éloquente parfois, qui s'attaque à vos convictions les plus chères et à ce que vous croyez la vérité, il faut plus de force et de constance encore que pour rester froid devant les injures ; et cette constance ne s'acquiert que moyennant un grand fonds de vigueur et de foi en la vérité même. Pour être véritablement un homme du régime moderne, pour résister à l'idée et au premier mouvement qui porte (si on en a le pouvoir) à l'emploi de la force, pour réprimer l'attaque et faire taire l'adversaire, il faut avoir en soi une conviction bien ferme de la fécondité du régime moderne : il faut être bien sûr aussi qu'on a en soi et de son côté un principe plus énergique et supérieur à opposer à de telles attaques, et être bien déterminé à l'employer à armes égales, pour ainsi dire, afin de triom-

la tolérance, indigné de la contradiction, donna un soufflet à l'interrupteur, et celui-ci se vit à l'instant honni et expulsé de la salle par un auditoire enthousiaste de la tolérance. (Article de M. Louis Ratisbonne dans les *Débats*, du 17 décembre 1864.)

pher non-seulement en fait, mais dans l'opinion de tous. « C'est dans cette *impassibilité* devant le mal, unie à un esprit ardent de *prosélytisme,* que consiste essentiellement la tolérance. » — Oh! la belle tolérance, et d'une espèce toute nouvelle, que celle qui a sa source non dans le mépris de tout, mais dans la foi profonde à quelque chose!

Cette grande qualité sociale, ainsi composée et combinée de deux contraires, quand on a le bonheur de l'avoir conquise et de la bien pratiquer, donne à la concurrence des esprits et au jeu des forces libres toute leur activité et toute leur vie, en conjurant les dangers qui naissent du refoulement et de la compression :

« Elle permet, il est vrai, la propagation du mal, mais elle donne à celle du bien une force incomparable. Peut-être même la tolérance n'est-elle jamais plus utile que lorsqu'elle autorise un talent supérieur à propager l'erreur et le vice : l'amour du bien et le sentiment du salut public excitent alors les cœurs généreux à faire effort sur eux-mêmes et à s'élever à la même hauteur pour faire prévaloir la vérité et la vertu. Rien n'est plus propre à tremper fortement des intelligences qui, privées de cette excitation salutaire, se fussent amollies dans le repos et la sécurité! Assurément il n'y a qu'un petit nombre d'hommes qui puissent grandir ainsi par la lutte de la vérité contre l'erreur; mais tous s'élèvent dans l'ordre moral, à la vue des exemples de tolérance donnés par les classes dirigeantes, en s'habituant à résister à la tentation de persécuter leurs semblables. Et l'on ne saurait concevoir pour les âmes un exercice plus salutaire que l'effort à faire pour triompher de l'orgueil et de l'esprit de domination, qui n'ont jamais été plus redoutables que quand ils ont pu se fonder sur la défense des grands intérêts sociaux. »

On n'arrive pas du premier jour à ce degré de conviction et de vertu. « La liberté de discussion (c'est toujours M. Le Play qui parle) dresse les hommes à la tolérance dans toute société où la paix publique est fermement maintenue par l'autorité : la même liberté fait souvent naître des attaques et des haines qui peuvent compromettre cette paix publique. » Mais si l'on n'essaye pas l'on n'apprend pas. « Les individus s'exercent à la tolérance, comme les enfants à la marche, par l'effort de chaque jour et en s'exposant d'abord à tomber. »

Je ne sais pas de plus belle page de moralité sociale à méditer, qu'on soit prêtre ou fidèle, ministre ou dépositaire du pouvoir à quelque degré, juge, militaire, — car les militaires eux-mêmes devraient s'accoutumer à être discutés dans ce futur régime, et M. de Turenne en personne, s'il revenait, n'échapperait point à la critique. Et le lettré donc, et le poëte, il devrait aussi prendre exemple sur les plus élevés et rabattre beaucoup de son irritabilité proverbiale pour apprendre à supporter ce qui le chatouille ou qui le blesse. Mais savez-vous que ce sont là des vertus qu'on nous demande! N'oublions pas que, dans ce plan d'avenir qu'il décrit, M. Le Play nous parle d'une société déjà rassurée et en voie de stabilité, où il y aurait des points fixes dans les mœurs, de puissantes familles donnant le ton et faisant contre-poids aux corrompus ou aux brouillons par une série d'honnêtes gens de père en fils.

On n'analyse pas un livre aussi nourri et aussi dense; j'en ai seulement indiqué l'esprit. Il faudrait le prendre chapitre par chapitre et entrer en discussion avec l'auteur. Sur deux ou trois points plus généraux et historiques, il y aurait intérêt à le faire, même à notre point de vue de littérateur, et je ne réponds pas que je ne serai point tenté d'y revenir.

Les sceptiques ont beau jeu, et les pessimistes aussi ; ils peuvent élever bien des objections et arguer de l'inutilité de pareils efforts, de l'impuissance de semblables remèdes palliatifs, quand une fois un principe dominant s'est emparé de la société : il semble alors qu'il faille que ce principe sorte tous ses effets et se produise, bon gré, mal gré, jusqu'au bout ; on ne le déjoue pas. M. Le Play, qui sait qu'il faut un degré d'optimisme pour l'action et qui s'est voué de cœur et d'esprit à l'apostolat du bien, ne s'en tient pas à ces vues générales et négatives. Je rappellerai encore une pensée de M. de Bonald : « Il y a des hommes qui par leurs sentiments appartiennent au temps passé, et par leurs pensées à l'avenir : ceux-là trouvent difficilement leur place dans le présent. » Lui, il a voulu faire mentir le mot et montrer qu'il appartient au présent (1).

(1) J'écrivais ces articles avant que M. Le Play eût fait preuve à la face du monde, dans la réalisation magnifique de cette Exposition universelle dont il a été le principal directeur, d'un génie de classification et de méthode qui embrasse, divise et distribue en la coordonnant toute l'œuvre de la civilisation.

Lundi 19 décembre 1861.

SOUVENIRS D'UN DIPLOMATE.

LA POLOGNE (1811-1813)

PAR LE BARON BIGNON (1).

J'ai voulu attendre que la question polonaise ne fût pas une question politique tout actuelle et toute brûlante, pour parler de ce volume ; car je n'en veux parler qu'historiquement et en ne sortant pas du cercle des souvenirs. M. Bignon était un diplomate distingué, qui a eu l'honneur d'obtenir une ligne dans le testament de Napoléon. Il a été loué dignement par M. Mignet. J'ajouterai même qu'il a eu en 1830, quand il fut membre du Gouvernement et du Cabinet, l'avan-

(1) Un vol. in-18, chez Dentu, Palais-Royal; publié par les soins de M. le baron Ernouf, gendre de M. Bignon.

tage d'avoir, à un moment, M. Nisard pour secrétaire : ce qui lui a valu un fin et judicieux appréciateur de plus. Il a par lui-même une valeur d'écrivain et du mérite littéraire. Après avoir rempli différentes missions et même exercé de pleins pouvoirs d'administrateur financier dans les pays conquis, il fut envoyé à Varsovie en qualité de résident français au commencement de 1811. Le titre était modeste ; la fonction était délicate. Napoléon en reconstituant le grand-duché de Varsovie après la paix de Tilsitt (1807), et en l'accroissant considérablement après celle de Vienne (1809), semblait encore n'avoir fait qu'un essai et n'avoir pris qu'une demi-mesure. Il avait donné la nouvelle couronne ducale au roi de Saxe, le plus proche voisin, prince aimé et vénéré, mais qui n'était pas tout à fait un roi de Pologne : ce roi, il semblait que l'Empereur l'eût pu donner directement de sa main, s'il ne voulait se déclarer tel lui-même et céder au cri national. Le vœu des Polonais était connu et avait maintes fois retenti assez haut. Napoléon ici hésita, eut des égards pour l'Europe, pour l'empereur Alexandre, alors son ami et son allié intime, celui qui, en 1808, disait au roi de Saxe à Erfurt « qu'il se sentait meilleur après chaque conversation avec l'Empereur Napoléon, et qu'une heure d'entretien avec ce grand homme l'enrichissait plus que dix années d'expérience. » Mais, depuis cette époque, les dispositions de la Russie et de son souverain avaient bien changé ; les exigences de Napoléon au sujet du blocus continental, l'intérêt qu'avait Saint-Pétersbourg à ne pas s'y prêter, les griefs et les passions de sa Cour et de son peuple, avaient influé sur l'esprit mobile d'Alexandre et l'avaient désenchanté peu à peu et finalement aliéné de son grand ami. En 1811, les symptômes de rupture prochaine s'annonçaient et devenaient de jour en jour plus menaçants. On s'observait d'une rive du Bug à l'autre. M. Bignon, en étant envoyé au poste de Varsovie, devenait, comme on le lui dit en partant, « la sentinelle avancée de l'Empire. »

Sa mission essentielle était toute en ce sens d'observation, et c'est ainsi qu'il la comprit et qu'il la remplit :

« J'étais arrivé, dit-il, avec des instructions écrites qui portaient principalement sur des questions d'ordre civil, comme la liquidation des créances respectives du duché et de la France, et une désignation de domaines pour en composer la valeur que l'Empereur s'était réservée lors des cessions autrichiennes. Mais, dans des circonstances devenues tout à coup si graves, cette partie contentieuse de ma mission devenait tout à fait secondaire. L'accélération des travaux des places fortes, l'observation des mouvements de troupes russes, furent dès lors constamment recommandées à mes soins. Le duché de Varsovie appartenait entièrement au système de la France ; il était son avant-garde du côté de la Russie ; ses moyens, son armée, devenaient nôtres par la force des choses ; et, s'il ne se suffisait pas à lui-même, il nous fallait y suppléer. »

Il nous expose l'état du gouvernement, à cette date, dans le grand-duché, et il nous en décrit le personnel en parfaite connaissance de cause. Le roi de Saxe n'avait voulu établir de vice-roi, ni en titre ni de fait ; il n'avait délégué le pouvoir à personne et s'en était réservé la plénitude, « précisément parce qu'il ne voulait l'exercer qu'avec mesure. » Il en résultait bien des lenteurs et des embarras. Le président du conseil des ministres à Varsovie, le comte Stanislas Potocki, l'un des plus grands seigneurs de la Pologne et des plus considérés, n'avait cependant qu'une ombre d'autorité, et il ne trouvait pas dans la trempe de son caractère de quoi suppléer à l'insuffisance de ses pouvoirs. Le plus populaire des ministres était le prince Joseph Poniatowski, la fleur des héros, qui joignait au titre de commandant en chef de l'armée le portefeuille de la guerre :

« Son éloge, nous dit M. Bignon, n'est plus à faire en France. Ce fut le Bayard de l'Empire, mais placé à une hauteur où il put donner encore de plus beaux exemples, faire de plus grands sacrifices. Étranger à tout calcul personnel; désintéressé, au point de dédaigner un trône auquel il aurait pu prétendre; aimant avant tout sa patrie et l'aimant pour elle-même, n'aspirant qu'à l'affranchir sans avoir le désir de la gouverner, et prêt à acclamer roi de Pologne tout homme dont l'exaltation eût été le gage d'une restauration durable, tel était Poniatowski. Son caractère offrait la réunion des sentiments les plus généreux et des qualités les plus aimables. »

Un troisième ministre important et à physionomie prononcée, qui ne jouissait à Varsovie ni d'une considération sans nuage comme Potocki, ni de la faveur populaire comme le prince Joseph, et dont le crédit avait son point d'appui à Dresde, était le ministre de la justice, comte Lubienski. — Mais je n'ai garde de m'aller enfoncer dans ce monde polonais si compliqué et si peu aisé à démêler de loin ; je n'ai qu'à caractériser la ligne de M. Bignon. Le roi de Saxe auprès de qui se traitaient toutes les affaires de Pologne, avait alors pour ministre des Affaires étrangères, et auquel il accordait une confiance presque exclusive pour les affaires du duché, le comte de Senfft, personnage distingué, nature d'élite, que nous avons à faire connaître.

Cela est d'autant plus facile aujourd'hui que les Mémoires du comte de Senfft ont récemment paru rédigés en français et publiés à Leipsick (1). M. de Senfft, à qui Lamennais adressait quantité de lettres, publiées également dans ces dernières années, était familier avec la France où il avait assez longtemps résidé en qualité de ministre de Saxe ; il est, avec M. Bignon et avec l'abbé de Pradt, un des trois acteurs et témoins le plus à écouter et à consulter sur Varsovie en 1812.

Mais M. de Senfft est un de ces hommes qu'on ne peut bien connaître sans connaître aussi sa femme ; car il lui était entièrement attaché, dévoué et même jusqu'à un certain point soumis ; il l'était parce qu'il appréciait en elle les plus hautes vertus, les plus tendres délicatesses ; il avait pour elle un vrai culte comme on en aurait pour une femme qu'on n'aurait adorée qu'à distance, comme pour une Laure ou une Béatrix. C'est à elle que, dès l'année 1814, dans un

(1) *Mémoires* du comte de Senfft, ancien ministre de Saxe (1806-1813); Leipsick, 1863.

intervalle d'inaction et de retraite, au bord du lac de Constance, il adressait les Mémoires que nous lisons avec cette touchante dédicace :

A LOUISE.

« O vous, compagne de ma vie, dont l'amitié est mon plus cher trésor, qui avez embelli tous les bons moments de mon existence et partagé toutes mes peines ; vous, dont l'esprit éminent a entretenu l'activité de mon âme, et dont l'imagination riche et brillante a souvent fait éclore mes idées ; à qui je dois enfin la meilleure partie de mon être, recevez l'hommage de ces Souvenirs dont le récit fut entrepris par votre désir. Cette occupation a charmé un séjour rempli d'amertume, que j'aurais vivement souhaité pouvoir adoucir pour vous. Vous ne retrouverez dans ces Mémoires que les principaux événements de notre vie commune : vous y verrez des erreurs que vous m'avez pardonnées, des mécomptes que vous avez prévus, et si votre nom ne s'y rencontre que rarement, vous savez qu'en écrivant les lignes qui suivent, votre pensée n'a pu me quitter un seul instant. »

J'avoue que dans les Mémoires qui nous sont donnés, je ne vois pas trace d'*erreurs* dans le sens où on le pourrait supposer, dans le sens malin et français ; je n'y vois que des mécomptes. Peut-être certains passages ont-ils été supprimés. — M. de Senfft était donc, à proprement parler, l'un de ces hommes qu'Horace et Virgile eussent qualifié d'*uxorius,* un mari ayant un faible pour sa femme. Elle était de son nom Mlle de Werthern, nièce du fameux baron de Stein, le ministre des vengeances prussiennes et l'ennemi de la France. M. de Senfft n'avait que trente-deux ans lorsqu'il fut

nommé ministre plénipotentiaire de l'Électeur de Saxe
à Paris, en février 1806. D'un caractère doux, réservé,
de manières aimables, parfaitement honnête homme,
il n'était pas le partisan du système français, lorsqu'il
fut envoyé chez nous pour la première fois par un
prince, bientôt roi, qui allait devenir l'ami sincère de
Napoléon. Le premier accueil qu'il reçut de notre ministre des Affaires étrangères, M. de Talleyrand, fut assez
peu engageant. Ce ministre, si maître dans l'art de la
société, « et qui en a su si bien user, tantôt pour
imposer à ceux qu'on voulait détruire, et pour les
déconcerter, tantôt pour attirer à lui ceux dont on
voulait se servir, » le reçut assez froidement. Il ne lui
parla dans leur première conversation que de son prédécesseur, M. de Bunau, « homme d'honneur, disait-il, qui avait possédé l'estime et la bienveillance de
l'Empereur. » M. de Senfft eut de la peine à pénétrer
chez Mme de Talleyrand, « dont la froide sottise n'invitait
pas à y retourner. » C'est ainsi qu'on parle de certaines
personnes quand on écrit à l'étranger et qu'on est véridique. Cependant cette glace fondit du côté de M. de
Talleyrand, qui eut occasion d'apprécier le mari et la
femme depuis sa sortie du ministère après la paix de
Tilsitt. M. et Mme de Senfft, en effet, « — cette dernière
toujours portée par l'impulsion de son cœur du côté de
la moins bonne fortune d'où tant d'autres sont tentés
de se retirer, — se rapprochèrent davantage alors du
prince de Talleyrand à qui ce mouvement n'échappa
point, et avec lequel leurs relations n'ont plus jamais
varié dans les retours de faveur et de disgrâce qu'il a

éprouvés dans la suite. La grâce de son esprit et le charme de son commerce ont toujours conservé pour eux le même attrait. »

Ces Mémoires sont écrits à la troisième personne et je dois en avertir, car je les cite textuellement en ayant l'air de les analyser. Pendant la guerre de Prusse (1806) dans laquelle l'Électeur de Saxe avait commis la faute de se laisser entraîner malgré les avis certains transmis par M. de Senfft, celui-ci se conduisit jusqu'au bout avec tact et prudence ; il ne quitta point son poste, même après Iéna et en apprenant la défaite des armées dont le corps saxon faisait partie ; il attendit à Paris de nouveaux ordres, et on lui en sut gré dans sa Cour et ailleurs. Sur ces entrefaites, une révolution de Cabinet ayant eu lieu à Dresde dans le sens français, et le ministre des Affaires étrangères, premier patron et protecteur de M. de Senfft, le comte de Loss, ayant été forcé de donner sa démission, son premier mouvement, à lui, fut de donner aussi la sienne et de se retirer d'un poste où il aurait, dorénavant, à servir un système opposé à celui qu'il avait, jusque-là, professé par conviction. Il proposa à Mme de Senfft d'aller vivre aux bords du lac de Genève « dans une retraite que leur imagination avait souvent rêvée. » Des circonstances de famille les détournèrent alors de cette détermination qu'ils ont bien des fois regretté, dit-il, de ne pas avoir suivie.

On le voit déjà, ce pourra être un diplomate prudent, sage et intègre que M. de Senfft, c'est aussi un homme d'État un peu incertain, un peu indécis, et à la fois

12.

délicat et sentimental. Dans le cas présent il va se trouver engagé à continuer de représenter à Paris un souverain qui aura une autre inclination et inspiration politique que la sienne; il va passer, même à Dresde et dans son pays, pour un partisan du système français, sans l'être pour cela devenu, et en ayant au cœur une politique toute différente. Fidèle et circonspect, par devoir comme par nécessité, il réprimera son penchant et le tiendra secret jusqu'à ce qu'il croie le moment venu pour la Saxe de suivre une autre ligne et de repasser dans un autre camp : il aura l'air alors de changer de drapeau quoiqu'il n'ait réellement pas changé de sentiments ni de manière de voir. Les apparences seront contre lui. Il aura nécessairement à souffrir des interprétations diverses données à sa conduite, des fausses appréciations répandues dans le public, et il sentira qu'il a besoin d'apologie. Ces Mémoires sont destinés à en tenir lieu. Il convient de se reporter à ce point de vue en les lisant. N'oublions pas non plus qu'ils furent écrits en 1814 et au plus fort de l'hostilité européenne contre le colosse déchu.

La liberté entière que s'accorde M. de Senfft, dans l'idée qu'ils resteront longtemps secrets, nous ouvre des jours sur bien des intrigues. Appelé au printemps de cette année 1807 à rejoindre la partie du Corps diplomatique de Paris qui avait suivi le quartier général de Napoléon, il nous dit un mot des moyens et des ressorts qui furent mis en jeu auprès du ministre des Affaires étrangères, M. de Talleyrand. Parlant de M. de Gagern, ministre du duc de Nassau :

« Il avait été, dit-il, l'un des signataires de l'acte de la Confédération rhénane et se trouvait mêlé à toutes les intrigues d'alors. Ne manquant ni d'idées ni d'une certaine hardiesse qui fait souvent réussir dans une position subalterne, il avait acquis du crédit auprès de M. de Talleyrand qui se servait de lui pour ses affaires d'argent avec les princes d'Allemagne. Ce fut par ce moyen que les princes de Schwarzbourg, de Waldeck, de Lippe et de Reuss, obtinrent à Varsovie leur admission à la Confédération du Rhin. L'Empereur a dit depuis qu'il avait été trompé à leur égard, que s'il avait su ce qui en était, jamais il n'aurait consenti à leur accession. Il faut dire ici que M. de Talleyrand, tout en profitant de sa position pour augmenter sa fortune par des moyens quelquefois peu délicats, ne s'est jamais laissé engager, même par les motifs d'intérêt les plus puissants, à favoriser des plans qu'il pouvait regarder comme destructeurs pour le repos de l'Europe. C'était lui sans doute qui avait le plus fait dans le principe pour l'asservissement de l'Allemagne, et ayant préparé par une politique artificieuse l'immense prépondérance de la France sur le continent, il s'était ôté lui-même les moyens d'arrêter l'ambition insatiable de celui qui gouvernait... Néanmoins, au risque même de déplaire au maître, il s'opposa toujours aux projets qui, au milieu de la paix, tendaient à engager la France dans de nouvelles guerres interminables. C'est par ce motif qu'il refusa constamment son appui aux intérêts de la nationalité polonaise. Une somme de quatre millions de florins, offerte à Varsovie par les Magnats pour obtenir son suffrage en faveur du rétablissement de leur pays, leur fut restituée après être restée déposée pendant plusieurs jours entre les mains du baron de Dalberg. Considérée sous ce point de vue, sa retraite du ministère après la paix de Tilsitt fut très-honorable. »

Il résulte de cette page à demi discrète d'un ami qu'on peut dire de M. de Talleyrand, comme de Mira-

beau, que s'il se laissa parfois acheter, ce n'était q[ue]
dans une certaine mesure et non au delà, dans [la]
direction seulement de son opinion et non au pr[ofit]
de l'opinion opposée, et que son bon sens resta inc[or]-
ruptible dans les grandes affaires. Une vénalité te[m]-
pérée par de la modération et de la sagesse, une p[art]
faite à la corruption à laquelle on trace d'avance s[es]
limites et que l'on subordonne à des intérêts su[pé]-
rieurs, on m'assure que c'est bien le vrai sur M.
Talleyrand; M. de Senfft, qui est de cet avis, ne v[eut]
voir là qu'une simple tache, et il estime que M.
Talleyrand n'en gardera pas moins, pour de certain[es]
résistances, « sa place glorieuse dans l'histoire. » Ce[la]
est possible; mais c'est bien le cas de dire qu'il y [a]
deux morales.

M. de Talleyrand, qui était alors à Varsovie et q[ui]
voulait écarter de son voisinage le foyer du comméra[ge]
diplomatique, avait envoyé les ministres étrange[rs]
l'attendre à Berlin où il avait bien le dessein de [ne]
point aller. Le général Clarke, en sa qualité de go[u]-
verneur général de Berlin et de la Marche de Bra[n]-
debourg, fut chargé de faire les honneurs de la vill[e]
au Corps diplomatique, et M. de Senfft, qui se lia alo[rs]
avec le futur duc de Feltre, lui rend toute justice e[n]
ces termes :

« Le général Clarke, qui a marqué dans la diplomatie p[ar]
sa mission à Florence et par sa négociation avec les lor[ds]
Yarmouth et Lauderdale en 1806, a été certainement l'un d[es]
hommes les plus intègres du Gouvernement impérial d[e]
France. Avec du goût, de l'esprit et les formes de la mei[lleure]

leure compagnie, il aimait à faire remarquer l'ancienneté de la famille irlandaise dont il descend. Il était sujet aux accès d'une humeur bourrue, mais jamais malfaisante. Il avait des connaissances et de l'aptitude au travail; mais il manquait quelquefois de ce calme d'une tête froide qui ne se laisse point accabler sous le poids des affaires, et son âme n'était pas de la trempe qu'il aurait fallu pour soutenir toujours les mouvements nobles et justes de son cœur contre les volontés absolues de son maître. M. de Senfft fut avec lui à Berlin, et depuis à Paris, sur un pied d'amitié et de confiance, auquel il dut, en 1809, la satisfaction de soustraire le fils aîné de Mme la duchesse d'Esclignac, fait prisonnier en Espagne, à la rigueur des lois portées contre les Français pris les armes à la main. »

On peut le remarquer, les parfaites liaisons de M. de Senfft à cette époque ne furent jamais qu'avec ceux qui, tout en servant alors la politique de Napoléon, avaient des restes d'ancien régime ou des avant-goûts et des prédispositions de régime futur différent. Le régime impérial pur n'avait pas un ami ni un témoin favorable en lui.

C'est vers ce temps que le roi de Saxe, devenu grand-duc de Varsovie, crut devoir envoyer à Paris une députation de trois sénateurs du duché, pour présenter à l'Empereur l'expression renouvelée de sa reconnaissance et de celle de la nation polonaise. M. de Senfft se décida, en cette occasion, à mettre sa maison sur un plus grand pied que par le passé et à *représenter*, à proprement parler, ce qu'il n'avait pas fait encore. Il professait alors une grande sympathie pour la cause polonaise ; même après les déceptions survenues et jusqu'en 1814, il faisait acte toujours de foi et d'espérance en elle. Mais une note de date postérieure, qu'il a pris soin d'ajouter, nous apprend que cette noble cause s'était entièrement dénaturée, à ses yeux, depuis 1831, par l'introduction de l'élément révolutionnaire. Lui-même, avec les années, il avait changé, et devenu depuis 1815 diplomate au service de l'Autriche, conservateur du vieil ordre européen, il voyait les choses d'un tout autre point de vue que dans sa jeunesse. — Les détails, d'ailleurs, qu'il nous donne sur la réception de la députation polonaise par l'Empereur le 24 janvier 1808, sont piquants et d'une familiarité d'expression à laquelle je renvoie.

Les questions d'étiquette trouvent moyen de se glisser au milieu des grandes affaires. M. de Senfft se plaint en deux endroits, soit du grand maréchal du palais, Duroc, soit du premier chambellan, M. de Rémusat, pour de légers oublis ou des atteintes aux droits et prétentions de Mme de Senfft comme femme de ministre étranger. Je n'y ferais pas trop d'attention si je ne remarquais dans les *Souvenirs* de M. Bignon qu'une pareille question de cérémonial et d'étiquette fut soulevée par M. de Senfft pour sa femme, pendant le séjour du roi de Saxe à Varsovie en 1811. Mme de Senfft, je l'ai dit, était le côté tendre, délicat, élevé, mais aussi le côté faible de l'homme excellent.

Appelé à Bayonne à la fin d'avril 1808 et invité à y rester pendant tout le séjour qu'y fit Napoléon, M. de Senfft assiste au drame espagnol qui s'y joue ; il fait des portraits plus ou moins ressemblants des principaux personnages qu'il a sous les yeux. Il y rencontre notamment l'abbé de Pradt, le futur archevêque de Malines, alors évêque de Poitiers, chargé d'un rôle dans la pièce, et qui avait pour mission d'endoctriner le chanoine Escoïquiz, précepteur de Ferdinand VII et possédant la confiance de son royal élève. L'idée que le ministre saxon s'est formée et qu'il veut nous donner du spirituel et pétulant abbé est faite pour surprendre un peu et paraîtra assurément exagérée. On a besoin de se rappeler que cela est écrit en 1814, sous le feu des réactions politiques, et aussi avant les incartades bruyantes qui décelèrent bientôt tous les défauts, toutes les inconsistances de l'abbé de Pradt. Écoutons pourtant; nous allons avoir affaire à l'abbé à Varsovie, où il remplacera M. Bignon, et où il se retrouvera en rapports étroits avec M. de Senfft :

« Il réussit dans cette commission (de gagner aux vues du Cabinet français le chanoine Escoïquiz), et ce fut, depuis, son titre à la faveur. M. de Pradt servait le *tyran* pour s'élever, mais il l'abhorrait ainsi que la tyrannie à laquelle il aurait peut-être su résister, s'il était jamais parvenu dans le ministère à la place éminente à laquelle il aspirait. Son ambition était d'une trempe au-dessus du commun et s'élevait vers la vraie gloire qui était son idole. Il a failli sans doute, puisqu'il n'est pas permis de commettre le mal, même en vue du bien; mais au moins ses fautes eurent-elles des motifs élevés. La politique était sa passion; il avait publié, à différentes époques, des ouvrages qui en traitaient. Trop épris peut-être de quelques idées brillantes qui, n'étant point appuyées sur des bases assez solides pour entrer dans les plans des cabinets, ne méritaient que le nom de projets, et manquant en général de fixité dans ses principes, ses conceptions portaient néanmoins l'empreinte du génie. Une grande richesse d'imagination, une logique serrée et toujours éblouissante, plus de force et de facilité que de correction dans la diction, une conversation entraînante, des manières à la fois distinguées et insinuantes, tels étaient les moyens sur lesquels s'appuyaient ses espérances et son ambition. M. de Pradt eût pu atteindre son but avec un peu plus de modération et de prudence dans ses discours, et sous un règne moins contraire aux gens d'Église et moins porté à choisir pour les places les plus élevées des instruments aveuglément soumis. »

Nous ne saurions admettre un tel portrait flatté du spirituel et loquace abbé, nous qui vivons depuis assez longtemps pour l'avoir rencontré, à notre tour, et pour l'avoir entendu dans sa vieillesse. Mais il est curieux d'entrevoir l'intérieur des coulisses d'alors : l'abbé de Pradt, évidemment, causait beaucoup avec M. de Senfft, et pendant ce séjour même de Bayonne où il servait la politique de Napoléon, il la dénigrait et parlait contre dans le tête-à-tête; l'ancien émigré, l'ancien constituant, le futur auteur de l'*Ambassade de Varsovie*, reparaissaient ou se révélaient en lui, et bouillonnaient, pétillaient, s'entre-choquaient pêle-mêle dans les apartés où il laissait son masque de courtisan.

Au retour de ce séjour de Bayonne, qui n'avait pas duré moins de deux mois et demi, l'attention fut bientôt partagée et attirée par les graves diversions qui se présageaient du côté du Rhin. Le *Moniteur*, en publiant l'année suivante le Message au Sénat concernant la guerre d'Autriche, rapporta parmi les pièces à l'appui la conversation de l'Empereur avec l'ambassadeur de Vienne, M. de Metternich, qui avait eu lieu à l'audience diplomatique de Saint-Cloud, le 15 août 1808. M. de Senfft qui n'était séparé ce jour-là de M. de Metternich que par l'amiral Verhuel et M. de Dreyer, ministre de Danemark, ne perdit pas une parole de l'Empereur et très-peu des réponses de son interlocuteur « qui eut le mérite peu commun, dit-il, de conserver dans cette importante et brusque occasion tout le sang-froid, l'aplomb et la mesure de l'homme d'État consommé. » Tous les ministres étrangers présents à cette scène s'empressèrent naturellement d'en rendre compte à leurs Cours. La dépêche de M. de Senfft, « expédiée *par la poste,* » fut sujette à être remarquée ; c'est lui qui le dit ou qui l'insinue ; peut-être aussi, ajoute-t-il, se rappela-t-on comment il avait été placé ce jour-là pour bien entendre et pour tout retenir. Quoi qu'il en soit, quand on crut devoir publier un précis de cet entretien, M. de Champagny s'adressa particulièrement à lui pour lui demander communication de son Rapport. M. de Senfft veut bien convenir que dans l'entretien mémorable tel qu'il fut publié, si l'on s'écarta plus d'une fois des paroles originales qu'il avait transmises, on resta assez en accord avec la vérité pour le fond.

Une lettre interceptée du baron de Stein, alors ministre dirigeant de Prusse, vint découvrir et déceler avant l'heure les haines nationales qui déjà fermentaient et s'accumulaient partout en Allemagne. M. de Senfft, dont la femme, je l'ai dit, était nièce du baron de Stein, crut devoir intercéder en faveur de la famille au sujet du séquestre des biens ; il ne réussit point dans sa demande, mais l'Empereur à qui il avait directement écrit ne lui en sut aucun mauvais gré. Quelque temps après, ayant eu affaire, pour une sœur compromise du baron de Stein, à Fouché, ministre de la police, il eut à se louer de lui. Fouché, on le sait, quand le mal ne servait à rien, ne le faisait pas ; il était « bon diable », comme le disait de lui l'Empereur ; il aimait à rendre service par facilité de caractère, et aussi parce qu'on ne sait jamais ce qui peut arriver. M. de Senfft y fut pris, et il trace à cette occasion de Fouché un portrait qui est encore plus flatté en son genre que celui de l'abbé de Pradt :

« .... M. de Senfft courut aussitôt chez le ministre de la police : c'était alors M. le duc d'Otrante, le fameux Fouché, dont cette circonstance le rapprocha pour la première fois. Le nom de Fouché, autrefois révolutionnaire furieux (il disait de lui-même qu'il avait eu la fièvre dans ces temps-là), était devenu, sous le règne de Napoléon, celui d'un homme d'État et de génie. Esprit supérieur et courageux, il a su, seul de ses collègues, se montrer toujours au-dessus de ses fonctions et même de la faveur. M. de Talleyrand, qui était tout aussi supérieur par les lumières, ne le fut pas toujours autant par le caractère. Le duc d'Otrante reconnut que, dans la branche du gouvernement qui lui était commise, la plus grande faute est de faire un mal qui n'est pas nécessaire à la sûreté de l'État ; et ce grand principe, appliqué dans toute son étendue sous un règne despotique, toutes les fois que la volonté absolue de l'Empereur, à laquelle il a souvent osé opposer de la résistance, n'est pas intervenue d'une manière directe, ce principe a rendu son administration bienfaisante pour la France et l'a fait chérir particulièrement des classes les plus exposées à la persécution. »

N'oublions pas encore une fois que cela est écrit

en 1814 et avant le rôle de Fouché en 1815, rôle que les honnêtes gens d'aucun parti ne sauraient, je pense, envisager sans dégoût.

Pendant que M. de Senfft, à la veille de l'éclatant démenti de l'histoire, se montre ainsi à nous un peu la dupe des confidences de Fouché qui, évidemment (comme l'abbé de Pradt, et avec plus de malice), était entré dans ses vues, avait médit du pouvoir qu'il servait et ne s'était pas fait faute de gémir sur les folies du maître, il m'a paru curieux de citer une lettre de Napoléon adressée, vers ce temps, à son ministre de la police, et qui, dans sa sévérité encore indulgente, va droit au défaut de l'homme, rabat fort de cette haute idée trop complaisante et remet à son vrai point ce prétendu génie du duc d'Otrante, un génie avant tout d'ingérence audacieuse et d'intrigue. C'est bien de lui qu'on peut dire, par une image tout à fait au niveau de son caractère, qu'il avait un pied dans tous les souliers.

A M. FOUCHÉ,

Ministre de la Police générale, à Paris.

« Bayonne, 13 juillet 1808.

« Monsieur Fouché, je reçois votre lettre du 9 juillet. Je ne conçois plus rien à votre tête. Est-ce qu'il fait trop chaud cette année à Paris ? Je mande à l'archichancelier de m'expliquer tous ces logogriphes. Tout ce que j'en vois est bien pitoyable : c'est encore pis que les scènes de l'automne passé. Soyez donc ministre de la police ; réprimez les brouillons et ne le soyez pas. Tranquillisez l'opinion au lieu d'y jeter des brandons de discorde. Soyez le supérieur et non le rival de vos subordonnés. En deux mots, ne me donnez pas, à vous seul, autant d'occupation que toute la police de l'Empire. Imitez tous vos collègues qui m'aident au lieu de me fatiguer, et qui font marcher le gouvernement, bien loin de le gêner de leurs passions privées. »

Fouché était, par essence et par nature, le plus grand ourdisseur de trames ; il jetait ses filets et accrochait ses fils partout où il pouvait, et quand on lui avait crevé sa toile sur un point, il ne se décourageait pas, il recommençait aussitôt. Il l'a trop prouvé.

J'ai encore quelque chemin à faire avant de rencontrer et de rejoindre sur le même terrain de Varsovie et à leur point de contact M. de Senfft, M. Bignon et l'abbé de Pradt. Dans les jugements réciproques et contradictoires qu'ils porteront les uns sur les autres, nous verrons encore mieux se dessiner leur ligne et leur caractère.

Lundi 26 décembre 1864

SOUVENIRS D'UN DIPLOMATE.

LA POLOGNE (1811-1813)

PAR LE BARON BIGNON.

(SUITE ET FIN.)

Le comte de Senfft resta ministre de Saxe à Paris jusqu'en 1810. Il nous a donné dans ses Mémoires un aperçu neuf, mais trop abrégé, trop à demi-mot et plutôt fait pour irriter la curiosité que pour la satisfaire, sur les intrigues mi-galantes, mi-politiques, qui animèrent singulièrement l'hiver de 1808-1809. Si l'on excepte les relations officielles, il vivait d'ailleurs dans le courant de société le plus opposé à l'Empire, et dans quelques-uns de ces salons de Paris où le maître de l'Europe ne régna jamais. La mort du comte de Bose, ministre des Relations extérieures en Saxe, survenue au commencement de septembre 1809, décida son rappel, et il fut désigné pour le remplacer. Il n'avait que trente-six ans, âge alors inouï en Saxe pour un poste si éminent. Il put rêver à cette heure un grand rôle, et il espéra, un moment, pouvoir prendre sur le vieux et digne monarque un ascendant qui ne fut accordé à personne, et que déjouait une force d'inertie et de routine, la plus sourde de toutes. Le voyage inopiné du roi de Saxe à Paris, dans l'hiver de 1809, ne fit que retarder son entrée en fonction. Ce séjour du digne monarque avec les légers embarras, avec les étonnements et les surprises qui l'accidentèrent, nous est raconté par M. de Senfft d'une manière agréable et fine. Il suivit de près son maître et se mit en route pour Dresde le 5 février 1810 :

« Il quittait, après un séjour de près de quatre ans, nous dit-il, cette France, pays privilégié du Ciel, à tant de titres, où la civilisation, plus ancienne et plus complète qu'ailleurs, a donné aux lois de l'honneur et de la probité cette fixité d'axiomes qui, sans les faire peut-être observer davantage, ne laisse en problème ni en discussion rien de ce qui appartient aux bases des rapports sociaux et du commerce des hommes entre eux ; pays où le langage a une valeur mieux déterminée, où tous les ressorts de la vie sociale ont un jeu lus aisé, ce qui en fait, non comme ailleurs un combat, mais une source de jouissance. »

J'aime de temps en temps ces définitions de la France par un étranger; elles sont un peu solennelles sans doute et ne sont pas assurément celles que nous trouverions nous-mêmes; nous vivons trop près de nous et trop avec nous pour nous voir sous cet aspect; le jugement d'un étranger homme d'esprit, qui prend son point de vue du dehors, nous rafraîchit et nous renouvelle à nos propres yeux : cela nous oblige à rentrer en nous-mêmes et nous fait dire après un instant de réflexion : « Sommes-nous donc ainsi ? »

M. de Senfft, devenu le ministre dirigeant les relations extérieures de son pays, s'il n'obtint pas tout le crédit qu'il avait rêvé, avait la confiance de son maître, et les affaires du grand-duché de Varsovie étaient plus particulièrement remises à ses soins. Les Saxons envisageaient d'un mauvais œil ce grand-duché érigé par Napoléon, et ils se montraient jaloux de tout ce que leur roi croyait devoir faire de ce côté : toute attention et faveur accordée aux Polonais était considérée comme un larcin fait à eux-mêmes. L'Europe, en ces années 1810-1811, offrait le spectacle le plus majestueux, le mieux ordonné, le plus imposant, mais le plus menteur. A la surface tout était soumis en Allemagne ; tout reconnaissait la domination suprême du vainqueur de Wagram et de l'arbitre de la Confédération du Rhin ; les rois, les princes s'inclinaient et courbaient la tête : le peuples restaient frémissants. Je ne sais rien de plus significatif à cet égard qu'une lettre du roi de Westphalie Jérôme, à son frère, écrite à la date du 5 décembre 1811, et qui exprime, qui résume la situation vraie, telle qu'elle se dessinait aux yeux d'un frère dévoué de l'Empereur, placé au cœur même de la difficulté, au centre du péril :

« Sire, écrivait le roi Jérôme, établi dans une position qui me rend la sentinelle avancée de la France, porté par inclination et par devoir à surveiller tout ce qui peut donner atteinte aux intérêts de Votre Majesté, je pense qu'il est convenable et nécessaire que je l'informe avec franchise de tout ce que j'aperçois autour de moi. Je juge les événements avec calme, j'envisage les dangers sans les craindre ; mais je dois dire la vérité à Votre Majesté, et je désire qu'elle ait assez de confiance en moi pour s'en rapporter à ma manière de voir.

« J'ignore, Sire, sous quels traits vos généraux et vos agents vous peignent la situation des esprits en Allemagne. S'ils parlent à Votre Majesté de soumission, de tranquillité et de faiblesse, ils s'abusent et la trompent. La fermentation est au plus haut degré, les plus folles espérances sont entretenues et caressées avec enthousiasme ; on se propose l'exemple de l'Espagne, et si la guerre vient à éclater, toutes les contrées situées entre le Rhin et l'Oder seront le foyer d'une vaste et active insurrection... »

Il faut lire toute cette lettre dans les Mémoires mêmes où elle est produite (1). — M. Bignon, envoyé à Varsovie dès les premiers mois de 1811, n'était pas en mesure de tenir un pareil langage, eût-il observé les choses du même œil. Il ne fit d'ailleurs que traverser l'Allemagne du centre, et, en arrivant à Varsovie, il se trouva transporté sur une terre qui tressaillait de joie au nom de France, et au sein d'une nation qui n'attendait que le signal pour se dévouer tout entière à la cause de Napoléon, inséparable alors de la sienne. M. Bignon vit,

(1) *Mémoires et Correspondances* du roi Jérôme et de la reine Catherine (Dentu, éditeur). — Ces *Mémoires*, rédigés avec le plus grand soin sous les yeux de S. A. I. le prince Napoléon, et reposant tout entiers sur les pièces d'État et de famille les plus authentiques, dont on produit les plus importantes à l'appui du récit, à la suite de chaque livre, deviennent une des sources nouvelles et essentielles de l'histoire de ce temps.

en passant à Dresde, M. de Senfft, s'entendit avec lui sur l'état des affaires dans le grand-duché, et en reçut des informations utiles. Il se loue de lui dans ses *Souvenirs*; il se croyait mieux avec ce ministre qu'il ne l'était en réalité, et il suffit pour cela de voir en quels termes peu favorables M. de Senfft s'est exprimé sur son compte. Tout différait entre eux et, sous les politesses de forme, tendait à faire glace au fond : origines, sphères d'idées, tour et qualité d'esprit, ton et habitudes morales, politique enfin. M. de Senfft désirait *in petto* un rétablissement complet de la Pologne, mais sans le concours de la France, par un soulèvement spontané des anciennes provinces polonaises, à la faveur de la guerre que la Russie soutenait alors contre les Turcs, avec je ne sais quels efforts combinés de l'Autriche, de la Suède, d'une partie de l'Allemagne du centre, et avec l'assentiment de l'Angleterre, — tout un rêve : il dut contenir de telles pensées dans son for le plus intérieur, et les quelques Polonais auxquels il crut pouvoir s'en ouvrir en confidence, n'étaient pas en position d'y aider. Vague et chimérique dans ses plans et ses velléités personnelles, il jugeait cependant avec vérité de l'état de l'esprit public en Allemagne, surtout à la suite du dernier décret dit de Trianon, qui portait à l'extrême l'application du blocus continental, et il pronostiquait exactement comme le roi Jérôme, quoique en vertu de désirs et de sentiments tout opposés :

« Le système continental, introduit en Allemagne, y marqua, disait-il, une époque décisive pour l'esprit public de cette contrée. Tous les intérêts particuliers se trouvant blessés au vif en même temps que le sentiment national, la France ne compta plus dès lors un seul partisan sincère en Allemagne, et il ne lui resta que ceux dont des avantages individuels achetaient la complaisance, ou dont l'esprit était subjugué par la crainte. Tous les autres individus de toutes les classes rongeaient impatiemment le frein qui les retenait, et n'attendaient que l'occasion de secouer le joug. L'opinion prit alors ce caractère énergique qui la rend maîtresse des événements ; et c'est ainsi que le grand mouvement qui a abattu la puissance gigantesque créée par la Révolution, loin de démentir l'esprit primitif de celle-ci et le génie du siècle, n'a fait que déployer le principe fondamental de l'une et de l'autre, sous de plus nobles auspices et dans une direction plus heureuse. »

Quand il écrivait ainsi, M. de Senfft était encore libéral, et il avait foi encore en l'avenir des peuples. — Mêlant des idées mystiques et des pensées de l'ordre providentiel à ses observations d'homme politique, il voyait, l'année suivante (1812) et lors de la gigantesque expédition entreprise pour refouler la Russie, il voyait, disait-il, dans « cette réunion monstrueuse » de toutes les puissances de l'Europe entraînées malgré elles dans une sphère d'attraction irrésistible et marchant en contradiction avec leurs propres intérêts à une guerre où elles n'avaient rien tant à redouter que le triomphe, « un caractère d'immoralité et de superbe, qui semblait appeler cette puissance vengeresse nommée par les Grecs du nom de Némésis » et dont le spectre apparaît, par intervalles, dans l'histoire comme le ministre des « jugements divins. » Il lisait après l'événement, dans l'excès même des instruments et des forces déployées, une cause finale providentielle en vue d'un résultat désiré et prévu : car telle grandeur d'élévation, telle profondeur de ruine. « L'immensité des moyens, des efforts et des pertes que révéla cette expédition porta au comble, pensait-il, l'effet tragique de la guerre : il fallait que la pitié et l'épouvante coulassent à pleins bords. » Nous avons là l'expression fidèle, l'écho direct de la pensée allemande en 1813.

Un tel homme d'État, s'inspirant de considérations de cet ordre, ne pouvait sympathiser, on le conçoit, avec M. Bignon, esprit net, positif, français de race, bonapartiste de sentiment, agent exact et fidèle, d'un esprit classique et orné, mais qui ne se perdait pas à découvrir de ces doubles et triples horizons. Aussi M. de Senfft a-t-il parlé de lui avec un dédain injuste et peu déguisé :

« M. de Serra (le précédent envoyé de France à Varsovie) y fut remplacé, dit-il, par M. Bignon, avocat de Rouen, ancien protégé de M. de Talleyrand et qui avait été l'instrument de l'expulsion de l'Électeur de Hesse à Cassel, et des exactions de la guerre de 1807 à Berlin; puis envoyé à la Cour de Bade, il avait fait des vers pour la princesse Stéphanie. Il ne manquait pas de quelque talent ni de connaissances; mais, avec un caractère vulgaire et sans principes, il avait une fatuité et une insolence qui allaient mal au pays où sa nouvelle destination l'appelait. Aussi n'y eut-il aucun ami, et outre le scandale d'un divorce (qu'il avait causé)..., ses faits et gestes s'y bornèrent à diriger l'espionnage de tout ce qui se passait en Russie, dans le sens qu'il croyait convenir le mieux aux idées de l'Empereur et du duc de Bassano, mais faisant en même temps germer de plus en plus dans les cœurs polonais la défiance et le mécontentement contre la France. M. de Senfft, qui venait de perdre sa belle-mère, ne le vit lors de son passage à Dresde en avril 1811 que dans quelques conférences d'affaires. Le retrouvant dans l'automne à Varsovie, il le tint de même à distance, et jamais il ne s'établit entre eux aucun rapport de confiance. »

Remarquez que ce reproche, adressé ici à M. Bignon, d'espionner et de surveiller les démarches de la Russie, se rapporte précisément aux ordres qu'il avait reçus, et l'on s'en prenait à l'objet même de ses instructions, qui était d'éclairer son gouvernement sur les intrigues russes en Pologne aux approches d'une campagne. Il suivait droit sa ligne. Loin de nier l'espèce de police à laquelle il se livrait, il en explique à merveille et avec esprit les difficultés dans un pays si vaste et chez un peuple à imagination vive, doué à ce degré de la faculté d'illusion :

« L'établissement et la direction d'une agence assez nombreuse d'observation militaire formait alors, nous dit-il, l'une de mes plus laborieuses attributions. Dans ce travail d'exploration j'avais à surmonter de nombreuses difficultés, dont la principale tenait au caractère même de la nation polonaise. Il n'est pas de pays où l'on ait plus de peine à circonscrire l'essor des esprits dans la réalité. Vainement, fatigué de rapports vagues sur l'existence de tel ou tel corps de troupes, je voulais parvenir à en connaître la composition ; vainement j'exigeais des indications de localités, de régiments, de bataillons ou de compagnies : on me répondait par des masses, et on dédaignait les modestes détails qui m'étaient précisément nécessaires. Il n'était pas jusqu'à l'observateur du dernier degré qui, au lieu de me donner la simple note de ce qu'il avait vu de ses propres yeux, ne fît un roman d'armée russe à sa façon. Les hommes bien élevés, les grands propriétaires, les généraux même, n'étaient pas exempts de cette disposition. A peine quelques-uns de ces derniers faisaient-ils exception, et l'un d'eux me disait à ce propos : « *Nous ne voyons jamais un arbre, parce que nous voyons toujours une forêt.* » J'eus bien de la peine à ramener au degré de précision nécessaire ces renseignements, qui semblaient toujours avoir été pris à l'aide d'un microscope. »

On ne saurait mieux dire. Mais ce n'était pas la politique seule qui séparait M. Bignon de M. de Senfft. Quand on connaît ce dernier, il est clair que, pour encourir de sa part une telle sentence réprobative, il fallait que M. Bignon eût prodigieusement déplu à Mme de Senfft : une galanterie publique, une liaison avec divorce qu'il affichait avec éclat dans ce temps même et à laquelle il vient d'être fait allusion, n'y nuisit pas.

M. Bignon, dans ses *Souvenirs*, a un avantage sur M. de Senfft dont il ne prévoyait pas les sévérités : il le réfute de la manière la plus propre à faire impression sur des lecteurs impartiaux; il parle avec justice, et dans une parfaite mesure, de celui qui en a manqué à son égard :

« M. de Senfft, dit-il, était en 1811 et est resté jusqu'à la fin de 1812 zélé partisan du système français (*on le croyait, et il paraissait tel sans l'être au fond*). C'était, d'ailleurs, un homme d'un caractère doux, de formes très-aimables. Nos relations furent des plus satisfaisantes, jusqu'au jour où, entraîné par une exaltation patriotique que les rois ont punie depuis comme un crime, après l'avoir encouragée comme une vertu, il crut devoir abandonner son maître fidèle à la France, pour se dévouer à ce qu'on nommait alors la patrie allemande. »

Dans les diverses occasions où il put l'observer de près, M. Bignon ne lui trouve qu'un coin de partialité dont, à son insu, dit-il, il n'était pas le maître : c'était quand Mme de Senfft était intéressée dans une question. Il se loue d'ailleurs des « relations agréables, » des « communications franches » établies entre M. de Senfft et lui. Lorsqu'en 1813 et à l'ouverture de la campagne, M. de Senfft, après avoir essayé de détacher son roi de la France et de le rallier à la politique de M. de Metternich, échoue et quitte le service de son maître pour entrer bientôt à celui de l'Autriche, M. Bignon écrit :

« Le roi (de Saxe), dont la loyauté devait être un jour si cruellement punie, avait résisté à toutes les insinuations de nos adversaires; on n'avait séduit que son ministre. Aussi, peu de jours après, l'intrigue fut démasquée, et M. de Senfft, fait pour une destinée plus honorable, alla se perdre dans cette lie de transfuges qui entourait les souverains alliés, réduit à y jouer un personnage dont il ne tarda pas à rougir. Je le plaignis dès lors, parce que j'avais apprécié en lui les plus louables sentiments; mais je le plaignis bien plus encore deux ans après. Combien son âme dut être tourmentée en voyant le vénérable roi de Saxe dépouillé de la moitié de ses États par ces mêmes monarques pour lesquels il l'avait abandonné ! »

M. Bignon, en se tenant à des points de vue moins élevés que M. de Senfft, trébuche de moins haut, ne tergiverse pas et garde sur lui, en ce qui est des jugements personnels posthumes, la supériorité du moins de la modération et du ton. Il est, au reste, entre deux feux pour cette mission de Varsovie; il n'échappe aux dédains de M. de Senfft que pour tomber sous les épigrammes acérées de l'abbé de Pradt qui ne les lui épargne pas. Cet abbé, bizarrement célèbre, et qui s'était intitulé lui-même dans un de ses accès de flagornerie « l'aumônier du dieu Mars, » avait été chargé, sous le titre d'ambassadeur, de prendre en main le mouvement de la nation polonaise au moment où la guerre contre la Russie se décida. Cette ambassade lui fut *signifiée* (c'est son mot) durant le séjour de Napoléon à Dresde, en mai 1812. Il allait succéder à M. Bignon, mais avec un titre et des pouvoirs tout autrement considérables. La période d'observation était close : l'heure de l'action avait sonné. On s'étonne, quand on a vu l'abbé de Pradt dans son entier développement, et à travers ses frasques diverses, comment il put être choisi pour une telle mission de haute confiance et d'entière latitude, dans l'esprit de laquelle il n'entra jamais (1). Il s'agissait de pousser en Pologne, et dans le duché et dans toutes les anciennes provinces devenues russes, au soulèvement national universel, d'organiser « une Vendée polonaise, » de s'associer, en

(1) On a le droit de s'en étonner bien plus, aujourd'hui qu'on a lu, dans la Correspondance de Napoléon, la lettre confidentielle suivante, adressée par l'Empereur au ministre de la Police générale, Fouché :

« Schœnbrunn, 5 septembre 1809.

« Monsieur Fouché, vous aviez une grande confiance en l'abbé de Pradt; je ne sais pas si je vous ai dit de vous méfier de cet homme comme du plus grand ennemi qu'on puisse avoir; cependant, comme je ne suis pas certain de vous l'avoir dit, je prends le parti de vous l'écrire pour votre gouverne. Cet homme est un

le dirigeant habilement, à ce mouvement résurrectionnel d'une race si naturellement électrisée. La Diète convoquée devait s'ouvrir à Varsovie vers la mi-juin ; un comité spécial ferait un rapport sur les malheurs et les espérances de la patrie. Ce rapport devait être *européen* et *polonais,* mais dirigé entièrement contre la Russie, sans récriminations inutiles contre la Prusse et l'Autriche. La Confédération de Pologne proclamée, organisée à Varsovie, formerait de là des comités, autant de foyers d'action dans les divers palatinats. Tel était le programme. La main de l'ambassadeur ne devait pas se laisser apercevoir dans ce mouvement national, « mais il devait tout voir, tout savoir, tout diriger, tout animer. » Un archevêque, un haut dignitaire de l'Église avait paru plus fait qu'un autre pour assister et pousser à cette œuvre militante dans un pays catholique, et comme devant aussi, par son caractère, moins prêter qu'un autre à tout conflit. La verve du belliqueux abbé, dont il avait prodigué les étincelles aux Tuileries, à Fontainebleau, à Bayonne, en tous lieux, devait passer dans tout son être et dans ses actions.

profond hypocrite, n'ayant ni les mœurs ni l'esprit de son état, et livré à un genre d'intrigues qui, d'un jour à l'autre, le conduira sur l'échafaud. Mon intention est que vous le traitiez comme à l'ordinaire et que ceci reste un secret. Seulement je vous en fais part comme d'une chose nécessaire pour votre gouverne ; j'ai plus que des présomptions de le croire agent dans des affaires extérieures. J'avais ces présomptions avant mon voyage d'Espagne ; ce qui ne m'a pas empêché de l'y faire venir, ni de le voir à Paris à mon retour. Je veux ignorer et j'ai intérêt à ignorer ce que je sais du caractère et des liaisons de cet homme. »

Mais parler et agir sont deux. Il n'était plus là sur son terrain qui était proprement le parquet des salons. La Diète s'ouvrit le 26 juin. Tout d'abord l'abbé de Pradt était intervenu d'une manière indiscrète et intempestive. Mécontent du rapport que devait prononcer le comte Matuchewitz au nom de la commission qui proposait la Confédération de Pologne, il l'avait refait de sa main. « Ce rapport, nous dit M. de Senfft peu suspect de sévérité envers l'abbé de Pradt, était l'ouvrage de M. l'archevêque de Malines qui y avait mis beaucoup de déclamation et de faux brillant. M. de Senfft regretta de voir ce rapport substitué à un travail préparé pour cet objet par M. Matuchewitz et rempli de pensées solides et de traits d'une véritable éloquence. » Napoléon, en lisant ce discours, en reçut tout à fait la même impression : ce qui avait paru plus éloquent à quelques-uns et surtout à son auteur, il le trouva mauvais. L'Empereur estima « qu'une Adresse faite à Posen par un vieux Polonais, écrite en mauvais style, *mais en style évidemment polonais,* aurait été meilleure. » M. de Bassano le manda en propres termes, et sous sa dictée, à l'abbé de Pradt. Quoi qu'il en soit, l'effet de cette séance d'ouverture fut grand ; la proclamation des mots sacrés et chéris qui déclaraient l'ancienne patrie existante et revivante, enleva tous les cœurs. « Les dames, écrivait une plume bien informée (1), qui se trouvaient en grand nombre à cette séance mémo-

---

(1) *Journal de la reine Catherine,* au tome VI, page 40, des *Mémoires* du roi Jérôme.

rable, ont pris sur-le-champ la cocarde *bleu et rouge* et, le soir, ont paru en habit à la polonaise avec ces deux couleurs. Toute la ville était illuminée, et le peuple était au comble de l'enthousiasme. Dans les rues, on apercevait de nombreux transparents aux armes réunies du grand-duché et de la Lithuanie. »

Tant d'espérances furent vite déjouées, déconcertées, et tout s'abîma bientôt dans l'immense catastrophe. Une meilleure tête que l'abbé de Pradt eût été insuffisante à conjurer les événements qui se précipitèrent. Mais il n'est pas moins vrai que l'abbé prit au rebours toute sa mission, tant qu'elle fut possible et réalisable; l'écrit apologétique et agressif qu'il publia, en 1815, sous le titre d'*Histoire de l'Ambassade dans le Grand-Duché de Varsovie,* prouve et dépose contre son auteur même. Cet écrit, d'ailleurs très-piquant, un vrai pamphlet des plus spirituels, où la satire est allée chercher tant de fois ses armes, réunit et cumule toutes les inconvenances. L'abbé de Pradt s'y vante presque d'avoir fait échouer toute l'entreprise de Napoléon; il se plaît, dès les premières lignes, à répéter un mot qu'il prête à l'Empereur : « Un homme de moins, et j'étais le maître du monde. » Et il ajoute : « *Cet homme, c'était moi.* » Oh! le fat! Jamais vanité d'homme d'esprit fut-elle plus risible ? C'est la mouche du coche à l'envers : elle se pique d'avoir fait verser le char. Il trouve moyen de médire, dans cet écrit publié en pleine réaction et dicté par un ardent dépit, de tous ceux avec qui il était précédemment en rapports officiels et en relations déférentes, mais qui sont tous les vaincus, les déchus du jour, et quelques-uns même proscrits. C'était jouer de malheur que de donner ainsi dans l'à-propos et de choisir si bien et à bout portant ses points de mire. Il insulte indignement Napoléon tombé, qu'il avait flatté, au vu et su de tous, jusqu'au cynisme. Il n'épargne ni le roi Jérôme qui, durant son passage à Varsovie, s'était renfermé dans son rôle de général en chef d'un des corps de la grande armée, et s'était abstenu soigneusement, avec une intention marquée, de tout ce qui aurait pu blesser le roi de Saxe, souverain du pays, ou gêner l'ambassadeur extraordinaire de l'Empereur, — il n'épargne ni le maréchal Davout, ce grand militaire et qui eut en face de l'ennemi, dans les moments les plus difficiles, de si belles inspirations couronnées par la victoire, ni Vandamme, alors persécuté, ni le duc de Bassano, dépouillé de tous ses pouvoirs et honneurs, ni personne..., ni M. Bignon, son prédécesseur immédiat. Il se sert, avec une indécence naïve, de la correspondance politique de M. Bignon lui-même, correspondance qu'il n'avait dû de feuilleter et de connaître qu'à sa position d'ambassadeur et de successeur, pour le dénigrer et le caricaturer ainsi :

« J'avais pour prédécesseur à Varsovie M. Bignon. Le duc (de Bassano) me l'annonça à Dresde comme une merveille. Quel fut mon étonnement quand, au lieu de la gravité, de la décence, du soin de l'honneur national, de celui de l'entretien de la bienveillance mutuelle entre les deux nations, qui me paraissaient devoir composer l'ensemble de la manière d'être et des occupations d'un ministre de France, je trouvai un petit monsieur, uniquement occupé de petits vers, de petites femmes, de petits caquets, et qui, dans les petits rébus dont se composaient ses petites dépêches, disait familièrement au duc, en parlant de la certitude d'un éclat entre la France et la Russie : « La Russie amorcera si souvent, couchera en joue la France si souvent, que la France sera forcée de faire feu... » Brunet n'aurait pas mieux dit... Toute sa correspondance est sur ce ton, et présente un mélange fatigant d'affaires traitées avec la prétention au bel esprit du plus bas étage. »

C'est ainsi que le prélat diplomate abuse d'un dépôt pour attaquer celui qui le lui a confié; il le drape à la Figaro, et il ose parler de gravité et de décence! M. Bignon, en se justifiant en bonne partie des inculpations de l'abbé de Pradt, n'a jamais mieux répondu que par ce mot qui qualifie et marque l'ensemble du procédé : « Quand le caractère d'un homme s'est décelé par de certains traits, il n'est plus possible de compter pour rien son jugement. » Ce mot mérite de rester définitivement attaché à tout portrait de l'abbé de Pradt. Et je me permettrai d'ajouter : Un pamphlet tel que celui de l'*Ambassade de Varsovie* peut signaler un écrivain, il coule moralement l'homme.

Un Français, un ancien ecclésiastique, d'abord attaché au maréchal Davout et qui se trouvait à cette époque à Varsovie, l'abbé Gley, en prenant spontanément la défense de M. Bignon, a donné les plus curieux détails, et les plus circonstanciés, sur les ladreries, mesquineries et lésineries avérées de cet archevêque ambassadeur qui ne savait faire que de belles phrases, s'endormir au Conseil et dans toutes les cérémonies, et qui ne voulut jamais qu'on prît la peine d'approprier sa chapelle pour y entendre une seule fois la messe (1).

Singulier mélange, en effet, que cet abbé de Pradt, instruit de tant de choses et qui croyait s'entendre à toutes ; homme d'Église qui l'était si peu, qui savait à fond la théologie, et qui avait à apprendre son catéchisme ; publiciste fécond, fertile en idées, en vues politiques d'avenir, ayant par moments des airs de prophète ; écrivain né des circonstances, romantique et pittoresque s'il en fut ; le roi des *brochuriers,* toujours le nez au vent, à l'affût de l'à-propos dans les deux mondes, le premier à fulminer contre tout congrès de la vieille Europe ou à préconiser les jeunes républiques à la Bolivar ; alliant bien des feux follets à de vraies lumières ; d'un talent qui n'allait jamais jusqu'au livre, mais qui avait partout des pages ; habile à rendre le jeu des scènes dans les tragi-comédies historiques où il avait assisté, à reproduire l'accent et la physionomie des acteurs, les entretiens rapides, originaux, à saisir au vol les paroles animées sans les amortir, à en trouver lui-même, à créer des alliances de mots qui couraient désormais le monde et qui ne se perdaient plus ; et avec cela oublieux, inconséquent, disparate, et semblant par moments sans mémoire ; sans tact certainement et sans goût ; orateur de salon, jaseur infatigable, abusant

(1) *Voyage en Allemagne et en Pologne,* par G. Gley, principal au collége d'Alençon, avec des notes relatives à l'ambassade de M. de Pradt à Varsovie (un vol. in-8°, 1816). — Trop empreint d'ailleurs du langage et des passions du temps, ce volume renferme quelques bons traits qui ne sont que là et qui portent leur cachet d'authenticité. Il y en a d'essentiels sur le maréchal Davout, le jour e le lendemain de la victoire d'Auerstædt.

de sa verve jusqu'à l'ennui ; s'emparant des gens et ne les lâchant plus, les endoctrinant sur ce qu'ils savaient le mieux ; homme à entreprendre Ouvrard sur les finances, Jomini sur la stratégie, tenant tout un soir, chez Mme de Staël, le duc de Wellington sur la tactique militaire et la lui enseignant ; dérogeant à tout instant à sa dignité, à son caractère ecclésiastique, avec lequel la plupart de ses défauts ou, si l'on aime mieux, de ses qualités se trouvaient dans un désaccord criant ; un vrai Mirabeau-Scapin, pour parler comme lui, un archevêque Turpin et Turlupin.

Il m'est arrivé, une fois, de passer une soirée avec l'abbé de Pradt ; il était à dîner chez un financier opulent qui avait des propriétés en Auvergne et qui était son voisin de terre. Je vins de bonne heure ; le dîner n'était pas terminé encore ; j'y assistai en partie. L'archevêque, à la place d'honneur, parlait, pérorait sans tarir, buvait sec et mangeait gras (c'était un vendredi). Après le dîner, on le mit sur Mirabeau ; Victor Hugo venait précisément de publier sa brochure, et M. de Pradt partit de là pour caractériser à sa manière le grand tribun. Il était dans cet état où on l'a vu plus d'une fois, même en public, et qui est recommandé aux poëtes pour mieux pindariser, l'état d'un homme qui est lancé plus que de raison après dîner. Je le vois encore avec sa petite taille, sa tête portée en arrière, son geste pétulant, cette figure dont on a dit « qu'elle ressemblait à celle du péché mortel vieilli. » J'eus beau faire, je n'avais encore rien rabattu en moi, à cette époque, des hauts dégoûts et des dédains superbes de la jeunesse; on l'entourait, on faisait cercle, on l'appelait *Monseigneur* à tour de bras : pour moi, je ne pus parvenir à rattacher à la figure du personnage rien qui ressemblât à de la considération et à du respect. Plus tard, je l'ai lu, j'ai été plus juste; j'apprécie surtout son livre des *Quatre Concordats*. Mais quand on a vu l'homme, on ne peut se faire pourtant à l'idée que ç'ait été là un archevêque pour de bon : il avait gardé de la Révolution quelque chose de déclassé, de défroqué et de mal renfroqué. Que vous dirai-je? il y avait de l'arlequin dans cet archevêque : c'était un prélat à la housarde.

Lundi janvier 1865.

LETTRES

D'EUGÉNIE DE GUÉRIN

PUBLIÉES PAR M. TRÉBUTIEN (1).

Le succès, dans ses caprices, va quelquefois au pur mérite, au talent modeste et caché; il va même au talent absent et disparu qui, vivant, s'ignorait en partie ou qui avait aimé à ne pas se faire connaître. La faveur qui a accueilli, il y a deux ans, la publication du *Journal* de Mlle Eugénie de Guérin en est la preuve. C'est ce qui a encouragé le pieux éditeur, M. Trébutien, à redoubler de zèle, à compléter son œuvre commémorative et à donner tout ce qu'il a pu depuis retrouver et rassembler encore de la correspondance de cette personne rare. Pour ceux qui, distraits des pures Lettres ou occupés ailleurs (comme il est permis), auraient besoin qu'on les remît sur la voie, je rappellerai qu'Eugénie de Guérin, sœur de Maurice de Guérin, de l'admirable

(1) Un vol. in-8°, chez Didier, quai des Augustins, 35.

auteur du *Centaure*, était son égale en dons naturels, en génie, sa supérieure en vertu, en force d'âme, son aînée vigilante et tendre, et qu'elle fut pendant neuf années sa survivante douloureuse, son Antigone ou son Électre, toute consacrée à sa mémoire et comme desservante d'un tombeau. Nés tous deux d'une ancienne famille noble du Midi fort déchue en fortune, mais restée fidèle jusqu'au bout aux sentiments et à l'honneur de la race, ils auront plus contribué à l'illustrer que tous les preux chevaliers d'autrefois à jamais oubliés et perdus dans la nuit des âges. Le vieux tronc, avant de se dessécher, produisit entre ses racines deux fleurs, et ces deux fleurs fragiles, d'une saison à peine, moissonnées avant le temps, (ô triomphe de l'esprit!) survivent aujourd'hui à tout. Ne faisons pas comme d'autres, n'allons pas oublier, dans cette gloire posthume des deux noms, celui de l'humble éditeur à qui nous devons de les connaître en entier et de les posséder dans leur pleine auréole. M. Trébutien a fait en ceci comme ces moines et ces clercs du Moyen-Age dont il porte volontiers lui-même l'habit austère, de ce Moyen-Age qu'il sait dans sa lettre comme dans son esprit et dont il a été l'un des premiers propagateurs et des rénovateurs parmi nous : loin de la foule, loin des bruits modernes, il s'est voué dans sa cellule de bibliothécaire à une sainte amitié pour les deux auteurs de sa prédilection et de son culte, Maurice et Eugénie ! mais Eugénie surtout l'a séduit, l'a enlevé, pauvre savant solitaire, comme ces nobles figures idéales, ces apparitions de vierges et de saintes qui se révélaient dans une vision manifeste à leurs fervents serviteurs; il l'a aimée, il l'a adorée, il a poursuivi avec une passion obstinée et persévérante les moindres vestiges, les moindres reliques qu'elle avait laissées d'elle : il les a arrachées aux jaloux, aux indifférents, aux timides; il a copié et recopié de sa main religieusement, comme si c'étaient d'antiques manuscrits, ces pages rapides, décousues, envolées au hasard, parfois illisibles, et qui n'étaient pas faites pour l'impression, il les a rendues nettes et claires pour tous: le jour l'a souvent surpris près de sa lampe, appliqué qu'il était à cette tâche de dévouement et de tendresse pour une personne qu'il n'a jamais vue; et si l'on oublie aujourd'hui son nom, si quand on couronne publiquement sa sainte (1), il n'est pas même remercié ni mentionné, il ne s'en étonne pas, il ne s'en plaint pas, car il est de ceux qui croient à l'invisible, et il sait que les meilleurs de cet âge de foi dont il a pénétré les grandeurs mystiques et les ravissements n'ont pas légué leur nom et ont enterré leur peine: heureux d'espérer habiter un jour dans la gloire immense et d'être un des innombrables yeux de cet aigle mystique dont Dante a parlé !

Cette justice rendue au plus méritant et au plus délicat des sacristains, nous entrerons dans la chapelle et nous reparlerons un peu, s'il vous plaît, d'Eugénie de Guérin. Nous en parlerons comme des amis et admirateurs gens du monde, c'est-à-dire assez librement. Les nouvelles lettres n'ajouteront rien d'es-

(1) A l'Académie française.

sentiel à l'idée qu'on avait pu se faire d'elle, mais elles contribueront à développer l'aimable portrait, ce modèle de belle âme religieuse et poétique, et à le mettre de plus en plus dans tout son jour. Pour renouveler moi-même l'étude, il m'est venu la pensée de ne plus prendre seulement Eugénie de Guérin en elle-même, mais de la comparer : comparer, c'est mieux marquer les contours, c'est achever de définir. Un critique très-distingué de ce temps l'a fait déjà : Camille *Selden* (un pseudonyme et une femme) a donné dans un volume qui se publie en ce moment (1) une analyse exacte et forte de trois femmes, à peu près contemporaines : — une Française catholique, Eugénie de Guérin précisément ; — une Anglaise et protestante, Charlotte Brontë, auteur du beau et douloureux roman de *Jane Eyre;* — une Allemande et juive convertie, la célèbre Rahel de Berlin, Mme de Varnhagen. Ces trois existences si diverses, successivement racontées et finement décrites, donnent beaucoup à penser et à réfléchir sur la forme que revêtent l'esprit et le cœur en trois pays et trois sociétés si dissemblables, sur les directions que parvient à se frayer la spontanéité humaine à travers des contraintes et des pressions si différentes. Mais pour moi, et dans le genre de cadre plus resserré que j'aime, ces contrastes sont déjà trop lointains, et j'en veux prendre un plus à notre portée. Je le trouve dans une personne qui, sans être Française de nation,

(1) *L'Esprit des Femmes de notre temps,* par Camille Selden, auteur du roman de *Daniel Vlady;* un vol. in-18, bibliothèque Charpentier.

l'est par la langue, dans une Genevoise qui a publié, depuis bien des années, quantité d'écrits remarquables, saisissants, éloquents avec une pointe d'étrangeté : il me faut bien la nommer, quoiqu'elle n'ait point inscrit son nom en tête de tous ses nombreux et piquants ouvrages ; elle voudra bien m'excuser de cette liberté, car je ne suis pas comme M. de Rémusat qui, dans la *Revue des Deux Mondes*, a pu parler d'elle hier à merveille et à fond, en toute discrétion cependant, pour des lecteurs déjà au fait et initiés aux sous-entendus. Nous autres gens du moins beau monde, nous avons besoin qu'on nous parle clair et de savoir vite et avec netteté de qui il s'agit. Or, Mme la comtesse Agénor de Gasparin, — c'est elle en toutes lettres, — femme d'un homme de cœur et d'un homme de bien, Genevoise de famille et de naissance, de la haute bourgeoisie ou de l'aristocratie de cette république (c'est tout un), passant certaines saisons à Paris, mais établie et vivant plus ordinairement en son château ou manoir au pied du Jura suisse, dans le canton de Vaud, dans le pays de Claire d'Orbe, a publié, en ces dernières années surtout, une série d'esquisses, d'impressions morales ou pittoresques, de tableaux paysanesques ou alpestres avec intention et inspiration chrétienne très-marquée (1), toute une

---

(1) *Les Horizons prochains ; — les Horizons célestes ; — Vesper ; — les Tristesses humaines ;* et aujourd'hui enfin les *Prouesses ou Voyages de la Bande du Jura*, c'est-à-dire de la société active, honnête, rieuse et vaillante, amoureuse de la nature, amoureuse des œuvres de Dieu, qui se réunit et se groupe chaque été autour de la châtelaine de Valleyres. — (Michel Lévy.)

œuvre qu'il est naturel de rapprocher des Lettres et Journaux d'Eugénie de Guérin. Venir comparer celle-ci et Mme Swetchine, catholique à catholique, c'est trop proche et trop aisé : il n'y a pas assez d'intervalle ni d'ouverture pour les points de vue : elles sont de la même paroisse. La comparer avec Rahel ou avec miss Brontë, c'est vraiment un peu loin, c'est sortir de nos horizons et trop nous dépayser ; cela ne dit rien d'assez précis à nos lecteurs français habituels. Eugénie de Guérin et Mme de Gasparin, au contraire, sont également nôtres, et presque au même titre; chacun en est juge, et la comparaison qui commencera par une lecture de toutes deux, lecture que je conseille fort, servira à tous et à toutes. Nous avons là une catholique de vieille souche, douce, pieuse, fervente, résignée, tendre, poétique, aimant la nature et adorant Dieu dans la nature, y trouvant à chaque pas les plus charmants emblèmes, moralisant avec grâce et sourire au sein même de la douleur : nous avons, d'autre part, et en regard d'elle, un caractère énergique de calviniste à demi émancipée, poétique aussi, très-croyante toujours, fervente, même prêcheuse, mais ouverte à toutes les impressions, ayant sa palette à elle, près de sa Bible, poussant ardemment ses aspirations vers le monde extérieur et absorbant la création par tous ses pores : — deux types.

De nos jours les choses vont vite: on passe immédiatement à l'état de type. On n'attend pas même les cinquante ans d'épreuves et de quarantaine ; on est type à bout portant et dès le lendemain de sa mort;

Alfred de Musset, type ; Henri Heine, type ; Balzac, type; Eugénie de Guérin, type. Je vais plus loin et je fais de mon autorité privée Mme la comtesse de Gasparin type, de son vivant. Qu'elle me le pardonne.

Type est un assez vilain mot, bien sec et bien roide, mais c'est une belle chose. L'avantage qu'il y a à passer à l'état de type, c'est que quand vous n'avez pas tout ce qu'il faut pour remplir la condition, on vous le prête ; on vous donne le coup de pouce en beau et l'on vous achève.

Type, dans notre mythologie abstraite, dans notre nouveau panthéon esthétique, c'est comme qui aurait dit autrefois demi-Dieu, *Divus*. Vous avez des autels.

Un type n'a plus de défauts. On critique, on chicane les individus, les talents à l'état simple et privé ; on ne chicane pas les types. Tout chez eux est amnistié, tout est transfiguré. On les accepte de confiance ; on ne les discute plus, on ne les conseille plus. Ils ont acquis l'immutabilité ; ils sont parce qu'ils sont. Ils n'ont plus de compte à rendre. Ce qui hier encore s'appelait défaut dans un auteur, change aussitôt de nom et devient, une fois le type admis, un simple trait de signalement et de caractère. On est consacré. On est pris et pour ce qu'on a été réellement en soi, et surtout pour ce qu'on représente. — Assez de préambule comme cela, et venons-en à notre analyse comparée.

Mlle de Guérin écrit une bonne partie de ses lettres, et des meilleures, des plus agréables, à sa jeune amie Louise de Bayne dont elle avait vu éclore la rieuse enfance, celle même à qui son frère Maurice semble avoir songé dans de premiers vers qui recèlent un sentiment tendre. Ce sentiment ne prit point corps ni figure : Maurice, pauvre et n'ayant rien à offrir, alla à Paris suivre ses études, s'attacha à M. de Lamennais, le quitta, donna des leçons, essaya de la vie littéraire ; distrait et guéri, une jeune fille riche, une de ses élèves créole, se rencontra qui se prit de goût pour lui ; il se maria pour mourir presque aussitôt. Louise de Bayne en son château de Rayssac, passant de l'adolescence à la jeunesse, eut tout le temps de voir les saisons se succéder, les printemps courir, sa première fleur pâlir et se décolorer déjà, avant qu'un mariage sérieux la vînt prendre et enlever à sa terre natale. Eugénie, plus âgée que Louise, l'aime beaucoup, l'aime comme une jeune sœur, la croit par moments un peu inégale en amitié, ne cesse pourtant de la chérir, et doucement, la voyant si légère avec sa couronne de seize ans, la sermonne un peu jusqu'à ce que Louise, à son tour, finisse par devenir elle-même sérieuse, posée, recueillie, et se laisse entrevoir à nous dans un coin du salon lisant par goût du saint Jérôme. Dans une des premières lettres qui remontent à l'année 1832, on est au 2 janvier ; les lettres de Louise ne sont pas venues ; les dernières se sont perdues ou ont été retardées par la faute du messager ; mais Eugénie pense à sa jeune amie et lui écrit dès le second jour de l'année nouvelle :

« Comme je me serais étrennée hier matin, ma très-chère, si j'avais pu en me levant sauter à votre cou, vous souhaiter la bonne année, vous dire que je vous aime au commencement et à la fin de tous les ans, de tous les jours, et que je fais pour vous des vœux, des vœux sans fin! J'aurais été trop contente. Quel joli premier de l'an pour moi qui grille de vous voir! A peine j'eus ouvert les yeux et fait le signe de la croix du réveil que votre souvenir vint me trouver sur mon chevet et me dire que dans ce moment vous pensiez aussi à moi, et que, si nous ne pouvions pas nous voir, nos prières et nos vœux se rencontraient dans le chemin du Ciel. Oui, ma chère, j'ai prié pour vous, d'abord en m'éveillant, et puis à la messe. au *memento* des vivants, à cet endroit où Dieu permet à notre pensée et à notre cœur de redescendre un instant sur la terre pour s'y charger des besoins de ceux qu'on aime. Je vous place avec ma famille...

« Savez-vous que vous me faites tristement commencer l'année par votre silence ; pas un mot, pas un signe de vie. Je commence à craindre que l'hiver n'ait glacé Rayssac; j'accusais les charbonniers, Gosse (*probablement le domestique*), tout, hormis vous; et maintenant je ne sais que croire. Je vous en prie, écrivez-moi tout de suite; ôtez-moi ce petit glaçon que votre silence me met sur le cœur. Si c'est paresse qui vous fait taire, surmontez-la; si c'est oubli, ne m'oubliez pas, je ne l'ai pas mérité. »

Comme tout cela est doux, élégant, gracieux, facile, versé d'un cœur aimant, et coulant à petits flots harmonieux! L'imagination s'en mêle, une imagination peu hardie sans doute; n'oublions pas que nous sommes, à ce début, dans un babil de jeune fille, un babil de colombe. Elle s'adresse aux lettres absentes de Louise, à ces lettres perdues à coup sûr ou errantes, car elle ne peut supposer qu'il n'y en a pas eu d'écrites, et elle a raison:

« Qui sait en quelles mains tomberont ces chers souvenirs de ma chère Louise? — Pauvres lettres de Louise, qui sait en quel lieu vous êtes emprisonnées? Que je regrette de vous voir devenir cornets à poivre ou pâture des rats! Quel dommage! Voilà que j'ai perdu tout ce que vous me dites d'aimable; je ne saurai jamais ce que vous me portiez de la part de son cœur, de ce cœur qui me fait de si jolis envois, qui me dit tant de choses et qui est muet tout à coup. Venez, charmantes messagères, c'est à présent que j'ai besoin de vous. —

« Vous le voyez, ma chère, je parle au papier, je veux tout supplier, plume, encrier, et ces petits doigts qui font les morts à présent : n'aurez-vous pas pitié de moi? »

Mais pendant qu'elle chante et soupire ce petit couplet d'une malice innocente, une lettre arrive, une de ces lettres perdues et retrouvées, et la joie succède à la plainte. Puis la pensée fondamentale reprend son cours, une douce et insinuante prêcherie à l'adresse de ce jeune cœur, qu'elle craint de voir trop volage et trop en oubli de la fin suprême :

« N'allez-vous pas trouver bien drôle que je monte souvent en chaire, ma chère amie? Si je vous ennuie, dites-le moi, mais je vous aime trop pour ne pas vous dire ce qui vous manque pour être heureuse : c'est la piété. Avec cela de plus, vous auriez bien des chagrins de moins; ce n'est pas qu'on soit insensible, mais on se résigne; si l'on s'ennuie, on prie; si on regrette le monde, si notre tête prend le chemin des fêtes, des bals, on l'arrête en pensant que ce n'est pas celui-là qui mène au Ciel. Savez-vous que nous sommes bien aveugles, bien insensés, bien bêtes de ne nous occuper que de ce monde, de nous amuser à des bagatelles, de prendre racine ici-bas, comme si l'éternité nous y était promise, et d'oublier cet autre monde, ce beau royaume? Nous disions cela dimanche avec un Monsieur rempli d'esprit et de bons sentiments *dormants*, mais qui s'avoue coupable de ne pas agir comme il pense... »

Notons au passage ces bons sentiments *dormants!* la première expression un peu marquante qui s'offre, et comme je suis malgré tout un littérateur, il faut bien qu'ici ma rhétorique intervienne et que je fasse ma glose. J'ai dit autrefois dans un précédent article, j'ai redit ici même tout à l'heure que la sœur de Maurice avait un génie égal, sinon supérieur à celui de son frère : prenez *génie* dans le sens le plus naturel et le plus simple. Là-dessus un critique ami, un étranger qui nous connaît mieux que personne, M. Matthew Arnold m'a contredit en toute bonne grâce et courtoisie (1), et il a relevé ce qui est le propre de certaines expressions du frère et en quoi elles diffèrent de celles de la sœur qui a bien moins d'audace.

Et, par exemple, un jour qu'Eugénie de Guérin visite le Nivernais (à quelques années de là), pour rendre son impression, elle dira : « Il fait bon courir, dans cette « nature enchanteuse, parmi fleurs, oiseaux et verdure, « sous ce ciel large et bleu du Nivernais. J'en aime « fort la gracieuse coupe et ces petits nuages blancs « çà et là comme des coussins de coton, suspendus « pour le repos de l'œil dans cette immensité. Notre « âme s'étend sur ce qu'elle voit; elle change comme « les horizons, elle en prend la forme... » C'est joli et gracieux sans doute, remarque le critique anglais; mais quelle différence avec le pinceau de Maurice peignant

---

(1) Dans le *Cornhill Magazine* de juin 1863.

la nature en traits profonds, trouvés et neufs, disant au retour d'une course où il a vu les rives de la Loire, Chambord, Blois, Amboise, Chenonceaux, les villes des deux bords, Orléans, Tours, Saumur, Nantes et l'Océan grondant au bout : « De là je suis rentré dans l'intérieur « des terres jusqu'à Bourges et Nevers, pays des grands « bois, *où les bruits d'une vaste étendue et continus* « *abondent aussi.* » Et ailleurs il parle de *ce beau torrent de rumeurs* que roule la cime agitée des forêts. Ces expressions à la Wordsworth, — à l'Oberman et à la Chateaubriand, — qui ont en elles je ne sais quelle magie de sons et de syllabes en harmonie avec l'esprit des choses et avec la nature rendue, manquent généralement sous la plume d'Eugénie de Guérin. Elle est femme, elle est timide, elle n'ose tout dire ni innover; la griffe virile lui fait défaut; elle recule, n'étant pas artiste comme son frère, devant les expressions qui ont l'air cherchées, qui sont trop fortes. Ainsi, on vient de le voir, si elle parle de quelqu'un qui a de bons sentiments *dormants,* elle souligne le mot comme un peu singulier ; elle craindra ailleurs de dire des cordes *vibrantes.* Écrivant à la baronne de Maistre, son amie de Paris, qui sera sa confidente passionnée comme Louise est sa correspondante virginale et innocente, elle lui dira après toutes ses douleurs épuisées et quand le calice est bu : « Je ne sais « rien qui me fasse plaisir ; le cœur est mort, mais « de votre côté il y a des cordes vives et je dirais « *vibrantes,* si j'étais Sophie l'aimable, la trop bien « disante. » Ainsi elle croit avoir besoin, pour risquer une expression qui nous paraît si simple, de se couvrir de l'autorité d'une amie. Oh! que cette timidité de bon goût et un peu excessive chez Mlle de Guérin est bien l'opposé de la manière osée, hardie, attaquante, de Mme de Gasparin qui, elle, ne trouve rien de trop franc à son gré, qui cherche, bien loin de les fuir, les notes aiguës, vibrantes, stridentes même, si elles rendent leur effet! Je choisis presque au hasard chez elle un premier exemple, un paysage d'hiver, une vue de commencement de janvier dans cette Suisse austère, en face des montagnes :

« Ce matin-là rien ne sentait le printemps, rien n'affaiblissait l'âme. L'air vif lui donnait la vigueur, le soleil l'illuminait. Les jours, comme on dit au village, les jours *avaient tourné*. Au lieu des neuf heures de clartés indécises qu'ils nous mesurent en décembre, ils recommençaient à s'allonger par les deux bouts.

« Triste mois que décembre! De l'aube au soir, un brouillard gris ferme les horizons. Les objets ne sont ni loin ni près, ils ne sont plus. On dirait que l'univers entier sombre dans l'abîme. Mais lorsque janvier met en pièces son linceul de brume, que les lambeaux s'en dispersent emportés par le vent, que le soleil perdu jaillit derrière les Alpes, c'est bataille gagnée.

« La terre reste nue, on n'attend rien d'elle; le ciel prend toute sa valeur. De l'orient à l'occident, la coupole garde son azur. Intense alors que le soleil n'a pas encore paru, le bleu s'éclaire au levant, et sur cette zone, d'abord jaune pâle, puis orangée, puis rouge comme le cuivre, les Alpes détachent leur profil. Pics, dents, gigantesques épaules, tout s'enlève d'un trait. C'est d'une puissance incomparable, c'est d'une ineffable sérénité. Tout à coup l'astre émerge; son bord passe lentement derrière un des grands monts; il monte, boulet pourpre, sans rayons. Regardez! en gerbes, en faisceaux, comme une nuée de flèches toutes flamboyantes, toutes vibrantes, il lance ses dards. La scène a changé ; les plaines et les lacs resplendissent. Nulle verdure aux forêts de chênes, nul velours sur les prés ne vient adoucir l'éclat de la lumière. C'est un règne absolu, la royauté du soleil... »

C'est viril et emporté ; c'est dur comme les objets ; il y a de l'eau-forte dans le procédé. Le paysagiste sent bien qu'il l'est, et il ne craint pas de se trahir et de s'accuser par des mots qui sont purement du métier : « Le ciel prend toute sa *valeur* ; » — sa *valeur* au sens pittoresque et technique. — Mlle de Guérin, tout au contraire, n'a que des tons doux, suaves encore jusque dans leur vivacité. Le langage, chez elle, est plus éteint, plus uni, plus poli, plus harmonieux; elle est là dans la tradition, comme pour tout le reste. Son style est le style reçu dans la bonne compagnie depuis Mme de La Fayette, avec de jolies nuances et des variantes de teintes et de pensées qui le relèvent sans jamais le dénaturer. Elle écrit comme on a écrit jusqu'à elle dans les bons livres ; elle y ajoute selon ce qu'elle sent, mais sans jamais détonner. On retrouve en elle la fille d'une race et d'une société plus antique, plus vieillie, plus usée : elle se sert d'une langue toute faite ; c'est une riche et fine étoffe un peu passée, qu'elle rajeunit avec grâce en la mettant, mais dont chaque pli ne crie pas sous ses doigts. En tout ce qu'elle dit et ce qu'elle pense, une muse intérieure lui donne le ton, le diapason, la mesure.

Mme de Gasparin est d'une langue plus rude et plus

forte, nullement soyeuse. « Chaque plante tient du sol, chaque fleur tient de son vase, chaque homme de son pays. » Qui le croirait? c'est Eugénie de Guérin qui a dit cela; et je l'applique à celle avec qui je la compare. Celle-ci, la fille de Genève, n'a rien hérité de Versailles, ni des élégances convenues, ni des élégances innées, ni de l'onction, de la dévotion à la française et selon le cœur de Marie; elle n'a jamais beaucoup lu, j'imagine, ni le *Petit Carême* de Massillon, ni Fénelon dans ses *Lettres spirituelles*, ni l'*Introduction à la vie dévote*; elle n'a pas fait de l'*Imitation* son livre de chevet. Son livre, à elle, c'est la Bible, David et les Psaumes, puis la nature, cet autre livre de Dieu. La fille de Calvin, même en s'enhardissant et en élargissant son cœur, est restée de sa race.

Dans le discours que Victor Hugo me fit l'honneur de m'adresser, quand il me reçut il y a vingt ans à l'Académie dont il était alors directeur, il eut à parler de Port-Royal, des personnages célèbres qui s'y rattachaient, des solitaires, et il les montra « cherchant « dans la création la glorification du Créateur, et l'œil « fixé uniquement sur Dieu, méditant les livres sacrés « et la nature éternelle, la Bible ouverte dans l'église « et le soleil épanoui dans les cieux. » C'était magnifique, mais à côté; la description ne se rapportait pas exactement même aux plus grands des Jansénistes, cœurs profonds, mais à l'œil étroit et qui n'osaient regarder en face la nature ni le soleil. Ce qu'ils n'ont pas fait, Mme de Gasparin l'ose, et la devise donnée par Victor Hugo est devenue la sienne : la Bible, rien que la Bible d'une part, et de l'autre Dieu dans le soleil, dans la nature et dans ses œuvres.

Mlle Eugénie de Guérin, cette fleur discrète de l'enclos du Cayla, a eu, je le sais, deux moments dans sa triste et longue jeunesse, le premier plus renfermé, plus doux, plus faible, plus enfant (si l'on put jamais lui appliquer un tel mot), avant d'avoir lu Lamennais, avant d'avoir lu Pascal, avant d'avoir souffert; puis le second moment où elle est tout à fait mûre, avertie, fortifiée, frappée et brisée; mais même dans ce second et plus ferme moment elle conserve quelque chose de parfaitement doux, de résigné et d'un peu effacé; elle se dérobe à dessein : elle vient la dernière dans la procession des vierges.

De tout temps, deux pensées dominantes la remplissent : Dieu et son frère. Par pressentiment d'abord, par fidélité ensuite et piété funèbre, elle pense à la mort toujours. Elle raconte à son amie Louise tous les glas de jeunes filles que sonne la cloche de la paroisse rurale; ses lettres, par moments, sont comme un nécrologe continu. Son idéal au fond, son rêve de bonheur, si elle était libre, si elle n'avait pas son père qu'elle ne peut quitter, ce serait la vie religieuse, celle du cloître; son vœu secret d'âme recluse lui échappe toutes les fois qu'elle a occasion d'assister à quelque cérémonie de couvent :

« Je n'aime rien tant que ces figures voilées, ces âmes toutes mystiques, toutes pétries de dévotion et d'amour de Dieu... Ces robes noires ont quelque chose d'aimanté qui vous attire. »

Les plaisirs célestes, les joies mystiques la ravissent quand elle peut en goûter sa part, surtout à Noël, « la plus douce fête de l'année. » Les idées de vocation reviennent la tenter toutes les fois qu'elle va à Albi, au couvent du Bon-Sauveur, ou qu'elle assiste aux offices dans cette belle cathédrale :

« Quel bonheur si cela devait durer toujours, si, une fois entrée dans une église, on pouvait n'en plus sortir! Volontiers je me rangerais dans une niche à côté de ces statues qui entourent le grand chœur. C'est bonheur vraiment que de prier dans ces grandes maisons de Dieu, où il semble que la dévotion s'agrandit. »

Elle a hérité je ne sais quoi du Moyen-Age et de ses saintes avec leur passion pour la prière, pour la bienheureuse solitude, pour la fuite du monde et la vie cachée. Un jour qu'elle a assisté à une profession de religieuse au Bon-Sauveur, elle raconte ainsi à sa chère Louise son impression enflammée et attendrie :

« Si Cholet ne m'avait pas dit que les charbonniers (*qui servent de messagers*) partent à onze heures, je vous parlerais au long de la cérémonie du Bon-Sauveur, cérémonie belle et touchante, qui fait admirer, qui fait pleurer. Pas moyen d'y tenir quand, après les vœux, la jeune professe s'allonge sous ce drap mortuaire aux chants des morts, des enterrements; mais comme la religion est aimable! tandis que tout le monde pleure, deux enfants couvrent de fleurs ce tombeau céleste, et, après un peu de temps, comme celui que nous passerons dans la tombe, le drap se replie peu à peu et laisse voir la radieuse sainte qui se lève au chant du *Te Deum* et, conduite par la mère supérieure, va donner un baiser à chacune des sœurs. Cela abat, puis électrise. Le monde, rien dans le monde ne vaut ce qui se passe sous ce drap des morts couvert de fleurs. On dit que tout ce que demande à Dieu la religieuse lui est accordé en ce moment. Une demanda de mourir ; elle mourut. Savez-vous ce que je demanderais ? Que vous fussiez une sainte. »

Elle choisit toujours de préférence pour confidente de ses chastes et ardents désirs cette Louise de Bayne qu'a aimée son frère, qui n'a plus seize ans, qui en a vingt déjà et plus, mais qui n'a pas changé et dont elle nous trace ce ravissant portrait en deux lignes : « C'est
« même air de jeunesse, même gaieté, même œil de
« feu. Quel regard ! je voudrais qu'il fût tombé sur
« Raphaël. » Louise eût été l'une des immortelles madones.

Mais pour être plus à l'aise dans notre comparaison avec la protestante zélée moins classique, moins pure de lignes, plus imprévue, plus saine aussi d'âme et de corps et plus vivace, nous avons à examiner avec quelque détail les récents écrits de Mme de Gasparin, et c'est ce que nous ferons.

Lundi 9 janvier

Mlle EUGÉNIE DE GUÉRIN

ET

MADAME DE GASPARIN

(SUITE ET FIN.)

On aime à paraître se contrarier, même lorsqu'au fond on est d'accord; cela fait aller la conversation et sortir toutes les idées. M. de Rémusat, en parlant de Mme de Gasparin (1), a été surtout frappé de voir combien ses ouvrages différaient de ses origines, et combien le talent de l'auteur ressemblait peu à ses opinions, à ses croyances premières, toutes calvinistes et genevoises. Pour moi, j'avouerai que c'est le contraire qui me frappe : il me semble, à tout moment, reconnaître en elle, en la lisant, une Genevoise émancipée, une calviniste qui se met en fête et en frais d'imagination, une

(1) Dans la *Revue des Deux Mondes* du 15 décembre 1864.

formaliste qui fait éclater son moule. Elle garde de l'âpreté jusque dans ses descriptions les plus heureuses ; ses couleurs, même les plus naturelles, sont heurtées, aiguës, le plus souvent déchirées et emportées au vif, comme les cimes qui environnent ce beau lac. La stricte religion dont elle est fille met son pli bien marqué jusque dans les magnificences de paysages qui se déroulent sous cette plume savamment agreste. C'est le protestantisme qui fait des siennes pour la première fois ; on le sent à la verdeur et à la crudité des touches. C'est du vin jeune dans des tonneaux neufs : le vin travaille, le fût craque. Le bouquet, la saveur sont rudes. A côté de parties bien venues et des mieux réussies, il s'en rencontre tout à coup d'insolites, de résistantes, de revêches. Le talent ose et s'aventure : la secte retient. Quelle est donc cette personne singulière? Le lecteur hésite plus d'une fois dans son impression, et reste étonné. Et puis, quand on a lu, qu'on a été saisi, choqué, attiré, secoué et repris de mainte manière et par bien des fibres, il vient un moment où la rébellion cesse, où l'on rend les armes et où, tout rempli des qualités évidentes d'un auteur honnête, hardi, piquant, pittoresque, cordial et généreux, on se plaît à ajouter ce trait qui vient le dernier et qui manquerait à tout éloge de femme, s'il ne le couronnait pas : « Elle doit être vraiment aimable ! »

Dans toutes ces scènes qu'elle a commencé à nous décrire, à partir des *Horizons prochains,* et où la nature occupe le premier plan, mais où les humains ne sont pas oubliés ; dans toutes les courses et promenades qu'elle fait par monts et par vaux, en rayonnant tout à l'entour; chez toutes ces bonnes gens qu'elle visite, vignerons, bûcherons, vachers, tuiliers et autres, tous les Jacques et les Jean-Pierre des environs, — et la mère Salomé la rebouteuse, — et Marguerite la désespérée, qui craint d'avoir commis le seul péché sans pardon, le péché contre le Saint-Esprit, — et une autre Marguerite, celle à Jean-Pierre, une Baucis sèche et fervente de quatre-vingt-sept ans, — dans toutes ces historiettes à conclusion édifiante, Mme de Gasparin a fait la Légende Dorée du protestantisme, légende très-modernisée, rehaussée et enluminée, à la mode du jour, de couleurs très-réelles, et présentée sous forme de mœurs populaires; mais le protestantisme y est, il y revient bon gré, mal gré, il ne souffre jamais qu'on le perde de vue, et l'on pourrait intituler cet ensemble de volumes déjà si variés : le protestantisme dans la nature et dans l'art au XIXe siècle.

Le protestantisme, au XIXe siècle, a eu comme le catholicisme son esprit nouveau qui a soufflé dessus et qui lui a rendu une nouvelle fraîcheur, au moins à la surface, et un peu aussi au fond. Il y a eu dans les deux communions des réveils, des coups de baguette impérieux et puissants, des coups de trompette, de grands talents, de belles âmes éloquentes, ardentes, qui ont essayé de fondre les divisions artificielles, de dégager le vrai courant, de reporter les esprits aux hauteurs et aux sources, de ne s'attacher qu'à ce qui est la vie; et je le dirai avec la conscience de ne faire injure à aucun, s'il y a eu d'un côté Lacordaire, ce regard flamboyant, cette parole de feu, on a eu de l'autre Adolphe Monod, cette âme d'orateur et d'athlète chrétien qui, à ceux qui l'ont vue de près dans son agonie suprême, a rappelé le martyre et l'héroïsme de Pascal.

Mme de Gasparin est un produit de ce protestantisme à la fois fidèle et nouveau. Pour prêcher l'Évangile éternel, elle emploie les procédés de son temps ; elle est de son époque. Ne nous étonnons pas de quelques disparates. Elle s'est développée comme je m'imagine qu'on se développera de plus en plus à l'avenir, par elle-même et sur place, sans se soucier beaucoup du *qu'en dira-t-on* ni de la tradition, sans demander la permission au voisin. Ainsi l'on fait en Angleterre, en Amérique ; tous ceux et toutes celles qui se sentent une idée et qui croient avoir quelque chose à dire le disent tout haut, résolûment, effrontément, et à leur manière : toutes les originalités sortent, et les singularités aussi. Sa position d'écrivain français, habitant et écrivant volontiers hors de France, a servi Mme de Gasparin plus qu'elle ne lui a nui. Vivant dans un pays de grande nature, elle a su regarder et elle a osé rendre : elle est paysagiste d'abord, et, selon moi, c'est ce qu'elle est le mieux. Dès le premier ouvrage, dans la série qui nous occupe, — *les Horizons prochains*, — elle a des Vues alpestres de toute franchise et de toute vérité. La première histoire s'appelle *le Songe de Lisette*. Ah ! nous y voilà bien avec ces sérieuses et ces vertueuses qui ne soupçonnent pas le ridicule ou qui le bravent, qui n'entendent rien aux malins sourires ! Que leur fait d'appeler, de baptiser du nom de *Lisette* une espèce de sainte, une bonne vieille qui, au coin d'un feu paisible, relit et rumine du matin au soir la Bible et qui, en fait de chansons, ne sait par cœur que les Psaumes de Marot? Il semble que l'écho de la *Lisette* de Béranger et de tant de refrains égrillards ne soit jamais arrivé jusqu'à ces parages : ils sont venus expirer, ces refrains de guinguette, à la région élevée des pins et à ces monts sourcilleux qui font barrière. Ce qui est certain, c'est que le chemin qui mène à la maison de la Lisette de Mme de Gasparin est une route des plus salubres, des plus pittoresques, et que cette verdure d'une matinée de mai y est décrite d'une exactitude et d'une vigueur incomparables :

« Chaque fleur, chaque ton et chaque nuance de fleur, nous dit le peintre véridique, a son règne dans la campagne, et ce règne est absolu... La teinte est presque toujours uniforme, splendide en son unité. A peine si le long des haies quelques violettes en mars, quelques fumeterres qui sentent le baume ; à peine si, près des ruisseaux, au pied des chênes quelques anémones d'un blanc rosé essayent de s'épanouir par touffes. L'œil amoureux de découvertes les déniche, mais elles ne changent rien à la couleur générale du vallon. C'est toujours un tapis éblouissant, d'une seule nuance, jusqu'à la fin de juin qu'il s'émaille de toutes les teintes, qu'il brille de tous les éclats, que chaque fleur s'ouvre, s'étale et parfume pour son compte.

« Il y a même, en mai, juste au moment où je marchais ainsi, une heure où le vert l'emporte sur les autres tons. C'est un vert rigoureux, cru, énergique, un vert sans moelleux, sans retours au rouge ou à l'orangé, sans reflets d'argent, sans délicatesse. C'est un vert qui a quelque chose de cassant et, je le dirais, presque de triste.

« Ce matin il était comme cela. L'herbe que mes pieds

foulaient avait cet éclat hardi. Les feuilles de la haie qui venaient à l'aventure, feuille d'églantier, feuille d'aubépine, feuille d'aune, feuille de saule, toutes étaient cirées, vernies, brillantes à faire fermer les yeux. Sur la montagne, la verdoyante ramée des hêtres triomphait si bien du feuillage noir des sapins, elle s'étendait si lustrée, si criante, elle montait si vaillamment jusqu'à la région des pâturages, et ceux-ci commençaient à verdoyer si ferme, qu'à part la coupole de neige qui couvrait le fin sommet, on ne voyait que ce vert terrible qui semblait refouler la pensée en soi-même. »

En allant chez la vieille, il y a un endroit plus élevé, un col à passer, et, si l'on s'y arrête pour jouir du spectacle, on voit en bas cette vallée se déroulant au plus loin dans sa moire verte et « d'un vert criard, » mais de l'autre côté, du côté du village, au-dessus et par delà, on voit la montagne et ses dernières pentes, mouchetées de sapins, semées de hêtres et offrant aussi des places plus riantes, car la saison y est retardée, et quand le vallon est en mai, on n'est là-haut qu'en avril :
« Les vergers croissaient parmi, et comme j'avais monté
« pour arriver au col, je retrouvais fleuris les arbres
« qui, dans le vallon, *avaient passé fleur.* »

Voilà des expressions charmantes et neuves, nées de l'observation même. Les peintures de Mme de Gasparin abondent en ces sortes d'expressions vierges (1) ; toutes

---

(1) L'expression *passer fleur* n'est pas, je dois le dire, de la façon de l'écrivain. « Dans tout le centre de la France, m'écrit-on, dans l'Ouest, dans le Poitou, il n'y a pas un jardinier qui s'exprime autrement. » Mais la nouveauté consiste à introduire de ces sortes d'expressions naturelles dans la langue écrite ou littéraire, et c'es ce dont je loue l'écrivain.

ne paraissent pas également heureuses. Elle en emprunte beaucoup au patois même du pays, patois naturel, agreste, légitime par son ancienneté, dont les fautes mêmes nous plaisent grâce à de certaines analogies qui ont conduit à les faire commettre. Ainsi l'on dit, trompé par la désinence si douce qui insinue aux ignorants le féminin, *les belles dimanches, le soir de la dimanche.* D'autres expressions du cru sont moins agréables; Mme de Gasparin, en général, les prodigue, et je crains même que parfois, excitée qu'elle est et dans son entrain d'émulation, elle ne les force un peu. Ainsi encore elle dira très-bien en parlant de la pesanteur de la chaleur et de la lourdeur accablante de midi : « Le silence du *gros du jour* en juin (1), » — « le *gros de l'été;* » mais, quand elle montre les travailleurs se reposant étendus à terre et les faucheurs couchés *de leur grand long*, je me demande s'il n'y a pas un peu abus. Quand elle parle d'un tapis de vert uniforme « où *s'emboit* la lumière, » des profondeurs d'un vert intense « où *s'emboit* le soleil, » c'est-à-dire où il est tout entier absorbé, sans laisser jour ni reflet à aucune des nuances du prisme, il y a certainement une intention : ne se marque-t-elle pas trop expressément? Le fait est qu'en lisant et en regardant cette suite de tableaux, il y a un peu de fatigue à la longue, et si chez Mlle Eugénie de Guérin on sent quelque monotonie et par suite un peu de langueur due à cette douce uniformité de ton, on éprouve avec Mme de Gasparin cette sorte de brisement

---

(1) Dans le Berry on dit non pas le *gros* du jour, mais le *haut* du jour; ce qui n'est pas moins expressif.

des-yeux et du cerveau qui naît du heurt fréquent des couleurs et du trop de cahotement.

A voir, cependant, chez elle l'emploi de ce patois si libre, si naïf, si coloré, je me suis rappelé une remarque du comte Jaubert, qui se trouve des mieux justifiées : « On peut soutenir sans paradoxe, dit-il dans la savante Introduction au *Glossaire du centre de la France,* que les patois déploient généralement un luxe de tropes à étonner Dumarsais lui-même, une originalité, une sorte de génie propre, capable non-seulement d'intéresser, mais même d'offrir certaines ressources au grand art d'écrire. » Il y faut seulement, pour ce dernier point, du choix et de la sobriété. Mme de Gasparin n'a pas cru devoir en mettre ; elle a puisé à pleines mains autour d'elle dans sa langue romande, dans cette riche flore rustique dont elle est éprise et où l'on dirait qu'elle se plonge à cœur-joie ; elle a moins songé à nous agréer qu'à se satisfaire. En ceci, elle a été *réaliste* hardiment.

Nous revenons à cette Lisette qui est le but de la promenade : ici la protestante se déclare et ne nous quitte plus. Ce n'est pas une femme qui est censée visiter Lisette, c'est un homme, c'est le pasteur, je suppose. Quoi qu'il en soit, il prêche et il la console. C'est de paroles douces plutôt que sévères que Lisette a besoin ; Lisette est *spiritualiste*. Ce mot, bien que juste à la réflexion, m'étonne appliqué à une Lisette. Nos souvenirs parisiens nous gênent malgré nous, et j'ai peine à me faire de la Lisette de Mme de Gasparin cette bonne et vénérable vieille « qui *s'est trop étudiée sur la*

Bible, » et qui n'en a pris que les terreurs sans assez s'attacher aux espérances. En faisant le portrait de sa vieille puritaine vaudoise, Mme de Gasparin ose (avec toutes sortes de précautions, il est vrai), rappeler la bouche et le sourire de la *Joconde.* Ici je m'insurge : c'est décidément une fausse note tirée de trop loin : car si l'on est de Paris pour se rappeler la *Joconde* du Louvre, on est aussi de Paris pour bien d'autres choses. Et puis l'ordre d'idées et de sentiments qu'éveille la *Joconde* n'a aucun rapport prochain ni lointain avec le puritanisme religieux. Ne commettons point de ces mélanges indigestes. J'ai bien envie de me récuser sur le reste de l'historiette ; je ne me sens pas bon juge ; je ne suis pas de ceux qui regrettent que la France ne se soit pas faite protestante à de certains jours : chaque nation a son tempérament à elle : j'aime mieux, je l'avoue, une France catholique ou philosophique. Mais il ne s'agit pas de moi, il s'agit de Lisette qui, pour s'être trop appesantie sur la partie hébraïque des Écritures, la plus longue en effet et celle par où l'on commence, est entrée en effroi et a conçu la crainte que le Seigneur ne puisse jamais lui pardonner. Qu'a-t-elle donc fait Lisette, et qu'est-ce que ce péché si grave qu'elle se reproche? Oh ! Messieurs les malins d'ici, ce n'est pas du tout ce que vous supposez :

« Le péché de Lisette, croyez-le bien, n'était pas un crime : c'était le péché de tout le monde, hélas ! le vôtre, le mien : pétulance, un sang chaud, quelque parole trop vive, beaucoup d'années sans trop penser à Dieu, un cœur malhabile à le saisir, facile à s'en distraire. »

Là-dessus une conversation s'engage : le pasteur (ou Mme de Gasparin déguisée en pasteur) s'applique à rassurer Lisette : elle ne croyait qu'en Jéhovah le Dieu terrible : il lui montre le Dieu d'Abraham, le Dieu du pardon, celui qui s'est immolé et qui a souffert. Dans ce dialogue Lisette parle très-bien en paysanne qu'elle est et dans sa gamme; elle raconte son rêve, sa vision, une vision toute mystique, à la Bunyan. Encore une fois nous sommes trop de Paris pour cette fin-là. L'auteur dit que la vision de Lisette racontée par elle était à faire trembler, à faire pleurer. Pour moi, je reste froid; je ne puis entrer dans cette émotion à la lecture : l'habitude n'y est pas. Il y a du passé, et probablement de l'enfance, dans ces sortes d'impressions.

On voit ce que Mme de Gasparin a voulu dans la plupart de ses petits tableaux et récits, elle a voulu nous donner des histoires protestantes et de sainteté. Le cadre m'y plaît plus que le sujet. Il y a même une sorte de contradiction quelquefois entre ce cadre si développé et les sujets qu'elle y rattache et qu'elle y enferme. La nature toute seule, en effet, n'est pas conseillère du christianisme : elle l'est tout au plus du déisme, d'un déisme élevé, vague, immense, en présence duquel l'homme s'incline et adore. Devant un lever du soleil, devant la majesté des hauts lieux, je comprends Jean-Jacques, je comprends David et le Psalmiste, mais j'ai peine de là à me rabattre à une discussion sur le péché de Marguerite, ce péché *irrémissible*, celui de la désespérance en Dieu, et tout ce qui s'ensuit. Aussi sent-on chez Mme de Gasparin qu'il y a plus d'un rappel systématique et que, pour revenir à son sujet voulu, après ses effusions de paysagiste enthousiaste et de promeneuse naturaliste, elle fait effort et elle fait *exprès*.

Dans ce fameux et trop célèbre roman des *Mystères de Paris*, quand Eugène Sue s'apercevait qu'il avait trop plongé son lecteur dans la boue et dans l'horrible, vite il ramenait sa grisette gentille et rieuse et faisait chanter les oiseaux de Rigolette. S'il est permis de comparer le saint au profane, je dirai que de même, quand Mme de Gasparin s'aperçoit qu'elle s'est trop plongée dans la nature, au sein du grand Pan, ou qu'elle s'est oubliée trop longtemps à écouter le merle et le rouge-gorge, vite elle met le signet de ce côté et elle donne un ton d'orgue biblique.

Ce parti pris, très-sincère, — un parti pris pourtant, — ce tour systématique est sensible en plus d'un endroit de ses courses et de ses excursions, soit seule, soit en joyeuse bande. Au fond Mme de Gasparin a beau faire, elle n'est pas contrite, elle n'est pas triste; elle est bonne et compatit aux tristesses; elle a l'âme noblement ambitieuse, altérée de vie, ayant soif de bonheur, jalouse de le conquérir pour le communiquer, pour le répandre autour d'elle; c'est une vaillante, une infatigable qui chante son *Excelsior* en montant toujours le plus haut qu'elle peut sur la montagne. Livrée à elle-même, elle est à l'allégresse; elle a besoin de s'avertir, de se donner de temps en temps un coup de coude, pour se reprendre aux douleurs communes et aux angoisses. Quelle différence de cette châtelaine de Valleyres riche, heureuse, glorieuse épouse, avec l'autre châtelaine du Cayla, noble, fière, pauvre, qui fait ses bas, qui vaque aux plus humbles soins du ménage, et qui est si imposante et si aisée dans sa modeste dignité! Différence de race, différence de société et de fonds de civilisation, différence de communion aussi. Notez que le chrétien selon saint Paul et selon Calvin a bien ses terreurs, mais aussi, une fois entré pleinement dans l'idée de la *gratuité* de la Grâce, il n'a point les scrupules perpétuels du chrétien catholique; il marche avec candeur et sécurité dans la joie des enfants de Dieu. Ainsi fait Mme de Gasparin. Elle a ses craintes, ses moments d'alarme, c'est possible; mais aussi elle a des joies plus nettes, plus tranchées; la gratuité du Sauveur la rassure. Elle prend plus à cœur les beautés de l'exil; dans cette grande et libre nature qui l'environne, elle se sent à tout moment en plein Éden, elle s'y livre en toute jouissance à des ébats turbulents, innocents; et quand l'idée du pèlerinage lui revient — un peu tard, — si elle est franche, elle conviendra qu'elle l'avait oublié. Le bûcheron qui frappe et abat l'un des pins de la forêt le lui rappelle. Elle a des enivrements de nature; puis des sursauts. L'autre chrétienne et pure catholique, l'humble fille du Cayla, avertie par tant de souffrances positives, se sent plus réellement en exil ici-bas, elle ne l'oublie jamais : elle est touchée de la nature, jamais entêtée ni enivrée. Au fond, pourquoi ne pas le dire? il y a de la santé dans tout cela : l'une saine, drue et vivace, l'autre d'une famille qui s'éteint et qui a en soi ses germes mortels.

Aussi, Eugénie de Guérin et elle, quand elles sont

tristes, elles n'ont pas la tristesse elle-même semblable : l'une, tout heureuse qu'elle est, a la tristesse plus rude, poignante, froissante, violente, qui se proclame sur les toits, — qui crie « comme une aigle, » — une tristesse ardente, de cœur et d'âme, je le veux, mais aussi de tête, tout d'un coup relevée de joies puissantes et vigoureuses : l'autre, plus atteinte au cœur, a la tristesse plus vraie, plus douce et résignée, continue, non intermittente, calme, profonde et intérieure ; elle est plus une colombe blessée. L'une, je l'ai dit, procède plus de la Bible et des Psaumes ; l'autre, de l'*Imitation* de Jésus-Christ, des saintes mystiques, de sainte Thérèse, et même du *Nouveau Mois de Marie* de l'abbé Le Guillou. L'une est une classique en dévotion, ou si elle s'écarte et fléchit un peu, c'est dans les sentiers familiers et d'après la tradition fleurie, tandis que l'autre, en dehors de la Bible et du livre unique, est souvent une échappée à travers champs, une *petite brutale*, comme le disait Bussy à Mme de Sévigné.

Entre les modernes, l'une a lu et préfère à tout Lamartine et, comme la vigne de l'Évangile « entourée de haies, » à laquelle elle se compare, elle s'est gardée de la contagion des romans *ravageurs* et troublants. Elle craignait même de lire en sa nouveauté *Notre-Dame de Paris*. L'autre ne répugne à rien de ce qui prend et de ce qui mord, elle y va tout droit en curieuse et en aguerrie ; et « comme elle a toujours, dit-elle, envie de sauter où le troupeau ne saute pas, » elle s'est amusée un jour à donner son avis motivé, et non pas du tout défavorable, sur *Salammbô*.

Ces deux femmes, si elles s'étaient rencontrées, se seraient-elles comprises, se seraient-elles aimées? Eugénie, avec ses scrupules, n'aurait-elle pas eu de certaines craintes pour le salut de la protestante inconvertible et convertisseuse, une recruteuse d'âmes? Celle-ci n'aurait-elle pas eu des pitiés par trop dédaigneuses pour les délicatesses excessives et les faiblesses superstitieuses d'Eugénie recourant à tous les saints du Paradis pour la guérison de son frère, même aux reliques de sainte Philomène, même aux médailles, même aux prières ici-bas du prince de Hohenlohe ? Une fois, dans ses courses du Jura et autour de son lac de Neufchâtel, Mme de Gasparin avec sa bande a l'occasion de visiter un couvent, celui des dominicaines d'Estavayer ; il est curieux pour nous de voir comme elle parle de ce qui fait l'idéal du bonheur selon Eugénie : ce lui est à elle et aux siens un épouvantail et un monstre. Les dames de la bande, des protestantes bien entendu, se sont hasardées après quelque hésitation à sonner à la porte du couvent ; elles se présentent comme pour faire des emplettes (on sait que les religieuses occupent leurs loisirs à mille petits travaux et à des objets de dévotion qui se vendent au profit de la communauté ou au profit des pauvres) : on fait monter les dames au premier étage. Elles sont au parloir ; la description selon Mme de Gasparin commence :

« Un banc à droite, un banc à gauche; au fond la grille pose sur un mur d'appui; à peine si les doigts passeraient entre les barreaux. Derrière la grille, on soupçonne une salle immense et noire...

« Après un moment d'attente, on entend crier les verrous ; une porte doit s'ouvrir à l'extrémité de la salle, on ne la voit pas, tout est plein de ténèbres ; seulement un souffle glacé frappe nos visages et deux formes blanches s'approchent à pas lents. Ce sont des religieuses. Elles portent un voile à plis flottants qui descend le long des tempes et vient encadrer le visage ; la guimpe emprisonne les épaules et le cou ; la robe tombe droite jusqu'aux sandales. Cela est sobre, cela est d'une sévère beauté. Les pâles figures passent et repassent derrière les barreaux. L'une, la plus jeune, semble se dérober à l'arrière-plan ; elle a le geste furtif, la démarche hésitante ; elle glisse et se perd à chaque instant dans les ombres froides qui emplissent le fond. L'autre s'avoisine tout à fait ; elle est simple et grave ; il ne reste pas, on le dirait, une parcelle de sang dans les fibres de sa peau mate ; ses grands yeux s'arrêtent sur nous, amortis par le verre de ses lunettes ; ses manches, larges et pendantes, couvrent presque entièrement la main ; elle parle d'une voix égale, et nous montre, l'un après l'autre, par les trous de la grille, les souris en pelote, les porte-montre brodés de perles, les coques d'œufs remplies de fleurs microscopiques, les coquilles d'escargots avec des saintes dedans, ces mille prodiges d'adresse et de laideur par quoi de pauvres recluses trompent leur ennui. Lorsque les lèvres de la religieuse s'entr'ouvrent, elles laissent passer un mot court, une sorte de note monotone, comme le bruit d'une goutte d'eau qui tomberait à intervalles réguliers des parois de quelque grotte humide dans cette flaque qui n'a jamais réfléchi la lumière. »

Je ne sais si l'habitude que nous autres catholiques avons des couvents m'abuse, mais il me semble qu'il y a dans cette peinture minutieuse, étonnée et un peu effrayée, de l'émerveillement naïf et un peu d'exagération. Comme on voit bien qu'elle n'a pas lu *Vert-Vert*, pas plus qu'elle n'a lu Béranger ! Un colloque insignifiant s'engage à l'occasion des petits objets à acheter ; laissons Mme de Gasparin continuer son récit, où la protestante tient absolument à planter son drapeau devant le camp catholique :

« Que faire, se disent les visiteuses, d'escargots et de saintes ? Prenons les souris. » — L'une glisse et fuit sous la main.

— « Oh! dit la religieuse avec un faible sourire, celle-ci veut s'échapper. »

Nous en irons-nous comme cela sans un mot du cœur?
— « Mesdames, nous prions Dieu de vous bénir! »
Et comme la religieuse nous regarde, un peu surprise :
— « Nous croyons *en Christ* le Sauveur; nous espérons en lui de toutes nos forces. »

La religieuse fait un signe de croix. — « Ah bien ! » dit-elle gravement. Puis, d'un ton plus doux : « Abandonnez-vous à Dieu. Les volontés de Dieu ne sont pas les nôtres. Souvent Dieu nous contrarie! » La religieuse secoue la tête : « Abandonnez-vous à Dieu. »

Cette fois nos mains passent comme elles peuvent au travers des barreaux ; elles vont chercher, elles vont presser les mains des dominicaines. Gloire à toi, Seigneur! tu as des âmes d'élite derrière ces murs ; tu fais rayonner ton amour, tu fais resplendir ton salut en dépit des tromperies de l'erreur. »

Enfin, elles se sont mutuellement recommandées à Dieu: elles ne se sont pas maudites. C'est bien.

En tout, il y a dans cette suite de petits volumes de Mme de Gasparin, particulièrement dans les deux derniers, *Prouesses* et *Voyages,* de l'éclat, du mouvement et même un peu trop, du bruit; il y a du saccadé, du rocailleux, du naturel et de l'imité, du Töpffer, du

George Sand, du Michelet, que sais-je? mais encore une fois, bien de la séve et de la vitalité, et, en même temps que le talent supérieur du paysage, un beau et large jet de sentiment moral épanoui.

J'ai pourtant besoin, en finissant, de revenir à Eugénie de Guérin pour nous reposer sur des tons plus doux et rentrer dans l'harmonie qui nous est plus familière. Sa distinction native, on l'a vu, l'avait faite une personne d'urbanité, naturellement élégante, et dans ce manoir champêtre, d'où elle sortit à peine, la sauvait de tout provincialisme, de toute recherche comme de toute vulgarité. C'est pour la langue comme une fille de Racine et du premier Lamartine. Écoutez plutôt! Elle aussi, elle a visité les montagnes : dans les dernières années de sa vie, malade, on l'envoya prendre les eaux à Cauterets; elle dut quitter sa chambre du Cayla, cette chambrette bien aimée devenue *caveau* par tout ce qu'elle contenait de chères reliques, un vrai « cloître de souvenirs. » Elle ne se plut que médiocrement dans les Pyrénées, « la plus magnifique Bastille où l'on puisse être renfermé, » disait-elle, et, sa saison faite, elle fut heureuse d'en sortir. Elle décrit agréablement, d'ailleurs, ce qu'elle a vu du paysage, des fêtes, des coutumes locales; elle a là-dessus des pages accomplies :

« Dimanche, dit-elle dans une lettre à son père (2 août 1846), nous avions un temps admirable. Un beau soleil vint embellir la plus jolie fête populaire que j'aie vue. C'est d'usage que tous les ans, à pareil jour, les jeunes baigneurs donnent un bal et fassent les frais d'une fête champêtre. Ce sont des courses à la montagne, des courses aux cruches, des courses à l'âne, des courses en sac et des danses locales; le tout est joli, amusant et se passe avec un ordre parfait. Les danses se font entre jeunes gens. Monseigneur de Paris (M. Affre) les a regardées comme nous. Nous étions parfaitement placés pour le spectacle... Figurez-vous un torrent large et bruyant, puis une petite prairie, puis une montagne, et dans ce cadre un rassemblement de plusieurs milliers de personnes rangées en cercle autour d'une corde qui fait barrière. Au centre sont les acteurs. Ce sont des femmes d'abord qui cheminent avec leur cruche sur la tête vers un but où elles doivent arriver sans les casser. Fort peu remportent le prix. A chaque chute de cruche, vous pouvez penser les rires de la foule. Après cela partent des coureurs pour emporter des drapeaux sur la montagne; je vous promets que l'assaut est rude. Des fanfares accueillent le vainqueur. La course aux ânes suit la course aux drapeaux. Dans ce pays les ânes suivent les conquérants, mais ils renversent beaucoup de combattants. Ils m'ont paru peu envieux de gloire, et pour le moins aussi têtus que Bécarre qui, du reste, aurait triomphé par sa beauté; j'en ai vu peu d'une aussi belle figure. Les culbutes faites et les vainqueurs *asiniers* couronnés, on se met à casser des bouteilles suspendues. Ce ne paraît pas difficile, mais on tape les yeux bandés et souvent on frappe en l'air. »

Remarquez-vous comme le trait est court, léger, la plaisanterie discrète, et quelle manière différente de celle qu'affecte l'intrépide Vaudoise et qui nous aurait frappés bien plus encore si nous l'avions suivie plus loin dans ses courses de touriste, par delà le Saint-Gothard, à travers le Tessin et jusqu'aux lacs d'Italie? Eugénie qui voit juste, qui voit bien, mais qui n'a pas, comme on dit, le diable au corps, continue en ces termes sa description souriante et sobre, que nous donnerons jusqu'à la fin comme un exemple parfait en son genre :

« Le verre cassé, on s'est mis en danse. Ceci est le plus joli de la fête. De beaux jeunes gens (ce sont les baigneurs) en pantalon blanc, veste blanche et écharpe rouge flottante se mettent en rang le long du cercle. Tout à coup les voilà qui se tournent l'un vers l'autre et font deux à deux une danse à caractère qu'ils accompagnent d'un jeu de bâtons blancs dont le bruit se mêle sans se confondre au son des instruments qui accompagnent la danse. Elle dure quelque temps dans la prairie et se continue dans les rues de la ville à peu près jusqu'à la nuit. Le soir un magnifique bal a réuni quatre-vingts femmes desquelles vous devinez qui n'était pas. On s'amuse tant qu'on peut, et l'on s'ennuie ensuite.

« La course au lac, il faut bien en parler, mais cela ne se dit pas, il faut le voir ; il faut passer par ces chemins en l'air pour en avoir l'idée. Figurez-vous des cordes pendues aux montagnes, ils vous font d'en bas cet effet. Encore les a-t-on arrangés pour le passage de la duchesse de Nemours. Je suis étonnée d'avoir mon cou, et cependant tout le monde le rapporte. C'est qu'on est monté sur des biches. Ces chevaux sont étonnants ; ils vous enfilent ces sentiers, montent et descendent des escaliers à pic sans broncher. Enfin j'ai vu de belles beautés, entre autres une cascade avec trois arcs-en-ciel. C'est inexprimable pour l'effet et l'étrange beauté du site. Puis le pont d'Espagne, immense cataracte. Là se trouvaient une quinzaine de cavaliers et amazones. Nous avons fait route ensemble jusqu'au lac. Désert profond, immense nappe d'eau entre des monts immenses, mais nus, abrupts, tristes comme la mort. Pour achever ce tableau, on voit au bord du lac un monument funéraire en mémoire d'une Anglaise et de son mari qui se noyèrent il y a dix ans en se promenant sur le lac. Les eaux sont glacées, de sorte que ce qui y tombe y meurt presque aussitôt. Ce réservoir a sa source au Vignemale dont on aperçoit les glaciers. C'est un des points les plus élevés des Pyrénées. Par delà est l'Espagne.

« Nous avons vu une chasse. J'ai touché un isard ou une biche. Ensuite, au bord du lac, s'est élevé un petit oiseau qui volait devant nous comme pour se faire admirer. C'était vraiment le bijou du désert, une fleur volante, s'offrant à tous les regards comme pour les consoler de tant de tristesses... Nous portions notre goûter; il s'est fait pendant un orage. Nous avons eu pluie, grêle et tonnerre, le tout grandiose. Ce temps nous a fait quelque peu les honneurs de la route pour le retour, mais les sapins nous ont abrités. J'en ai remarqué un avec ces mots : *Crains Dieu!* Ces mots sont bien placés dans ces grandes œuvres divines, sur ces puissants arbres qui vous disent de craindre la main qui les a plantés. »

Tout cela est pur, net, distinct, bien vu, bien dit, rapidement conté; c'est classique, c'est attique et irréprochable. Ce pourrait être d'une plume polie du XVIIe ou du XVIIIe siècle, d'une Mme d'Aulnoy ou mieux encore d'une Caylus parlant naturellement en prose la langue d'*Esther*. Pour être sincère, j'ajouterai qu'on voudrait aujourd'hui à la description un peu plus de nouveauté de tons et plus de relief. Mais Eugénie de Guérin craignait l'excès; elle n'appuie pas, elle ne *tâche* pas : elle avait du goût (1).

(1) Un parallèle est toujours délicat, entre deux auteurs, entre deux femmes. Je ne me flatte pas d'avoir tenu la balance parfaitement égale dans la comparaison que j'ai essayé d'établir; mais si je n'ai pas été tout à fait aussi juste que je l'aurais voulu, je ferai réparation en donnant ici la lettre à la fois gracieuse et véridique que m'a écrite à cette occasion la personne distinguée, ainsi prise à

partie par moi sans plus de façon et mise en antagonisme avec
Eugénie de Guérin :

« Monsieur,

« Je reçois *le Constitutionnel,* et je viens vous remercier d'un
cœur sincère.

« Permettez-moi de vous dire, avant tout, combien j'aime votre
Eugénie de Guérin! Vous avez dessiné ce beau profil d'une main
délicate... Le Journal de Mlle de Guérin m'a profondément intéressée.
J'ai senti pour elle de l'admiration ; elle m'a fait du bien. Et si son
frère (dans les pages magnifiques du *Centaure*) porte mieux au front
le sceau du génie, la flamme, combien Eugénie lui est supérieure
par la vraie grandeur : l'oubli de soi, constant, sans recherche, le
don du cœur à un autre cœur!

« Et maintenant il faut bien vous dire ce que je pense de la
Mme de Gasparin du *Constitutionnel.*

« Ses livres, laissons-les de côté, voulez-vous? Merci encore de
les juger avec beaucoup d'indulgence... — Croyez-le bien, je sens la
valeur d'une expression sympathique, lorsqu'elle sort d'une plume
telle que la vôtre; croyez-le bien encore, l'attention sérieuse que
vous accordez à ces petits volumes est un encouragement comme il
est un privilége.

« Mais !... ce *mais*-là va vous faire sourire, mais que je suis peu
cette personne vaillante, joyeuse à outrance, armée en guerre, cette
forte femme bâtie en vigueur que vous croyez ! — Et vraiment, le
pensez-vous? n'avez-vous pas cédé, sans le vouloir tout à fait, au
plaisir d'opposer la protestante un peu verte, un peu roide, bien
portante d'une bonne grosse santé morale, à la catholique pleine de
grâce et de nonchaloir, touchante par sa timidité, discrète, effarou-
chée, souffreteuse peut-être, mais humble et toute pénétrée de
charme?

« Ah! ne croyez pas que je regrette un seul des rayons de sa
douce auréole! Oh! non! mais permettez-moi (je m'y entends, vous
le savez) de faire un peu craquer et sauter le moule du type dans
lequel vous m'avez enfermée. Hélas! je sais ce que c'est que de
pleurer, que de marcher dans la tristesse! l'abattement fait trop
souvent courber ce front que je porte si haut! Je connais les défail-
lances, je connais les défiances de soi et les langueurs mortelles. Si
mon âme aspire au soleil, mon pauvre individu se traîne dans

l'ombre. — Sans les bontés de Dieu, j'aurais perdu courage; à vrai dire, je ne l'aurais jamais eu.

« Voulez-vous me permettre de vous dire encore que je ne me sens, dans mes petits livres, ni parti pris d'avance, ni désir *prêcheur?* — Je chante dans mon arbre comme l'alouette chante en plein air. Elle monte d'un élan, et moi, selon que va mon cœur, selon que va ma prière, j'adore aussi dans mon langage; voilà tout. — Il ne fut jamais bestiole plus pauvre, il n'y eut jamais esprit moins calculateur; je vais le long de mon sentier, je cueille ce qui se présente, je me sens un grand amour pour tout ce qui est beau.

« Telle est mon histoire, en deux mots. — Mais il m'en faudrait cent pour vous dire à quel point, vous sachant un peu prévenu, et le comprenant mieux que personne (vous pouvez m'en croire), je suis touché de votre bonté pour moi, et reconnaissante de la place que vous m'avez donnée à côté d'une femme que je respecte et pour laquelle j'éprouve un vif attrait. — Soyez-en bien persuadé, monsieur, et veuillez recevoir, etc.

« Ctesse DE GASPARIN.

« Le Rivage, près Genève, ce 14 janvier 1865. »

Lundi 16 janvier 1865.

ENTRETIENS SUR L'HISTOIRE

— ANTIQUITÉ ET MOYEN AGE —

PAR M. J. ZELLER (1).

Voué par goût et par prédilection à l'histoire avant même de se lier par la profession, M. Zeller est aujourd'hui un de nos maîtres les plus consciencieux, les plus sensés, les plus instruits. Français, mais d'origine allemande, élevé à Paris dans nos colléges et s'étant allé fortifier au delà du Rhin, il a de bonne heure uni les deux esprits, celui de la recherche approfondie et de la science, celui de l'exposition nette, claire et précise. On serait embarrassé de le rapporter à l'une des écoles qui ont régné depuis quarante ans, et de le ranger sous l'un des drapeaux, même les plus modernes; il n'imite pas, il ne porte la livrée de personne; il

(1) 2 volumes in-18. Le premier avait paru ; le second devait paraître très-prochainement. — Didier, quai des Augustins, 35.

profite du bon librement, partout où il le trouve. Ce qu'il est, il l'est devenu tout seul. Professeur pendant quatre années à Strasbourg, puis quatre autres années à Aix, du temps de Prevost-Paradol et de Weiss, il a, dans cette vie laborieuse de province, amassé des provisions de savoir qu'il accroît journellement et qu'il distribue désormais avec bon sens, gravité, justesse, avec un talent très-remarquable d'ordonnance et de composition, aux fortes générations d'élèves qu'il est chargé d'enseigner, les élèves de l'École normale et ceux de l'École polytechnique. Mais, il y a un peu plus d'une année, d'autres élèves, et d'une tout autre origine, lui sont venus et ont réclamé le docte office de sa parole. Une princesse qui aime l'histoire, comme il sied à qui appartient de si près à la race historique la plus glorieuse, a désiré avoir chez elle un cours instructif, agréable, sérieux et familier, auquel une dizaine d'auditeurs seraient admis, et M. Zeller, avec son bon et droit esprit, a résolu le problème assez délicat d'être court, substantiel toutefois et complet, de ne se perdre ni dans le détail ni non plus dans les généralités, de resserrer les faits, d'en composer un tissu intéressant, et de choisir chaque fois un ordre d'événements et d'actions personnifié dans une ou deux principales figures, un ensemble qui eût un sens et qui fût un tableau. C'est ce cours oral, nullement écrit d'abord, improvisé et très-médité, qu'il a rédigé depuis et qu'il offre aujourd'hui au public, en le plaçant sous les auspices de Celle à qui il a dû de l'entreprendre. Cette année même, le cours se continue et

16.

portera sur les temps modernes à dater du xv⁰ siècle : celui de l'hiver dernier embrassait toute l'Antiquité et la barbarie jusqu'à la reconstitution de la société et au Moyen-Age inclusivement. M. Zeller, en l'intitulant *Entretiens*, a été plus modeste qu'exact, car il n'y a pas eu d'entretiens à proprement parler : chaque leçon était un seul discours du professeur, et les deux volumes ne sont autre chose qu'un recueil de ces discours au nombre de vingt sur l'histoire ancienne et celle du Moyen-Age.

On craint toujours, par un titre présomptueux, de rappeler Bossuet pour ce célèbre *Discours sur l'Histoire universelle,* et l'on a raison si l'on songe à la grandeur du talent déployé et à l'élévation du monument. Que l'on me permette cependant de ne pas fuir l'illustre souvenir et de l'aborder même de front, résolûment : sans prétendre établir aucun rapprochement en effet, il y a lieu de se rendre compte de la différence des temps, de celle des points de vue, et d'apprécier de nouveau et en tout respect, mais aussi en pleine connaissance de cause, la plus mémorable des œuvres qu'a laissées Bossuet après ses Oraisons funèbres. M. Zeller n'a rien à craindre : la vérité, la justesse, le bon esprit et le bon langage tiennent toujours leur place, et le génie qui les domine, qui les surpasse, qui les menace par moments, ne saurait les écraser.

Ce fameux Discours de Bossuet, qui fut composé (du moins la première partie) pour l'éducation du Dauphin, mais qui ne fut publié qu'en 1681, après le mariage du prince, s'adressait, dans la pensée du grand évêque, bien plus à la postérité qu'à son indolent et inattentif élève. On peut dire que Bossuet médita de tout temps cet ouvrage, pour lequel il amassait bien des réflexions et des pensées dès les années de son séjour à Metz, lorsqu'il avait sous les yeux le spectacle des Juifs nombreux en ce pays, et qu'il conférait avec les plus savants de leurs rabbins. Le titre complet de l'ouvrage, et qui en exprime l'idée, est celui-ci : *Discours sur l'Histoire universelle à Monseigneur le Dauphin, pour expliquer la suite de la Religion et les changements des Empires. Première partie depuis le Commencement du Monde jusqu'à l'Empire de Charlemagne.* Cette première partie seule a paru ; et elle-même se compose de trois parties inégales et fort différentes, qu'il importe de bien distinguer pour avoir l'intelligence du monument inachevé et plus grand encore par le dessein que par l'art.

Au début, après quelques réflexions générales sur l'utilité de l'histoire, sur ce « qu'il est honteux non-seulement à un prince, mais à tout honnête homme, d'ignorer le genre humain » et les changements mémorables du monde dans le passé, Bossuet établit qu'indépendamment des histoires particulières, celle des Hébreux, la Grecque et la Romaine, l'histoire de France, il n'y a rien de plus nécessaire, pour ne pas confondre ces histoires et en bien saisir les rapports, que de se représenter distinctement, mais *en raccourci,* toute la suite des siècles. Cette *suite* va devenir l'idée essentielle de Bossuet : suite, ordre, dessein, unité providentielle, le contraire du hasard, c'est son point de vue constant, régulier, comme inévitable, et en quelque sorte la loi impérieuse de son esprit. Il compare d'abord l'utilité de cette histoire universelle à celle d'une carte générale, d'une mappemonde. « J'embrasserai comme dans un tableau raccourci l'image entière du peuple romain, » disait Florus au début de son Abrégé de l'histoire romaine. Bossuet, lui, embrasse dans son cadre tout l'univers ancien, connu de son temps, et selon la science de son époque. Son sujet, dans sa simplicité même, est double : il s'agit de présenter et de fixer dans la mémoire deux suites, celle de la *Religion* et celle des *Empires* :

« Et comme la Religion et le Gouvernement politique sont les deux points sur lesquels roulent les choses humaines, voir ce qui regarde ces choses renfermé dans un abrégé et en découvrir par ce moyen tout l'ordre et toute la suite, c'est comprendre dans sa pensée tout ce qu'il y a de grand parmi les hommes et tenir, pour ainsi dire, le fil de toutes les affaires de l'univers. »

Jamais prétention plus haute ne fut plus magnifiquement et plus simplement exprimée : c'est celle, ni plus ni moins, d'un vicaire de Dieu dans l'histoire. Comme on est homme pourtant, on a besoin de moyens artificiels et de méthode. Pour aider la mémoire dans un résumé universel, il faut avoir des temps marqués, des époques ou moments d'arrêt, des stations élevées qui servent de point de repère. Ces époques, telles que la critique incomplète d'alors les admettait ou les suggérait, seront pour l'histoire ancienne au nombre de douze : Adam, Noé, Abraham, Moïse, la prise de

Troie, Salomon, Romulus, Cyrus, Scipion, Jésus-Christ, Constantin et Charlemagne. Bossuet a exécuté ce premier plan : il s'est arrêté à l'avénement de Charlemagne qu'il considère comme le terme de l'ancien Empire romain et l'établissement d'un nouvel Empire. Dans la première partie de son livre, Bossuet s'est proposé de parcourir les diverses époques indiquées, et d'offrir la série des faits, leur assemblage dans chaque époque, leur synchronisme. La seconde partie du livre est entièrement consacrée à reprendre et à interpréter les faits « qui nous font entendre la durée perpétuelle de la Religion ; » la suite du peuple de Dieu, avec l'accomplissement des prophéties démontré : c'est le gros du livre, une interprétation purement religieuse de l'histoire. La troisième partie enfin, qui revient sur la plupart des grands faits humains, sera principalement politique. Cette division annoncée, l'auteur entame incontinent sa première partie, la série et le déroulement des faits à dater de la Création.

De cette partie-là, si j'avais à parler de mon propre chef et à dire ce qu'il m'en semble, je serais un peu embarrassé, je l'avoue. On n'y a que la succession des temps et la concordance des faits, rien de plus. L'auteur s'est attaché à faire des principaux faits de l'histoire ancienne, fortement et nûment rapprochés, une contexture si étroite qu'il n'y a place dans l'intervalle pour aucune réflexion, et si unie qu'il ne se permet d'y broder aucun ornement, aucune fleur. Si cette première partie était tout l'ouvrage, il y aurait certes un regret à exprimer pour une sévérité si grande et si rigoureusement observée. C'est aride, sec, austère et nu, en admettant que ce soit exact; il ne peut y avoir que ce dernier mérite. Ce n'est, je le répète, qu'une concaténation et une juxtaposition de faits. Quelques petits mots de discussion technique ont été ajoutés dans les éditions postérieures à la première. Mais rien de brillant; pas une réflexion, ou à peine; jamais un trait qui orne. Bossuet les dédaigne et ne s'y amuse pas; il attend les deux autres parties pour y mettre ses pensées tout entières. On essayerait vainement de détacher quelques passages, et c'est peut-être un éloge. On y distingue un bel endroit sur les subtilités de cette Grèce curieuse, et sur cette autre philosophie toute pratique, mâle et frugale, des Romains, et qui les rendit maîtres du monde. Il y a, par-ci par-là, des négligences ou des rudesses de narration (au moins dans l'édition première). L'auteur semble éviter les développements qui s'offrent d'eux-mêmes et qui le tentent; il est maigre sur Cicéron; sur César, il est la sécheresse même, pas un portrait. Les lettrés qui se rappellent ce que dit Florus sur César, vainqueur à Munda, ou Velléius sur Cicéron, sont frappés de la différence. C'est que le but aussi est différent. Tous ces grands noms, en effet, tous ces grands événements du monde romain, du monde oriental ancien, à cette époque de crise, tout cela n'est pour Bossuet qu'une préparation, une belle et sévère avenue d'un aspect auguste, qui aboutit à la naissance de Jésus-Christ. On sait cette énumération grandiose des victoires et conquêtes d'Auguste, qui se termine par ces simples mots :

« ... Les Indes recherchent son alliance ; ses armes se font sentir aux Rhètes ou Grisons... ; la Pannonie le reconnaît ; la Germanie le redoute, et le Weser reçoit ses lois : victorieux par mer et par terre, il ferme le temple de Janus : tout l'univers vit en paix sous sa puissance, et Jésus-Christ vient au monde. »

Ici Bossuet arrive à sa région propre : on dirait qu'il va prendre l'essor, ou du moins l'aile s'entr'ouvre et se fait sentir ; mais il se réserve ; il attendra, pour se déployer, la seconde partie.

Malgré tout et dussé-je trahir mon côté profane, mon côté faible, il m'est impossible, à parler franc, d'admirer autant qu'on le fait cette sécheresse extrême de la première partie du *Discours sur l'Histoire universelle ;* elle serait un vrai défaut, si cette première partie était capitale et le fonds même du Discours. Mais ce n'en est que l'exorde ou la narration ; ce n'est que le piédestal du monument ou le soubassement, pour ainsi dire. C'est la seconde partie qui est la principale et qui fait le corps de l'ouvrage ; c'est celle-là seule qui, avec la troisième, offre de véritables et grandes beautés.

Que si l'on prenait, en effet, le genre de littérature auquel se rapporte cette première partie en la détachant et en l'isolant, en ne la considérant qu'à titre d'abrégé chronologique ou de résumé et en la comparant à quelques-uns des ouvrages qu'on range communément sous ce titre, on la trouverait inférieure à quelques égards. Un écrivain qui n'est pas un maître, mais qui est au moins un connaisseur en matière d'abrégé chronologique, le président Hénault, a écrit un mémoire où il passe en revue les principaux auteurs qui y ont excellé. Il commence par y définir ingénieusement « ce genre d'écrire, où l'espace, dit-il, est si court, où la moindre négligence est un crime, où rien d'essentiel ne doit échapper, où ce qui n'est pas nécessaire est un vice, et où il faut encore essayer de plaire au milieu de la sévérité du laconisme et des entraves de la précision. » Il veut que l'abréviateur ne soit pas dispensé de recourir aux originaux, aux titres, aux chartes, pas plus que l'historien; qu'il soit un *garant* sérieux. Il énumère et apprécie successivement Justin, Florus, Eutrope, Sulpice Sévère, Aurélius Victor; mais il s'arrête surtout sur Velléius Paterculus qui est son auteur favori. Pour moi, si j'avais eu à donner un avis en telle matière, j'aurais peut-être incliné pour Florus, Florus écrivain élégant et ingénieux, dont l'ouvrage est moins une narration d'histoire qu'un morceau oratoire et un panégyrique du peuple romain, mais qui y porte de la nouveauté, une vue déjà moderne et un commencement de philosophie de l'histoire. Montesquieu, on le sait, faisait grand cas de Florus pour l'avoir beaucoup rencontré au sujet des Romains, et il avait retenu plus d'un trait de lui, grâce à cette forme épigrammatique et brillante que lui-même il affectionnait (1).

(1) Je dois avertir que notre prédilection française pour Florus, qui date de Tanneguy Le Fèvre, de Mme Dacier, et qui se marque jusqu'à l'excès chez Montesquieu, est fort contrariée et rabattue par le travail récent de l'érudition allemande. Si l'on prend en effet l'édition de Florus qu'a donnée en 1852 Otto Iahn d'après les manuscrits, l'auteur latin y paraît fort rabaissé, un simple abré-

Velléius, dans son Abrégé de l'histoire grecque et romaine, a également des beautés, et même assez développées et originales. Le président Hénault, qui avait dans l'esprit l'idéal de l'abrégé chronologique, se déclare ouvertement pour lui, et ne peut se défendre à son sujet d'une sorte d'enthousiasme. Il le propose comme le modèle inimitable des abrégés : « Cet écrivain, dit-il, que je ne me lasse point de lire ; que, par pressentiment, j'ai admiré toute ma vie ; qui réunit tous les genres ; qui est historien, quoique abréviateur ; qui, dans le plus petit espace, nous a conservé un grand nombre d'anecdotes qu'on ne trouve point ailleurs ; qui défend son lecteur de l'ennui d'un abrégé par des réflexions courtes, qui sont comme le corollaire de chaque événement ; dont les portraits nécessaires pour l'intelligence des faits sont tous en ornement ; enfin

---

viateur de Tite-Live, un rhéteur sans aucune originalité, imitateur de Lucain pour l'expression et de l'un des deux Sénèque pour les idées. Son ingénieuse division des différents âges du peuple romain est prise de Sénèque le père. On le savait. Ce qu'on savait moins, c'est que de prétendues beautés qui tenaient à des leçons mal lues disparaissent et s'évanouissent (ainsi le passage où il est question d'Horace, vainqueur des Curiaces et meurtrier de sa sœur, mais absous en vue de sa gloire : *Et facinus intra gloriam fuit*, devient tout simple et ordinaire, si on lit *infra*). L'examen des manuscrits a amené une entière reconstitution du texte : c'est toute une petite révolution sur Florus. Nous n'avions pas prévu cela. Chez nous l'humaniste a longtemps primé le philologue et le critique. C'est le contraire chez nos voisins. Ils sont rudes et un peu durs dans le dernier sens. J'ai du regret, je l'avoue, à mon premier Florus. — La note qu'on vient de lire, imprimée d'abord presque dans les mêmes termes, a paru irrévérente, je dois le dire, et m'a attiré une réfutation officieuse de la part d'un professeur de l'Université : « Sans doute, m'écrivait M. L. d'un ton un peu piqué, l'écrivain le plus agréable que l'on puisse lire..., » cet écrivain sans pareil n'est autre pour lui que Velléius. Voilà, ce me semble, un éloge. Velléius le justifie à nos yeux, ne fût-ce que par un endroit qui nous touche et qui mérite d'être signalé comme un exemple d'une vue déjà toute moderne. Il s'agit des belles-lettres : Velléius, à un moment, se met à en discourir, car il ne s'interdit pas les digressions, et c'est une de ses formes ordinaires de dire : « *Nequeo temperare mihi*... Je ne puis m'empêcher, je ne puis me contenir... » Il vient de parler des colonies romaines établies sous la République, et, passant à un tout autre sujet, il s'adresse à lui-même une question :

Pourquoi y a-t-il pour les choses de l'esprit des époques et comme des saisons exclusivement favorables, où tout se rassemble et se groupe, et passé lesquelles

---

sans doute, en France, nous sommes très-ignorants : il y a pourtant déjà quelque temps que nous nous doutons que Florus n'est point un génie original; et quelques Français avaient devancé, sur ce point, l'éditeur allemand de 1852 : par exemple, MM. Berger et Havet, à l'École normale, avant de le répéter à la Faculté des Lettres et au Collège de France... Enfin, M. Pierron, précisément en 1852, dans son *Histoire de la Littérature romaine*, met Florus presque au-dessous de son rang. » Il y a quelque malentendu en tout ceci. Certes, personne plus que moi n'apprécie l'esprit critique de M. Berger et de M. Havet : ce sont gens à qui on n'en fait point accroire, et je suis bien sûr que ces deux maîtres ont dit à l'occasion sur Florus tout ce qui était à dire. Mais je n'ai point eu à m'occuper de ce qui s'est passé dans des leçons orales : j'ai pensé surtout à ce qui s'est imprimé sur Florus depuis Montesquieu jusqu'à M. Villemain. Et puis, les meilleurs et les plus fins jugements du monde ne sont pas la même chose qu'un recours direct aux manuscrits et que l'établissement définitif d'un texte.

on ne retrouve plus le même goût? Pourquoi, chez les Grecs en peu d'années, Eschyle, Sophocle et Euripide, comme animés d'un même souffle divin, donnent-ils coup sur coup l'éclat et la perfection à la tragédie? Pourquoi Cratinus, Aristophane et Eupolis, pourquoi Ménandre, Philémon et Diphile ont-ils l'air de s'entendre pour donner en si peu de temps la perfection soit à l'ancienne, soit à la nouvelle comédie? A quoi tiennent ces veines, ces courants heureux et rapides, trop vite épuisés? Pourquoi chez les Romains le même phénomène se reproduit-il? pourquoi toute l'éloquence semble-t-elle s'être rassemblée vers le temps et aux alentours de Cicéron, toute la poésie au siècle d'Auguste? En s'adressant une telle question, il a le sentiment ou l'instinct des lois en histoire. C'est ainsi qu'au début du siècle de Louis XIV on a vu les chefs-d'œuvre en chaque genre renfermés et comme parqués ou enclos dans le cercle étroit de quelques années (1). Velléius se demande encore pourquoi, après les chefs-d'œuvre produits, et même quand on les admire, on s'en écarte; pourquoi il y a l'âge des Sénèque et, j'allais dire, des Chateaubriand. Il cherche une explication; il la donne insuffisante, incomplète; mais c'est

(1) Les curieux pourraient chercher dans le *Recueil de plusieurs pièces d'éloquence et de poésie présentées à l'Académie française...* une page du discours de M. de La Chapelle, directeur de l'Académie, répondant à M. de Valincour, qui venait y prendre séance à la place de Racine, le 27 juin 1699. M. de La Chapelle s'empare de l'idée de Velléius et l'applique aux circonstances (page 57): c'était le cas sur cette fin d'un grand siècle et le lendemain de la mort de Racine.

un curieux que ce Velléius, et en ceci un curieux déjà à la Bacon. — Le passage où il déplore la mort de Cicéron est des plus remarquables aussi et d'une véritable éloquence.

Mais de telles effusions, de telles digressions ne convenaient point à Bossuet, ni à son plan, ni à son esprit. Il n'est point, par goût, littéraire ni profane. Il n'est point de ces voyageurs qui, allant de Paris à Jérusalem, s'oublient et passent le meilleur de leur temps à Sparte ou à Athènes. C'est un prophète qui ramasse sous son regard l'histoire de tous les peuples : il a impuissance ou dédain d'être fleuri. S'il n'était qu'un abréviateur, s'il n'avait prétendu que faire un abrégé chronologique, il se trouverait inférieur peut-être dans le détail à ces deux élégants écrivains que j'ai cités : mais il a voulu bien autre chose, il a un bien autre but.

Des hommes du xviiie siècle eux-mêmes l'ont compris : d'Alembert, Daunou. Celui-ci qui, dans ses Cours, avait eu à repasser sur les mêmes canevas, qui savait la difficulté de la tâche, et que la sobriété n'effraye pas, est même allé jusqu'à louer cette première partie à l'égal des deux autres : en quoi il me paraît excéder un peu la mesure de ce qui est dû. Quoi qu'il en soit, voici le passage qui rend on ne saurait mieux l'admiration traditionnelle :

« L'*Histoire universelle* de Bossuet parut en 1681. Les dates y sont empruntées d'Usserius, et assurément elles n'ont pas toute l'exactitude possible ; mais c'est un chef-d'œuvre dont la première partie offre un tableau chronologique des événements mémorables depuis la Création jusqu'à Charlemagne. Je ne connais point de récit plus rapide, ni d'abrégé plus animé. On n'a jamais établi entre des notions historiques un enchaînement plus étroit et plus naturel. Tous les faits sont à la fois présents à la mémoire de Bossuet : il n'en cherche aucun ; il sait, il possède tous les détails de son livre avant de commencer à l'écrire. Tant de liaison règne entre ses idées, que toujours l'une éveille l'autre, et que cette multitude d'origines, de catastrophes et de noms célèbres semble se disposer dans le seul ordre qui lui convienne. J'avoue que j'admire cette première partie au moins autant que les deux autres. »

Cette première partie ainsi expliquée, et les grands événements de l'histoire ancienne étant une fois distribués chronologiquement et par époques, de manière à venir se ranger, pour ainsi dire, « chacun sous son étendard, » on est préparé et l'on n'a plus qu'à entrer avec Bossuet, le grand généralissime, dans ce qui fait l'objet principal et le vrai dessein du livre, à savoir les considérations sur la suite du peuple de Dieu, et sur celle des grands empires. « Ces deux choses roulent « ensemble dans ce grand mouvement des siècles où « elles ont, pour ainsi dire, un même cours ; » mais pour les bien entendre, il est mieux de les détacher, de séparer la partie sacrée de la partie politique. Celle-ci étant réservée pour la fin, on aura donc, avant tout, la suite du peuple de Dieu et de la religion, le peuple juif à tous les moments de son existence, tant qu'il fut le peuple choisi et préféré entre tous, et depuis même qu'il est le peuple rejeté et réprouvé ; la vocation divine longtemps fixée et circonscrite en lui, puis étendue plus tard et transférée à l'immensité des Gentils. Les Juifs deviennent ainsi le centre et comme la clef de voûte du Discours. Cette seconde partie va être toute une explication historique, théorique, théologique et morale, du Christianisme : c'est le point de vue chrétien élevé sous lequel Bossuet concevait et ordonnait l'histoire. Elle n'avait tout son sens pour lui que par cette vue-là. C'est une vision divine perpétuelle, qu'il développe et révèle à son lecteur.

La *suite du peuple de Dieu,* comprenons bien toute la force de ces mots dans la langue de Bossuet; *suite,* c'est-à-dire enchaînement étroit, dont pas un anneau n'est laissé flottant ni au hasard, un seul et même spectacle dès l'origine, sous des aspects et à des états différents : le Judaïsme n'est que le Christianisme antérieur et expectant. Jésus-Christ attendu ou donné, voilà le tronc de l'arbre ; la religion toujours uniforme ou plutôt identique dès le commencement; toujours le même Dieu. L'idée que la religion nous donne de son objet, c'est-à-dire du premier être, est le principe d'où le reste va découler : le Dieu des Hébreux et des Chrétiens n'a rien de commun avec les autres idées imparfaites et insuffisantes, quand elles ne sont pas monstrueuses, que le reste du monde s'était faites de la divinité. Créateur pur, il est infiniment supérieur au Dieu des philosophes, premier moteur et simple ordonnateur du monde, et qui avait trouvé une matière toute faite : le Dieu de nos pères et celui de Bossuet a tout fait, la matière et la forme, l'ordre et le fond : il ne lui en a coûté qu'un mot. Et reprenant de nouveau l'histoire de la Création et des époques primitives, tous ces récits dont Moïse est censé avoir recueilli les traditions, Bossuet nous montre le grand Ouvrier à l'œuvre, tantôt bienfaisant et clément, tantôt terrible et jaloux, toujours efficace, présent, vigilant, vivant : on n'en saurait prendre nulle part une idée plus forte, celle d'un Dieu qui tient le monde à chaque instant dans sa main; qui ne lui laisse pas le temps de s'engourdir, qui est toujours prêt à recommencer la création, à la retoucher, à secouer son monde. Il ne se peut de pages plus frappantes dans cet ordre de croyance, de paroles plus étonnantes et plus souveraines dans leur affirmation que celles par lesquelles Bossuet nous exprime et nous figure comme il l'entend le Dieu de Moïse, qui est le Dieu de *Polyeucte,* le Dieu d'*Athalie,* le Dieu d'*Esther,* tel que l'ont défini dans leur émulation pieuse ces génies de poëtes religieux; mais la définition de Bossuet reste la plus marquante et la plus haute. Oh! que ce n'est pas là un de ces Dieux abstraits et froids, de ces Dieux lointains comme les philosophes plus ou moins cartésiens en imaginent ! Avec Bossuet on a affaire à un Dieu précis, le seul qui compte.

Dans cette revue toute morale et nullement critique qu'il fait des Écritures, Bossuet revient avec ampleur sur ce qu'il avait déjà dit dans la première partie. Il s'arrête sur Abraham et sur cette alliance mystique de l'Éternel avec le patriarche, père et tige de tous les croyants. Mais c'est à Moïse et à la loi écrite qu'il en faut venir, à ce degré de révélation de plus, et Bossuet y insiste de toute sa puissance et de toute sa hauteur. Jamais Moïse n'a été conçu ni montré plus grand que chez Bossuet, jamais plus prophète, jamais plus poëte: Moïse, de tous les mortels celui à qui il a été donné de voir Dieu de plus près. Le Moïse de Michel-Ange est au moins égalé par celui de Bossuet. Ceux qui ont le plus étudié et le mieux pénétré le caractère des poésies sacrées et des cantiques des Hébreux, les Lowth, les Herder, n'ont rien dit que Bossuet n'ait exprimé avant eux d'une parole pleine et sommaire.

Avec Moïse on a la Loi. Il était temps : la tradition orale était devenue insuffisante; le désordre était partout. On sait la parole célèbre : « Tout était Dieu, excepté Dieu même. » Israël avait presque perdu ses titres; Moïse les lui a rendus. Il lui retrace son histoire et ses origines; il lui donne par écrit la Loi, cette loi qui était la perfection avant Jésus-Christ, la perfection provisoire, non la perfection dernière. Moïse promet et prédit un prophète semblable à lui et en qui les fidèles reconnaissent Jésus-Christ; Moïse, vu dans la perspective où Bossuet concentre l'histoire, est le plus grand des hommes d'avant Jésus-Christ, comme, de l'autre côté de Jésus Christ, de ce côté-ci, on a saint Paul. Bossuet les a admirablement compris tous deux dans son sens d'orthodoxie et les a célébrés de la plume ou de la parole, comme nul autre que lui ne l'a su faire. Moïse n'est pas seulement un homme, un personnage réel, c'est une figure : en même temps qu'il prédit le Christ et le Messie, il le reproduit par avance dans quelques-unes de ses souffrances, de ses stations et de ses agonies douloureuses. Il goûta, lui aussi, les opprobres dans sa fuite précipitée de l'Égypte et dans son exil de quarante ans dans le désert ; il but, à sa manière, le calice pendant les fréquentes révoltes de son peuple ; il eut un avant-goût des choses de Jésus-Christ, même par l'amertume. Cette architecture du *Discours sur l'Histoire universelle,* à la bien prendre, est admirable en son genre : il y a deux sommets dans ce Discours ; l'un de ces sommets est Moïse, l'autre plus élevé est Jésus-Christ. Quand je parle d'art, je sais bien qu'il y a dans cette seconde partie des endroits où certaines idées mystiques, symboliques ou morales, sont trop développées ; il y aura plus d'une fois redondance ; il y aura des moments où Bossuet s'oubliera, s'étendra un peu trop au point de vue de la composition, où il reviendra sur ce qu'il a dit déjà, et sinon l'intelligence, du moins la satisfaction du lecteur en pourra souffrir. Bossuet était trop vivement croyant pour sacrifier à l'art.

Il est croyant (puisque j'ai touché ce mot) d'une façon bien remarquable, et que j'ose dire singulière chez un aussi grand esprit et chez un génie de cet ordre ; il l'est, ce me semble, sans avoir eu aucune peine pour cela, sans avoir jamais, à aucun temps, admis ni connu le doute. Je conçois au Moyen-Age de grandes intelligences, de celles qui sont surtout de grands talents, je les conçois comme n'ayant jamais dépassé ni essayé de franchir le cercle rigoureux que la foi traçait autour d'elles : mais je ne comprends plus pareille

chose au xviie siècle. Que je prenne Pascal, que je
prenne Fénelon, je les trouve chrétiens, et des plus
sincères assurément; mais ils se sont fait ou ils ont dû
se faire, un jour ou l'autre, les objections; ils en ont
triomphé, l'un avec éclat et violence et comme un
lutteur, l'autre avec plus de douceur et d'insinuation,
et par la tendresse. Bossuet, à aucun jour, ne paraît
s'être posé à lui-même les questions, — la question
essentielle et première. Élevé dès l'enfance à l'ombre
du sanctuaire, il n'a grandi que pour en être l'honneur et le défenseur, sans hésiter et sans s'écarter
jamais. Il n'a pas plus douté, à aucune heure de sa
vie, des fondements de la foi que celui qu'on appelait
le grand Arnauld, mais qui n'était pas vraiment grand
par l'étendue de l'esprit. Lui, au contraire, il présente
ce spectacle unique d'un croyant solide, affermi dès
l'enfance, inébranlable, imperturbable, embrassant la
diversité des points de vue, la masse des arguments,
mais ne s'étendant en tous sens et ne prolongeant ses
vues que pour tout réduire et ramener à l'unité première dont il ne se départit jamais. Les objections,
les critiques sur l'authenticité de certains textes, sur
leur altération et leur mélange, sur le degré d'inspiration qu'il y fallait raisonnablement chercher, sur ce
qui est de Moïse, par exemple, et ce qui n'est certainement pas de Moïse, s'élevaient déjà autour de lui; il
n'en tenait compte; il n'admettait un moment la discussion que pour la fermer presque aussitôt et d'autorité. Il brusquait les solutions, tranchait les nœuds,
coupait court aux difficultés et allait son grand chemin.

Sûr de son fait, confiant à la tradition, ce vaste esprit, qui atteignait à tout par le talent et par l'éloquence, ne se laissait affecter ni entamer dans sa sécurité et sa candeur par aucun des doutes qui atteignent les plus grands ou les plus sages. C'est un phénomène.

Nous continuerons notre analyse, et nous reviendrons ensuite à la véritable histoire, à celle que Bossuet admettait sans doute, et qu'il traitait, quand il le voulait, de main de maître, mais qu'il rejetait au second plan.

Lundi 23 janvier 1865.

ENTRETIENS SUR L'HISTOIRE

PAR M. J. ZELLER,

ET, A CE PROPOS,

DU DISCOURS SUR L'HISTOIRE UNIVERSELLE

(SUITE.)

Dans une analyse sincère de ce célèbre Discours de Bossuet, on est aujourd'hui entre deux écueils : ou bien l'on entre absolument dans la vue de l'auteur, on se place à son point de perspective historique surnaturelle, on y abonde avec lui, et l'on choque alors l'esprit de bon sens qui prévaut généralement dans l'histoire et qui a cause gagnée chez la plupart des lecteurs; ou bien l'on résiste, au nom de ce bon sens, on s'arrête à chaque pas pour relever les hardiesses de crédulité, les intrépidités d'assertion sortant et se succédant d'un air de satisfaction et de triomphe, on se prend à discuter cette série d'explications miraculeuses acceptées sur parole, imposées avec autorité, avec pompe, et l'on se met par là en dehors du plan de l'auteur et des conditions du monument. Ce qu'il faut dire, au moins une fois pour toutes, c'est que la prétention de Bossuet, dans cette seconde partie de son Discours où il déroule et interprète l'histoire du peuple de Dieu, et où il fait de cette histoire exceptionnelle le nœud de celle de l'humanité pour tout le passé et pour tout l'avenir, est étrange si l'on s'en rend bien compte, et si l'on considère à quel prix elle se maintient. Pour lui donner raison, il faudrait, en effet, admettre avec lui que l'intelligence de cette histoire juive et des Écritures sur lesquelles elle repose est du ressort à peu près exclusif de la théologie, de la tradition, telle que les Pères l'ont autrefois comprise et accommodée, et que la connaissance directe de la langue, la discussion des textes en eux-mêmes n'est plus aujourd'hui que très-secondaire, à tel point que tout ce que cet examen produirait de contraire à la tradition devrait être de prime abord rejeté. Lui, Bossuet, il n'était pas versé pour son compte dans les textes hébreux originaux, et il ne savait ces choses que de seconde main et par les Pères. Un homme de son temps, au contraire, un habile que la nature avait doué d'une rare faculté philologique comme elle avait doué Malebranche d'un génie métaphysique éminent, avait entrepris cet examen puisé aux sources et avait fondé la véritable critique des Écritures en l'appuyant sur la connaissance de l'hébreu, des langues orientales

prochaines qui en sont comme autant de branches, et
sur la familiarité avec les anciens commentateurs juifs
les plus compétents. Or Bossuet combattit cet homme,
Richard Simon, le dénonça comme coupable au fond
« d'une dangereuse et libertine critique, » d'une malignité profonde, « d'un sourd dessein de saper les
fondements de la religion ; » il le fit taire tant qu'il
put ; il déclara subversives du Christianisme, et des
prophéties sur lesquelles il se fonde, les explications
les plus irréfragables ou les plus vraisemblables qui
sont du ressort de la philologie pure ; il l'accusa de
substituer en toute rencontre des sens humains à ce
qu'il appelait les sens de Dieu. Cette intolérance de
Bossuet, inévitable peut-être dans sa situation et com-
mandée par sa foi, par son caractère, éclate aujourd'hui
à tous les yeux ; et quand on lit l'ouvrage éloquent où
il s'est si bien passé de Richard Simon, il est impossible d'en séparer désormais le souvenir de ce savant
qui le gênait, qui lui était une épine au pied, et qu'il
supprimait autant qu'il lui était possible. Pour tout
lecteur instruit des questions, Richard Simon, ce contemporain étouffé de Bossuet, brille dans le *Discours
sur l'Histoire universelle* par son absence. C'est comme
un brûlot caché sous les eaux, mais attaché aux flancs
du vaisseau superbe, qu'il fera plus tard éclater. Pour
parler sans figure, cette seconde partie a perdu considérablement et elle perdra de plus en plus dans l'opinion de ceux qui examinent.

Ces réserves faites, nous reprenons la marche et le
cours magnifique du talent, en nous y laissant porter.

Bossuet, dans la suite du peuple juif, voit partout le Messie prédit, annoncé, et ne cesse d'y tendre. Il en est à David, à la royauté établie chez le peuple de Dieu, à Salomon qui bâtit le Temple et qui ne fait en cela que revêtir en quelque sorte de matériaux précieux l'idée de Moïse, qu'ajouter à l'arche première et au tabernacle du désert la magnificence et la grandeur. Bossuet ne le dit pas, mais Salomon, tel qu'il nous le montre dans son faste oriental et dans sa plénitude de jouissance, est de tous les saints rois celui qui s'est le plus accommodé de l'état présent, de la forme mosaïque tout acquise, qui s'y est le plus installé comme à demeure, en y mêlant les délices, et qui s'est le moins inquiété de Jésus-Christ. David, au contraire, le méritant et le combattant, David a non-seulement aperçu à l'avance le Messie dans sa forme glorieuse, il a eu un privilége entre les voyants, il a de loin aperçu les ignominies et les humiliations du Christ jointes à sa grandeur royale : en cela il est sorti de l'horizon hébraïque circonscrit. Il était donné à David, le roi-prophète, mais le roi humble, d'avoir cette révélation. Tous les prophètes, à sa suite, prédisent et dépeignent à l'avance ce mystère du Messie, et non seulement ils étaient les prophètes de Jésus-Christ, ils en étaient la figure par diverses circonstances de leur propre vie. Bossuet excelle à découvrir et à exprimer ces doubles sens qui sont l'attrait et le mirage des imaginations tournées au mystique, et où il triomphe après saint Augustin, après saint Bernard, après tant d'autres ingénieux talents ; car ce qu'il y a eu d'esprit, à proprement parler, dépensé à ces sortes de subtilités depuis tantôt deux mille ans est prodigieux. Bossuet, en y donnant à son tour, comme le dernier des Pères et non le moins grand, a su, le genre admis, y garder une apparence de sévérité et comme une sobriété auguste. Je ne fatiguerai pas le lecteur à suivre chez lui cette interprétation et cette vue du Messie montré de loin à tous les pas, à tous les degrés et à travers tous les accidents de l'histoire juive : cette vue est capitale chez l'auteur; il ne peut un seul instant la laisser absente ni s'en distraire. L'histoire du Christ était écrite avant que Jésus en personne fût venu. Bossuet est à l'aise pour la reconnaître dans le langage enthousiaste et vague des prophètes, dans ce verbe de feu, sous ces images figurées qui se transmettaient de bouche en bouche et se renouvelaient sans cesse. Il entre dans l'esprit de ce ministère des prophètes, et l'on sent qu'il était digne d'en être un lui-même par le souffle de l'inspiration et par l'ardeur; il définit en larges traits cette espèce d'école et de communauté de voyants, véritable institution monastique et cénobitique, qui maintenait à grand'peine et à grand renfort de menaces la pureté de la foi parmi les tribus fidèles. Cependant, du dehors, des conquérants surviennent, instruments la plupart de la vengeance divine : Nabuchodonosor en est le ministre direct; Jérusalem est détruite, et le peuple emmené en captivité à Babylone. Cyrus apparaît et châtie Babylone à son tour. Jérusalem est rebâtie et l'on a le second Temple, une ère de restauration féconde. L'imagination a beau jeu, on le conçoit, pour grouper à sa fantaisie les nuages et les assembler en toutes sortes de figures monstrueuses ou grandioses à ces horizons les plus lointains de l'histoire. Ici l'on remarque chez le peuple juif un singulier interrègne de prophètes depuis Malachie, le dernier des prophètes de l'ancien peuple, jusqu'à Jésus-Christ. Il y avait eu un concours, une effusion de bouches inspirées et prophétiques, qui est suivie d'un long silence, un silence d'environ cinq cents ans.

Ces cinq cents ans n'embarrassent pas Bossuet : « Dieu donna, dit-il, à la majesté de son Fils de faire « taire les prophètes durant tout ce temps pour tenir « son peuple en attente de Celui qui devait être l'ac« complissement de tous leurs oracles. » Il franchit ce temps de silence, toujours son fil conducteur à la main, et le flambeau de l'autre. Pour n'être plus prédite chaque jour, l'attente d'un Messie n'en est pas moins constante et évidente ; les Juifs vivent sur cette foi : on attend l'accomplissement des dernières prophéties, des derniers oracles que le Saint-Esprit avait laissés. Même dans l'absence des prophètes et à leur défaut, « tout l'état de la nation est prophétique. » O le sublime et incomparable interprète, non-seulement de n'être jamais en peine, mais de trouver à volonté, d'avoir à son service de telles explications et appellations pour ce qui caractérise et distingue un peuple qui ne serait pour d'autres que le plus crédule et le plus superstitieux des peuples! Il est vrai qu'à la fin la plupart attendent un Messie sous une tout autre forme que la véritable, et qu'ils ne le conçoivent que sous la figure d'un guerrier, d'un roi-pontife à la manière des Macchabées, et d'un libérateur terrestre. Mais qu'à cela ne tienne! tant pis pour ces Pharisiens et pour le peuple gâté par eux! Bossuet a réponse à tout; rien ne fait pli, rien ne l'arrête.

Ici de belles pages plus générales viennent consoler, cependant, de cette histoire allégorique et mystique si prolongée, et qui nous paraît, malgré tout, un peu dure : c'est un coup d'œil jeté sur l'état du monde avant la venue du Messie, sur la préparation graduelle des esprits à le recevoir. La philosophie des Grecs, qui acheminait à la connaissance de la vérité, était, si l'on en croit Bossuet, une émanation lointaine de l'Orient et de la tradition juive. Elle était insuffisante toutefois et devait l'être, l'honneur de convertir les peuples ne lui étant pas réservé. Partout, dès qu'il s'agissait des dieux, l'erreur prévalait, et, dans les divers cultes, des horreurs d'infamie et d'impureté se joignaient aux crimes. Les Romains plus graves ne faisaient pas mieux en religion que les Grecs. Folies, extravagances ou cruautés, on n'avait qu'à choisir. Les Socrate, les Platon, se sentaient faibles et désarmés contre l'erreur publique. Le vrai Dieu était généralement ignoré, bien que le désir et l'idée s'en fissent sentir à quelques âmes. Comment tirer de là le genre humain?

Bossuet, dans cet ordre de considérations morales, reprend les avantages et l'ascendant que son symbolisme sacré trop continu aurait pu lui faire perdre sur l'esprit de plus d'un lecteur. Jésus-Christ prêchant son Évangile est présenté par lui sous un jour en partie incontestable. Un nouveau modèle de la perfection est offert et révélé au monde. Il s'arrête pour contempler et démontrer cet accord parfait en toute la personne du Sauveur, dans sa vie, dans sa doctrine, dans ses miracles. Les miracles, il commence par là ; naturellement et nécessairement il est tout entier croyant, et de toutes ses forces, au surnaturel et au divin dans les prodiges opérés; mais il en distingue le caractère particulier et nouveau, qui est tout humain :

« Ce ne sont point, dit-il, des *signes dans le ciel,* tels que les Juifs les demandaient : il les fait presque tous sur les hommes mêmes et pour guérir leurs infirmités. Tous ces miracles tiennent plus de la bonté que de la puissance, et ne surprennent pas tant les spectateurs qu'ils les touchent dans le fond du cœur. »

Quant à la doctrine, il la montre également humaine, appropriée, et tempérant la hauteur par la condescendance :

« C'est du lait pour les enfants et tout ensemble du pain pour les forts. On le voit plein des secrets de Dieu, mais on voit qu'il n'en est pas étonné comme les autres mortels à qui Dieu se communique : il en parle naturellement, comme étant né dans ce secret et dans cette gloire; et ce qu'il a sans mesure, il le répand avec mesure, afin que notre faiblesse le puisse porter. »

Ces pages sont de toute beauté. On n'a jamais mieux fait entendre depuis Pascal que c'est là une nouvelle conduite, un nouvel ordre moral qui commence. Ici nous sommes au cœur en même temps qu'au sommet de l'œuvre de Bossuet. En nous supposant dociles, — plus dociles que nous ne l'avons été, — il nous a tenus par la main et nous a conduits où il voulait, au plus haut degré de l'autel d'où nous voyons désormais toute chose, le passé et l'avenir, la terre et le ciel. Le sommet de Moïse d'où nous avions aperçu tant de choses aussi, nous ne l'apercevons plus à son tour que dans l'éloignement et comme à nos pieds.

Bossuet, à cet endroit, renouvelle de verve et de puissance. La vie de Jésus, le scandale qu'il cause par sa prédication et sa vertu même, l'attentat commis en sa personne par la Synagogue, sa condamnation et son supplice, sont résumés en une page touchante : « Le Juste est condamné à mort : le plus grand de tous « les crimes donne lieu à la plus parfaite obéissance « qui fut jamais. » — Autant j'ai pu paraître en garde précédemment, autant je dirai ici en toute conviction que ces pages admirables par la simplicité et la beauté morale de l'expression sont en bonne partie vraies, de quelque côté qu'on les envisage. Il fallait bien, en effet, tout cela, tout ce sacrifice, toutes ces vertus, toutes ces croyances, pour que des pauvres et des souffrants trouvassent en eux la force d'entreprendre une telle œuvre que celle de sauver, de tirer des duretés et des cruautés, d'affranchir de l'esclavage, de régénérer enfin le monde, et pour faire faire à la masse de l'humanité un si grand pas que celui qui l'éleva de la morale du paganisme à la morale chrétienne. Locke, Jean-Jacques, Channing, tous les chrétiens, à quelque degré qu'ils le soient (et je les prends, on le voit,

aussi inégaux que possible), sont d'accord là-dessus.
On ne saurait mieux comprendre qu'en lisant Bossuet
à cet endroit et dans tout ce qui suit, la difficulté qu'il
y avait pour le monde, pour l'univers païen, à faire ce
grand pas, à sortir non plus en la personne de quelques individus d'élite, mais en masse et par classes et
nations tout entières, de cette chose confuse et qui nous
paraît si absurde, l'idolâtrie. Et Bossuet, la poursuivant
sous toutes ses formes, va y insister encore.

Pour nous qui nous permettons de choisir chez lui
et de le juger tout en l'admirant, je dirai qu'il va insister trop et gâter un peu sa cause : le théologien reparaît et se donne carrière ; il va se livrer à une sorte
d'analyse psychologique du mystère de la Trinité et de
celui de l'Incarnation. A force de poursuivre tous les
perfectionnements qu'a apportés l'Évangile dans la vie
humaine et de pousser à bout toutes les conséquences
de Jésus-Christ telles qu'il les comprend et qu'il les
aime, il excède et il sort de toutes les proportions de
l'histoire ; il est dans le dogme, il entre dans les mystères mêmes de la vie future et des récompenses destinées aux élus. Je ne crains pas de dire qu'il dépasse
en ceci la mesure d'attention d'un lecteur qui serait
même mieux doué et préparé que Monseigneur le
Dauphin. Jésus-Christ obtenu et parfaitement défini,
au lieu de passer outre pour s'étendre, comme on s'y
attend, sur les progrès de l'Église par saint Paul et
après saint Paul, il va encore revenir et avec une sorte
d'acharnement sur les châtiments des Juifs, sur l'accomplissement des prophéties par leur entière ruine

au temps de Vespasien et de Titus. Ceux qui ont étudié Bossuet savent combien, dès ses premiers sermons prêchés à Metz, il était préoccupé de cette destruction de Jérusalem et des scènes particulières d'horreur qu'elle présente; il y insiste de nouveau dans ce Discours, il les étale et les commente, y voyant l'image anticipée du Jugement dernier. Je l'aime mieux quand ses longueurs portent sur le caractère merveilleux du Christianisme, sur le règne de la charité, sur l'explication qu'il donne de la folie et du mystère de la Croix, qu'il semblait déjà avoir épuisé; mais encore est-il décidément trop long, traînant; il abonde dans ses pensées; il y nage, mais il s'y noie. Ce peut être pour le croyant et le fidèle un trésor de réflexions chrétiennes édifiantes que cette seconde partie du Discours, mais ce n'est plus de l'histoire. Et au point de vue de l'art et de la composition, le chef-d'œuvre est manqué. Que quelqu'un ose soutenir le contraire : cette seconde partie porte en soi une superfétation de développements, et le cadre est dépassé.

Je sais qu'on ne scinde pas Bossuet. Disons la vérité et rendons toute notre pensée sans détour. Un homme un peu moins profondément croyant que Bossuet n'eût pas été si long; il n'entre si à fond dans les mystères du Christianisme *divin* que parce qu'il ne se contente pas, comme tant d'autres, du christianisme *social*.

A la fin, Bossuet, comme s'il avait pourtant la conscience de s'être un peu trop attardé, se secoue et se relève : il dit quelque chose à l'adresse des critiques et de ce Richard Simon dont il avait écarté jusque-là l'idée. Il emploie sa méthode haute et méprisante ; il impose. Selon lui, quatre ou cinq faits authentiques et « plus clairs que la lumière du soleil, » suffisent pour garantir tout le reste de la tradition. Gare et malheur à qui ne pense pas ainsi ! Si l'on ne voit pas, dit-il, « que tous les temps sont unis ensemble, que la tradition du peuple juif et celle du peuple chrétien ne font qu'une seule et même suite, que les Écritures des deux Testaments ne font qu'un même corps et un même livre ; » si on n'y découvre pas « un dessein éternel toujours soutenu et toujours suivi ; » si on n'y voit pas « un même ordre des conseils de Dieu qui prépare dès l'origine du monde ce qu'il achève à la fin des temps, et qui, sous divers états, mais avec une succession toujours constante, perpétue aux yeux de tout l'univers la sainte Société où il veut être servi, on mérite de ne rien voir et d'être livré à son propre endurcissement comme au plus juste et au plus rigoureux de tous les supplices. » A un moment l'orateur impatient, le prédicateur se lève : « Qu'attendons-nous donc à nous « soumettre? s'écrie-t-il. Attendons-nous que Dieu « fasse toujours de nouveaux miracles, qu'il les rende « inutiles en les continuant?... » Et tout le développement qui suit. Il a lancé son anathème. Une allocution à Monseigneur termine cette seconde partie, allocution essentiellement politique et qui s'adresse au futur souverain :

Monseigneur, lui dit-il, tout ce qui rompt cette chaîne, tout ce qui sort de cette suite (la suite de l'Église), tout ce qui s'élève de soi-même et ne vient pas en vertu des promesses faites à l'Église dès l'origine du monde, vous doit faire horreur. Employez toutes vos forces à rappeler dans cette unité tout ce qui s'en est dévoyé... »

Et invoquant l'exemple de Louis XIV, il présage et provoque, au milieu de magnifiques éloges au grand roi, la révocation de l'Édit de Nantes qui, en effet, se préparait :

« Considérez, dit-il au Dauphin, le temps où vous vivez et de quel père Dieu vous a fait naître. Un Roi si grand en tout se distingue plus par sa foi que par ses autres admirables qualités. Il protège la Religion au dedans et au dehors du royaume et jusqu'aux extrémités du monde. Ses lois sont un des plus fermes remparts de l'Église. Son autorité, révérée autant par le mérite de sa personne que par la majesté de son sceptre, ne se soutient jamais mieux que lorsqu'elle défend la cause de Dieu. On n'entend plus de blasphème; l'impiété tremble devant lui. C'est ce Roi marqué par Salomon qui dissipe tout le mal par ses regards. S'il attaque l'Hérésie par tant de moyens et plus encore que n'ont jamais fait ses prédécesseurs, ce n'est pas qu'il craigne pour son trône; tout est tranquille à ses pieds, et ses armes sont redoutées par toute la terre : mais c'est qu'il aime ses peuples, et que, se voyant élevé par la main de Dieu à une puissance que rien ne peut égaler dans l'univers, il n'en connaît point de plus bel usage que de la faire servir à guérir les plaies de l'Église. »

Erreur, abus de la parole et de l'éloquence ! erreur du temps, de la profession tant que l'on voudra, mais aussi erreur et faiblesse de caractère ou d'esprit en celui qui parle et qui, à force d'embrasser l'universalité des siècles, ne prévoit pas ce que lui garde le jugement du lendemain! Non, Bossuet n'était que le prophète du passé.

La troisième partie du *Discours sur l'Histoire universelle* vient un peu tard. Bossuet y rentre dans les voies humaines et dans les explications par les causes particulières et secondes; il a quelque peine à s'y remettre et à se dégager de cette vision des prophéties dont il nous a environnés, poursuivis si longtemps, et dont il était, tout le premier, ébloui. Enfin il y parvient avec quelque effort, et il veut bien accorder qu'à moins de coups extraordinaires que Dieu s'est expressément réservés pour rappeler sa présence, les choses se passent en général dans l'histoire comme s'il n'y avait que des causes naturelles et des conséquences nécessaires qui en découlent. Ici il est humain; il ne fera appel qu'au bon sens, à l'habileté, à la prudence. Il va expliquer en observateur politique ce qu'il a tout à l'heure imposé et commandé en prophète. C'est à quelques égards la contre-partie du précédent chapitre. Il parle fort bien, pour commencer, des Égyptiens, et il a un sentiment juste de l'importance de ce premier grand empire civilisé. On dirait même qu'il a d'avance quelque pressentiment de ce que notre siècle a ressaisi et remis en lumière des mystères ensevelis de l'antique Égypte; il exhorte Louis XIV à faire fouiller la Thébaïde; il est très au courant pour son temps, il cite les Voyages publiés par M. Thévenot, il prédit des merveilles de découvertes, en fait de salles souterraines et de sépulcres; il prévoit enfin, sinon Champollion et M. de Rougé, du moins M. Mariette. C'est que la grandeur et l'immutabilité de ce peuple l'avaient saisi.

Il parle ensuite des deux empires d'Assyrie ; mais tout cela est trop conjectural encore, et ce n'est qu'avec la Grèce que l'historique proprement dit commence. Bossuet apprécie dignement cette juste et forte proportion que portait en tout cette Grèce heureuse ; il loue chez elle la passion de la liberté et de la patrie comme s'il n'était pas l'auteur de la *Politique sacrée.* Le génie social et civilisateur des Grecs l'a surtout gagné et lui inspire de belles paroles :

« Le mot de *Civilité,* dit-il, ne signifiait pas seulement parmi les Grecs la douceur et la déférence mutuelle qui rend les hommes sociables ; l'homme civil n'était autre chose qu'un bon citoyen qui se regarde toujours comme membre de l'État, qui se laisse conduire par les lois et conspire avec elles au bien public sans rien entreprendre sur personne. »

Le mot de *Civilisation* n'est pas dans Bossuet, mais il fait rendre à ce mot de *Civilité* tout ce qu'il peut contenir de meilleur et de plus étendu. Sur l'idéal de la liberté chez les Grecs, sur leurs philosophes, sur leurs poëtes même et sur Homère dont il interprète la mythologie par le côté principalement moral, il a des pages senties qu'il n'aurait jamais écrites avant 1670, avant de s'être retrempé, pour son préceptorat du Dauphin, aux vives sources de l'ancienne littérature profane. Les portraits qu'il trace d'Athènes et de Lacédémone pourraient être sans doute plus creusés ; Montesquieu, en son *Esprit des Lois,* a opposé le caractère des deux peuples dans des chapitres qui seraient définitifs, si rien était définitif en ce monde. De même sur les Macédoniens et sur Alexandre : chez Bossuet, c'est une première et large vue ; l'homme est bien compris dans son ensemble et posé avec son vrai caractère en termes magnifiques ; l'historien orateur est égal à son sujet, à son héros ; ce portrait d'Alexandre est un portrait d'oraison funèbre ; il a le mouvement et comme le souffle oratoire : chez Montesquieu, les raisons de la politique et du génie d'Alexandre sont bien autrement recherchées et déduites ; c'est bien autrement expliqué ; chaque parole frappe comme un résultat, et l'expression est vive, figurée ; le tout gravé en airain : c'est un long bas-relief d'Alexandre.

On ne peut qu'admirer, en somme, la large et intelligente manière dont Bossuet a parlé de la Grèce. Il l'a sentie par les institutions et par le génie social, autant que Fénelon a pu la sentir par la poésie et par le goût. Mais les Romains sont proprement le triomphe historique de Bossuet ; c'est un peuple qui naturellement lui va : il a de lui-même la suite. La milice et la politique romaines s'expliquent sous sa plume ; il se plaît à ces tableaux sévères : le voilà Romain aussi franchement qu'il a été Hébreu. L'idée de discuter le fond des anciens récits ne lui vient pas plus pour Tite-Live qu'elle ne lui est venue pour Moïse ; il s'applique d'ailleurs avant tout à l'esprit des institutions. Il définit très-bien la liberté dure et pauvre du Romain qui ne ressemblait pas à la liberté brillante et polie de la Grèce. Toute la magnificence des Romains, dans le bon temps, était publique : l'épargne ne régnait que dans les maisons des particuliers. A l'entendre nous développer le secret de ce peuple-roi dans sa discipline, dans son ordre et sa tactique, dans son courage exempt du faux point d'honneur, comparer ensemble la phalange macédonienne et la légion romaine, puis pénétrer dans les conseils de son Sénat, dans cette conduite si forte au dehors, si ferme au dedans, Bossuet se montre historien philosophe, comme auparavant il était historien prophète. Il est avec Polybe, comme auparavant il était de moitié avec Moïse. Ici encore il se rencontre et plus directement que jamais avec Montesquieu. Tous deux empruntent au même Polybe et y puisent largement : de là une ressemblance inévitable. Bossuet voit de haut : Montesquieu serre de plus près. C'est le résultat chez lui d'une étude précise ; il a ramassé et comparé une bien autre quantité de faits. Chez Bossuet, c'est une vue d'ensemble et un peu de théorie, un développement ; chez Montesquieu, c'est une marche sur un terrain coupé de replis à chaque pas, et dans chaque repli se lèvent des faits nouveaux. Chez Bossuet, les considérations ont plutôt le caractère moral, et chez Montesquieu un caractère politique. Quelle plus belle définition, quelle plus noble intelligence de ce qu'on appelle esprit public que dans ce passage de Bossuet !

« Qui peut mettre dans l'esprit des peuples la gloire, la patience dans les travaux, la grandeur de la nation et l'amour de la patrie, peut se vanter d'avoir trouvé la constitution d'État la plus propre à produire de grands hommes. C'est sans doute les grands hommes qui font la force d'un empire. La nature ne manque pas de faire naître dans tous les pays des esprits et des courages élevés, mais il faut lui aider à les former. Ce qui les forme, ce qui les achève, ce sont des sentiments forts et de nobles impressions qui se répandent dans tous les esprits et passent insensiblement de l'un à l'autre... Durant les bons temps de Rome, l'enfance même était exercée par les travaux ; on n'y entendait parler d'autre chose que de la grandeur du nom romain... Quand on a commencé à prendre ce train, les grands hommes se font les uns les autres ; et si Rome en a porté plus qu'aucune autre ville qui eût été avant elle, ce n'a point été par hasard ; mais c'est que l'État romain constitué de la manière que nous avons vue était, pour ainsi parler, du tempérament qui devait être le plus fécond en héros. »

La guerre d'Annibal est très-bien touchée par Bossuet ; et quand il a bien saisi et rendu le génie de la nation, la conduite principale qu'elle tint les jours de crise, et le caractère de sa politique, il ne suit pas l'historique jusqu'au bout, comme l'a fait et l'a dû faire Montesquieu. Ainsi ce Mithridate qui fournit matière à un si beau chapitre chez Montesquieu, n'est pas même nommé chez Bossuet. — A propos du Droit romain, des lois romaines qui ont paru si sages et si saintes que leur majesté a survécu à la ruine même de l'Empire, Bossuet a ce beau mot, souvent cité : « C'est
« que le bon sens qui est le maître de la vie humaine
« y règne partout. »

La fin de cette troisième partie peut paraître brusquée. Après avoir exposé à si grands traits la constitution et le génie des Romains, Bossuet revient comme en arrière et se met à énumérer une série des faits

principaux depuis Romulus. Il y a ici quelque manque
d'art et d'ordonnance, et toute cette fin est courte ou
même écourtée. Ce n'est plus qu'un canevas. Il ne
traite ni de Sylla ni de César. Plus loin, dans le narré
de l'Empire, il oublie de nommer Trajan, si bien vengé
par Montesquieu ; il nomme seulement Marc-Aurèle, et
sans un éloge. Toutes ces dernières pages ne sont
qu'une suite de récapitulations. On sent que l'ouvrage
n'est pas terminé. L'auteur conclut en revenant à son
dessein principal et en rattachant cette troisième partie
à la seconde par un rappel énergique des conseils divins et des ordres secrets de la Providence. L'historien,
l'observateur politique a cessé son rôle : l'évêque a re-
paru. Un mot d'éloge, à la fois excessif et vague, sur
Charlemagne qui était la fin indiquée d'avance, montre
qu'il avait peu étudié de près ce dernier des grands
conquérants dont il parle comme d'un saint Louis. Il
eût été, en effet, bien difficile à Bossuet de poursuivre
sa tâche pour les âges suivants ; la critique et l'érudition historique n'avaient pas assez aplani les voies.

Tel est, — tel du moins qu'il s'est dessiné à moi en
toute sincérité, — ce noble ouvrage qui restera toujours comme un puissant monument de la vue, de la
force surtout, de l'ordonnance et de la méthode propres à Bossuet, en même temps que de son mâle et
majestueux talent. De loin, il s'élèvera et paraîtra de
plus en plus, aux regards d'une postérité qui aura, je
le suppose, bien d'autres visées, comme une colonne,
ou mieux une double ou triple pyramide un peu singulière d'aspect ; mais en approchant, en le considérant

de près, que de belles et grandes choses on y retrouvera, dites pour la première fois et de cette manière durable et superbe qui ne saurait s'imiter! Le fond du dessein de Bossuet, on le sait maintenant, et on le tient de sa propre bouche, était dans ce livre de « prouver le Christianisme aux libertins. » C'est une démonstration par l'histoire, et les faits en main, qu'il avait entreprise. Il n'y a qu'un Bossuet pour l'avoir exécutée de cette sorte et avec cette hauteur, fût-ce même incomplétement. Mais il est juste aussitôt d'ajouter qu'il n'y a pas là de quoi décourager ceux qui ne sont nullement rivaux du grand évêque, qui procèdent d'un autre esprit et qui, sans sortir du domaine des faits positifs et du champ visuel des causes secondes, ne prétendent qu'au genre de vérité sublunaire qui est à la portée de notre recherche et de notre raison. Ils ne se rencontreront qu'à peine avec lui sur des détails et des incidents de la route; ils ne lui font pas concurrence Nous voilà revenus à M. Zeller.

Lundi, 30 janvier 1865.

ENTRETIENS SUR L'HISTOIRE

— ANTIQUITÉ ET MOYEN AGE —

PAR M. J. ZELLER.

(SUITE ET FIN.)

I.

L'histoire ancienne, chez M. Zeller, ne se dessine et ne commence à s'étager, à se grouper à nos regards que selon les degrés et dans les proportions véritables où elle s'est successivement formée, et où elle apparaît aujourd'hui à qui la considère à cette distance en observateur curieux et désintéressé. Il n'a point d'idée préconçue; il ne se croit pas obligé de se cantonner dans un coin de la terre de Chanaan et de prendre pour belvédère la terrasse et la plate-forme étroite d'un petit peuple : il regarde droit en face et remonte d'abord au berceau manifeste de notre civilisation, à la source commune des races et des religions, à ce point central de l'Asie d'où elles découlent. Il ne s'engagera point pourtant dans l'étude de ces autres civilisations qui ont versé et tourné d'un autre côté, vers l'orient de l'Asie, ou au sud, dans la presqu'île de l'Inde. Ces civilisations sont demeurées complétement étrangères à notre développement, et nous à elles, jusqu'à ce que, dans des siècles rapprochés, l'activité européenne incessante, le démon de la cupidité et du gain, ou le génie de la science et de la découverte, soient allés les visiter, les interroger, les effleurer, les harceler, comme on a fait et comme on fait encore de la Chine et du Japon, ou les conquérir et les exploiter, comme on a fait de l'Inde. Nous autres, notre grand courant est tout occidental. Du haut plateau de l'Asie sont venues successivement et par essaims des races, des branches de races qui ont fondé dans les plaines et les vallées propices les premiers grands empires, ou qui les ont détruits pour en élever d'autres également passagers et périssables. Cependant, dès la plus haute antiquité, un climat plus fixe, une contrée plus stable et mieux défendue ont permis à un empire plus durable que les autres de s'asseoir et de se perpétuer sans trop de révolutions. M. Zeller nous donne ici le tableau abrégé de l'Égypte des Pharaons selon les notions acquises et sans se permettre de conjectures. Il y joint comme pendant, et dans un parallèle que la science n'a pu rendre encore aussi égal et aussi avancé qu'elle le voudrait, l'aperçu de ces empires non moins gigantesques, mais plus mobiles et ruineux, qui s'élevèrent à Ninive et à Babylone, sur le Tigre et sur l'Euphrate, créations magnifiques, mais trop voisines de la Perside et de ses pauvres montagnards pour ne pas attirer et tenter incessamment des recrues de vainqueurs. « Les déserts ou les steppes, les montagnes même qui avoisinent ce beau pays, et surtout le vaste plateau de l'Iran, y amènent l'ennemi plus facilement encore qu'ils ne l'en défendent. » La première et la plus pure des religions de la haute Asie, la religion de Zoroastre, dans sa sincérité primitive et avant sa corruption, est esquissée en traits généraux qui la font respecter et donnent envie de la mieux connaître. Après un exposé théogonique sommaire de cette religion qui n'est pas du tout une idolâtrie, M. Zeller en résume ainsi les préceptes, qui tiennent à la fois de la culture ou de l'hygiène locale et de la morale universelle :

« Entretenir avec un soin religieux le feu, chose sacrée, dans le temple et au foyer domestique; respecter l'eau qui coule et qu'on ne doit jamais souiller par un contact impur, surtout celui d'un cadavre; couvrir, purifier, embellir la terre en multipliant, par le travail et les arrosages, la moisson jaunissante, la forêt qui tamise les rayons du soleil, et les arbres qui portent les doux fruits; élever, nourrir les animaux nobles et faire une guerre sans relâche aux impurs, voilà comme le sectateur de Zoroastre combat le mal physique dans la nature. Assujettir le corps aux exercices qui fortifient aussi l'âme, ne point le dépouiller de ses vêtements en présence des astres du jour ou de la nuit, n'y jamais introduire d'aliments impurs, le tenir toujours exempt de toute souillure, surtout ne pécher « ni par pensée, ni par parole, ni par action; » pratiquer le repentir après la chute; élever ses enfants; ressembler, en un mot, à son bon Génie ou *Fervers,* type et représentation idéale de chacun, telle est la prière que le Persan adresse à Ormuz, « qui est toute pureté et toute lumière, esprit universel et source de toute vie. »

Toujours, chez M. Zeller, le tableau du caractère et de la destinée d'un peuple commence par la description précise du bassin géographique où il s'encadre, du climat sous lequel il habite et se développe. C'est la méthode de Ritter bien appliquée. Il y a des lois auxquelles la spontanéité humaine ne saurait se soustraire ; elle peut, selon son génie primitif, tirer plus ou moins parti de certaines conditions extérieures, non s'y dérober ; laissez-lui le temps, laissez-la croître et s'étendre et mûrir selon le cours des saisons et des âges, laissez les causes complexes agir, se produire et se combiner : tout, à la fin, s'harmonise et concorde, tout se coordonne. Pays et race, et forme sociale, et histoire, c'est tout un. Ces rapports, à la longue, sont de plus en plus exacts et rigoureux.

La Grèce, après l'Égypte, vérifie entièrement cette manière de voir, le pays de la liberté comme celui des castes et du despotisme. Écoutons l'historien sévère qui, en ce qu'il va dire, n'accorde pas un mot à la phrase, à l'imagination, à la pointe ; c'est une méthode neuve parmi nous que cette application juste de la science à l'action et au jeu de l'histoire. Oui, tôt ou tard le milieu s'impose : telle scène, tels acteurs. Hippocrate l'avait pressenti, dès l'antiquité, dans son traité des *Airs,* des *Eaux* et des *Lieux ;* aux Anciens la vue et le pressentiment dans sa largeur : aux Modernes le détail, l'exactitude et la preuve.

« Géographiquement, dit M. Zeller, la Grèce est un abrégé de l'Europe. C'est la péninsule dont les côtes sont le plus vivement découpées, et dont les montagnes et les vallées à l'intérieur présentent les contrastes le plus heurtés. Détaché, vers le midi, de l'Hœmus ou des Balcans qui servent comme de large base entre la mer Noire et l'Adriatique à toute la presqu'île, le Pinde, arête de la Grèce, en jetant ses nombreux rameaux à droite et à gauche, pour former autant de vallées, semble engager un combat héroïque avec la mer qui l'assiége. Après avoir sauvé de l'élément ennemi l'Étolie pauvre et guerrière, la grasse Thessalie et la lourde Béotie, il se trouve tout à coup étroitement étranglé au centre par la double victoire que remporte la mer au golfe de Corinthe et à l'Euripe; mais il se dédommage bientôt en lançant d'un côté la pointe de l'Attique et en s'épanouissant de l'autre en différents rameaux dans la Morée; quand il cède enfin, il proteste encore contre sa défaite en faisant jaillir cette couronne de belles îles qui relient la Grèce, comme autant d'arches de pont, à l'Asie Mineure et à l'Italie.

« Cette disposition particulière, tout en divisant à l'infini le sol de la Grèce, rapproche presque à chaque pas la terre de la mer, les sommets les plus élevés des golfes les plus profonds, et étage, pour ainsi dire, tous les climats les uns au-dessus des autres. En arrivant par mer en vue de ce beau pays, on peut contempler en terrasses successives toutes ses productions : au bas l'oranger, l'olivier et le laurier sur le rocher nu et dans les torrens à sec; au milieu le chêne et le hêtre sur les prairies verdoyantes; enfin, au sommet, les forêts de pins qui, l'hiver, se couvrent de neige. La Grèce peut ainsi séparer ses habitants les uns des autres par des limites naturelles; mais en même temps ces rapprochements et ces contrastes, en mettant en rapports fréquents les pâtres des montagnes, les agriculteurs des vallées et les marins du rivage, ont l'avantage de multiplier les échanges et les idées, et de provoquer l'activité humaine dans les directions les plus opposées. Là peut se développer la société à la fois la

plus variée et la plus complète. En observant, enfin, que la
Grèce ouvre toutes ses vallées ou dirige presque tous ses
promontoires vers l'Asie ou l'Afrique, on voit qu'elle est
destinée à servir comme de lien et d'intermédiaire entre
l'Orient et l'Occident, entre l'Asie et l'Europe.

« Tel est le pays que les premiers rameaux de la race de
Japhet (indo-européenne), partis d'Asie, ont peuplé, soit en
descendant par terre l'escalier du Pinde, soit en arrivant par
mer d'île en île ; c'est la patrie qu'ils ont choisie. »

C'est ainsi que la science renouvelle, en le fixant et
le précisant, ce que l'imagination, la poésie et la peinture avaient si souvent touché. Quelque judicieux et
heureux qu'ait été M. Zeller dans son discours sur la
Grèce et dans le tableau de ses manifestations si variées en tout genre, religion, guerre, héroïsme, poésie
et beaux-arts, je le préfère dans son discours sur Rome.
Rome ou l'État, tel est l'intitulé de ce troisième chapitre ; il aime ainsi, dans un sous-titre, à indiquer l'idée
dominante. La géographie de l'Italie préside à son histoire et aux destinées romaines, comme la géographie
de la Grèce a présidé aux destinées helléniques :

« La Grèce et l'Italie, géographiquement, sont sœurs,
mais elles ont leur physionomie particulière. L'Apennin est
le Pinde de l'Italie ; mais, en formant l'arête de la Péninsule,
il s'épanouit davantage, couvre le pays de sa masse, ménage
des vallées et des plateaux qui se relient par de faciles passages et expire en plaines plus étendues sur des côtes moins
découpées. Tandis que la Grèce ouvre ses vallées et tourne
ses rivages vers l'Orient, l'Italie ouvre au couchant la Toscane, le Latium, la Campanie. Ces deux jumelles, séparées
par l'Adriatique, se tournent le dos en quelque sorte et
regardent vers deux points opposés. De là l'action exercée

en sens inverse par les deux grandes races qui ont fait la civilisation de l'ancien monde : celle de la Grèce sur l'Asie et l'Orient, celle de l'Italie sur l'Occident et l'Europe. La position de l'Italie, au centre du bassin de la Méditerranée, sur les bords de laquelle se groupe toute la civilisation antique, lui assure aussi dans les temps anciens une plus haute fortune. »

Il y a beau jour que ces fonctions propres et spéciales aux divers pays dans leur originalité première sont épuisées. C'en est fait dès longtemps, pour les contrées et pour les nations, de ces rôles naturels et vierges en quelque sorte, de ces rôles de jeunesse : l'ancien monde est saturé ; il a passé par tous les emplois et par tous les âges, par tous les états de l'histoire. C'est l'œuvre, aujourd'hui, d'une civilisation savante et créatrice de renouveler et de rajeunir, s'il se peut, les fonctions de chaque pays, de chaque peuple, de les répartir et de les approprier de nouveau.

II.

Je ne repasserai pas avec M. Zeller sur les premiers temps de cette République romaine si connue dans son esprit, si incertaine dans ses annales, et où la légende le dispute d'abord à l'histoire. Il n'insiste pas sur ce qui est douteux : il s'attache à démêler et à dégager le vrai caractère qui a différencié Rome des autres cités antiques. Rome n'est pas une cité fermée, une cité étroite comme cette infinité de petits États rivaux et jaloux, indépendants et vivants d'eux-mêmes, qui animaient la Grèce et qui la perdirent. Rome, dès les premiers temps, s'incorpore et s'assimile les vaincus : les ennemis de la veille deviennent des concitoyens. C'est là le principe de sa grandeur, et ce qui la fit, avec le temps, la Ville par excellence, la ville éternelle, universelle :

« Cette destinée grandiose ne s'accomplit point sans de longues et rudes luttes qui forment toute l'histoire intérieure de Rome, mais dont chaque crise l'accroît et la fortifie pour la conquête. La cité quiritaire, la *Rome carrée* était bien exclusive aussi dans les premiers jours. Association de pères de famille, agriculteurs et guerriers, qui couvre peu à peu les sept collines, ayant au-dessous d'elle des clients nombreux, la cité est d'abord un patriciat jaloux qui retient d'une manière incommunicable, non-seulement le gouvernement, mais le culte, le droit civique, et comme la famille même et la propriété. »

On sait toutes les crises par où l'on dut passer avant de forcer une à une les barrières : patriciat hautain et féroce, révoltes populaires, sécessions à main armée et droits conquis, puissance des tribuns; puis, en dehors de Rome, le travail des peuples latins et italiens, leur révolte aussi, la guerre sociale, et les alliés vaincus faisant irruption pourtant dans la cité et gagnant en définitive leur cause. Un jour ou l'autre, de gré ou de force, par composition ou de haute lutte, par la porte ou par la brèche, on entre, on est entré, on prend possession. Chaque fois le cercle romain s'élargit sans pourtant se briser; ou, après s'être brisé un moment, il se rejoint aussitôt et se reforme. Ce sont comme autant de nœuds qui marquent la croissance du tronc robuste, à mesure qu'il s'élève et étend plus loin ses rameaux.

Ici une question se présente : est-ce par une extension naturelle et nécessaire de l'idée romaine que s'est opérée cette adjonction et cette assimilation perpétuelle au sein d'une unité de plus en plus vaste ? est-ce par corruption de la Constitution même ? Dans un savant livre que vient de publier M. Fustel de Coulanges (1), la question est discutée et traitée avec un rare esprit philosophique et une érudition des mieux digérées; mais peut-être la cité romaine n'y est-elle pas assez nettement mise à part et distinguée des cités grecques. Il y avait, quoi qu'il en soit, dans l'esprit politique des Romains tout le contraire, à certains égards, de l'esprit des Spartiates, une faculté de se transformer et de transiger sans briser, une disposition adoptive, si j'ose dire, qui n'existait pas en Grèce : comme l'aristocratie anglaise, le Sénat romain résistait aux réformes jusqu'au dernier moment; puis, ce moment venu, il cédait et s'accommodait du nouvel ordre. M. Zeller paraît croire que le principe de ce développement préexistait en germe dès l'origine, et il s'autorise avec raison de cette belle parole de Tacite : « Pourquoi La-
« cédémone et Athènes, si puissantes par les armes,
« ont-elles péri, si ce n'est pour avoir repoussé les

---

(1) *La Cité antique, Étude sur le Culte, le Droit, les Institutions de la Grèce et de Rome,* par M. Fustel de Coulanges, professeur d'histoire à la Faculté des lettres de Strasbourg (un vol. in-8°; Durand, rue des Grès, 7).

« vaincus comme des étrangers ? Notre fondateur Ro-
« mulus, bien plus sage, a vu la plupart des peuples
« voisins, en un seul jour ennemis de Rome et ses
« concitoyens. » Le programme de Romulus (si Romulus il y a) fut celui de toute la République et de tout
l'Empire ; il fut appliqué et pratiqué, bon gré, mal gré,
à chaque période, et dans des proportions de plus en
plus larges, jusqu'au jour où parut enfin ce décret impérial dont on fait honneur à Caracalla, et en vertu duquel tous les hommes libres, sans distinction, répan-
dus sur toute la surface de l'Empire, se trouvèrent
avoir acquis officiellement le droit de cité romaine.
L'univers romain était réellement fondé : il était sorti
de la cité aux sept collines.

Si Bossuet a hautement défini au moral l'esprit public des Romains dans les beaux temps de la République, M. Zeller, avec plus de précision et résumant le
sens politique de toute la conduite romaine dans ces
mêmes siècles, dira :

« Vous avez cet admirable gouvernement où la sagesse du
Sénat tempère l'élan de la place publique ; où la monarchie
temporaire, sous le nom de dictature, empêche ou modère
les luttes ou les excès de l'aristocratie et de la démocratie ;
où les Consuls conservent toujours un pouvoir fort ; où les
assemblées n'ont que la délibération et la sanction, le con-
trôle et les appels des grandes causes politiques ; cette
société, enfin, où le mariage et la propriété constituent en
quelque sorte la cité même, où la famille est réglée comme
un État, où l'État et la religion se pénètrent au point que le
gouvernement fait un avec le culte, et que l'amour des dieux
est le culte même de la patrie, et le culte de la patrie l'amour
des dieux !

« C'est ce gouvernement qui a permis à Rome de conquérir l'Italie, et avec l'Italie, comme par le même procédé, le monde. »

Quant aux arts de Rome, ils sont, comme ceux de la Grèce, l'image fidèle de son génie. Le génie des Grecs est infini et varié ; il est naturellement délicat ; toutes les formes de l'art y atteignent vite et d'elles-mêmes à la perfection et à la fleur. Le génie de Rome est plus simple et s'en tient longtemps au solide. Aussi ne trouve-t-on réellement à Rome, dès le principe, « qu'un seul art grand et original, l'architecture, parce qu'il est le plus utile. » De même « un seul des dons de l'esprit y naît naturellement, y atteint de soi-même tout son développement, et étend son influence sur tous les autres, l'éloquence. » Ici encore, une de ces pages concises et pleines, qui résument toute une perspective et une suite de vues :

« Par leur caractère, par leurs institutions, les Romains sont naturellement un peuple, je ne dirai pas éloquent, mais oratoire. Comme la vie politique n'est qu'une lutte entre les divers ordres de l'État et même entre les particuliers ; comme les tribunaux eux-mêmes sont à Rome une arène ouverte à toutes les passions, l'éloquence est un avantage que nul ne peut négliger, une arme qui sert à défendre son honneur ou sa fortune, à attaquer l'honneur ou la fortune d'autrui, et toujours à jouer un rôle dans la cité. Cicéron disait que l'orateur était un soldat qui devait être armé de toutes pièces et toujours prêt à combattre. L'éloquence, elle se retrouve à Rome dans tous les genres de la littérature, même lorsqu'elle les emprunte à la Grèce. Gaie et plaisante chez les Grecs, la satire chez Lucilius ressemble à de véritables discours de censeurs; celle de Juvénal aura le caractère d'accusations publiques. Plaute, le comique, improvise pour le peuple auquel il s'adresse. Quand Cicéron cherche dans ses dialogues à vulgariser la philosophie grecque, il converse moins qu'il ne plaide. Il dira lui-même de l'histoire que c'est œuvre d'orateur; et en effet Tite-Live souvent fera le panégyrique de la République romaine, et Tacite le procès de l'Empire. La poésie épique, enfin, dégénérée de la perfection de Virgile, est inspirée dans *la Pharsale* d'un souffle tout oratoire et mérite à Lucain ce jugement de Quintilien, qu'il était plutôt un orateur qu'un poëte. »

C'est ingénieux et incontestable. Chez nous aussi, dans notre littérature, tout ce qui se rattache directement à l'imitation ou à l'inspiration romaine est oratoire. Quel poëte est plus orateur que Corneille? Et dans la tragédie dégénérée, Voltaire lui-même est un éloquent pousseur de tirades plus qu'un poëte. Son meilleur disciple, Marie-Joseph Chénier, n'est pas autre chose.

III.

M. Zeller, qui traite de l'histoire sans parti pris et sans passion exclusive, est loin de désespérer de Rome et de ses destinées à la chute de la République. Une nouvelle révolution, une transformation s'opère; voilà tout. Elle était devenue inévitable. Il pense avec Dion Cassius « que tant que la République fut petite et son territoire médiocre, la forme républicaine pouvait suffire et qu'elle fut un bien, mais que, sitôt que Rome, se jetant au dehors de l'Italie et traversant les mers, eut rempli de sa puissance les continents et les îles lointaines, la République n'était plus qu'un mal. » Voyez Rome, en effet, au temps de César et avant qu'il mette la main à l'Empire, avant qu'il soit revenu des Gaules pour passer le Rubicon : quelle confusion! quel désordre! Tout est détraqué à Rome ; le calendrier, l'horloge des temps comme la Constitution. Celle-ci ne fonctionne plus. Les brigues vont jusqu'à la sédition. Les honnêtes gens se font justice à main armée, et Milon tue Clodius. Les tribuns sont en guerre déclarée avec les consuls ; on ne parvient plus à nommer à temps ces derniers : chaque année commence par un interrègne. La République ne peut plus accoucher au terme voulu de ses deux consuls ; on finit par n'en avoir plus qu'un, *in extremis*. Tout appelle un chef, un maître, un dictateur.

Les plus honnêtes gens n'ont pas le sens commun et sont devenus impraticables. Caton, le type des grandes âmes qui résistent, est souvent puéril. Il porte des sandales, parce qu'il voit les statues de Romulus et des anciens Romains qui en ont. Un jour, en pleine guerre, au Sénat, il opine pour qu'on livre César aux Germains comme violateur des traités. Si c'était sérieux, ce serait un crime de lèse-patriotisme, mais c'est fou. L'esprit de parti fausse ainsi les vues et mène à des conclusions révoltantes. Nous en avons eu des exemples.

Dans le discours de M. Zeller sur Rome, César est présenté sans flatterie, sans colère ; ce n'est pas que l'historien reste froid pourtant : ces pages sur César ont du souffle et sont d'un écrivain.

Pourquoi César eut-il ses vingt-trois coups de poignard? Médita-t-il, en effet, de mettre sur sa tête cette couronne de roi, ce diadème qui lui fut offert publiquement un jour et qu'il fit semblant de repousser? M. Zeller hésite un peu sur ce point; mais il n'hésite pas quand il attribue à César l'idée de fonder, sous un nom ou sous un autre, une monarchie populaire, universelle et, en quelque sorte, humaine :

« Étendre le droit de cité à tous les hommes libres de l'Empire, régner sur le monde pour le monde entier, non pour l'oligarchie ou la démocratie quiritaires; abaisser les barrières entre les classes comme entre les nations, entre la liberté même et la servitude, en favorisant les affranchissements et en mettant le travail en honneur; avoir à Rome une représentation non du patriciat romain, mais du patriciat du monde civilisé; fondre les lois de la cité exclusive dans celles du droit des gens; créer, répandre un peuple de citoyens qui vivent de leur industrie et qu'on ne soit pas obligé de nourrir et d'amuser : voilà ce qu'on peut encore entrevoir des vastes projets de celui qu'on n'a pas appelé trop ambitieusement l'homme du monde, de l'humanité: voilà ce dont témoignent déjà les Gaulois, les Espagnols introduits dans Rome, Corinthe et Carthage relevées, et ce qu'indiquent les témoignages de Dion Cassius, de Plutarque, de Suétone, bien qu'ils aient pu prêter peut-être à César quelques-unes des idées de leur temps. »

César (s'il est permis d'en parler de la sorte à la veille d'une publication par avance illustre), César, au milieu de tous ses vices impudents ou aimables, de son épicurisme fondamental, de ce mélange de mépris, d'indulgence et d'audace, de son besoin dévorant d'action, et de cet autre besoin inhérent à sa nature d'être partout le premier, César, à travers ses coups de dés réitérés d'ambitieux sans scrupule et de joueur téméraire, avait donc une grande vue, une vue civilisatrice : il n'échoue pas, puisque son idée lui survit et triomphera, mais il périt à la peine, parce qu'il avait devancé l'esprit du temps, tout en le devinant et le servant, parce qu'il vivait au milieu de passions flagrantes et non encore domptées et refoulées. Il périt pour avoir voulu réconcilier Rome avec le monde, les vainqueurs avec les vaincus, de même que Henri IV (la comparaison est de M. Zeller) tombe sous le couteau pour avoir voulu faire subsister dans la tolérance les communions et les sectes ennemies qui s'égorgeaient la veille. Sur les derniers projets de César, il règne un vague plus grand encore que sur les derniers projets de Henri IV, et proportionné à leur grandeur. Il avait, dit-on, dessein de faire la guerre aux Parthes, et, les ayant vaincus, de gagner la mer Caspienne, de tourner le Caucase, de traverser les déserts scythiques pour passer de là en Germanie et rentrer enfin en Italie par les Gaules. Si je comprends bien cette pensée, César encore devançait en ceci les temps. Il avait eu affaire aux barbares ; il connaissait à fond l'état de Rome et sa corruption ; il prévoyait le moment où cet orgueilleux colosse romain ne pourrait plus suffire à sa propre défense, et il voulait y pourvoir en déblayant, pour ainsi dire, toute la banlieue de l'Empire, en l'environnant de l'effroi de ses armes et de la terreur du nom romain, en y plaçant sans doute des colonies militaires, comme des sentinelles avancées. Il aurait par là assuré pour quelque temps l'enceinte de l'Empire et retardé peut-être le siége qu'en firent les barbares.

IV.

Je trouve M. Zeller un peu sévère pour Auguste, non qu'il ne comprenne et ne définisse parfaitement la pensée de ce profond politique, mais il paraît le blâmer et croire qu'Auguste, en profitant pour lui de l'avertissement donné par la mort de César, a trop masqué l'idée nouvelle, n'a osé l'appliquer ouvertement et nettement, et n'a abouti sous sa forme mitigée qu'à un compromis fâcheux, « l'Empire républicain, » quelque chose qui n'était ni aristocratie, ni démocratie, ni république, ni monarchie franche. Je crois qu'Auguste savait autant que personne et mieux qu'aucun de nous où était la difficulté de la situation et ce qu'il lui importait de ménager. Quoi qu'il en soit, ce nouvel ordre de choses est parfaitement expliqué et présenté par M. Zeller. Il l'a même étudié à part dans un ouvrage développé, *les Empereurs romains* (1), qui est d'un vif et grave intérêt. Il s'est attaché à y bien saisir et à y marquer la nuance de caractère de chacun des premiers empereurs : cette diversité de caractères personnels décide, en effet, du degré de transformation dans le gouvernement, qui

(1) *Les Empereurs romains, caractères et portraits historiques:* un vol. in-8°. Didier, quai des Augustins, 35.

est surtout alors le gouvernement d'un seul. La Constitution de l'État sous Auguste et ses successeurs reste mal définie ; elle est élastique. Il n'y a pas véritablement de Constitution, il n'y a que des souverains, des personnes bonnes ou mauvaises. L'historien arrive ainsi, en saisissant les traits principaux du caractère, à trouver le sens du règne de chacun. Notre ami, le regrettable J.-J. Ampère, avait tenté quelque chose de pareil ; mais, préoccupé d'une idée politique trop fixe, il lui est arrivé souvent de forcer Suétone et Tacite, tandis qu'il s'agissait surtout, laissant là les allusions présentes, de se bien rendre compte du passé. L'histoire a été injuste envers les Césars : elle a insisté sur les Tibère et les Néron, elle a négligé les meilleurs règnes. On n'a pas de Trajan, un Trajan complet : Tacite nous le devait. On a du moins le siècle des Antonins, qui se défend et se proclame lui-même par son étendue et par la continuité de ses bienfaits. « Un souffle nouveau de moralité jusque-là inconnue passe sur le monde. » Je ne sais quelle douceur primitive de l'âge de Numa se retrouve à la fin des temps et après des âges de fer. Je connais quelqu'un qui n'appelle jamais ce siècle des Antonins que le magnifique *été de la Saint-Martin* de l'ancienne philosophie. On a véritablement « l'Empire libéral » et philosophique, comme l'a dénommé M. Zeller. On jouit, sauf quelques menaces et des veilles pénibles aux frontières, de l'unité incontestée du monde romain, de ce qu'on a appelé « la majesté de la paix romaine. »

Un écrivain qui n'est pas suspect d'optimisme, Tertullien, comparait l'univers, en ce siècle heureux, au verger riant d'Alcinoüs : « Le monde, disait-il, est comme le jardin de l'Empire. » Adrien, on le sait, rassemblait dans la villa magnifique qui porte son nom des échantillons de toutes les merveilles du monde : le monde à son tour, du temps d'Adrien et de ses deux successeurs, n'était pour le Romain qu'une magnifique villa, une *villa Adriana* en grand. On n'y voyageait pas, on s'y promenait.

Marc-Aurèle couronne ce siècle unique dans l'histoire par sa sagesse et par ses vertus : il est le plus philosophe et le plus humain de tous ceux qui ont jamais régné. Il a eu, dans ces derniers temps, un rafraîchissement de renommée parmi nous, s'il est permis de le remarquer d'un souverain si uni, si simple, si étranger aux vaines idées de gloire. Je ne sais comment cela s'est fait, mais je vois comme un concours ouvert à son sujet et qui n'est pas fermé encore. Un de nos savants les plus exacts et les plus scrupuleux, un disciple de Borghesi, M. Noël des Vergers, a publié un *Essai* (1) qui a du neuf sur quelques points, qui aussi a donné lieu à de nouvelles lectures des *Pensées* de Marc-Aurèle, et chacun en a profité. M. Renan a écrit à cette occasion deux beaux articles (2), qui ne font que présager ce qu'il payera d'hommages sentis au meilleur des princes, dans la suite de l'ouvrage où

---

(1) *Essai sur Marc-Aurèle, d'après les monuments épigraphiques*, par M. Noël des Vergers; un vol. in-8°. Firmin Didot, rue Jacob, 56.

(2) Voir le *Journal des Débats* des 8 et 9 juillet 1864.

il doit montrer les progrès du Christianisme en présence du dernier effort et de l'épanouissement suprême de l'ancienne philosophie. Un professeur au Collége de France, M. Martha, dans un volume où il a rassemblé plusieurs philosophes et poëtes de l'Empire romain (1), lui a consacré tout un chapitre sous ce titre : *l'Examen de conscience d'un Empereur*. Le livre de M. Martha, fruit d'une étude lente, approfondie et délicate, est animé partout d'un souffle pur et respire comme une paisible sérénité : Marc-Aurèle y est traité comme il aurait aimé à l'être, dans un esprit de conciliation et de mansuétude. A son tour, l'ouvrage de M. Martha nous a déjà valu une fine appréciation de M. Bersot, roulant presque tout entière sur Marc-Aurèle, de même qu'un drame de M. Bouilhet, *Faustine,* nous avait valu un Marc-Aurèle aussi, non plus dessiné, mais peint par M. Paul de Saint-Victor. N'ai-je pas raison de dire qu'il y a eu concours sur ce beau nom, et que chaque talent est venu mettre son trait respectueux à l'expression dernière de cette figure bienfaisante? Mais c'est Marc-Aurèle lui-même qui s'est peint le mieux dans son livre de *Pensées*. M. Zeller y a puisé avec discrétion, et, en historien qu'il est, il s'est surtout attaché à celles des pensées qui jettent un jour sur les sentiments de Marc-Aurèle empereur, sur ses tristesses secrètes, sur son dégoût final, sur cette difficulté invincible au bien qu'il rencontrait à chaque pas dans la résistance des choses et

(1) *Les Moralistes sous l'Empire romain,* par M. Martha; un vol. in-8°, librairie Hachette.

des hommes. C'est ainsi que l'historien s'explique que Marc-Aurèle, pendant un règne de dix-neuf ans, n'ait pas plus fait ni tenté pour restaurer radicalement l'Empire, pour en améliorer la Constitution d'une manière durable et qui lui survécût :

« Pauvres politiques, se disait tout bas le sage, ceux qui prétendent régler les affaires sur les maximes de la philosophie ! Rêves d'enfants ! Homme, que peux-tu faire ? Ce que réclame le moment présent. N'espère point qu'il y ait jamais une république de Platon. Qu'il te suffise d'améliorer quelque peu les choses, et ne regarde pas ce résultat comme de mince importance. Qui pourrait, en effet, changer les idées et les sentiments des hommes ? Et sans ce changement, peux-tu jamais avoir autre chose que des esclaves qui gémissent sous le joug, et des hypocrites, proie du mensonge ? Ne me parle plus d'Alexandre, de Philippe, de Démétrius de Phalère, tragiques acteurs que je ne suis pas condamné à imiter. L'œuvre de la philosophie est maintenant plus modeste : elle ne doit pas affecter une si ambitieuse tâche. »

Et un autre jour, après quelque dégoût amer et quelque expérience nouvelle de l'ingratitude ou de l'inintelligence des hommes :

« Supporte patiemment la mort, en songeant que tu n'as pas à quitter des hommes qui pensent comme toi. La seule chose qui pourrait t'attacher à la vie serait l'espoir de faire partager aux autres tes sentiments ; mais tu vois quelle douleur c'est de ne trouver qu'opposition dans le commerce des hommes. C'est pourquoi tu n'as plus qu'à te dire : O mort, viens vite, pour que, moi du moins, je ne me démente pas moi-même. »

Ainsi Marc-Aurèle a bu son calice, mais il l'a bu silencieusement. Il ne criait pas comme ce révolutionnaire cynique : « Je suis soûl des hommes, » il le pensait. Cicéron l'a dit aussi, à sa manière; il lui en venait souvent la nausée, et il y eut un moment où tout lui parut odieux, excepté la mort. César, à la fin, ne se donnait plus la peine de défendre sa vie; il semblait dire : « Qu'ils la prennent, s'ils la veulent! » On arrive à ce même dégoût par tous les chemins; il suffit d'avoir longtemps vécu et d'avoir eu à se démêler de trop près avec l'espèce humaine.

En ce qui est de Marc-Aurèle en particulier, une remarque ressort de l'étude de sa vie et de la lecture de ses *Pensées* : il ne faut pas être trop sage pour réussir en ce monde et pour enlever le genre humain. La philosophie en personne s'assit sur le trône avec Marc-Aurèle : elle en descendit et mourut avec lui. Le Christianisme, qui pointait et perçait partout sourdement, devait bientôt l'emporter sur elle. Ce vertueux, ce bon et même un peu débonnaire empereur était trop sage, encore une fois, trop modéré et trop raisonnable, en vérité, pour la masse des hommes. Il ne suffit pas d'élever des autels à la Bonté, et de les élever même dans son propre cœur : il faut des images plus parlantes aux foules. La ciguë de Socrate, en son temps, n'avait pas été un spectacle assez émouvant, assez déchirant, assez public, et qui causât une pitié assez pénétrante. On n'y voyait pas la sueur de sang. Le Juste de Platon mis en croix n'était qu'une supposition et une hypothèse : il fallait un Juste qui eût été véritablement mis en croix. Pour guérir des folies et des misères désespérées, il faut des remèdes extrêmes, et qui eux-mêmes, à les bien prendre, visent quasi à la folie; il faut une contre-folie, mais qu'elle semble divine et qu'elle soit entraînante en sens inverse et contagieuse. L'antidote doit être proportionné au mal. On ne sort d'un excès que par un excès. Ainsi, dans cette longue crise finale du monde ancien, la consolation offerte, la promesse dernière devait surpasser et, s'il se peut, submerger le désespoir. Marc-Aurèle n'avait à offrir que la patience, la résignation, la conscience du devoir accompli, la satisfaction interne sobre et austère, les palliatifs de la sagesse, les moyens humains : il n'a parlé, il ne parle encore qu'à quelques-uns. Comme médecin moral, comme directeur et conseiller des âmes, il n'était que le plus humble, le plus doux et le mieux morigéné des mortels : l'humanité pour se guérir, voulait un Dieu.

Toutes ces pensées et bien d'autres naissent à l'esprit, en lisant les chapitres nourris et sérieux de M. Zeller, et c'est là le fruit le meilleur, bien qu'encore un peu stérile, la véritable philosophie de l'histoire.

Lundi 13 février 1865.

MARIE-THÉRÈSE

ET

MARIE-ANTOINETTE

LEUR CORRESPONDANCE

PUBLIÉE PAR

M. LE CHEVALIER ALFRED D'ARNETH (1)

L'Étude sur Marie-Antoinette semblait épuisée ; elle ne l'était pas. Grâce à une nouvelle publication imprévue, je ne dirai pas qu'elle recommence, mais elle se couronne, elle s'achève. Un écrivain allemand, M. Alfred d'Arneth, ayant à écrire une histoire de l'Impératrice Marie-Thérèse, s'occupa préalablement à rassembler une collection, aussi complète que possible, des lettres écrites par cette grande et laborieuse souveraine. « Son

(1) Un vol. in-8°, Vienne ; et Paris, Jung-Treuttel, rue de Lille, 19.

infatigable activité, nous dit-il, et l'habitude qu'elle avait de correspondre, non-seulement avec les nombreux membres de sa famille, mais avec les princes étrangers, avec ses conseillers et avec une foule d'autres personnes, me permettaient de penser que je ferais une ample moisson, et j'espérais pouvoir publier toute la Correspondance de Marie-Thérèse. » Malheureusement, M. d'Arneth dut renoncer en partie à ce projet : il rencontra des refus auprès de la plupart des familles nobles d'Autriche. Le souverain, en ceci, se montra plus libéral que les grands et que les particuliers, ce qui arrive quelquefois. M. d'Arneth eut communication entière des lettres de l'Impératrice à la plus illustre et la plus intéressante de ses filles, Marie-Antoinette, et c'est cette Correspondance tout intime qu'il publie aujourd'hui. Les lettres des deux princesses sont en français. M. d'Arneth, toutefois, a cru devoir en faire une publication allemande, en y mettant l'avertissement et les notes en allemand. Comme le livre n'est destiné qu'à ceux de sa nationalité qui lisent le français et qu'il s'adresse, en revanche, à tous les lecteurs français dont la majorité est loin de posséder l'allemand, il eût été de meilleure grâce à M. d'Arneth d'en faire une publication toute française. En daignant user de notre langue, il eût imité le procédé de Marie-Thérèse. Quand on fait tant que d'offrir un présent, il coûte si peu d'y mettre la façon (1).

(1) Disons aussi que la modestie, — trop de modestie, — a pu faire craindre à M. d'Arneth de se hasarder dans une langue étrangère. — Pour que le lecteur français n'ignore rien des titres et des

A cela près, nous devons toutes sortes de remercîments à M. d'Arneth. La Correspondance, peu agréable à première vue, est d'un intérêt sérieux à qui la sait bien lire. Je dis à dessein : A qui la sait bien lire. Des esprits amis du graveleux ont déjà pris cette publication par un bien petit côté (1). On sait et l'on savait depuis longtemps par Mme Campan que Marie-Antoi-

mérites du savant éditeur qui va acquérir une très-grande autorité dans le débat si vivement engagé sur l'authenticité des premières lettres de Marie-Antoinette, il est bon de savoir que M. Alfred Arneth ou d'Arneth, fils de l'ancien conservateur des Antiques, à Vienne, est placé lui-même, en qualité de conservateur en chef adjoint, à la tête des Archives impériales; il est conseiller aulique et membre des États. Il a été créé noble et chevalier. Il a débuté par un volume sur Starhenberg, et s'est surtout fait connaître par une fort bonne Histoire du prince Eugène de Savoie. Il a donné, en dernier lieu, deux premiers volumes sur le règne de Marie-Thérèse.

(1) Je faisais ici allusion à un article qui avait paru sous ce titre : *l'Impuissance du roi.* Louis XVI n'était pas impuissant, pas plus qu'on n'est muet pour être bègue : mari ou roi, il était le même; il n'était que gauche, honteux et empêché. Mais nous n'avons garde d'empiéter sur la chirurgie. — Je ne laisse subsister la note qu'on vient de lire qu'à la condition d'en rétracter une partie. J'ai pu m'assurer depuis, en effet, que ce n'était point du tout par « goût du graveleux » qu'un critique anonyme avait parlé de cette *impuissance* de Louis XVI. Ce critique, en se nommant, s'est fait connaître à moi comme un esprit sérieux et même sévère, qui n'entend pas badiner en matière morale ou historique. Il est homme moins que personne à incliner du côté du roman et à y sacrifier la vérité. Mais alors, si ce critique distingué que je puis maintenant nommer puisque je lui ai fait réparation, M. Louis Combes, tient toujours pour son opinion si désavantageuse au pauvre roi, j'aimerais bien qu'on en vînt une bonne fois, et fût-ce dans un journal de médecine, aux preuves et aux arguments qui peuvent en finir avec cette question. S'il y avait quelque procès-verbal d'opération, ce serait décisif.

nette, après plus de sept ans de mariage, n'avait pas encore le droit de concevoir l'espérance d'être mère. Tout récemment, la Correspondance publiée par M. Feuillet de Conches, et si abondante en révélations de tout genre, avait confirmé le fait et l'avait de plus en plus précisé, en rapportant au voyage de l'empereur Joseph II à Paris un changement notable dû aux conseils de ce prince et à son intervention dans cette singularité matrimoniale. Naturellement, dans une Correspondance avec sa mère, Marie-Antoinette s'épanche et revient perpétuellement sur cet objet qui fait, à toutes deux, leur constante et vive sollicitude. Il est peu de lettres où elle n'en parle; chaque grossesse de sa belle-sœur, la comtesse d'Artois, lui est un crève-cœur. Elle dissimule devant le monde et la Cour, mais elle souffre, et elle décharge son chagrin dans le sein de sa mère. Nous sommes, malgré quelques suppressions nécessaires que l'éditeur a faites par stricte convenance et dont il nous avertit, nous sommes, dis-je, presque aussi édifiés là-dessus aujourd'hui que le serait une matrone de confiance. On n'a pas plus exactement le journal de la santé de Louis XIV qu'on n'a présentement le journal des espérances ou des déceptions de Marie-Antoinette pour cette grossesse toujours reculée : on en suit tous les moments, on sait les époques. Sera-ce bientôt? sera-ce cette fois? Pas encore. Marie-Thérèse, qui se contente d'abord, après un espoir si longtemps stérile, de voir la jeune reine déguignonnée, dût-elle n'avoir la première fois qu'une fille, finit cependant par s'insurger:

elle demande à cor et à cri un garçon, un dauphin : « J'étais indiscrète, mais à la longue je deviendrai importune... il nous faut un dauphin... il nous faut absolument un dauphin (juin 1780). » Après dix ans d'attente, ce n'était pas trop. Ce vœu à la fois politique et maternel, il ne lui fut point donné de le voir exaucé. Elle mourut avant d'avoir vu sa fille mère de celui qu'on appelait l'héritier du trône.

Mais, encore une fois, c'est là un petit côté de la Correspondance nouvellement publiée : ce qu'on y doit considérer comme essentiel, c'est tout ce qui révèle la tendresse, la vigilance, le tact et le bon sens de la grande souveraine, s'adressant dans l'intimité à la plus jeune de ses filles qu'elle voit entourée de périls et de piéges, au milieu d'une Cour légère et à la tête d'une nation mobile, aussi prompte dans ses aversions que dans ses amours. La figure principale qui se dessine pour nous est celle de Marie-Thérèse. Marie-Antoinette est connue, et tout en gagnant à cette familiarité tendre, respectueuse et soumise, où elle achève de se produire, elle ne se montre à nous par aucun aspect vraiment nouveau. Tout au plus y voit-on quelques confidences plus nettes et plus franches qu'ailleurs sur les deux princes ses beaux-frères, le comte de Provence et le comte d'Artois. Elle a à s'expliquer avec sa mère, elle a à se défendre de certains bruits qui courent, et son besoin d'apologie la mène à dire sur ces deux personnages le fond de sa pensée et de ses sentiments. Elle parle du futur Louis XVIII comme d'un caractère faux, dissimulé, cauteleux, mêlé par goût dans des intrigues et y mêlant sa femme qui, « peur, bêtise ou inclination, » le suit. Le comte d'Artois, lui, le futur Charles X, n'est qu'étourdi, pétulant, imprudent, tête vive et légère :

« Il est vrai que le comte d'Artois est turbulent et n'a pas toujours la contenance qu'il faudrait ; mais ma chère maman peut être assurée que je sais l'arrêter dès qu'il commence ses polissonneries, et, loin de me prêter à des familiarités. je lui ai fait plus d'une fois des leçons mortifiantes en présence de ses frères et de ses sœurs. (16 novembre 1774.) »

Quant au comte de Provence, il y a d'autres précautions à prendre avec lui ; ce n'est pas de ses familiarités en public et de ses gestes légers qu'on a à se méfier, c'est plutôt de ses coups fourrés ainsi que de ceux de sa digne épouse, qui est bien appareillée avec lui :

« Ils sont l'un et l'autre fort réservés et fort tranquilles. au moins en apparence. Madame est Italienne de corps et d'âme ; le caractère de Monsieur y est très-conforme : notre pli est pris, nous vivrons toujours sans division ni confiance, et je crois que le roi est comme moi sur cet article. (14 juillet 1775.) »

Cet article des deux beaux-frères revient fréquemment sur le tapis. Marie-Thérèse est mieux disposée pour Monsieur que pour le comte d'Artois. Marie-Antoinette remet les choses à point et leur fait leur juste part à l'un et à l'autre :

« Il est bien vrai qu'il (Monsieur) n'a pas les inconvéniens de la vivacité et turbulence du comte d'Artois ; mais à un caractère très-faible il joint une marche souterraine et quel-

quefois très-basse; il emploie, pour faire ses affaires et avoir
de l'argent, de petites intrigues dont un particulier honnête
rougirait. Par exemple, n'est-il pas honteux qu'un fils de
France signe par-devant notaire un acte par lequel il achète
de Mme de Langeac, maîtresse de M. de La Vrillière, une
forêt que ce ministre avait attrapée au feu roi par Mme du
Barry? Malheureusement pour Monsieur, toutes ces menées
commencent à être connues et ne lui laissent ni considération ni affection publique. Il a même eu quelque temps la
réputation d'esprit, qu'il a perdue par quelqu'une de ses
lettres qui ont paru dans le public et qui étaient peu honnêtes et très-maladroites. (12 novembre 1775.) »

Cette réputation d'esprit qu'on avait refaite à
Louis XVIII devenu roi fut également compromise aux
yeux de tous par la publication de ce pitoyable *Voyage
à Bruxelles et à Coblentz*. Il avait certainement de l'esprit, mais un esprit calculé, apprêté, et de très-courte
haleine. — Marie-Antoinette continue de nous éclairer
sur les manéges et les tortuosités de l'auguste personnage; elle et Louis XVI savaient à quoi s'en tenir sur
ces secrets de famille qu'on nous révèle aujourd'hui:

« Je n'ai jamais oublié ce que ma chère maman me dit sur
le caractère piémontais; il va très bien à Monsieur, et, à cet
égard, il ne s'est point mésallié. Je ne sais quel est son projet dans ce moment : nous vivions fort bien ensemble, et
même, depuis quelque temps, on me faisait compliment
de mes attentions pour lui et sa femme; il a imaginé de
chercher l'intimité, et, pour s'y introduire, il a écrit (c'est
son expédient ordinaire dans les grandes affaires, quoique jusqu'ici il y ait assez mal réussi); sa lettre est adressée
à un homme de sa maison, mais en même temps il lui a indiqué un homme en qui j'ai confiance, pour me la montrer. Il
y a dedans beaucoup de phrases, de bassesse et de fausseté;

malgré cela, j'ai cru devoir en paraître la dupe et croire à tout ce qu'il disait. Je lui en ai parlé la première, en débutant par un reproche obligeant sur ce qu'il se servait d'un tiers avec moi. Depuis nous continuons à être sur le ton de l'amitié et de la cordialité ; à dire vrai, je crois qu'elle n'est pas plus sincère d'un côté que de l'autre ; plus je les vois, et plus je suis convaincue que si j'avais à choisir un mari entre les trois, je préférerais encore celui que le Ciel m'a donné. Son caractère est vrai, et quoiqu'il *est* gauche, il a toutes les attentions et complaisances possibles pour moi. (15 décembre 1775.) »

Gauche et empêché, c'était, je le répète, le seul défaut de Louis XVI vis-à-vis de cette jeune princesse : il avait d'ailleurs toutes les bonnes intentions et toutes les vertus, excepté cette force qui est l'essence de la vertu même. Les deux autres frères viennent suffisamment d'être caractérisés ; dissimulation et fausseté chez l'un, polissonneries chez l'autre. Est-ce assez? L'Ombre de Béranger doit être contente. Ne trouvez-vous pas que toutes ces Correspondances princières divulguées font, en définitive, les affaires de l'opinion populaire et de la démocratie ?

Le futur Louis XVIII est même raillé dans ces lettres de la reine sur un article où il eut toute sa vie plus de prétention et de fatuité que de réalité; on avait dit que Madame était grosse et que Monsieur allait être père. Marie-Antoinette répond à ce bruit (16 août 1779) :

« Ce n'est absolument qu'un bruit de gazette que la grossesse de Madame. Elle est toujours au même point; il y a eu un moment où l'on avait cru le contraire; même Monsieur se vantait beaucoup; mais la suite a bien prouvé que ce n'était qu'une gasconnade, et je crois qu'il restera toujours comme il est. »

Marie-Antoinette s'est chargée là de fournir une note historique à l'appui, pour une future édition des Chansons de Béranger : relisez *Octavie* (1).

Marie-Thérèse, ayant à guider de loin, à conseiller dans toutes ses démarches une si jeune dauphine, puis une si jeune reine, qui trouve si peu d'aide auprès de soi, mêle sans cesse dans ses lettres les recommandations d'une bonne mère à celles d'une impératrice. On pourra sourire de quelques détails qui sentent la maman. — Ayez plus soin de vos dents, on dit que vous les négligez. — Mettez un corset, crainte, comme on dit en allemand, d'élargir et de paraître déjà la taille d'une femme sans l'être. — Le *monter* à cheval gâte le teint, et votre taille à la longue s'en ressentira et paraîtra encore plus. — Les premières lettres sont remplies de ces prescriptions qui tiennent au corps, à la santé, et qui ont des conséquences morales aussi pour les personnes en évidence et dont toute la vie se passe en public :

« Je vous prie, ne vous laissez pas aller à la négligence; à votre âge cela ne convient pas, à votre place encore moins; cela attire après soi la malpropreté, la négligence et l'indifférence même dans tout le reste de vos actions, et cela ferait votre mal; c'est la raison pourquoi je vous tourmente, et je ne saurais assez prévenir les moindres circonstances qui pourraient vous entraîner dans les défauts où toute la famille

(1) Louis XVIII roi, à certain jour de la semaine, en levant la séance du Conseil et en donnant congé à ses ministres pour le lendemain (mercredi), leur disait d'un air fat et fin : « Messieurs, demain je m'amuse. » (Conversations du chancelier Pasquier.)

royale de France est tombée depuis longues années (1); ils sont bons, vertueux pour eux-mêmes, mais nullement faits pour paraître, donner le ton, ou pour s'amuser honnêtement, ce qui a été la cause ordinaire des égarements de leurs chefs qui, ne trouvant aucune ressource chez eux, ont cru devoir en chercher au dehors et ailleurs. On peut être vertueux, gai et en même temps répandu ; mais quand on est retiré au point de n'être qu'avec peu de monde, il en résulte (je dois vous le dire à mon grand regret, comme vous l'avez vu dans les derniers temps chez nous), nombre de mécontents, de jaloux, d'envieux, et des tracasseries ; mais si on est répandu dans le grand monde, comme cela était ici il y quinze ou vingt ans, alors on évite tous ces inconvénients, et on s'en trouve bien pour l'âme et le corps. On est bien récompensé des petites gênes qu'on essuie, par le contentement et la gaîté qu'une telle conduite produit et conserve. Je vous prie donc en amie, et comme votre tendre mère, qui parle par expérience, ne vous laissez aller à aucune nonchalance ni sur votre figure, ni sur les représentations. Vous regretteriez, mais trop tard, d'avoir négligé mes conseils. Sur ce point seul ne suivez ni l'exemple ni les conseils de la famille ; c'est à vous à donner le ton à Versailles ; vous avez parfaitement réussi ; Dieu vous a comblée de tant de grâces, de tant de douceur et de docilité, que tout le monde doit vous aimer : c'est un don de Dieu, il faut le conserver, ne point vous en glorifier, mais le conserver soigneusement pour votre propre bonheur, et pour celui de tous ceux qui vous appartiennent. (1er novembre 1770.) »

Une des recommandations continuelles de Marie-Thérèse à sa fille et qui reviennent sans cesse et jusqu'à satiété, c'est, après celles qui regardent la santé

---

(1) Ce reproche paraît s'adresser surtout à Mesdames, filles de Louis XV, et il est même un peu réversible, en remontant dans le passé, sur la feue reine, épouse de Louis XV, Marie Leczinska.

et la vocation à être mère, de se garder des coteries, des apartés, des sociétés privées où le sans-façon domine, de ne jamais oublier qu'on est un personnage en vue, exposé sur un théâtre, ayant un rôle à remplir; de ne se relâcher en rien, de se surveiller soi-même en tout, dans les petites choses comme dans les grandes; de mépriser le *qu'en dira-t-on*, mais aussi de ne point prêter à de justes reproches. D'autres pourront trouver, en lisant ces lettres, que Marie-Thérèse est bien minutieuse pour une si grande reine dont les actions appartiennent à l'histoire; qu'elle entre ici dans de bien minces détails; qu'elle traite la dauphine, et bientôt la jeune reine de France, comme elle ferait une petite fille à peine sortie de pension : pour moi, je suis frappé du caractère sensé, à la fois maternel et royal, de ses conseils, de la perspicacité qui, de loin, lui fait deviner le point faible et mettre le doigt sur ce qui a perdu en effet Marie-Antoinette dans l'opinion : l'esprit de dissipation et de frivolité, le favoritisme et le goût des coteries. Elle sait certainement, autant et mieux que personne, les heureuses et charmantes qualités de sa fille, de « cette gentille Antoinette, » comme elle l'appelle; est-ce à une mère tendre qu'il faut apprendre ces choses? elle lui reconnaît ce don et ce bonheur de se faire aimer, qui est, selon elle, l'unique ressource et félicité de l'état de souverain :

« Vous l'avez si parfaitement acquis (ce bonheur), ne le perdez pas en négligeant ce qui vous l'a procuré : ce n'est ni votre beauté, qui, effectivement, n'est pas telle, ni vos talents, ni votre savoir (vous savez bien que tout cela n'existe pas), c'est votre bonté de cœur, cette franchise, ces attentions, appliquées avec tant de jugement. On dit que vous négligez de parler aux grands, de les distinguer ; qu'à la table, au jeu, vous ne vous entretenez qu'avec vos jeunes dames, en leur parlant à l'oreille, en riant avec elles. Je ne suis pas si injuste de vouloir vous interdire la conversation très-naturelle des jeunes gens que vous connaissez, de préférence à ceux que vous ne voyez qu'en grand public, mais c'est un point essentiel que la distinction des gens, et que vous ne devez pas négliger, l'ayant si bien acquis au commencement. Là-dessus aucune négligence, et n'imitez personne ; suivez ce que vous avez vu et appris ici. »

Elle ne cesse de conseiller à sa fille des lectures fortes, des lectures suivies ; elle attend tous les mois en vain la liste des livres sérieux que l'abbé de Vermond s'était chargé de procurer à la jeune princesse, et qui, on le sait aujourd'hui par les catalogues, étaient si absents de ses bibliothèques particulières :

« Tâchez de tapisser un peu votre tête de bonnes lectures ; elles vous sont plus nécessaires qu'à une autre,... n'ayant aucun autre acquit, ni la musique, ni le dessin, ni la danse, peinture et autres sciences agréables. »

Il est permis sans doute, surtout à son âge, de s'amuser, mais d'en faire son unique soin et de n'être occupée qu'à « tuer le temps entre promenades et visites, » elle en reconnaîtra le vide et en sera un jour aux regrets. Elle doit apprendre de bonne heure à s'occuper de choses sérieuses et se rendre capable d'être utile à son époux, s'il lui demandait un avis et lui parlait amicalement des affaires. Les éloges se mêlent aux réprimandes, car on sent qu'elles sortent d'un cœur tendre et qui n'a en vue que le bonheur des siens :

« Je suis toujours sûre du succès, si vous entreprenez une chose, le bon Dieu vous ayant douée d'une figure et de tant d'agréments, joint avec cela votre bonté, que les cœurs sont à vous si vous entreprenez et agissez ; mais je ne puis vous cacher pourtant ma sensibilité : il me revient de toutes parts et trop souvent que vous avez beaucoup diminué de vos attentions et politesses à dire à chacun quelque chose d'agréable et de convenable, de faire des distinctions entre les personnes. On dit que vous vous négligez beaucoup sur ce point ; on l'attribue à Mesdames, qui jamais n'ont su s'attirer l'estime et la confiance ; mais ce qui est pire que tout le reste, on prétend que vous commencez à donner du ridicule au monde, d'éclater de rire au visage des gens : cela vous ferait un tort infini et à juste titre, et ferait même douter de la bonté de votre cœur ; pour complaire à cinq ou six jeunes dames ou cavaliers, vous perdriez le reste. Ce défaut, ma chère fille, dans une princesse, n'est pas léger : il entraîne après soi, pour faire la cour, tous les courtisans, ordinairement gens désœuvrés et les moins estimables dans l'État, et éloigne les honnêtes gens, ne voulant se laisser mettre en ridicule, ou s'exposer à se devoir fâcher, et à la fin on ne reste qu'avec mauvaise compagnie, qui entraîne peu à peu dans tous les vices... Ne gâtez pas ce fonds de tendresse et de bonté que vous avez. (17 août 1771.) »

Et encore, — car cette morale générale n'est nullement en l'air et ne vient qu'à propos de rapports très-particuliers :

« Ne prenez pas pour humeur ou gronderie ce que je vous ai marqué ; prenez-le pour la plus grande preuve de ma tendresse et de l'intérêt que je prends à vous, de vous marquer tout ceci avec tant d'énergie ; mais je vous vois dans un grand assujettissement, et vous avez besoin qu'on vous en tire au plus vite et avec force, si l'on peut encore espérer de l'amendement. Mes conseils, ceux de l'abbé (de Vermond), ceux de Mercy, n'ont rien produit, n'ont pu vous garantir des inconvénients; jugez combien j'en dois être affectée, et combien je voudrais, aux dépens de ma vie, vous être utile et vous tirer de l'abandon où vous vous êtes jetée. Il n'est pas étonnant que vous y *êtes* tombée, mais après que je vous fais voir les inconvéniens, que je vous donne même les remèdes pour en sortir, vous seriez inexcusable si vous ne vous en tiriez. Je n'exige pas de vous que vous rompiez la compagnie que vous hantez, Dieu m'en garde! mais je veux que vous demandiez conseil à Mercy de préférence à eux, que vous le voyiez plus souvent, que vous lui parliez de tout et que vous ne rendiez rien de ce qu'il vous dira aux autres; que vous commenciez à agir par vous-même. Des complaisances outrées sont des bassesses ou faiblesses : *il faut savoir jouer son rôle, si on veut être estimé;* vous le pouvez, si vous voulez vous gêner un peu et suivre ce qu'on vous conseille; si vous vous abandonnez, je prévois de grands malheurs pour vous; rien que des tracasseries et petites cabales qui rendront vos jours malheureux. Je veux prévenir cela et vous conjure de croire aux avis d'une mère qui connaît le monde et qui idolâtre ses enfants et ne veut passer ses tristes jours qu'en leur étant utile. Je vous embrasse tendrement; ne me croyez pas fâchée, mais touchée et occupée de votre bien-être. (30 septembre 1774.) »

A un moment elle ne craint pas, elle, l'illustre Marie-Thérèse, de se comparer à ce triste et médiocre trio de Mesdames qui, avec leur vertu, jouaient un si pauvre rôle, et dont elle craignait la mauvaise influence sur sa fille :

« Ce qui m'a fait de la peine et m'a convaincue de votre peu de volonté de vous corriger, c'est le silence entier sur le chapitre de vos tantes, ce qui était pourtant le point essentiel de ma lettre, et ce qui est cause de tous vos faux pas... Est-ce que mes conseils, ma tendresse, méritent moins de retour que la leur? Je l'avoue, cette réflexion me perce le cœur. Comparez quel rôle, quelle approbation ont-elles eus dans ce monde, et, cela me coûte à dire, quel est celui que j'ai joué!... »

On sourit à la seule idée d'une telle comparaison entre Mesdames, filles de Louis XV, et celle dont Frédéric, le glorieux rival et ennemi, a parlé comme « d'une grande femme, faisant honneur à son sexe et au trône. » Nous reviendrons sur ces jugements de Marie-Thérèse, portés par l'adversaire qui passa sa vie à se mesurer contre elle, et qui lui a rendu le plus digne, le plus historique des hommages.

Des mots terribles échappent de temps en temps à la plume de Marie-Thérèse, adjurant sa fille et la pressant de se corriger; je sais qu'il n'y faut pas attacher un sens qu'ils n'ont pas et qu'ils ne pouvaient avoir au moment où elle les écrivait; l'histoire aussi a ses superstitions rétrospectives, dont un esprit juste doit se garantir. Cependant les termes y sont, et il est impossible de ne pas en être frappé comme d'éclairs avant-coureurs :

« Il y a bien des mois que je n'entends rien de vos lectures, de vos applications : je ne vois plus rien là-dessus de l'abbé, qui tous les mois aurait dû m'envoyer vos amusements utiles et raisonnables; tout cela me fait trembler : je vous vois aller avec une certaine sûreté et nonchalance à grands pas à vous perdre, au moins à vous égarer. (31 octobre 1771.) »

Et cinq ans après, quand Marie-Antoinette est reine, dans une lettre à l'abbé de Vermond, Marie-Thérèse laisse échapper ce même mot de sinistre augure et qui s'est trouvé trop prophétique :

« Je suis bien touchée de vos services et attachement qui n'ont pas d'exemple ; mais je le suis aussi de l'état de ma fille, *qui court à grands pas à sa perte,* étant entourée de bas flatteurs qui la poussent pour leurs propres intérêts (1776). »

Et pour le dire en passant, cet abbé de Vermond, tant attaqué et incriminé dans tous les mémoires du temps et toutes les histoires de Marie-Antoinette, se relève un peu, dans cette Correspondance, par l'estime constante et la confiance absolue que lui témoigne Marie-Thérèse : c'est là aussi un suffrage qui compte et qui vaut bien qu'on le mette en balance avec celui de Mme Campan. Cette dernière n'était pas au-dessus, par son caractère, des inimitiés d'antichambre, et elle a bien pu y céder dans ce qu'elle dit de l'abbé. J'ai tant vu d'injustices de ce genre et de faux jugements accrédités, à force d'être répétés, sur des personnes qui ne les méritaient pas, que je laisse toujours dans mon esprit une porte entr'ouverte à la contradiction et au doute.

Les sermons de Marie-Thérèse à sa fille, comme elle-même les appelle, renferment donc bien du vrai et dénotent beaucoup de prévoyance. Marie-Thérèse les redouble à partir de l'avénement de Louis XVI. Les premières lettres qui se rapportent au nouveau règne sont remplies d'effusions, et respirent la joie avec l'espérance. Tout retentit de la louange des jeunes souverains ; elle en est heureuse et comme transportée :

« Tout l'univers est en extase. Il y a de quoi : un roi de vingt ans et une reine de dix-neuf, et toutes leurs actions sont comblées d'humanité, générosité, prudence et grand jugement. La religion, les mœurs, si nécessaires pour attirer la bénédiction de Dieu et pour contenir les peuples, ne sont pas oubliées; enfin je suis dans la joie de mon cœur, et prie Dieu qu'il vous conserve ainsi pour le bien de vos peuples, pour l'univers, pour votre famille et pour votre vieille maman que vous faites revivre. (16 juin 1774.) »

Elle y mêle de sages avis, de ne rien précipiter, de tout voir de ses propres yeux, de ne rien changer à la légère ni par un premier entraînement. Mais il n'y avait pas moyen d'en agir ainsi ; la France aime les coups de théâtre, les changements à vue, et il y a des moments irrésistibles. Le choix des nouveaux ministres paraît à Marie-Thérèse, comme à tout le monde, très-convenable : celui de M. de Maurepas seulement l'étonne. Elle l'attribue à Mesdames. Elle approuve fort les actes de bienfaisance et de clémence qui inaugurent ce règne de Louis XVI. « Qu'il est doux de rendre les peuples heureux, ne fût-ce même qu'en passant ! » Il n'y a qu'à continuer comme on a commencé. « J'aime dans cet instant les Français, s'écrie-t-elle ; que de ressources dans une nation qui sent si vivement ! » Que de ressources, mais que de périls aussi ! Marie-Antoinette est la première à le sentir :

« Il est bien vrai que les éloges et l'admiration pour le roi ont retenti partout : il le mérite bien par la droiture de son âme et l'envie qu'il a de bien faire; mais je suis inquiète de cet enthousiasme français pour la suite. Le peu que j'entends des affaires me fait voir qu'il y en a de fort difficiles et embarrassantes. On convient bien que le feu roi a laissé les choses en très-mauvais état, mais les esprits sont divisés, et il sera impossible de contenter tout le monde dans un pays où la vivacité voudrait que tout fût fait dans un moment (30 juillet 1774.) »

Bien vite, en effet, les nuages reviennent et les difficultés se prononcent. Marie-Thérèse voudrait à la fois que la jeune reine eût de la discrétion et de l'influence, qu'elle ne s'ingérât point dans les affaires, mais qu'elle y entrât doucement et s'accoutumât à les bien entendre :

« Je vous recommande toujours la lecture, unique moyen pour nous autres, et pour former nos idées et cœurs. Si l'on s'apercevait, surtout en France où on épluche tout et tire tout à conséquence, que vous n'entriez en rien, vous seriez bientôt déchue de tous ces applaudissements qu'on vous prodigue à cette heure. C'est le monde ; cela arrive à nous tous, plus tard ou plus tôt; mais il faut donc se tenir dans une assiette telle que cela ne puisse arriver par notre faute. (30 novembre 1774.) »

Parole sage et vraie pour tous ceux qui sont acteurs, à quelque degré, sur ce vaste théâtre où chacun joue son rôle, grand ou petit, et doit avoir à cœur de le jouer de son mieux! Il vient tôt ou tard un moment où le monde vous quitte, où le public qui vous avait porté se désenchante de vous, se retire de vous; qu'au moins il n'y ait rien de notre faute. C'est Marie-Thérèse qui le dit.

Sa préoccupation s'étend à tout ce qui intéresse la réputation ou seulement le bon goût, le bon esprit de sa chère fille : elle ne peut croire, par exemple, à l'exagération des modes, à cette parure dite à la Marie-Antoinette, qui exhaussait tellement la tête et qui la chargeait d'un tel échafaudage de gazes, de fleurs et de plumes :

« Je ne peux m'empêcher de vous toucher un point que bien des gazettes me répètent trop souvent : c'est la parure dont vous vous servez. On la dit depuis la racine des cheveux de 36 pouces de haut, et avec tant de plumes et rubans qui relèvent tout cela ! Vous savez que j'étais toujours d'opinion de suivre les modes modérément, mais de ne jamais les outrer. Une jeune jolie reine, pleine d'agréments, n'a pas besoin de toutes ces folies, au contraire la simplicité de la parure fait mieux paraître et est plus adaptable au rang de reine ; celle-ci doit donner le ton, et tout le monde s'empressera de cœur à suivre même vos petits travers ; mais moi qui aime et suis ma petite reine à chaque pas, je ne puis m'empêcher de l'avertir sur cette petite frivolité, ayant au reste tant de raisons d'être satisfaite et même glorieuse sur tout ce que vous faites. (15 mars 1775.) »

Marie-Antoinette se justifie de son mieux, et par un mot qui coupe court à tout : C'est la mode, c'est l'usage :

« J'enverrai à ma chère maman, par le prochain courrier, le dessin de mes différentes coiffures ; elle pourra les trouver ridicules, mais ici les yeux y sont tellement accoutumés qu'on n'y pense plus, tout le monde étant coiffé de même. »

Marie-Thérèse est plus dans le vif, lorsqu'elle se

plaint de ces courses continuelles au bois de Boulogne et ailleurs avec le comte d'Artois, sans que le roi s'y trouve :

« Vous devez savoir mieux que moi que ce prince n'est nullement estimé et que vous partagez ainsi ses torts. Il est si jeune, si étourdi; passe encore pour un prince! mais ces torts sont bien grands dans une reine plus âgée et dont on avait tout autre opinion. Ne perdez pas ce bien inestimable que vous aviez si parfaitement. Une princesse doit se faire estimer dans ses moindres actions, et point faire la petite maîtresse ni en parure ni dans ses amusements. On nous épluche trop pour ne pas être toujours sur ses gardes. (2 juin 1775.) »

A propos de parure, il y a une histoire de bracelets qui préoccupe avec raison la très-sage souveraine :

« Toutes les nouvelles de Paris annoncent que vous avez fait un achat de bracelets de 250 mille livres; que, pour cet effet, vous avez dérangé vos finances et vous êtes chargée de dettes, et que vous avez, pour y remédier, donné de vos diamants à très-bas prix; on suppose après que vous entraînez le roi à tant de profusions inutiles, qui depuis quelque temps augmentent de nouveau et mettent l'État dans la détresse où il se trouve. Je crois ces articles exagérés, mais j'ai cru qu'il était nécessaire que vous soyez informée des bruits qui courent, vous aimant si tendrement. Ces sortes d'anecdotes percent mon cœur, surtout pour l'avenir. (2 septembre 1776.) »

Cet article des bracelets n'était pas faux. Il n'y eut pas seulement des bracelets vendus vers ce temps à la reine par le joaillier Bœhmer, mais encore des boucles d'oreilles en diamants dont M*me* Campan a parlé. Marie-Antoinette glisse le plus qu'elle peut sur ce sujet dans sa réponse à sa mère :

« Je n'ai rien à dire sur les bracelets ; je n'ai pas cru qu'on pût chercher à occuper la bonté de ma chère maman de pareilles bagatelles. »

Pardon ! pardon ! ô la plus aimable et la plus infortunée des reines ! ce n'étaient pas là, comme vous le pensiez, des bagatelles. Le destin, ou ce qu'on appelle ainsi, ne vient jamais seul : on en est toujours, à quelque degré, complice. Sans cette affaire de bracelets et d'autres pareilles, on n'aurait peut-être jamais eu l'idée du fameux collier, et tout ce roman infamant qui s'y rattache n'aurait pas eu prétexte de naître.

Aussi, malgré toutes les explications et les excuses de l'aimable reine pour atténuer des torts où il y avait souvent plus d'apparence que de fond, Marie-Thérèse insiste ; elle sait les conséquences : la malignité tire parti de tout ; l'opinion est chose qui compte. Ce qu'une reine paraît être importe plus encore, humainement parlant, que ce qu'elle est. L'auguste mère voudrait donc qu'auprès du roi il y eût une épouse, compagne constante, amie fidèle, confidente sûre, entendue aux affaires, capable de raisonner de tout avec lui, et, au besoin, de le soulager, peut-être même de prendre à certains moments un ascendant salutaire. Marie-Antoinette a écrit à sa mère que MM. Turgot et de Malesherbes ont quitté le ministère, et elle avoue qu'elle n'est pas fâchée de ces départs-là. Un tel mot ne passe point sans être relevé et sans donner occasion à toute une tendre mercuriale :

« Je suis bien contente que vous n'*avez* point de part au changement des deux ministres, qui ont pourtant bien de la réputation dans le public et qui n'ont manqué, à mon avis, que d'avoir trop entrepris à la fois. Vous dites que vous n'en êtes pas fâchée; vous devez avoir vos bonnes raisons; mais le public, depuis un temps, ne parle plus avec tant d'éloge de vous, et vous attribue tout plein de petites menées qui ne seraient point convenables à votre place. Le roi vous aimant, ses ministres doivent vous respecter ; en ne demandant rien contre l'ordre et le bien, vous vous faites respecter et aimer en même temps. Je ne crains pour vous (étant si jeune) que le trop de dissipations. Jamais vous n'avez aimé la lecture, ni aucune application; cela m'a donné souvent des inquiétudes. J'étais si aise, vous voyant adonnée à la musique; je vous ai si souvent tourmentée pour savoir vos lectures, pour cette raison; depuis plus d'un an, il n'est plus question ni de lecture, ni de musique, et je n'entends parler que des courses de chevaux, des chasses de même, et toujours sans le roi, et avec bien de la jeunesse non choisie : ce qui m'inquiète beaucoup, vous aimant si tendrement. Vos belles-sœurs font tout autrement, et j'avoue, tous ces plaisirs bruyants, où le roi ne se trouve pas, ne sont pas convenables. Vous me direz : *Il les sait, il les approuve.* Je vous dirai qu'il est bon, et pour cela vous devez de vous-même être plus circonspecte et lier vos amusements ensemble. A la longue vous ne pouvez être heureuse que par cette tendre et sincère union et amitié. (30 mai 1776.) »

Ne croyez pas cependant que tout cela passe sans réponse; Marie-Antoinette qui n'a pas seulement de la grâce, mais qui a un bon jugement quand son attention est appelée sur un point, se justifie assez bien en général ; elle coule sur de certains reproches, elle se défend mieux sur d'autres, et, en ce qui est de l'exemple de ses deux belles-sœurs qu'on lui oppose, elle répond ici en vraie femme et avec beaucoup de finesse :

« Je n'ai rien à dire contre mes belles-sœurs avec qui je vis bien ; mais, si ma chère maman pouvait voir les choses de près, la comparaison ne me serait pas désavantageuse. La comtesse d'Artois a un grand avantage, celui d'avoir des enfants ; mais c'est peut-être la seule chose qui fasse penser à elle, et ce n'est pas ma faute si je n'ai pas ce mérite. Pour Madame, elle a plus d'esprit, mais je ne voudrais pas changer de réputation avec elle. »

Il reste évident et plus qu'évident, par ces citations surabondantes, que Marie-Thérèse a parfaitement saisi le faible de sa fille et ce qui a annulé chez elle tant de nobles et charmantes qualités. On rabattra tant qu'on voudra des pronostics, mais ils éclatent à chaque page, et ces mots sont écrits en toutes lettres dans la Correspondance : « Vous perdez beaucoup dans le public, mais surtout chez l'étranger... *Votre avenir me fait trembler.* » Ce dernier mot est dit à l'occasion des jeux de hasard, dont la reine donnait l'exemple et qu'elle favorisait.

Nous assistons depuis quelque temps, en France, à une véritable croisade des éditeurs et des biographes en l'honneur et pour l'entière glorification de Marie-Antoinette. Cette Correspondance judicieuse vient avertir à temps de ne point pousser les choses à l'extrême et de cesser d'exagérer dans le sens poétique ou chevaleresque. De ces deux nobles femmes je ne voudrais certes point paraître sacrifier l'une à l'autre; il serait cruel et presque impie de venir s'armer des paroles confidentielles d'une mère comme d'une déposition aggravante contre la fille. Les pièces toutefois subsistent, et l'histoire a ses jugements inflexibles. Deux vérités sont désormais en présence et incontestables : Marie-Antoinette s'est perdue en grande partie elle-même par toutes ses imprudences, et Marie-Thérèse avait prévu tous les dangers, y compris ceux de la coterie Polignac dont elle aperçut et dénonça, avant de mourir, l'influence fatale. Qui n'aurait cru, à cette date, de telles alarmes exagérées? Elles ne l'étaient point pourtant. C'est qu'au milieu de ses anxiétés et de ses sollicitudes de mère Marie-Thérèse avait le bon sens d'une grande reine. Allez au fond : dans ces règnes longs et glorieux que la reconnaissance ou l'admiration des contemporains ont consacrés, vous verrez que c'est le bon sens, « ce maître de la vie, » qui y a présidé, au moins autant que la grandeur d'âme. Il n'y a pas eu de grand règne sans bon sens.

Il me reste à parler d'un sérieux épisode politique qui a sa place dans cette Correspondance, aux années 1778-1779, et qui nous montre Marie-Thérèse aux prises encore une fois avec le grand Frédéric, son antagoniste habituel. Cela vaut bien la peine de s'y arrêter.

Lundi 20 février 1865.

MARIE-THÉRÈSE

ET

MARIE-ANTOINETTE

LEUR CORRESPONDANCE

PUBLIÉE PAR

M. LE CHEVALIER ALFRED D'ARNETH

ET A CE PROPOS

DE LA GUERRE DE 1778

(SUITE ET FIN.)

L'impartialité nous oblige à dire que tous les conseils de Marie-Thérèse à sa fille n'étaient pas également bons; nous distinguerons entre ceux qu'elle lui donnait sur son métier de reine, conseils sages, utiles, excellents à suivre en tout point, et ceux que la politique particulière de l'Autriche lui dictait : ces derniers conseils, soupçonnés du public, étaient parfois périlleux pour Marie-Antoinette, tendaient à la rendre impopulaire et à justifier le reproche qu'on lui faisait généralement, de sacrifier l'intérêt de la France à celui de l'Autriche.

Marie-Thérèse, par malheur, n'était plus seule à gouverner; elle s'était donné pour associé et coadjuteur dans la souveraineté son fils l'empereur Joseph II, et si elle, au bout de son rôle, fatiguée des luttes, attentive au bonheur des peuples, occupée de l'établissement de ses nombreux enfants, n'aspirait plus qu'à maintenir les alliances et à éviter les chocs, lui, le jeune césar était ambitieux, dévoré d'activité, avide d'entreprises et ne redoutant pas les aventures. On le vit bien, lorsqu'à la nouvelle de la mort inopinée de l'Électeur de Bavière, décédé sans héritier direct en décembre 1777, l'Autriche, sous prétexte de droits particuliers qu'elle revendiquait et qui n'étaient connus que d'elle, se mit en possession militairement des deux tiers du pays. L'Électeur palatin à qui revenait régulièrement la succession se trouvait évincé du coup, et l'Autriche était même parvenue d'abord à lui arracher son consentement. C'est alors que Frédéric avertissant à temps le duc des Deux-Ponts, héritier présomptif après l'Électeur palatin, et qui lui-même était près de céder, saisit le beau rôle, l'occasion propice qui s'offrait à lui, de prendre en main la cause des princes lésés, de soutenir les stipulations formelles, les articles du traité de Westphalie, qui réglaient ou confirmaient cette succession de Bavière, et de faire respecter les immunités, les libertés et les droits du Corps germanique. Il devenait ainsi le conservateur à main armée et le champion du droit public en Allemagne. C'était le premier grand acte par lequel il traçait à la Prusse son rôle futur et posait sa prépondérance, son *hégémonie* rivale en face de l'Autriche. L'habile et prudent monarque ne s'engagea point cependant à la légère dans une querelle où il ne lui convenait d'entrer qu'à la condition d'être le plus fort. Il dut, avant tout, sonder la France, alliée de l'Autriche, pour s'assurer qu'elle n'épousait point la politique de Vienne ; et, de son côté, Marie-Thérèse, changeant un moment de rôle auprès de sa fille et passant du ton de mentor à celui de solliciteuse, essaya par elle de peser sur les déterminations de Louis XVI.

Pour qui ne lirait que ces lettres de Marie-Thérèse à sa fille, il semblerait en ressortir clair comme le jour que le roi de Prusse, « ce mauvais voisin, » ainsi qu'elle l'appelle, a tous les torts dans cette affaire de la succession bavaroise, qu'il se conduit en despote et en astucieux politique qui n'aspire qu'à semer la zizanie en Europe et à tout brouiller pour pêcher en eau trouble. L'impression qu'on reçoit est bien différente et précisément contraire, quand on examine les faits en eux-mêmes ; et sans vouloir faire du grand Frédéric un prince le moins du monde désintéressé, on voit que le véritable envahisseur, le seul usurpateur ici, c'est Joseph II. Marie-Thérèse n'était pas sans le savoir autant et mieux que personne ; elle n'avait consenti qu'avec répugnance à ces démarches violentes et précipitées de son fils ; elle sentait bien que cette affaire n'avait pas été assez liée ni concertée avec les alliés ; qu'une nouvelle guerre de Sept-Ans en pouvait sortir, et que l'Autriche n'y était point préparée. Elle avait, dès le commencement, consigné ses craintes et prédictions par écrit, et si elle avait été libre, elle aurait eu certainement une politique bien différente de celle de son fils. Mais, en écrivant à Marie-Antoinette, elle dissimule presque entièrement cette différence d'esprit et de vues, et elle la réduit à n'être, à un moment, qu'une altercation légère qui portait moins sur le fond de l'affaire que sur la forme ou les moyens, tandis que la dissidence était radicale et profonde. Dès que la politique est en jeu, on n'est plus sincère, fût-on Marie-Thérèse écrivant à sa fille.

Au début, Marie-Thérèse, qui ne s'abusait pas, fait semblant de croire les choses plus faciles qu'elles ne le sont du côté de la France. Les ministres de Louis XVI, M. de Vergennes, M. de Maurepas lui-même, qui n'était pas si à mépriser qu'on l'a fait, sentaient à merveille que la France n'avait nul intérêt à favoriser l'ambition de Joseph II, encore moins à l'appuyer efficacement contre ce Frédéric qu'on avait eu le tort autrefois d'abandonner et qui avait grandi sans nous et malgré nous. On était engagé, d'ailleurs, dans un vaste conflit maritime contre l'Angleterre ; le moment eût été bien mal choisi pour s'en aller tenter croisade au delà du Rhin. Aussi Marie-Antoinette a beau faire et vouloir, pour la première fois, se mêler de politique, on élude, on ne le prend pas au sérieux avec elle ; on ne lui répond pas comme elle le désirerait et comme Marie-

Thérèse le demande. L'impératrice, de prime abord, a fait appel avec énergie à tous les sentiments de sa fille :

« Le 1er février 1778.

« Madame ma chère fille, la maladie de Mercy (l'ambassadeur) ne pouvait venir plus mal à propos ; c'est dans ce moment-ci où j'ai besoin de toute son activité et de tous vos sentiments pour moi, votre maison et patrie, et je compte entièrement que vous l'aiderez dans les représentations différentes qu'il sera peut-être obligé de vous faire sur différents objets majeurs, sur les insinuations qu'on fera de toutes parts de nos dangereuses vues, surtout de la part du roi de Prusse qui n'est pas délicat sur ses assertions, et qui souhaite depuis longtemps de se rapprocher de la France, sachant très-bien que nous deux ne pouvons exister ensemble: cela ferait un changement dans notre alliance, ce qui me donnerait la mort, vous aimant si tendrement. »

Quelques-unes de ces lettres sonnent véritablement l'alarme, et chaque ligne est comme palpitante de l'émotion qui l'a dictée :

« Vienne, le 19 février 1778.

« Madame ma chère fille, c'est à cinq heures du matin et bien à la hâte, le courrier étant à ma porte, que je vous écris. Je n'étais pas prévenue de son départ, et on le presse pour obvier aux plus noires et malicieuses insinuations du roi de Prusse : espérant, si le roi est au fait, qu'il ne se laissera pas entraîner par des méchants, comptant sur sa justice et sa tendresse pour sa chère petite femme. Je n'entre dans aucun détail; l'empereur et Mercy s'en sont chargés; mais je n'ai qu'à ajouter que peut-être jamais il n'y a eu une occasion plus importante à tenir fermement ensemble et que le système en dépend. Jugez combien j'en suis affectée; l'intérêt de nos deux maisons, mais surtout celui de nos États et de l'Europe même en dépend : qu'on ne se précipite en rien et qu'on tâche de gagner du temps pour éviter l'éclat d'une guerre, qui, une fois commencée, pourra durer et avoir des suites malheureuses pour nous tous. Jugez de ma peine en particulier : l'empereur et votre frère (Maximilien) et le prince Albert (beau-frère) y seraient les premiers acteurs : l'idée seule me fait presque succomber, mais je ne saurais l'empêcher, et si je n'y succombe, mes jours seraient pires que la mort. Je vous embrasse. »

A cette date, le Cabinet de Versailles avait déjà cru devoir faire un premier pas, mais dans un sens bien plutôt de neutralité que d'alliance. Une note avait été envoyée de Versailles, dès le 5 février, à tous les Cabinets de l'Europe, par laquelle le roi déclarait n'avoir eu aucune connaissance de la convention particulière conclue entre la Cour de Vienne et l'Électeur palatin, et n'y avoir pris aucune part. Cette sorte de désaveu était significatif, venant d'un allié; c'était le contraire de ce que demandait Marie-Thérèse. Il ne semble pas qu'elle en eût soupçon encore, lorsqu'elle écrivait le 14 mars 1778 :

« Madame ma chère fille, le courrier nous est revenu hier du 2, et nous a un peu rassurés sur les intentions du roi. Dans notre situation critique, je suis fâchée d'alarmer à si juste titre votre tendresse, mais l'occasion est pressante. Mercy est chargé de parler clair et de demander conseil et secours. Si les hostilités sont une fois commencées, il sera bien plus difficile de concilier les choses. Vous connaissez notre adversaire, qui tâche à frapper de grands coups au commencement : jugez de ma situation, y ayant des fils bien chers. Toute ma constance m'abandonne à ce souvenir... »

Elle semble avoir eu vent de la note désapprobative, et des effets qu'elle a produits, lorsqu'elle écrit le 6 avril :

« Je vous suis tendrement obligée de l'intérêt que vous prenez à ma situation. Jamais occasion n'a été plus importante, et sans entraîner ou exposer les convenances de la France, le roi peut nous être du plus grand secours, en marquant avec fermeté l'amitié qu'il nous porte et à notre alliance. Malheureusement les propos tenus par plusieurs ministres du roi dans les Cours ont fait croire le contraire. »

Dans de telles conjonctures, Marie-Antoinette, on le conçoit, ne réussit à rien tirer de bien net des ministres qui sont et doivent être plus Français qu'elle, et qui ne se décident point sur des impressions et d'après des convenances de famille :

« Pour le roi personnellement, il est bien attaché à l'alliance, et autant que je puisse le désirer ; mais, pour un moment aussi intéressant, je n'ai pas cru devoir me borner à en parler au roi : j'ai vu MM. de Maurepas et de Vergennes ; ils m'ont fort bien répondu sur l'alliance et m'y paraissent véritablement attachés ; mais ils ont tant de peur d'une guerre de terre, que quand je les ai poussés jusqu'au point où le roi de Prusse aurait commencé les hostilités, je n'en ai pu avoir de réponse bien nette. (25 mars 1778.) »

Novice qu'elle est dans ces sortes d'affaires, elle ne démêle pas très-distinctement les motifs qui font agir nos ministres et les intérêts véritables qu'elle aurait dû comprendre comme eux, ce qui lui aurait permis d'agir de concert vers le seul résultat possible. Entraîner la France dans une guerre avec la Prusse eût été d'une politique insensée : la médiation était le seul rôle qui nous convînt. Marie-Antoinette ne parle en tout ceci que d'après Marie-Thérèse, sans élever ni admettre aucune objection, et l'on peut dire que, cette fois, c'est en obéissant trop docilement à son illustre mère qu'elle manque à faire son métier de reine :

« Après avoir causé avec Mercy sur le mauvais état des affaires, j'ai fait venir MM. de Maurepas et de Vergennes; je leur ai parlé un peu fortement, et je crois leur avoir fait impression, surtout au dernier. Je n'ai pas été trop contente des raisonnements de ces messieurs qui ne cherchent qu'à biaiser et à y accoutumer le roi. Je compte leur parler encore, peut-être même en présence du roi. Il est cruel dans une affaire aussi importante d'avoir affaire à des gens qui ne sont pas vrais. (19 avril 1778.) »

Marie-Antoinette ne peut guère se faire d'illusion sur l'efficacité de ses remontrances; les ministres ne lui disent pas tout, et ils font bien. Elle trouve chez eux une résistance sourde et telle qu'en pouvaient opposer à une jeune reine inexpérimentée et vive de sages et réservés politiques. Elle a connaissance, à la fin, de cette note du 5 février qui avait établi dès l'origine la situation et la conduite de la France (1). Toutes ses instances

(1) Il est très-possible qu'il y ait eu aussi quelque autre dépêche postérieure de date et dans le même sens. Ce n'est qu'en consultant les Archives des Affaires étrangères qu'on pourrait suivre de point en point la marche de cette négociation, et en bien fixer les divers instants. Ces Archives ont été longtemps gardées par un dragon qui ne permettait pas d'en approcher : aujourd'hui que M. Prosper Faugère en est directeur, elles seront sans doute plus accessibles.

pour la faire rétracter sont vaines, et on ne lui concède un peu que sur le tour et le style des dépêches :

« Versailles, le 5 mai 1778.

« Madame ma très-chère mère, j'avais été véritablement outrée de cette dépêche si malhonnête qu'on a cachée à Mercy, et que nous n'avons pu prévoir ni parer. J'en ai témoigné mon mécontentement aussitôt que je l'ai su. Il est inouï le talent qu'ont les ministres d'ici pour noyer les affaires dans un déluge de mots! Néanmoins, d'après tout ce que m'avait dit Mercy, et les réflexions que je ne puis m'empêcher de faire à chaque instant sur l'affaire la plus importante de ma vie, je les ai tant pressés qu'ils ont été obligés de changer un peu de ton. Ils sont assez convenus de leur tort pour cette vilaine dépêche. Le roi m'a montré celle qui est partie, il y a huit jours. Je n'entends pas assez les affaires pour en juger; mais Mercy, qui ne me paraît pas trop content du fond, l'est beaucoup plus du style et de la tournure de celle-ci. »

Ah! c'eût été assurément trop exiger, c'eût été trop demander à une jeune reine de vingt-trois ans, mais, enfin, les suppositions ne sont pas défendues, et je veux me figurer, un moment, une jeune princesse comme il s'en est vu sur le trône en divers temps et en ce même xviiie siècle, une tête politique déjà capable sous des traits charmants : à ces cris d'alarme, à cet appel parti de Vienne, Marie-Antoinette, si elle eût été cette princesse égale de tout point à sa situation, eût répondu avec une pleine sympathie filiale sans doute, mais dans un sentiment français non moins vif et en reine qui sent aussi le poids de sa couronne. Elle eût évoqué l'affaire, s'en fût emparée par l'intelligence comme par le cœur, l'eût comprise dans le fond et dans la forme; elle eût écouté les raisons des ministres de Louis XVI, y eût ajouté l'autorité de sa raison propre; elle eût épargné à un roi faible ses tiraillements et son embarras, elle eût épousé sa politique sans abjurer la voix du sang; au lieu d'être un simple écho et de répéter sa leçon de Vienne, elle aurait eu sa façon de voir, un avis à elle, et indiquant toute la première la voie moyenne à suivre, la seule possible, renvoyant à Marie-Thérèse quelques-unes des objections que l'impératrice avait faites à Joseph II, elle eût réjoui Marie-Thérèse elle-même, et celle-ci, reconnaissant jusque dans les demi-résistances de sa fille ses propres pensées, sa propre sagesse, se fût écriée avec orgueil : « Elle est deux fois ma fille et mon sang ! » Mais c'est trop, je l'ai dit ; ne demandons pas l'impossible.

Cependant la guerre était déclarée ; en Bohême, quatre puissantes armées ennemies étaient en présence et en mouvement. On a, par Frédéric, le récit exact de cette guerre bizarre qui se passa presque toute en menaces, en marches pénibles, en escarmouches, sans rien de décisif. Il semble que ces vieux rivaux de la guerre de Sept-Ans, Frédéric, le prince Henri, Laudon, Lascy, se retrouvant en face les uns des autres, aient craint de tenter de nouveau la fortune et de remettre leur glorieux renom au hasard d'une grande mêlée. Après quinze ans de paix, il est permis à de vieux guerriers, qui se sont mesurés dans des luttes de géants, d'y regarder à deux fois et de ne plus se sentir le même élan ni la même vigueur. Le prince Henri pouvait, à un moment, tomber sur l'ennemi, « pour peu qu'il l'eût voulu : » il ne le fit pas.

Personne, pas même le grand Frédéric, n'avait repris ses bottes de la guerre de Sept-Ans : il ne s'agissait plus de risquer le tout pour le tout. On sait que Marie-Thérèse, plus émue que personne (et elle en avait le droit), prit sur elle alors d'ouvrir une négociation particulière avec le roi de Prusse (juillet 1778); la négociation manqua : Joseph II fut très-irrité quand il sut la tentative de sa mère. Il devait sentir toutefois, malgré ses ardeurs de conquérant, qu'il n'était pas du tout général. Il avait peine à se résigner à cette conviction; et, plus imprudent que les vrais guerriers, il désira jusqu'à la fin que tout se décidât par la voie des armes. On comprend très-bien, en lisant les lettres de Marie-Thérèse à sa fille, comment elle fut amenée à cette démarche pacifique auprès de Frédéric, et aussi combien de telles avances durent coûter à la noble fille des Habsbourg. Elle détestait Frédéric de tout son cœur: ici la femme se confondait intimement avec la souveraine; elle le considérait comme le mal en personne, un hérétique, un esprit diabolique et pervers. Frédéric avait divulgué une correspondance secrète que Joseph II avait entamée avec lui à la veille des hostilités pour gagner du temps, et dans laquelle tous deux, sous forme courtoise, avaient fait assaut d'ironie :

« Le roi (de Prusse) se vante de temps en temps d'être très-bien avec vos ministres, écrivait Marie-Thérèse à sa fille (17 mai 1778); il prétend même leur avoir communiqué la correspondance secrète entre l'empereur et lui. C'est encore un trait de sa façon... Vous voyez par là quel compte on peut faire sur lui et sa parole. La France l'a éprouvé en bien des occasions, et aucun prince en Europe n'a échappé à ses perfidies : et c'est celui qui veut s'ériger en dictateur et protecteur de toute l'Allemagne ! et tous les grands princes ne tiennent pas ensemble pour empêcher un malheur pareil qui tombera un peu plus tôt ou plus tard sur tous ! Depuis trente-sept ans il fait le malheur de l'Europe par son despotisme, violences, etc. En bannissant tous les principes de droiture et vérités reconnues, il se joue de tout traité et alliance. Nous, qui sommes les plus exposés, on nous laisse ; nous nous tirerons peut-être encore cette fois-ci, tant bien que mal ; mais je ne parle pas seulement pour l'Autriche ; c'est la cause de tous les princes. L'avenir n'est pas riant. Je ne vivrai plus, mais mes chers enfants et petits-enfants, notre sainte religion, nos bons peuples, ne s'en ressentiront que trop. Nous nous ressentons déjà d'un despotisme qui n'agit que selon ses convenances, sans principes et avec force. Si on lui laisse gagner du terrain, quelle perspective pour ceux qui nous remplaceront ! Cela ira toujours en augmentant. »

C'est à ceux qui s'occupent des affaires présentes de l'Allemagne et du conflit persistant entre Berlin et Vienne de juger jusqu'à quel point les craintes de Marie-Thérèse étaient fondées et se sont vérifiées. La Prusse, à travers toutes ses vicissitudes, n'a fait que grandir en effet.

Marie-Thérèse, dans ses lettres à sa fille, a toujours soin de dissimuler le jeune parti autrichien ardent, et de présenter une Autriche à son image, ayant les mêmes intérêts que la France, les mêmes inclinations, les mêmes ennemis naturels, bien différente en cela de la Prusse et de la Russie, qu'elle confond volontiers dans une réprobation commune :

« Qu'on ne se flatte pas sur cette dernière, dit-elle en parlant de la Russie et de l'impératrice Catherine; elle suit les mêmes maximes que le roi (de Prusse), et le successeur (Paul Ier) est plus Prussien que ne l'était son soi-disant père (Pierre III), et que ne l'est sa mère qui en est un peu revenue, mais jamais assez pour rien espérer contre le roi de Prusse, pas même des démonstrations : très-généreuse en belles paroles qui ne disent rien, ou, selon la foi grecque : *Græca fides.* Voilà les deux puissances qu'on veut substituer à nous, bons et honnêtes Allemands.

« ... Il serait bien malheureux que le repos de l'Europe dépendît de deux puissances si connues dans leurs maximes et principes, même en gouvernant leurs propres sujets; et notre sainte religion recevrait le dernier coup, et les mœurs et la bonne foi devraient alors se chercher chez les barbares. »

Elle fait un léger *mea culpa* sur l'affaire de la Pologne, sur ce partage où l'Autriche s'est laissé *induire* (le mot est d'elle), en se liant avec ces deux mêmes puissances qu'elle qualifie si durement; elle a l'air d'en avoir du regret; et l'on entrevoit pourtant, par quelques-unes de ses paroles, que si pareille chose était à recommencer, et si l'Autriche, abandonnée d'ailleurs, n'avait point d'autre ressource qu'une telle alliance, elle pourrait encore la renouer sans trop d'effort et jouer le même jeu, en se remettant à hurler avec les loups : « Car je dois avouer qu'à la longue nous devrions, pour notre propre sûreté ou *pour avoir aussi une part au gâteau,* nous mettre de la partie. » La femme ambitieuse laisse ici passer le bout de l'oreille. Une pointe de menace perce encore.

C'est le seul endroit dans toute cette Correspondance.

Décidément, l'âge est venu, et il a opéré un changement dans ce cœur altier; la mère en alarmes l'a emporté sur la souveraine; elle a fléchi :

« Schœnbrunn le 6 août 1778

« Madame ma chère fille, Mercy est chargé de vous informer de ma cruelle situation, comme souveraine et comme mère. Voulant sauver mes États de la plus cruelle dévastation, je dois, coûte que coûte, chercher à me tirer de cette guerre, et, comme mère, j'ai trois fils qui ne courent pas seulement les plus grands dangers, mais doivent succomber par les terribles fatigues, n'étant pas accoutumés à ce genre de vie. En faisant à cette heure la paix, je m'attire non-seulement le blâme d'une grande pusillanimité, mais je rends le roi (de Prusse) toujours plus grand, et le remède devrait être prompt. J'avoue (?) : la tête me tourne, et mon cœur est depuis longtemps déjà entièrement anéanti. »

Pour l'aider à sortir de sa détresse, elle implore de Louis XVI non des secours réels (elle sent bien l'impossibilité), mais de simples démonstrations de troupes, des *ostentations,* comme elle dit; elle ne les obtient pas.

Elle n'est pas très-sincère ensuite, lorsqu'elle se félicite presque que sa négociation avec Frédéric ait manqué; elle fait contre mauvaise fortune bon cœur. Ce mélange et ce conflit de sentiments contraires se peint à nu dans ses lettres; nous assistons au flux et reflux de son âme :

« Vous n'avez que trop bien deviné que la négociation échouerait. Je l'avoue, je m'en flattais un peu, surtout proposant de rendre la Bavière à l'Électeur... Vous serez informée par Mercy du détail et de nos dispositions ultérieures; en attendant, la Bohême est saccagée le plus cruellement, et à la fin, si la jonction se fait des deux armées, cela viendra à une bataille qui décidera, et rendra tant de milliers de personnes malheureuses, et peut-être nous-mêmes dans notre famille... Cette perspective est cruelle, et j'aurais tenté l'impossible pour la pouvoir décliner; car, je vous l'avoue, le pas que j'ai fait vis-à-vis de ce cruel ennemi m'a bien coûté. Ma chère fille! il ne s'agit plus de jalousie entre nos deux monarchies, il s'agit de se tenir bien étroitement liés, et qu'aucun ne puisse espérer de nous pouvoir séparer. Le sang nous lie si heureusement; mon beau-fils et mon petit-fils en France (1) sont ce que Léopold et ses enfants et ceux de Naples me sont. Nos intérêts (si on veut exterminer, je me sers de ce mot, car il faut le vouloir et ne pas négliger d'écraser les anciens préjugés entre nos États et nations) — sont les mêmes, tant par rapport à notre sainte religion qui a bien besoin qu'on se tienne unis, que par rapport à nos intérêts. (23 août 1778.) »

C'est dans cette lettre qu'elle confesse qu'il y a « un peu d'humeur » entre elle et son fils, à cause de cette négociation pacifique qu'elle avait pris sur elle d'entamer. Il y avait plus que de l'humeur : il y avait des deux parts deux lignes très-différentes de conduite, deux courants de sentiments opposés. Elle avait un désir extrême et exclusif pour la paix. Elle blâmait la légèreté et l'imprudence de Joseph II qui avait suscité toute cette tempête, et son ministre Kaunitz ne cachait point à M. de Breteuil, notre ambassadeur à Vienne, l'abattement de l'impératrice et son découragement

(1) Elle se suppose déjà grand'mère d'un Dauphin. Marie-Antoinette était enceinte en ce moment.

que lui-même partageait : M. de Breteuil en a consigné l'expression dans ses dépêches. Au dehors elle affectait un front calme : « On peut être triste, disait-elle, mais jamais abattu ; notre cruel ennemi en jouirait trop. » Dans l'intimité, elle gémissait et versait des larmes. Aidez-nous « d'une manière *quelconque* : » c'était à quoi se réduisait la prière qu'on adressait alors à la France.

Si Marie-Antoinette avait pu faire prévaloir, dès le début, les vœux et les sollicitations politiques de sa mère, c'est pour le coup qu'elle se fût vraiment compromise en France devant l'opinion, laquelle, par raison ou par mode, était toute en faveur de Frédéric ; mais, la campagne militaire en Bohême n'ayant abouti à aucun résultat décisif, on rentra de part et d'autre dans la voie des négociations, et dès lors, en effet, la France, prise pour médiatrice avec la Russie, put intervenir utilement dans la paix dite de Teschen, et couvrir le plus honorablement possible le pas en arrière de l'Autriche. M. de Breteuil s'attira par ses bons offices au congrès un redoublement de reconnaissance de la part de Marie-Thérèse. La paix fut signée le 13 mai 1779, jour même de la naissance de l'impératrice-reine.

Satisfaite, en définitive, de l'assistance diplomatique de la France, Marie-Thérèse termine cet épisode de la Correspondance par un vœu tout maternel sur le resserrement de l'alliance (1ᵉʳ juillet 1779) :

« J'aime mieux paraître importune que de manquer à vous

recommander d'être bien sur vos gardes. Qu'on ne prête point l'oreille à ces insinuations (de la Prusse et de la Russie); au commencement, tout est plus facile qu'après coup. Malheureusement, les anciens préjugés dans nos deux nations ne sont pas encore si effacés que je le souhaiterais, et on voit souvent encore revenir les anciennes préventions contre lesquelles il n'y a que notre constance et amitié qui, à la longue, triomphera pour le bien de nos maisons, peuples et sainte religion. Ce sont des objets bien grands et chers, pour ne rien négliger à les consolider et éterniser. »

On sait la suite. Et faites maintenant, profonds politiques, des plans d'avenir, des projets lointains! O vanité des prévisions et des espérances!

Frédéric se plut, en toute occasion, à faire honneur de cette paix de Teschen à l'esprit de modération et d'équité de l'impératrice. L'opposition de ton et de procédé entre elle et lui est aussi complète que possible. Elle, elle le hait; elle n'a jamais assez de traits d'aigreur et de rancune contre ce voisin de malheur; elle le marque à chaque page de cette Correspondance. On ne trouverait, au contraire, dans les lettres de Frédéric écrites dans le même temps, que des louanges pour la grandeur d'âme et l'humanité de l'impératrice. C'est là une supériorité virile qu'il garde sur elle. On a beau faire, on a beau être le *roi* Marie-Thérèse, on reste femme par un coin.

Les plus belles pages qu'on ait sur Marie-Thérèse sont encore celles de ce roi-historien. On a remarqué que les oraisons funèbres prononcées en France sur cette princesse, sans excepter celle de l'abbé de Boismont, ont été au-dessous du médiocre; mais la grande et véritable oraison funèbre, la haute portraiture héroïque, c'est Frédéric qui l'a tracée, lorsque, dans son *Histoire de la Guerre de Sept-Ans,* il a représenté cette jeune souveraine, au lendemain de la perte de la Silésie, outrée et cherchant à se venger, s'appliquant à relever les forces et l'ascendant de son empire. Il faut rappeler de telles pages, moins connues chez nous qu'elles ne devraient l'être :

« Le roi, nous dit Frédéric parlant de lui-même, avait dans la personne de l'impératrice-reine une ennemie ambitieuse et vindicative, d'autant plus dangereuse qu'elle était femme, entêtée de ses opinions et implacable.

« Cela était si vrai, que dès lors l'impératrice-reine préparait dans le silence du cabinet les grands projets qui éclatèrent dans la suite. Cette femme superbe, dévorée d'ambition, voulait aller à la gloire par tous les chemins ; elle mit dans ses finances un ordre inconnu à ses ancêtres, et non-seulement répara par de bons arrangements ce qu'elle avait perdu par les provinces cédées au roi de Prusse et au roi de Sardaigne, mais elle augmenta encore considérablement ses revenus. Le comte Haugwitz devint contrôleur général de ses finances ; sous son administration, les revenus de l'impératrice montèrent à trente-six millions de florins ou vingt-quatre millions d'écus. L'empereur Charles VI, son père, possesseur du royaume de Naples, de la Servie et de la Silésie, n'en avait pas eu autant. L'empereur son époux, qui n'osait se mêler des affaires du gouvernement, se jeta dans celles du négoce... »

Suivent quelques détails piquants et caustiques sur François Ier, cet époux tant adoré d'elle et si subordonné, qui, lui laissant tout l'honneur et toute la gloire de l'empire, s'était fait l'intendant, le fermier général, le banquier de la Cour, homme de négoce jusqu'à fournir au besoin en temps de guerre le fourrage et la farine aux ennemis eux-mêmes pour en tirer de l'argent; puis reprenant le ton grave et sévère, Frédéric continue :

« L'impératrice avait senti dans les guerres précédentes la nécessité de mieux discipliner son armée; elle choisit des généraux laborieux, et capables d'introduire la discipline dans ses troupes; de vieux officiers, peu propres aux emplois qu'ils occupaient, furent renvoyés avec des pensions, et remplacés par de jeunes gens de condition pleins d'ardeur et d'amour pour le métier de la guerre. On formait toutes les années des camps dans les provinces, où les troupes étaient exercées par des commissaires-inspecteurs instruits et formés aux grandes manœuvres de la guerre; l'impératrice se rendit elle-même à différentes reprises dans les camps de Prague et d'Olmütz, pour animer les troupes par sa présence et par ses libéralités : elle savait faire valoir mieux qu'aucun prince ces distinctions flatteuses dont leurs serviteurs font tant de cas; elle récompensait les officiers qui lui étaient recommandés par ses généraux, et elle excitait partout l'émulation, les talents et le désir de lui plaire. En même temps se formait une école d'artillerie sous la direction du prince de Lichtenstein; il porta ce corps à six bataillons, et l'usage des canons à cet abus inouï auquel il est parvenu de nos jours; par zèle pour l'impératrice, il y dépensa au delà de cent mille écus de son propre bien. Enfin, pour ne rien négliger de ce qui pouvait avoir rapport au militaire, l'impératrice fonda près de Vienne un collége où la jeune noblesse était instruite dans tous les arts qui ont rapport à la guerre; elle attira d'habiles professeurs de géométrie, de fortification, de géographie et d'histoire, qui formèrent des sujets capables, ce qui devint une pépinière d'officiers pour son armée. Par tous ces soins, le militaire acquit dans ce pays un degré de perfection où il n'était jamais parvenu sous les empereurs de la maison d'Autriche, et *une femme exécuta des desseins dignes d'un grand homme.* »

Ainsi parlait de sa noble et fière rivale le vieil athlète endurci. En 1777, ces temps héroïques étaient loin; Marie-Thérèse, entière par l'esprit et par l'âme, n'était plus la même par l'ardeur et par le caractère. Elle avait soixante ans et bien des infirmités de l'âge; une religion extrême lui donnait des scrupules; des vertus et des sollicitudes de famille attendrissaient et amollissaient sa politique. Elle se sentait mère de huit enfants, et le dernier, Maximilien, faible et débile, devait être aussitôt mis hors de combat par les fatigues de cette campagne de 1778. Les années avaient apporté à Marie-Thérèse un énorme embonpoint qui enchaînait son activité. On voit dans une lettre à sa fille, que celle-ci lui ayant demandé la mesure d'un de ses petits doigts pour une bague, elle répond : « Je vous « envoie la mesure désirée du troisième doigt et du « petit, par un officier qui les remettra à Mercy; vous « serez étonnée de la mesure de mon doigt, et elle est « bien juste. » Le corps n'est pas ainsi chargé sans que l'esprit se ressente quelque peu du poids. Enfin, elle ne pouvait se dissimuler, comme elle le confessa un jour à M. de Breteuil, qu'à côté de son fils elle ne régnait plus et ne pouvait plus régner que de nom. Elle n'aspirait qu'au repos et à la paix.

Les tourments que lui causa cette guerre de 1778, et les inquiétudes qui se prolongèrent plus d'une année, durent hâter sa fin. La dernière lettre de Marie-

Thérèse à sa fille est du 3 novembre 1780 : elle mourait le 29 du même mois, à l'âge de soixante-trois ans, heureuse de n'avoir pas plus longtemps vécu (1).

(1) Dans cet article, en parlant avec une sorte de sévérité de Joseph II pour sa conduite dans l'affaire de la succession de Bavière, je dois dire que je suis loin pourtant d'abonder dans le sens de ceux qui ne jugent en tout de ce souverain que d'après les évènements et le succès. Joseph II commit des fautes, mais sa plus grande fut peut-être de mourir avant d'avoir assez vécu pour l'accomplissement de quelques-uns de ses desseins. Peu de princes, ne l'oublions pas, ont eu un plus sincère amour de l'humanité, une pensée plus fixe et plus suivie d'améliorer le sort des hommes confiés à leurs soins. Je me rappelle que notre professeur de rhétorique, M. Jules Pierrot, avait pour maître d'allemand un vieux gentilhomme d'outre-Rhin, un ancien élève et ami de Joseph II, un partisan de ses idées; ils en causaient ensemble, plus encore que de grammaire et de langue allemande. Dans les visites que nous allions faire dans l'après-midi du dimanche à notre aimable et cordial professeur, il nous entretenait souvent de ces idées de réforme, de ces plans d'amélioration pour le sort du grand nombre, de ces rêves de bon et philanthropique gouvernement et de régime sensé, humain, égal pour tous, essentiellement moderne; le souffle, qui lui était venu, le matin, de cet ancien ami de Joseph II, respirait dans ses paroles et arrivait jusqu'à nous; il nous communiquait, tout pénétré qu'il était, une véritable inspiration de bienfaisance. Cela se passait en 1821-1822. Je n'ai jamais pu oublier, quand j'ai eu à parler de Joseph II, ce reste de tradition vivante, égarée et comme perdue si loin de sa source, mais vive et directe encore, qu'il m'a été donné de recueillir. De tels souverains, même lorsque le destin leur a en partie manqué, ont bien mérité des hommes, et le respect leur est dû.

Lundi 27 février, et lundi 6 mars 1865.

MADAME DE VERDELIN [1]

J'ai le plaisir d'annoncer, le premier, un Recueil des plus intéressants et qui sera le complément indispensable des *Confessions* (2). On sait que la Bibliothèque de Neufchâtel, en Suisse, possède la collection entière des lettres autographes adressées à Jean-Jacques durant les années les plus actives de son orageuse célébrité; c'est un legs fait à cette Bibliothèque par Du Peyrou, l'ami de Jean-Jacques. On avait plusieurs fois puisé à ce dépôt et on en avait donné des extraits, un avant-goût; aujourd'hui on va tout avoir, tout ce qui est essentiel du moins et digne d'être mis au jour; on

---

(1) J'ai réuni sous ce titre, qui est le vrai, deux articles qui avaient paru dans *le Constitutionnel* et que j'ai légèrement retouchés.

(2) *Jean-Jacques Rousseau. Ses amis et ses ennemis.* — Correspondance de Diderot, Duclos, Grimm, marquis de Mirabeau, etc., de la maréchale de Luxembourg, Mmes de Boufflers, d'Houdetot, de Créqui, etc., avec Rousseau; publiée par MM. Streckeisen-Moultou et Jules Levallois. (2 vol. in-8°; chez Michel Lévy.)

n'a négligé que les lettres qui ne se recommandaient à aucun titre. M. Streckeisen-Moultou, petit-fils d'un des amis de l'illustre Genevois, et qui fait honneur à sa descendance, a donné tous ses soins à ce choix éclairé. Il a été aidé, dans l'exécution et l'édition proprement dite, par M. Jules Levallois, ce critique consciencieux et élevé, qui a de plus enrichi les volumes d'une Introduction d'une cinquantaine de pages, écrite d'un style ferme et pleine de vues étudiées et originales. M. Levallois sait son Jean-Jacques et le possède comme personne en ce temps-ci ; il le sait par devoir et aussi par amour. Il l'a médité longtemps dès sa tendre jeunesse, il doit le placer au premier rang de ses pères intellectuels ; il le reproduit par quelques traits intimes de ressemblance, par un spiritualisme, un déisme ardent et sincère, par la passion de la nature et de la campagne, par l'enthousiasme et l'ivresse du cœur dans les courses pédestres solitaires. On sent à tout instant cette parenté qu'il a avec son sujet, par la pénétration même de son analyse. Je n'entrerai pas en discussion avec lui sur quelques points de son Introduction qui prêteraient à la controverse : M. J. Levallois est un écrivain qui pense par lui-même et qui, par conséquent, ne craint pas de contredire à la rencontre quelques idées reçues ; et ici l'affinité de son sujet l'a conduit à des jugements plus vifs qu'on n'en a d'ordinaire sur ces querelles d'autrefois. Il ne s'est pas contenté d'exposer, il n'a pas eu seulement un avis, il a pris parti en certains cas. Je ne le trouve pas juste pour Diderot, par exemple. Je le trouve un peu sévère pour quelques-uns des amis mondains de Jean-Jacques, notamment pour Mme de Boufflers et le prince de Conti. J'userais, si j'avais à en parler, d'une mesure un peu différente. Mais ce sont là des questions où l'on ne conteste que du plus ou du moins, des questions secondaires à vider entre soi et entre amis ; le public de nos jours n'en a que faire et prend plus indifféremment les choses. Il n'est point de lecteur, au reste, qui n'ait lieu d'être amplement satisfait d'un travail si plein, si net, et où l'on est à tout moment dans le vif. M. J. Levallois a bien voulu, dans cette série d'esquisses où il a caractérisé brièvement les correspondants ou correspondantes de Jean-Jacques, me réserver et m'assigner en quelque sorte un portrait de femme, celui de la marquise de Verdelin, une des amies les plus fidèles et les plus effectives du pauvre grand homme persécuté. J'accepte la désignation de M. J. Levallois, non sans faire remarquer que lui-même, dans ce qu'il a dit de Mme de Verdelin, a rendu ma tâche bien facile : je n'aurai qu'à développer son jugement. Mais auparavant je demanderai à jeter quelques idées qui me sont venues sur ces amitiés passionnées, ou mieux sur ces amitiés dévouées et tendres qu'excitent aisément chez les femmes, depuis deux siècles environ, la plupart des auteurs célèbres, grands poëtes ou éloquents philosophes.

I.

On peut dire que cette nuance ou cette veine de sentiment est une création essentiellement moderne. Dans l'Antiquité il ne se vit point pareille chose ; la constitution de la société n'y prêtait pas. Si quelques femmes s'éprenaient hautement pour le talent, pour le génie, pour la sagesse, c'est parmi les femmes libres qu'il les faut chercher, parmi les *hétaïres* ou courtisanes Aspasie, Leontium, qui s'éprirent pour Périclès ou pour Épicure, étaient de cette classe brillante et vouée à une publicité qui ôtait au don du cœur son plus grand charme et son prix. Passons vite. C'est un sujet de thèse que je propose à d'autres : la passion littéraire et le goût de l'esprit chez les femmes dans l'Antiquité. La femme de Mantinée, Diotime, qui est invoquée dans *le Banquet* de Platon et qui dit de si belles choses par la bouche de Socrate, est une initiée, une sorte de prêtresse ou de femme docteur ès-sciences amoureuses et sacrées, et elle sort des conditions ordinaires. En général, les femmes honnêtes, renfermées dans le gynécée, pouvaient orner leur esprit, mais elles contenaient leurs prédilections au dedans. Les Pénélope ne filaient et ne brodaient, même en matière d'esprit, que pour leurs époux. Chez les Romains, en ceci assez pareils aux Grecs, Calpurnie, la femme de Pline le Jeune, était assurément une femme lettrée et des plus cultivées par l'étude, mais à l'usage et en l'honneur de son mari seulement : à force de tendresse conjugale et de chasteté même, elle s'était faite tout entière à son image, lisant et relisant, sachant par cœur ses œuvres, ses plaidoyers, les récitant, chantant ses vers sur la lyre, et, quand il faisait quelque lecture publique ou *conférence*, l'allant écouter comme qui dirait dans une loge grillée ou derrière un rideau, pour y saisir avidement et boire de toutes ses oreilles les applaudissements donnés à son cher époux. Ce n'est pas là encore la femme à intelligence multiple, et libre dans ses choix d'esprit, que nous cherchons. Je ne doute point pourtant que dans cette Rome émancipée et où les patriciennes avaient jeté le voile, au temps d'Ovide, le poëte n'ait dû bien des succès et des bonnes fortunes à ses vers ; mais ce n'est point les bonnes fortunes que nous demandons pour l'auteur et le poëte, c'est un sentiment pur, vif, dévoué, durable, indépendant de la jeunesse et du temps.

Ce sentiment-là, quel poëte était plus digne de l'inspirer que Virgile? Sensible, mélancolique, souffrant, le peintre immortel de Didon aurait dû, ce semble, avoir pour lui toutes les âmes tendres ; il aurait eu bien besoin, on croit l'entrevoir, de ces entretiens consolants et reposants qui charment dans l'habitude intérieure de la vie, qui soutiennent dans les jours d'affaiblissement et de langueur. « Il y a dans la femme une gaieté légère qui dissipe la tristesse de l'homme. » Si quelqu'un était digne d'éprouver la vérité de ce qu'a dit Bernardin de Saint-Pierre, un auteur tout virgilien, c'était assurément Virgile. Celui dont un vers touchant pénétra le cœur d'Octavie et la fit s'évanouir était, par tout un côté de sa nature, le poëte des femmes. Au lieu de cela et faute de trouver à qui parler, sa tendresse se consuma ou s'égara.

Il arriva, sur ces entrefaites, un grand changement dans le monde et dont les Lettres elles-mêmes, à la longue, devaient se ressentir. Dans un coin reculé de l'empire, en Judée, un doux et puissant prédicateur évangélisa : Marie-Madeleine tomba à ses pieds et les arrosa de parfums, ou tout au moins elle lui voua son cœur. Une révolution s'ensuivit avec le temps dans la destinée de la femme.

Dans l'ordre religieux, ce fut tout un réveil ou plutôt un puissant appel qui s'entendait pour la première fois : on vit ce que la philosophie n'avait su faire, on vit de grands saints, un Jérôme avoir tout un cortége de femmes, de dames illustres, ses sœurs ou filles spirituelles. Le temps des poëtes était éloigné encore.

Ils commencèrent, à leur tour, à jouir des facilités et des faveurs de la société nouvelle, dès le Moyen-Age florissant, dans cette patrie de la gaie science, dans cette contrée des troubadours. De grandes dames, de nobles châtelaines eurent leurs poëtes de prédilection ; elles les choisirent à leur gré, non-seulement parmi les nobles et les gens de naissance, mais parmi les mieux chantants et les mieux disants, fussent-ils issus de bas-lieu. Le talent eut ses priviléges, et il conquit sa couronne. Mais c'est là encore de l'amour, c'est de l'Ovide un peu raffiné et éthérisé, ce n'est pas cette amitié d'esprit plus rare et plus solide, ce fruit savoureux et tardif que mûrira une saison de civilisation plus avancée.

Un jour une Dauphine illustre laissa tomber, en passant, un baiser pur sur les lèvres d'un savant homme endormi. Ce baiser donné par Marguerite d'Écosse à maître Alain Chartier représente et résume bien des admirations muettes et inconnues. C'est le commencement de ce que nous cherchons.

Certes plus d'une Béatrix, plus d'une Laure inconnue avait pu s'émouvoir en méditant les mystiques sublimités de Dante, en récitant les adorables sonnets de Pétrarque; plus d'une, tout bas, avait dû se dire avec envie : « *Pourquoi pas moi?* » Plus tard, à des siècles de là, au déclin, mais à un bien beau déclin encore, le Tasse, avec sa séduction magique et ses ravissantes héroïnes, dut inspirer autour de lui autant et plus de passions peut-être qu'il n'en ressentit lui-même. Mais, laissant de côté ce que nous n'apercevons pas très-nettement, regardons chez nous en France, là où nous savons les choses de près et où nous en pouvons juger à coup sûr.

Rabelais, sous son masque de moine gaillard et valeureux, n'était pas fait pour inspirer des tendresses ou des amitiés de femme. Il a ce que les femmes, même les moins prudes, ne pardonnent pas ; il est sale, il se vautre gratuitement dans l'ordure. Aussi (je crois l'avoir dit ailleurs), aucune femme, pas même Ninon, ne peut se plaire à le lire ou à en parler. Mais pour Montaigne, malgré ses taches légères et ses souillures, c'est bien différent : lui, il mérita de trouver sa fille d'alliance, une personne de mérite, une intelligence ferme, cette demoiselle de Gournay qui se voua à lui, fut sa digne héritière littéraire, son éditeur éclairé, mais qui elle-même, d'une trop forte complexion et d'une trop verte allure, finit par prendre du poil au menton en vieillissant et par devenir comme le gendarme rébarbatif et suranné de la vieille école et de toute la vieille littérature, — un grotesque, une antique.

Malherbe dit peu au cœur de la femme : Racan parlerait davantage. Corneille était fait pour exciter par son génie et ses premiers chefs-d'œuvre des transports d'enthousiasme que, malheureusement, sa personne vue de trop près soutenait peu, ou que même elle décourageait. On peut s'étonner toutefois que quelque Charlotte Corday précoce, quelque Émilie de la bourgeoisie, quelque Pauline plus ou moins déclassée et égarée parmi les précieuses de l'époque, ne soit pas sortie des rangs et ne se soit pas offerte comme amie et comme Antigone au noble poëte indigent.

Les salons alors s'ouvraient à peine ; la société polie se formait et ne faisait que de naître. Ce sentiment, à l'éclosion duquel nous allons assister, est né presque en même temps que la conversation : il en est contemporain, bien qu'il en soit distinct ; elle y prépare, elle y dispose : il est le culte solitaire, le choix réfléchi, sérieux, exalté, d'une seule admiration entre toutes celles que les entretiens polis mettent en commun et agitent à plaisir.

Si ce n'est Corneille, au moins Racine! On a droit de s'étonner encore que ce divin poëte de la tendresse et des sentiments fins, qui a su fouiller et démêler les plus secrets ressorts des passions et lire au cœur d'Hermione et de Phèdre comme à celui de Bérénice et de Monime, n'ait pas eu autour de lui plus d'échos dans des âmes féminines distinguées, qu'il n'ait pas attiré et recueilli plus de tendresses avouées et déclarées, de ces éternelles reconnaissances de femmes pour le poëte supérieur qui les a une fois devinées et enchantées pour toujours. La Champmeslé ne compte pas ; elle était trop près de lui et faisait partie de la maison. Il faut se dire, pour s'expliquer ce peu de succès personnel, à une époque déjà si raffinée de la société, que Racine était sans doute, de sa personne, bien bourgeois, bien auteur, bien rangé dans sa classe par ses habitudes, bien peu en rapport avec les tendresses touchantes que son talent mettait en action sur la scène. Et puis il s'est retiré de bien bonne heure ; il s'est fait dévot et homme de famille avant quarante ans. Les déclarations qui aiment un homme libre n'ont pas eu le temps de lui venir. Celles qui avaient pleuré toutes jeunes filles à *Bérénice* n'étaient pas encore devenues des femmes de plus de trente ans et qui peuvent tout dire, que déjà Racine était hors du courant, revenu et rangé vers Port-Royal. En d'autres temps, Mme de Grammont (Mlle Hamilton) eût été, on l'entrevoit, une de ces femmes qui auraient pris plaisir à mener le chœur et le cortége des admiratrices de Racine.

Boileau si cher aux bons esprits, aux hommes de sens et de goût, n'était guère de nature par son talent à faire vibrer une corde au cœur des femmes. Il ne leur disait rien ; même avant qu'il les eût attaquées, elles avaient de l'éloignement pour lui et se tenaient froides et à distance. Lorsqu'il eut lancé contre elles sa fameuse Satire, aucune ne se présenta pour arracher au poëte chagrin un démenti et ne tint à honneur de l'obliger à se dédire : elles en eussent été pour leurs frais.

Mais La Fontaine, le négligent et le prodigue, il profita et bénéficia pour tous les autres. Il fut soigné, recherché, choyé, l'enfant gâté vraiment des plus brillantes et des plus aimables ; les Bouillon, les La Sablière, les d'Hervart se le disputaient. Il soulevait autour de lui, on ne sait trop pourquoi, les dévouements de femmes ; il s'y prêtait et se laissait faire, répondant par de jolis vers aux agaceries, peu soucieux d'ailleurs de maintenir le jeu égal et prenant ses consolations plus bas, dans le commun.

N'allons pas oublier que la philosophie, en la personne de Descartes, avait fait dans le sexe des conquêtes illustres. La princesse palatine, Élisabeth, avait donné l'exemple, la première, de ces nobles et sérieux attachements à un maître de génie envers qui l'amitié devient un culte. Descartes avait eu, depuis, bien des filles posthumes, et Mme de Grignan méritait qu'on lui dît sans railler : « Votre père Descartes ! » Fontenelle, plus positif, se fit des élèves, à souhait, de quantité de marquises auxquelles il donnait plus d'une leçon de physique, d'astronomie et de fin langage. On était passé déjà du domaine de l'intelligence pure à celui de la mode.

Au xviiie siècle, Voltaire excita, dès les premiers jours, de ces transports d'esprit dans le plus grand monde, — mais d'esprit seulement : les femmes qui l'aimèrent à ses débuts et qui ne craignirent pas de le montrer, la maréchale de Villars, toute la première, allaient droit à la célébrité, à la mode, au *lion* du moment.

Montesquieu, lent à se produire, dut causer très-peu de ces transports hors de son cercle de société, et il semble que Buffon n'était guère propre à en exciter du tout : il était trop naturaliste et trop cru ; il imposait, il n'attachait pas. L'élément féminin lui manquait. Il n'y sacrifiait qu'au physique et n'y mettait pas le nuage qu'on aime. Cependant il eut une adoratrice, une admiratrice, toute de sentiment, Mme Necker.

Mais Rousseau, — comme La Fontaine au siècle précédent, — il profita pour tous ; il eut le bon lot, et au milieu de toutes ses bouderies et de ses rebuffades, il en sut certainement jouir. C'était un coquet de sentiment. Quoiqu'il ait eu, comme La Fontaine, le tort de préférer dans le particulier les *Jeannetons* aux *Climènes*, il savait ce que valent les Climènes, et il les rechercha, il les convoita sans cesse ; il se frottait à elles, sauf à s'y brûler. Elles le lui rendirent. « Le plus aimable de tous les hommes et le plus aimé ! » c'est ce qu'on lui disait, parlant à lui, et il le justifiait pleinement en ses bons jours. Aimable, il l'était à ses heures ; aimé, il le fut de tout temps. Que de femmes, dont les noms resteront attachés au sien, il émut, il enflamma par ses seuls écrits ! Que de protectrices ou d'amies il intéressa et affectionna passionnément à sa destinée, les Luxembourg, les Boufflers, les d'Épinay, — et dans la bourgeoisie, les La Tour-Franqueville et bien d'autres, ferventes, fidèles, ignorées, — des jeunes filles comme la future Mme Roland, tout un monde de

Claires et de Julies! Mais c'est là mon sujet précisément, et j'y reviendrai.

Après Jean-Jacques, son héritier prochain et le plus direct, Bernardin de Saint-Pierre, excita quelque chose des mêmes amours; au lendemain de *Paul et Virginie,* il fut obligé de se défendre de ce débordement d'enthousiasme qui envahissait sa solitude. Cette vogue, cette faveur, tant attendue, lui venait enfin, mais elle avait perdu de sa grâce. Il était trop tard pour lui; le soleil se couchait. — Depuis lors, soit que l'élément féminin ou *femmelin* (comme l'a nommé un censeur austère) ait augmenté et redoublé chez les auteurs, soit que les femmes, de plus en plus appelées à l'initiation littéraire, aient répondu de plus en plus vivement, chaque écrivain célèbre a eu son cortège nombreux de femmes; et si l'on retranche même ce qui est de la mode, de l'engouement, ce qui ne signifie rien en soi, puisque telle femme qui se jetait à la tête de lord Byron, de Chateaubriand ou de Lamartine, à leur moment, se serait jetée en d'autres temps à la tête d'un autre, il reste bien des physionomies particulières, distinctes, bien des figures non méconnaissables, dont l'entourage et l'accompagnement aideraient à définir le génie propre de l'écrivain et du poëte; car on aime si bien un auteur et on ne le préfère si décidément à tous, que parce qu'on s'apparente par quelque côté avec lui.

Certes, l'enthousiasme de Bettine pour Goethe n'est pas un enthousiasme banal : il s'harmonise avec l'imagination, avec la haute fantaisie et le sens naturaliste du grand poëte de Weimar. Règle générale : il y a un certain air de famille entre l'admiratrice et l'admiré.

Byron, tant discuté, tant attaqué et noirci de son vivant, et en réalité le plus grand des génies lyriques, reçut à Ravenne, en 1821, une de ces lettres de déclaration vraie et simple, qui le vengeait de tant d'ineptes insultes. Je ne sais rien de mieux fait, en vérité, pour définir comme je l'entends l'espèce de sentiment auquel je m'applique ici, un sentiment étranger à la mode, épuré de toute sensualité, n'impliquant qu'une tendre, fidèle et éternelle reconnaissance pour le contemporain qui fut, à une heure décisive, le bienfaiteur de notre esprit ou de notre âme, pour un révélateur chéri :

« J'ai reçu aujourd'hui, écrivait lord Byron à Thomas Moore (5 juillet), une singulière lettre d'Angleterre, d'une fille que je n'ai jamais vue; elle me dit qu'elle se meurt de consomption, mais qu'elle ne veut pas quitter ce monde sans me remercier des jouissances qu'elle a dues à ma poésie pendant plusieurs années, etc. C'est signé simplement N. N. A..., et il n'y a pas un mot de bégueulerie ni prêche sur *aucune* opinion. Elle dit uniquement qu'elle se meurt, et que j'ai si puissamment contribué à son plaisir en cette vie qu'elle se croit permis de me le dire, en me priant de *brûler sa lettre,* ce que, par exemple, je ne puis faire; car j'estime plus une semblable lettre, écrite en pareille situation, que le plus beau diplôme de Gœttingue. J'ai reçu jadis une lettre de félicitations en vers, écrite de Drontheim en Norvége, sur le même sujet, mais qui n'était pas d'une femme mourante. Ce sont là de ces choses qui font que l'on se sent poëte. »

Il n'est rien tel en effet que de semblables aveux pour faire sentir dans sa douceur, sa vérité et son sérieux plein de charme, l'heureuse puissance du talent ou du génie, sa vertu d'influence continue et son triomphe invisible. Quelle démonstration plus vivante que ce genre de dévouement, d'amitié sûre et de confiance absolue qu'un écrivain et un poëte sait inspirer à des cœurs lointains, à des êtres qu'il n'a jamais même entrevus et qui lui demeurent attachés jusqu'à la mort! C'est qu'étant lui-même l'expression harmonieuse ou éloquente des joies, des douleurs, des désirs de son époque, il a fait vibrer à un moment la corde cachée qui aurait peut-être toujours sommeillé sans lui; il a tiré du silence et du néant la note intime et profonde qui n'attendait que lui pour résonner, mais que lui seul pouvait apprendre à l'âme mystérieuse qui la contenait sans le savoir. Dans un ordre élevé, il a donné la vie, la vie de l'esprit ou du sentiment. Quoi de plus simple ensuite qu'on lui en sache un gré immortel?

Amitié rare, née de la poésie et qui lui revient fidèlement, si ce n'était descendre trop près de nous, que ne dirait-on pas de ces délicates affections de femme, de ces grâces ingénieuses et souriantes qui consolaient Alfred de Musset sous les traits d'une marraine, et qui ne manquèrent pas au chevet de douleur et de mort d'un Henri Heine lui-même!

Alexandre de Humboldt, dans ses dernières années, et quand on sut que l'âge commençait à peser enfin à cette organisation si longtemps verte et vigoureuse, recevait de tous côtés des offres de dévouement, de service ; on lui demandait par grâce de le venir soigner, entourer d'attentions, d'être sa lectrice, sa garde-malade. Il écrivit dans les journaux une lettre un peu railleuse pour remercier en bloc toutes ses obligeantes correspondantes qui avaient soif d'être plus ou moins ses sœurs de charité. S'il avait été un peu plus poëte et moins homme de cour et de salon, il n'aurait pas souri ni raillé, il aurait été touché. C'est là une des récompenses du génie et, tout rabattu, la plus douce encore, s'il a un cœur.

Oui, celle qui ne vous a jamais vu, qui n'a fait que vous lire, qui, sur un mot sorti un jour de votre âme, se met à croire en vous, à s'y attacher, à vous suivre dans toutes vos vicissitudes ; qui se hasarde, après des années, à vous le dire en tremblant, sans se nommer ; qui est prête, parce que vous l'avez consolée une fois, à accourir si vous souffrez, si vous êtes dans le malheur, si seulement l'ennui vous prend et le dégoût du monde, de ses flatteries ou de ses amertumes ; qui vous dit : « Le jour où vous en aurez assez des plaisirs, où vous sentirez que les bons instants sont devenus bien rares et que le dévouement d'une femme ou d'une fille vous fait défaut, ce jour-là, souvenez-vous de moi, appelez-moi, faites un signe, et je viendrai ; » celle-là, dût-on ne jamais user de ce sacrifice charmant, donne au poëte, fût-il de l'âme la plus altière et un mépriseur d'hommes comme Byron, le plus flatteur des diplômes et des certificats de poésie, la plus chère conscience de lui-même et sa plus belle couronne. Chaque noble écrivain ramasse sur sa route et emporte avec soi ses ennemis, ses envieux cachés, des êtres ignobles qui lui sont acharnés, qui s'attachent à lui et en vivent : il est juste que des êtres généreux l'en dédommagent ; il est juste qu'il ait aussi, par compensation, ses joies cachées, des suavités de bonheur qui n'arrivent qu'à lui.

C'est ce qu'éprouva Rousseau, sinon le premier, du moins plus qu'aucun autre auteur auparavant ne l'avait ressenti et goûté encore à ce degré ; et le malheur, la singularité de sa nature fut de rejeter un peu plus tôt, un peu plus tard, d'empoisonner en idée le bienfait. Nous en montrerons un exemple particulier dans ses relations avec l'une des correspondantes que le recueil publié par MM. Streckeisen-Moultou et Jules Levallois nous fait mieux connaître, et qui était, en même temps que lui, une des habitantes de la vallée de Montmorency, Mme de Verdelin.

II.

Mme de Verdelin mérite d'être distinguée entre les diverses dames amies de Rousseau, en ce qu'elle n'était nullement bel esprit ni bas-bleu, ni rien qui en approche (1) ; qu'avec un esprit fin elle n'avait nulle prétention à paraître ; qu'elle aimait l'écrivain célèbre pour ses talents et pour son génie sans doute, mais pour lui surtout, pour ses qualités personnelles, non

(1) Il est question, dans une lettre de Grimm à Mme d'Épinay, d'un roman « ni bon, ni mauvais, » que Mme de Verdelin avait composé dans sa première jeunesse ; mais elle-même paraît l'avoir complétement oublié, et il ne perce pas le plus petit bout d'oreille de la femme auteur dans tout le cours de sa Correspondance avec Jean-Jacques.

pour sa réputation et sa vogue : elle n'apporta dans cette liaison aucun amour-propre ni ombre de susceptibilité, lui resta activement fidèle tant qu'il le lui permit, et elle ne cessa, elle ne renonça à la douceur de le servir que lorsqu'il n'y eut plus moyen absolument de l'aborder ni de l'obliger; et alors même elle garda intact son sentiment d'amitié, comme un trésor, hélas! inutile.

Elle a sa place dans la seconde partie des *Confessions,* dans ce dixième livre où il raconte son installation et sa vie à Montmorency après sa sortie de l'Ermitage; elle n'y est qu'à moitié travestie et défigurée; le passage où il est question d'elle et de son mari est des plus piquants d'ailleurs, et l'on sent que Rousseau s'y égaye plus vivement qu'il ne le ferait s'il croyait avoir affaire à une ennemie masquée. Il vient de parler de ses nobles hôtes, les maîtres du château de Montmorency, le maréchal et la maréchale de Luxembourg :

« Je fis alors, dit-il, et bien malgré moi, comme à l'ordinaire, une nouvelle connaissance qui fait encore époque dans mon histoire; on jugera dans la suite si c'est en bien ou en mal : c'est Mme la marquise de Verdelin, ma voisine, dont le mari venait d'acheter une maison de campagne à Soisy, près de Montmorency. Mlle d'Ars, fille du comte d'Ars, homme de condition, mais pauvre, avait épousé M. de Verdelin, vieux, laid, sourd, dur, brutal, jaloux, balafré, borgne, au demeurant bonhomme quand on savait le prendre, et possesseur de quinze à vingt mille livres de rentes auxquelles on la maria (1). Ce mignon jurant, criant, gron-

(1) Je dois à l'obligeance de M. Ravenel quelques indications précises desquelles il résulte que, le 8 avril 1750, dispense de publi-

dant, tempêtant et faisant pleurer sa femme toute la journée, finissait toujours par faire ce qu'elle voulait ; et cela pour la faire enrager, attendu qu'elle savait lui persuader que c'était lui qui le voulait et que c'était elle qui ne le voulait pas. »

Mme de Verdelin, avec un mari si peu aimable, avait un ami, un fort honnête homme, M. de Margency, pour lequel elle sentait un tendre faible. Quoique d'ordi-

cation de bans avait été accordée à la paroisse de Saint-Eustache à Bernard, marquis de Verdelin, pour contracter mariage avec Marie-Louise-Madeleine de *Bermond* d'Ars. Le mariage doit avoir été célébré en Saintonge. Au lieu de *Bermond* d'Ars, le nom est habituellement écrit *Bremond* d'Ars. Il y avait déjà une dizaine d'années que Mme de Verdelin était mariée quand Rousseau la connut. — Un des parents de Mme de Verdelin, à qui je dois des communications dont je parlerai ci-après, veut bien m'écrire à ce sujet pour réfuter le dire de Rousseau : « Je ne pense pas avec
« Jean-Jacques que ce fut uniquement aux quinze mille livres de
« rente de M. de Verdelin que Madeleine de Bremond d'Ars fut
« mariée. Le comte d'Ars avait une grande fortune territoriale, et,
« suivant la coutume de Saintonge, les filles étaient admises à par-
« tager même les terres nobles, presque également avec leurs frères.
« Ce fut un autre motif qui détermina le choix du marquis d'Ars.
« La maison de Verdelin, originaire d'Écosse et établie au Comtat
« Venaissin dès le XIIIe siècle, distinguée par ses services militaires,
« et qui a donné plus de quinze chevaliers ou commandeurs à l'Or-
« dre de Saint-Jean-de-Jérusalem, s'était alliée déjà deux fois direc-
« tement à la maison de Bremond d'Ars, — en 1630 et en 1669. La
« trisaïeule de Mlle d'Ars, Marie de Verdelin, femme de Jean-Louis
« de Bremond d'Ars, marquis d'Ars, maréchal de camp, tué en dé-
« fendant Cognac assiégé par les Frondeurs en 1651, s'était rendue
« célèbre dans la province par son intrépidité autant que par ses
« vertus chrétiennes. Aussi lorsque le marquis de Verdelin demanda
« au comte d'Ars, son cousin, la main de Mlle d'Ars, alors âgée de
« vingt-deux ans, fut-il agréé malgré la grande disproportion d'âge.
« Il est donc positif pour moi que, si elle fut sacrifiée à un mariage
« de raison, ce ne fut pas pour la fortune de M. de Verdelin, mais
« plutôt par convenance de parenté, chose à laquelle on tenait alors
« essentiellement. Le mariage eut lieu le 21 mai 1750. Bernard,

naire on ne sache jamais bien ces choses, une anecdote qui courut dans le temps, et qui est singulière (1), empêche de croire qu'elle lui ait toujours résisté; il y eut un moment où elle lui céda; elle sut, malgré tout, ne pas trop s'abandonner et observer assez exactement les convenances, tant que vécut son mari; et, après qu'elle l'eut perdu, elle tint bon plus qu'on ne l'au-

« marquis de Verdelin, était alors colonel d'infanterie et maréchal
« général des logis, etc. Dans sa jeunesse, il avait servi avec distinc-
» tion dans le régiment d'Auvergne et dans le régiment de Verde-
« lin, et avait perdu un œil d'un coup d'épée. Il était veuf d'une pre-
« mière femme, Mme la comtesse de Charite, née de la Doubard-
« Beaumanoir, veuve elle-même... » Il n'en résulte pas moins qu'il était borgne, vieux, rude, etc. Les contemporains qui ont du coup d'œil savent bien des choses que tous les contrats généalogiques n'apprennent pas.

(1) Voir les *Mémoires et Correspondance* de Mme d'Épinay. J'en tire cette page qui est dans une lettre à Grimm; Mme d'Épinay vient de parler des indiscrétions dont Margency ne se fait pas faute au sujet de Mme de Verdelin : « On dit qu'elle lui a résisté longtemps,
« car on n'ignore rien de ce qui les concerne. Je ne sais si vous
« avez ouï conter cette anecdote de leur roman, qui est singulière. Un
« jour que Margency la pressait sans succès et qu'elle le refusait
« avec la plus grande fermeté, il eut recours à ce dépit simulé dont
« on ne craint les effets que lorsqu'il n'est pas fondé. — « J'entends,
« madame, lui dit-il, vous ne m'aimez pas. » — Elle se mit à rire
« de ce propos comme d'une absurdité. Il le répéta du même ton et
« avec plus de violence encore. Elle le regarda avec étonnement, lui
« rappela les dangers auxquels elle s'exposerait, la jalousie de son
« mari, le mépris que ses parents, tous livrés à la dévotion, auraient
« pour elle, la dépendance où la tiendrait le besoin qu'ils auraient
« de leurs valets : rien ne put calmer Margency. Elle se lève avec le
« plus grand sang-froid, le prend par la main, le mène dans son
« cabinet : « Eh bien! monsieur, dit-elle, soyez heureux. » Il le fut,
« ou crut l'être; et voilà tous les hommes! Non, ils ne sont pas tous
« ainsi : il en existe de plus généreux. » Ces derniers mots sont une douceur à l'adresse de Grimm.

rait pu supposer ; elle résista à son penchant par devoir de mère et dévouement pour ses filles, et refusa de se remarier. M. Quiret de Margency, ainsi appelé parce qu'il possédait le château de ce nom, ayant titre et qualité gentilhomme ordinaire de la chambre du roi, était un ami de Rousseau; il avait été du monde de d'Holbach et des philosophes, et en était sorti; on voit que, vers la fin, il avait même passé à une dévotion extrême. Il en avait ressenti les premières velléités et les premières atteintes dans le temps de la maladie et de la mort de son ami, le poëte Desmahis, qui, dans ses derniers jours, avait tourné à un effroi extrême de l'Enfer. Margency, très-lié alors avec Mme d'Épinay, a été jugé fort spirituellement par elle : dans les lettres qu'elle écrit à Grimm, il apparaît sous sa première forme et la plus gracieuse, homme de trente ans environ, galant, léger, versifiant, assez aimable et amusant, « un composé de beaucoup de petites choses, » mais assez mince de fond et d'un caractère peu solide, peu consistant. Même quand il était à l'état de papillon, le gentil Margency avait quelque chose de concerté, et on l'appelait dans son monde « le Syndic des galantins, » ou M. le Syndic tout court. Dans les lettres de Mme de Verdelin et de Rousseau, il est souvent appelé « le Docteur (1). »

(1) Voici le portrait de Margency par Mme d'Épinay, et qui semblait à Grimm un chef-d'œuvre; il y était intéressé; c'est dans une lettre à lui adressée qu'elle disait : « Oh ! mon ami, que vous « m'avez rendue difficile ! Je l'éprouve tous les jours. J'aimais fort « la société de M. de Margency, lorsque je le voyais de temps en « temps à Paris; mais du matin au soir, et tête à tête ! je crois

Rousseau, quoique en relation de confiance avec Margency, avait tardé le plus qu'il avait pu à faire la con-

« qu'il n'y a que vous au monde qui puissiez soutenir cette épreuve.
« Mon compagnon est d'une paresse qui engourdit à voir; il n'a
« jamais un quart d'heure de suite la même volonté. Veut-on causer,
« on ne trouve pas une idée dans cette tête, ou, dans d'autres
« moments, on en découvre une foule de si petites, si petites,
« qu'elles se perdent en l'air avant que d'arriver à votre oreille.
« Il tient comme un diable à l'opinion du moment, qu'on est tout
« étonné de le voir abandonner le quart d'heure d'après, sans qu'on
« l'en prie. Il commence trente choses à la fois, et n'en suit aucune;
« il est toujours enchanté de ce qu'il va faire, et ennuyé de ce qu'il
« fait; le morceau le plus sublime ne lui inspire que du dédain, s'il
« s'y trouve par malheur une expression qui blesse son oreille. Je
« suis sûre qu'il ne pardonnerait pas à la plus belle femme d'être
« coiffée de travers. Aussi a-t-il en aversion tout ce qui sent la
« province. Il ne manque ni de pénétration ni de finesse, mais je
« ne lui ai vu jamais saisir une chose fortement ni (ou) extraordinai-
« rement pensée... Ouf! j'avais besoin de vous dire cela; je l'aime
« fort, mais je voudrais ou être seule, ou avoir quelqu'un qui liât
« et amalgamât ses manies avec les miennes, car j'en ai bien aussi.
« Vraiment, sans cette réflexion, je me serais peut-être déjà prise de
« grippe contre lui. » — Raillerie pour raillerie : quelques années après et dans la période de refroidissement, Margency rendait la monnaie de sa pièce de Mme d'Épinay, et j'ai sous les yeux une lettre de lui à Rousseau, du 9 janvier 1760, dans laquelle je lis le passage suivant : « J'oubliais de vous dire que, par le conseil de
« notre aimable amie (Mme de Verdelin), j'allai voir, il y a deux mois,
« votre ancienne infante (Mme d'Épinay). Je la trouvai parée comme
« la fiancée du roi de Garbe. Elle me reçut comme si elle m'avait
« vu la veille, et je la traitai comme si je devais revenir le lende-
« main. Il est vrai que je n'y ai pas remis les pieds et que onc
« depuis je n'ai entendu parler d'elle. J'ai eu la visite du fils et du
« gouverneur au commencement de l'année; mais d'elle et de Caron
« (Grimm?) pas un mot. Mme de Verdelin prétendait que je n'échap-
« perais pas à la baguette; mais il y a longtemps que le charme est
« fini et que je ne crains plus, *tristes Amaryllidis iras* :

    Je suis libre, Seigneur, et je veux toujours l'être. »

naissance de Mme de Verdelin ; celle-ci ne se découragea point et ne prit nullement ses ourseries en mauvaise part. Elle habitait d'abord, du temps où il était à l'Ermitage, le château même de Margency, dans la vallée, près d'Eaubonne et d'Andilly ; quand elle fut établie à Soisy et sa proche voisine, elle vint plusieurs fois à Mont-Louis sans le trouver, et comme il ne donnait signe de vie, elle ne laissa point de lui envoyer des pots de fleurs pour sa terrasse. « Il fallut bien l'aller remercier, dit Jean-Jacques ; c'en fut assez : nous voilà liés. »

Rien ne peut me dispenser de donner le portrait qui suit, dussé-je y apporter ensuite bien des correctifs ; Rousseau, quand il le traça, était en guerre avec lui-même et cherchait plus ou moins chicane à tous ses sentiments d'autrefois. C'est donc un portrait chargé qu'on va lire ; tout à l'heure chacun sera en mesure de le rectifier, en ayant sous les yeux les pages mêmes de la Correspondance, avant que l'humeur de Rousseau ait eu le temps d'aigrir et de gâter ses plus innocents souvenirs :

« Cette liaison commença, dit-il, par être orageuse, comme toutes celles que je faisais malgré moi ; il n'y régna même jamais un vrai calme : le tour d'esprit de Mme de Verdelin était par trop antipathique avec le mien. Les traits malins et les épigrammes partent chez elle avec tant de simplicité, qu'il faut une attention continuelle, et pour moi très-fatigante, pour sentir quand on est persiflé. Une niaiserie qui me revient suffira pour en juger. Son frère venait d'avoir le commandement d'une frégate en course contre les Anglais ; je parlais de la manière d'armer cette frégate sans nuire à sa

légèreté : — « Oui, dit-elle d'un ton tout uni, l'on ne prend
« de canons que ce qu'il en faut pour se battre. » — Je l'ai
rarement ouïe parler en bien de quelqu'un de ses amis
absents, sans glisser quelque mot à leur charge. Ce qu'elle
ne voyait pas en mal, elle le voyait en ridicule, et son ami
Margency n'était pas excepté. Ce que je trouvais encore en
elle d'insupportable était la gêne continuelle de ses petits
envois, de ses petits cadeaux, de ses petits billets, auxquels
il me fallait battre les flancs pour répondre, et toujours
nouveaux embarras pour remercier ou pour refuser. Cependant, à force de la voir, je finis par m'attacher à elle. Elle
avait ses chagrins ainsi que moi. Les confidences réciproques nous rendirent intéressants nos tête-à-tête : rien ne lie
tant les cœurs que la douceur de pleurer ensemble. Nous
nous cherchions pour nous consoler... »

Je ne sais si c'est la faute de mon esprit obtus, mais
il me semble qu'il faut l'avoir bien tourné à la finesse
et à la méfiance pour trouver du persiflage dans ce
mot de Mme de Verdelin sur la frégate : « On ne prend
de canons que ce qu'il en faut pour se battre. » Il y
avait, au dix-huitième siècle, une princesse de Rohan
qui, pour faire preuve d'esprit, se piquait d'entendre
finesse à tout, même aux choses les plus simples. On
disait d'elle assez plaisamment que, lorsqu'elle était à
la messe, elle riait à l'*Introït* et entendait malice au
Kyrie eleison. La méfiance de Rousseau lui faisait faire
souvent, à sa manière, comme cette princesse de Rohan, et trouver malice à tout (1).

(1) Les personnes curieuses de tout approfondir pourront lire
avec intérêt une Notice intitulée : *Charles de Bremond d'Ars, marquis d'Ars*, tué à bord de la frégate *l'Opale*, dans un combat contre
les Anglais, sur les côtes de Bretagne; par M. Anatole de Barthé-

Les lettres de Mme de Verdelin qui sont maintenant sous nos yeux nous donnent d'elle une plus juste idée. Rousseau débuta dans cette liaison par des rudesses et des susceptibilités ombrageuses dont elle ne lui sut aucun mauvais gré. Il lui écrivait un jour, de Montmorency :

« Vous me dites, madame, que vous ne vous êtes pas bien expliquée, pour me faire entendre que je m'explique mal. Vous me parlez de votre prétendue bêtise, pour me faire sentir la mienne. Vous vous vantez de n'être que bonne femme, comme si vous aviez peur d'être prise au mot, et vous me faites des excuses, pour m'apprendre que je vous en dois. Oui, madame, je le sais bien ; c'est moi qui suis une bête, un bon homme, et pis encore s'il est possible ; c'est moi qui choisis mal mes termes au gré d'une belle dame française qui fait autant attention aux paroles et qui parle aussi bien que vous...

« J'avais besoin sans doute d'être averti que je ne suis près de vous qu'une simple connaissance ; si vous me l'eussiez dit plus tôt, madame, je vous aurais épargné l'ennui de mes visites ; car, pour moi, je n'ai point de temps à donner à des connaissances, je n'en ai que pour mes amis. »

A ces brusqueries et à ces boutades peu congrues, elle n'opposa que la douceur et le ton peiné de l'affection la plus sincère :

lemy (Nantes, Vincent Forest et Émile Grimaud, 1866). On y trouvera les états de service fort honorables du jeune et brillant officier de marine, frère de Mme de Verdelin, emporté par un boulet de canon à l'âge de vingt-trois ans. — C'est encore Rousseau et ses méchants propos qu'on tient à réfuter dans ce petit écrit. Mais soyons justes : sans Rousseau et les pages des *Confessions,* qui donc aurait aujourd'hui l'idée de s'occuper de ces anciens Bremond d'Ars?

« Mon voisin, vous me jugez mal, si vous croyez que je prétends à mieux qu'à être une bonne femme ; je fais cas de cette qualité, je borne toute mon ambition à la mériter et à trouver quelqu'un assez vrai pour me dire les choses qui m'en écartent.

« Je crois vous avoir écrit, monsieur, que je désirais perdre avec vous le titre de connaissance ; vous m'avez fait l'honneur de me dire que vous vouliez des années pour éprouver vos amis : il y en a si peu que j'ai celui d'être connue de vous, et je suis si peu habituée à obtenir les choses que je désire, que je n'ai pas osé me nommer autrement que votre connaissance. Ce n'est pas que je n'aie la date d'un ancien attachement ; vous me l'aviez inspiré avant de vous avoir vu, et, quoi que vous en disiez, vous ne perdez pas dans le commerce. Ce n'est pas les charmes de votre esprit que je ne suis pas digne d'apprécier, qui me l'ont fait désirer, ce sont les qualités de votre âme qui m'ont attachée à vous d'une façon invariable. Bonsoir, monsieur ; votre lettre m'a fort affligée. Je vous prie de trouver bon que j'aille prendre congé de vous. Je vous exhorte fort à ne pas quitter votre feu. » (8 novembre 1760.)

C'est ce mélange de familiarité, d'insinuation, de simplicité (quoi qu'il en dise) et de sans-façon vraiment amical, qui finit par gagner à Mme de Verdelin le cœur de Rousseau, et elle put se flatter pendant quelque temps d'avoir vaincu cette rétivité de nature qui allait se redresser, plus âpre que jamais, dans le malheur et la solitude.

Mme de Verdelin était jeune encore ; on ne dit pas qu'elle fut remarquablement jolie, on ne dit pas le contraire, et elle était certainement agréable (1). Rous-

(1) Mme d'Épinay dit d'elle, en un endroit de sa *Correspondance*, qu'elle était très-jolie, mais sur un oui-dire. Rousseau, très-sensible à la beauté, n'en parle pas.

seau, occupé tout récemment de Mme d'Houdetot, ne pensa point à s'attacher à elle, ni à aller sur les brisées de Margency, comme il avait fait sur celles de Saint-Lambert. S'il y eut alors pour lui quelque tentation de ce genre, ce fut du côté de Mme de Boufflers, et il s'arrêta vite et à temps. Il eût trouvé en Mme de Verdelin plus de raison, moins de vague sentimentalité qu'en Mme d'Houdetot ; mais cela ne l'eût point avancé pour son bonheur, en supposant même qu'il eût permis au bonheur de lui venir. Mme de Verdelin ne s'appartenait pas. Vouée à ses soins d'épouse garde-malade, à ses devoirs de mère, et les remplissant exactement, elle avait placé ailleurs son plus tendre intérêt, le plus cher de son âme, et elle ne trouvait en retour que refroidissement, scrupules et restrictions de conscience chez ce M. de Margency, déjà plus qu'à demi converti. Il cherchait à vendre sa terre et à quitter le voisinage, comme pour rompre les relations. Elle ne pouvait s'empêcher de prendre Rousseau pour confident de sa peine secrète :

« Imaginez, mon bon voisin, que votre très-aimable lettre est tombée entre les mains d'une créature qui n'existait plus ; peignez-vous l'état d'une âme touchée au delà de toute expression, qui depuis sept ans ne vit, ne respire que pour un être qui était prêt à la sacrifier au fanatisme d'un dévot. La façon dont je vis avec M. de... (Margency) m'avait fait voir avec plaisir que la société de M. de Foncemagne, devenu très-pieux depuis la mort de sa femme, avait réveillé chez lui des idées de religion et de piété. Notre confiance était la même ; les idées nouvelles, depuis plus d'un an, n'avaient pas apporté de gêne ; au contraire, nous étions plus heureux. A mon retour ici, je l'ai trouvé plus sérieux ; les soins qu'il rend à sa mère m'ont mis dans le cas de le voir peu, et presque toujours avec du monde. Enfin, son ami (Foncemagne) me dit qu'il devenait sublime et qu'il allait être entre les mains d'un grand faiseur. Peu de jours après, l'ami nous ayant laissés seuls, je vis son visage prendre l'air austère, son esprit cherchant tous les lieux communs pour fournir à la conversation. Je lui demandai s'il souffrait : il me dit que non, en levant le siége. Je ne le rappelai pas, mon voisin, je n'en avais plus le courage. J'ai resté bien des jours occupée de lui cacher ma douleur, tant il m'était douloureux de troubler son âme! A la fin, mon changement, ma santé, lui ont fait deviner ma frayeur. Soit pitié, soit amitié, on m'a promis de ne me pas fuir et de ne rien changer à notre façon de vivre. Je le verrai, c'est ma vie. Il ne me faut rien de plus que votre amitié, avec une petite assurance que vous n'êtes pas fâché du détail que je viens de vous faire. »

Mettez en regard de cet amant mortifiant et froid un mari jaloux, l'esprit toujours en éveil, qui se sent d'autant mieux servi par sa femme qu'il en est moins aimé, et qui s'en inquiète; placez entre les deux une âme délicate, sensible, tendre à l'excès, qui elle-même a ses scrupules, ses réserves et ses réticences, qui est toute douloureuse en dedans, et vous aurez idée du petit roman qui se file, se mêle et se démêle, sans se dénouer jamais, dans la vie de Mme de Verdelin.

Mme de Verdelin n'appartenait pas au monde philosophique; elle avait des idées religieuses assez libres, assez élevées, sans étroitesse : ni philosophe, ni dévote, c'était sa devise. Quand Rousseau eut été obligé de fuir de Montmorency après sa publication de l'*Émile,* elle lui écrivait, en lui parlant de l'état des esprits, de l'échauffement des têtes dans un certain monde, et en lui rapportant une conversation qu'elle avait eue à son sujet avec un magistrat :

« Si vous n'y étiez pas intéressé, nous ririons de voir les protecteurs de la religion et des mœurs s'élever contre le seul écrivain de ce siècle qui ait écrit utilement en leur faveur; qui ait bien voulu s'élever contre le matérialisme que le bien seul de la société devrait proscrire... »

Elle tenait tête dans le monde, quand elle les rencontrait, à ceux qui attaquaient l'*Émile* dans un sens ou dans un autre, dans le sens de d'Holbach ou dans celui de la Sorbonne et du Parlement. A propos des *Lettres de la Montagne,* écrites pendant cette retraite de Rousseau en Suisse, elle disait :

« Je n'ai pas reçu vos *Lettres,* on les a ici on ne peut plus difficilement. On débite que vous y peignez Jésus-Christ comme un homme doux, humain, enfin qui allait aux noces et se faisait tout à tous. Les dévots, qui ne sont pas de même, disent que ce tableau est indécent. J'ai pensé être lapidée pour avoir dit que j'avais cru voir cela dans l'Évangile. Ah ! mon voisin, que ces gens-là ont raison d'être fâchés qu'on leur parle d'un modèle qu'ils suivent si mal; mais que je crains leur fureur contre vous ! Ils feront sortir des épines de dessous vos pieds. Pourquoi ont-ils commencé à vous persécuter ? Cela se devine ; mais aujourd'hui ils ont une raison de plus, celle d'avoir été injustes : votre existence les humilie. »

Cette aimable femme n'était nullement protestante

toutefois ; elle disait très-bien à Rousseau sur l'article du Calvinisme :

« Les motifs de votre séparation, à vous autres Protestants, m'ont toujours paru tenir plus à l'orgueil, à la licence, qu'à l'amour du bien, quoiqu'il en ait été le prétexte ; et puis, *je ne trouve pas raisonnable qu'on rejette un mystère lorsqu'on en admet un autre tout aussi difficile à résoudre.* »

On conviendra que ce dernier argument n'est pas mal poussé. Elle avait eu un père raisonnable et un premier confesseur qui l'avait été aussi. Elle raconte cela avec beaucoup de naturel et une certaine simplicité fine, qui est son cachet :

« J'imagine que c'est une chose agréable à Dieu que la soumission de l'esprit ; elle est plus difficile qu'un acte d'humilité. Aussitôt que j'ai un peu raisonné avec moi-même, je me suis imposé la pénitence de ne pas discuter avec ma petite cervelle. Mon père ne m'a occupée qu'à calculer ce qui pouvait regarder mon sexe et mon ménage. Vous croyez peut-être que mon confesseur m'a tourmentée sur ma manière de penser ? Non ; il me demandait si je croyais ; je répondis : « Je prie Dieu chaque jour que ma foi augmente, mais je ne suis pas assez téméraire pour faire des raisonnements. » Il me dit : « Vous avez raison, soumettez-vous, mais examinez bien la morale, écoutez votre conscience, et Dieu vous aidera. » — *Il y a plus d'un vicaire savoyard.* »

Quoique lectrice et admiratrice de Rousseau, Mme de Verdelin n'était donc pas une insurgée du sexe ni une émancipée ; elle était bien restée femme, au sens habituel du mot; elle n'allait qu'à mi-chemin en bien des choses. L'attirail de la *savanterie* (comme elle la nommait) l'effrayait autant que celui de la galanterie. Une de ses filles marquait une intelligence avancée :

« Elle serait fort propre à faire une femme savante : beaucoup de facilité et de pénétration d'esprit, dit-on ; mais cela rend-il heureuse ? Non, l'amour-propre égare. Ah ! la plus heureuse, c'est celle qui donne de la bouillie à ses enfants et en est caressée, qui conduit son ménage avec application. Si elle n'est pas agréable à son mari, elle lui devient utile, et c'est quelque chose. Pensez-vous ainsi, mon voisin ? »

Il y a femme et femme, et il ne faut pas prendre d'ailleurs au pied de la lettre tout ce qu'on écrit sous le coup de l'abattement. Il est des jours où l'on est en réaction contre soi-même. Rousseau répondait assez exactement à Mme de Verdelin, et la plupart de ses lettres se sont conservées (1). Lorsqu'il fut obligé de fuir précipitamment de sa vallée de Montmorency, c'est à Mme de Verdelin que Mlle Levasseur confia la chatte

---

(1) Il existe de ces lettres de Rousseau à Mme de Verdelin un bien plus grand nombre qu'on ne le croirait d'abord, à ne consulter que la *Correspondance* publiée dans le recueil des OEuvres : au lieu de six lettres qu'on y trouve en tout, on en a une soixantaine qui ont été publiées dans le journal *l'Artiste* pendant tout le cours de l'année 1840. M. Bergounioux, qui les envoya à ce journal, les tenait de M. Émile de La Rouveraye, gendre de M. Le Veneur et petit-fils par alliance de Mme de Verdelin. J'avais déjà fait mon premier travail, lorsque, averti d'une publication si curieuse en soi et qui l'était pour moi en particulier, j'ai lu la totalité de ces lettres. Elles ajoutent peu à la connaissance de Mme de Verdelin ; mais, en ce qui est de Rousseau, elles m'ont prouvé qu'en certains endroits j'aurais pu accentuer davantage et marquer plus vivement sa reconnaissance bien sincère envers son ancienne voisine ; il s'y découvre chez lui

du logis, la *doyenne,* qui se laissait peu approcher, sauvage et fière comme son maître. Il fut très-touché alors (quoiqu'il ne le marque pas assez dans ses *Confessions*) de l'amitié vraie que lui témoigna son ancienne voisine, de la peine naïve qu'elle lui exprima de son absence, de ses craintes que d'autres ne la remplaçassent près de lui et ne fissent oublier les premiers amis :

« Hélas ! voilà l'absence, mon cher voisin. Vous trouverez partout des amis qui seront empressés de remplacer ceux que vous aviez dans ce pays-ci, qui vous en dédommageront ; mais, pour moi, je ne retrouverai pas mon voisin. Je vous assure que je ne cherche plus d'amis ; ceux que j'ai eus m'ont trompée : je n'ai que vous qui pouviez faire le bonheur et la douceur de ma vie, dont les conseils étaient si nécessaires à ma pauvre tête, et vous m'êtes enlevé ! Je me flatte que je ne vous perdrai pas ; non, cette idée n'est jamais venue affliger mon esprit ; depuis que vous m'avez promis d'avoir de l'amitié pour moi, il ne m'est pas venu à l'esprit que vous puissiez me l'ôter. Ce n'est pas mon amour-propre qui me donne cette confiance. » (1er avril 1763.)

un côté plus ouvert et plus habituellement attendri qu'on n'oserait le supposer d'après le résultat final. Ce serait même un problème assez délicat dans une Étude sur Rousseau, et malgré tout ce qu'on sait de ses méfiances, que de s'expliquer comment d'une liaison si douce, si éprouvée et si soutenue, à n'en juger que par ses lettres, il a pu passer et aboutir, sur le compte de cette aimable dame, à la page légèrement dénigrante et tout à fait désobligeante des *Confessions.* — Mais quand donc aurons-nous de Rousseau une édition tout à fait complète et digne de lui? Quand songera-t-on à réunir en un seul monument toute sa Correspondance? Qu'a-t-il donc fait, cet éloquent malheureux et persécuté, pour que la seconde moitié de notre xixe siècle semble se désintéresser si fort de lui? J'assiste à ce détachement injuste, sans le partager : je demeure, comme au premier jour, un de ses fidèles.

Elle souffrait cruellement, à cette date, des froideurs de Margency et de ce procédé d'un homme qu'elle avait tant aimé, pour lequel elle avait été femme, comme Julie, à s'oublier un moment, et qui se retirait peu à peu d'elle à l'heure où, enchaînée à des devoirs ingrats et pénibles, elle avait le plus besoin d'être soutenue et consolée :

« Le plus grand malheur d'une femme n'est pas d'avoir été trompée dans son choix, c'est d'avoir connu l'amour : il faut se défier de soi le reste de sa vie ; cela fatigue et humilie. »

« A force de maux et de contradictions, j'ai appris à me laisser aller, comme les arbres de mon jardin, au vent qui les plie. Tout ce que je désire comme eux, c'est de ne pas rompre. »

Ainsi éprouvée et ne luttant plus, se sentant née pour la peine et s'y résignant, elle faisait à Rousseau des offres de service si vrais, si évidemment sincères, et d'un ton si doux, qu'il finit par en être persuadé et touché, et par lui accorder cette préférence qu'elle réclamait, qu'elle implorait en termes si soumis :

« Vous êtes persuadé de mon amitié, mon voisin ; vous me permettez d'éprouver la vôtre, voilà la preuve que je vous demanderais : tout ce qui vous connaît a le désir de vous servir et de vous être utile ; peu y trouveraient autant de plaisir que moi : je voudrais donc que vous me fournissiez quelque occasion d'avoir du plaisir ; je voudrais que vous disposassiez de mon temps, de mes soins et de tout ce que j'ai, comme d'un bien à vous ; que ce qui vous manque là-bas, vous m'indiquassiez un moyen de vous le faire parvenir d'ici, où on trouve tout ; je voudrais que vous me traitassiez comme votre sœur : voilà comme je désire être avec vous ; c'est ainsi que je vous suis attachée, en y ajoutant la confiance et la vénération qu'on a pour le père le plus chéri. »

C'est sur cette offre confiante et où elle avait mis toute son âme, que Rousseau ému lui répondait, en regrettant pour elle qu'elle eût été obligée de rester plus longtemps qu'elle n'avait compté à Paris (27 mars 1763) :

« Une ville où l'amitié ne résiste ni à l'adversité ni à l'absence ne saurait plaire à votre cœur. Cette contagion ne le gagnera pas ; n'est-ce pas, madame ? Que ne lisez-vous dans le mien l'attendrissement avec lequel il m'a dicté ce mot-là ! L'heureux ne sait s'il est aimé, dit un poëte latin ; et moi, j'ajoute : L'heureux ne sait pas aimer. Pour moi, grâces au Ciel, j'ai bien fait toutes mes épreuves ; je sais à quoi m'en tenir sur le cœur des autres et sur le mien. Il est bien constaté qu'il ne me reste que vous seule en France, et quelqu'un qui n'est pas encore jugé, mais qui ne tardera pas à l'être. »

Ce quelqu'un, apparemment, était le maréchal de Luxembourg. Mais un tel mot, une telle exception est à jamais l'honneur de Mme de Verdelin et lui assure une place qui n'est qu'à elle dans une histoire de Rousseau.

Ce moment est celui où sa Correspondance avec lui a le plus de douceur et respire une intimité touchante. De retour à Soisy, son premier soin est de faire visite à la maison qu'habitait son cher voisin :

« J'ai été aujourd'hui (12 juin 1763), pour la première fois, à Montmorency ; ma première visite a été pour vos tilleuls. Ils sont beaux ; on ne leur a pas ôté une feuille ; tout est comme vous l'avez laissé ; vos fleurs montent, montent et vont, sans treillage, donner du couvert. Lorsque mes forces me le permettront, j'y retournerai et y mènerai la *doyenne* pour l'égayer. Elle a repris son domicile sous mon lit, mais elle ne m'aime pas mieux ; elle ne s'est attachée à personne ; elle souffre l'amitié, et c'est tout. J'ai vu le curé de Groslay, qui est bien content de votre réponse. « Hélas ! m'a-t-il dit, je voudrais la lui entendre lire. » Ses yeux sont devenus humides, et mes larmes coulaient. »

Elle vient de parler de ses forces qui sont à peine revenues : c'est qu'elle avait été malade deux mois durant. Son assiduité auprès du fauteuil de son mari de plus en plus infirme et tracassier, que la vue de sa fin tourmentait et rendait plus égoïste encore, l'obligation où elle était de se séparer de ses filles qu'elle mettait au couvent, et surtout le procédé froid, compassé, moins que consolant, de son ami Margency, l'avaient amenée à un état de faiblesse physique et morale, à un découragement qui ne la laissait plus sensible qu'à une amitié dévouée et active du côté de Rousseau.

Une observation sur la société d'alors se présente ici. Nous voyons dans cette suite de lettres Mme de Verdelin, toute femme de qualité qu'elle est, se séparer fort nettement de ceux qu'elle appelle les Grands. Elle ne trouve point, par exemple, la maréchale de Luxembourg suffisamment polie ni attentive envers elle ; la maréchale ne lui rend guère ses visites : elle ne laisse pas d'être sensible à ces légers manques. Il y avait alors entre les rangs des nuances bien marquées.

Mme de Verdelin était donc, malgré son titre et avec ses vingt mille livres de rente, de la classe moyenne élevée, mais *moyenne* véritablement. C'est encore un point par où elle se rapproche de nos conditions modernes plus égales, de notre manière de voir et de sentir. Elle est de plain-pied avec nous.

Son mari meurt ; il a cessé de souffrir dans les derniers jours de 1763 (1). Le premier soin, la première pensée de Mme de Verdelin, en informant Rousseau de cette perte (car c'en est une après tout, et elle le regrette en effet), est d'offrir à Mlle Levasseur, à cette Thérèse qui se présente dans cette Correspondance un peu moins odieuse et désagréable qu'on ne la fait généralement, une sûreté d'avenir, une aisance modeste, si Jean-Jacques venait à lui manquer. Jean-Jacques n'accepte pas, mais il ne paraît pas trop choqué de l'offre : c'est beaucoup. Elle lui explique aussi avec détail et lui soumet l'état de son cœur ; devenue veuve, elle ne peut prendre sur elle d'épouser Margency qui est revenu, du moment qu'il l'a vue libre, et qui lui offre un nouvel établissement. Elle a ses filles auxquelles elle se doit, l'une d'elles entre autres, malade et qui a hérité de son père un sang vicié. Sa sensibilité aussi s'est usée à attendre, à souffrir ; le pli est pris : pourquoi changer ? C'est ici que nous avons à citer

---

(1) Le marquis de Verdelin mourut le 27 décembre 1763. Il avait titre et qualité, « ancien colonel d'infanterie, ancien maréchal général des logis des camps et armées du Roi, chevalier de l'Ordre royal et militaire de Saint-Louis. » Il habitait à Paris rue Vivienne, sur la paroisse de Saint-Eustache.

une fort belle lettre de Rousseau, parfaite de raison, de sagesse; il oppose les conseils d'une morale juste et saine aux objections un peu trop délicates et raffinées, au bon sens attristé de Mme de Verdelin. Il plaide pour Margency qu'il estime, et dont la dévotion sincèrement pratiquée ne lui paraît point mériter une si sévère punition :

« Motiers, le 13 mai 1764.

« Quoique tout ce que vous m'écrivez, madame, me soit intéressant, l'article le plus important de votre dernière lettre en mérite une tout entière et fera l'unique sujet de celle-ci. Je parle des propositions qui vous ont fait hâter votre retraite à la campagne. La réponse négative que vous y avez faite et le motif qui vous l'a inspirée sont, comme tout ce que vous faites, marqués au coin de la sagesse et de la vertu; mais je vous avoue, mon aimable voisine, que les jugements que vous portez sur la conduite de la personne (*Margency*) me paraissent bien sévères; et je ne puis vous dissimuler que, sachant combien sincèrement il vous était attaché, loin de voir dans son éloignement un signe de tiédeur, j'y ai bien plutôt vu des scrupules d'un cœur qui croit avoir à se défier de lui-même; et le genre de vie qu'il choisit à sa retraite montre assez ce qui l'y a déterminé. Si un amant quitté pour la dévotion ne doit pas se croire oublié, l'indice est bien plus fort dans les hommes, et, comme cette ressource leur est moins naturelle, il faut qu'un besoin plus puissant les force d'y recourir. Ce qui m'a confirmé dans mon sentiment, c'est son empressement à revenir du moment qu'il a cru pouvoir écouter son penchant sans crime; et cette démarche dont votre délicatesse me paraît offensée est, à mes yeux, une preuve de la sienne, qui doit lui mériter toute votre estime, de quelque manière que vous envisagiez d'ailleurs son retour.

« Ceci, madame, ne diminue absolument rien de la solidité de vos raisons quant à vos devoirs envers vos enfants. Le parti que vous prenez est sans contredit le seul dont ils n'aient pas à se plaindre et le plus digne de vous ; mais ne gâtez pas un acte de vertu si grand et si pénible par un dépit déguisé et par un sentiment injuste envers un homme aussi digne de votre estime par sa conduite, que vous-même êtes, par la vôtre, digne de l'estime de tous les honnêtes gens. J'oserai dire plus : votre motif fondé sur vos devoirs de mère est grand et pressant, mais il peut n'être que secondaire. Vous êtes trop jeune encore, vous avez un cœur trop tendre et plein d'une inclination trop ancienne pour n'être pas obligée à compter avec vous-même dans ce que vous devez sur ce point à vos enfants. Pour bien remplir ses devoirs, il ne faut point s'en imposer d'insupportables : rien de ce qui est juste et honnête n'est illégitime ; quelque chers que vous soient vos enfants, ce que vous leur devez sur cet article n'est point ce que vous deviez à votre mari. Pesez donc les choses en bonne mère, mais en personne libre. Consultez si bien votre cœur que vous fassiez leur avantage, mais sans vous rendre malheureuse ; car vous ne leur devez pas jusque-là. Après cela, si vous persistez dans vos refus, je vous en respecterai davantage ; mais, si vous cédez, je ne vous en estimerai pas moins. »

Que dites-vous de Jean-Jacques moraliste consultant et directeur de conscience ? Quelle mesure parfaite ! quelle justesse de balance et quelle précision ! quelle délicatesse de tour, et quelle propriété de termes, pour marquer les moindres degrés ! La morale de Nicole est dépassée ; celle de Rousseau est plus vraie en ce qu'elle est plus conforme à la nature. Mais achevons ; rien de cette lettre ne doit être omis :

« Je n'ai pu refuser à mon zèle de vous exposer mes sentiments sur une matière si importante et dans le moment où vous êtes à temps de délibérer. M. de Margency ne m'a écrit ni fait écrire ; je n'ai de ses nouvelles ni directement ni indirectement; et quoique nos anciennes liaisons m'aient laissé de l'attachement pour lui, je n'ai eu nul égard à son intérêt dans ce que je viens de vous dire : mais moi, que vous laissâtes lire dans votre cœur, et qui en vis si bien la tendresse et l'honnêteté, moi, qui quelquefois vis couler vos larmes, je n'ai point oublié l'impression qu'elles m'ont faite, et je ne suis pas sans crainte sur celle qu'elles ont pu vous laisser. Mériterais-je l'amitié dont vous m'honorez, si je négligeais en ce moment les devoirs qu'elle impose ? »

Voilà une lettre excellente de tout point, qui serait des meilleures et des plus remarquées dans la dernière partie de *la Nouvelle Héloïse;* voilà la morale du bon sens, de l'honnêteté sans subtilité et sans mysticisme. N'admirez-vous pas comme cet homme qui, dans le même temps, jugeait déjà si à faux de sa propre situation, et dont la vue allait se troubler de plus en plus sur tout ce qui le concernait lui-même, voyait et disait juste sur le cas d'autrui ?

Et pour apprécier encore plus à son prix le caractère de cette belle consultation morale, relisez, je vous en prie, dans les *Mémoires* de Mme d'Épinay, les pages toutes légères de ton et toutes railleuses où il est parlé de cette même relation de Mme de Verdelin et de Margency : le contraste avec l'accent de Rousseau est frappant ; on comprendra mieux, au sortir de cette double lecture, le sérieux, la dignité et l'élévation qu'il sut rendre aux choses du cœur et de la vie.

III.

Mme de Verdelin ne se rendit pas aux raisons de Rousseau : elle se retrancha dans un sentiment plus vif de ses devoirs envers ses filles, et s'arma contre elle-même des promesses qu'elle avait faites à leur père au lit de mort. Bref, elle fit bon marché de son bonheur personnel et dissimula ce qu'elle continuait de sentir tout bas, en remerciant courageusement Margency et le laissant libre de contracter d'autres engagements. Pour plus de sûreté et de bienséance, et afin de couper court à tous les propos, elle crut devoir prendre un appartement à l'abbaye de Pentemont et y demeura avec ses filles plusieurs années, ne laissant pas de voir de temps en temps ce singulier ami de son choix, mais avec discrétion et en toute convenance. Et sur ce que, cependant, l'idée de mariage revenait quelquefois entre eux et était remise sur le tapis pour l'époque qui suivrait l'établissement de ses filles, elle se prémunissait à l'avance et ne se refusait pas ce genre de plaisanterie dont Rousseau a parlé, et qui semble lui avoir dicté son dernier mot sur le « saint du faubourg Saint-Jacques, » ainsi qu'elle appelait Margency :

« Il a, disait-elle, l'imagination chaude et le cœur froid... Il y a dix ans, je n'avais à craindre que la rivalité de Mme d'Épinay, et elle me faisait moins de peur que celle de sainte Thérèse et de tant d'autres avec qui je n'ai pas l'avantage d'être dans une société intime. » — « Je l'aime assez, disait-elle encore, pour le préférer à tous les plaisirs, mais je ne puis adopter les siens ; je bâille en y pensant. »

Ame revenue, détachée, désabusée, redisant dans sa note habituelle : « Mon cher voisin, quoi que je fasse, je suis née pour la peine; les miennes ne font que changer d'objet; » ou encore, en ses meilleurs instants : « J'ai éprouvé tant d'ennuis depuis que j'existe, que ce qui m'arrive de bonheur à présent me touche à peine; » elle continua, tant qu'il lui fut permis, de s'occuper activement de Rousseau, et elle ne fut contente que lorsqu'elle eut trouvé le moyen, au milieu de toutes ses gênes et de ses assujettissements, de l'aller visiter à Motiers-Travers et de lui donner la marque la plus positive d'amitié, un voyage long, pénible, pour passer deux fois vingt-quatre heures auprès de lui. Elle profita d'un voyage aux eaux de Bourbonne où elle était allée conduire une de ses filles, pour pousser de là par Besançon et Pontarlier jusqu'en Suisse. Plus d'un contre-temps retarda ce projet formé de longue main, et il fallut y mettre bien de la volonté et de la suite pour que tout enfin pût s'ajuster.

Rousseau va nous l'avouer, il ne peut rester incrédule ni insensible à des preuves si claires, non plus qu'aux instances réitérées et obligeantes qui lui arrivaient avec un accent pénétré. Des offres de service d'argent les plus délicates à insinuer s'y glissaient par moments. Il renvoyait une lettre de change, mais sans trop de colère. Loin de là, il écrivait à celle qu'il appelait cette fois son amie :

« Quatre jours avant l'arrivée de votre dernière lettre, M. Junet est venu m'apporter les mille francs que vous aviez si peur qui n'arrivassent jamais assez tôt. *Amie unique, je* n'aurai pas assez de tout mon cœur et de toute ma vie pour vous payer le prix d'une si tendre sollicitude. Je vous avoue que votre secret a été mal gardé; il a fallu batailler pour ne pas recevoir l'argent sur-le-champ. J'ai dit que je voulais le laisser dans votre bourse jusqu'à mon premier besoin, et qu'il ne viendrait jamais assez tôt pour le plaisir que j'aurais à recevoir de vous de quoi y pourvoir. N'étant pas, quant à présent, dans ce cas, je vous envoie ci-jointe la lettre de change, en attendant le moment de m'en prévaloir.

« Je me lève avant le jour pour vous écrire ces deux mots, parce que, assujetti toute la journée à une opération nécessaire et douloureuse, je serais hors d'état d'écrire avant le départ du courrier. Nous pourrons reparler du passe-port (un passe-port pour traverser la France); quant à présent, rien ne presse. *Il est donc sûr que j'ai une amie au monde; toutes mes afflictions ne sont plus rien.* »

Elle lui répondait (27 avril 1765) :

« Vous souffrez et vous vous levez une heure avant le jour pour me renvoyer la lettre de change ! Dois-je, mon voisin, me louer ou me plaindre ? Je suis comblée quand j'ai de vos nouvelles; mais, lorsqu'elles coûtent à votre repos, vous imaginez bien qu'elles troublent le mien. Je juge que votre état est aussi cruel que certains instants que je vous ai vu à Montmorency. Lorsque vous en aurez la force et le temps, un chiffon plié avec une suscription de votre main me rendra satisfaite, et le jour où vous joindrez : « *Je me porte bien,* » votre voisine sera heureuse autant que le peut être une mère affligée...

« Je ne me plains pas du renvoi de la lettre de change, parce que je suis sûre, puisque vous me le dites, que vous la regardez entre mes mains comme un dépôt... Ne vous privez pas des choses utiles et commodes. Vous restreignez vos besoins, mon cher voisin, à un point qui afflige mon âme, et cela pour ne pas faire usage des offres de vos amis. Vous avez une trop douce délicatesse ; c'est ôter à l'amitié la plus grande jouissance. Rendre et recevoir des soins de ses amis, voilà le seul plaisir que je me sois réservé. » — « Lorsque vous poussez les privations trop loin, lui écrivait elle encore, je prie Mlle Levasseur de vous dire que c'est manquer à l'amitié que mérite mon attachement pour vous. Vous savez qu'il ne tient point à votre génie sublime, à la réputation dont vous jouissez ; je ne m'élève pas jusque-là : la bonté de votre âme, cette courageuse patience que je n'ai connue qu'à vous, l'amour de la vertu pour la vertu même, voilà mon lien, voilà ce qui me fait désirer votre bonheur pour l'honneur de l'humanité autant que pour le bonheur de ceux qui vous connaissent. C'est ce qui me fait vous dire que vous devez vous soigner et donner à votre vie les commodités qui peuvent la rendre plus douce. »

Rousseau répondait à sa confiance, alors, par une confiance en apparence égale (1). Ses *Lettres de la Mon-*

---

(1) Je prends presque au hasard, dans la suite complète des lettres de Rousseau à Mme de Verdelin, quantité de mots touchants et émus qui sont en parfaite contradiction avec le ton à demi ironique et aigre-doux qui règne dans la page des *Confessions* où il est parlé d'elle ; par exemple : « Votre éloignement me fait bien
« sentir ce que j'ai perdu ; vos bontés ne m'ont fait d'effet que
« quand elles m'ont été ôtées, et je puis vous dire d'un cœur vrai-
« ment pénétré qu'elles vous ont acquis un serviteur fidèle, qui le
« sera jusqu'à son dernier soupir. Comptez là-dessus, madame,
« quel que soit mon sort et quelque lieu que j'habite. J'ai autant
« de plaisir à vous le dire, que si cela vous importait beaucoup
« à savoir... » (7 décembre 1762.) — « Cent fois le jour je pense
« avec attendrissement que, depuis le premier moment de notre
« connaissance, vos soins, vos bontés, votre amitié, n'ont pas souf-
« fert un moment de relâche ou d'attiédissement, que vous avez
« toujours été la même envers moi dans ma bonne et ma mauvaise

tagne avaient déchaîné contre lui le fanatisme protestant : Messieurs de Berne interdisaient l'ouvrage; le Grand-Conseil de Genève le condamnait au feu. Dans ce pays de Neufchâtel il se sentait trop près de Berne et de Genève ; il était entre deux feux. Son imagination se montait, sa tête se prenait :

« De quelque côté que je me tourne, écrivait-il à Mme de Verdelin (3 février 1765), je ne vois que griffes pour me déchirer et que gueules ouvertes pour m'engloutir. J'espé-

« humeur, dans ma bonne et ma mauvaise fortune ; que vous
« m'avez toujours montré une égalité d'âme qui devrait faire l'étude
« du sage, et cette bienveillance inaltérable que tous les amis
« promettent et qu'on ne trouve dans aucun. Votre amitié, madame,
« est éprouvée, et la mienne mérite de l'être. Voilà maintenant
« de quoi j'ai le cœur plein, et ce que je voulais vous dire : j'ai
« plus à me louer qu'à me plaindre d'une adversité qui m'a mis
« en état de vous parler ainsi. » (7 février 1763.) — « Comment
« arrive-t-il, madame, que j'aie le cœur si plein de vous, et que
« je ne vous parle jamais que de moi? Ce qu'il y a de certain,
« c'est que tout ce que vous me dites de vous m'affecte et me
« pénètre; que je vous plains, que je sens vos malheurs comme
« les miens et que je voudrais que vous eussiez autant de plaisir
« à vous épancher avec moi que j'en goûte à m'épancher avec
« vous, et que je n'eus jamais d'attachement plus solide, plus vrai,
« et qui fît plus la consolation de ma vie, que celui que vous
« m'avez inspiré. » (29 juin 1763.) — Et le 10 septembre, même année : « Si je pouvais trouver en France un coin où vivre en paix et vous voir quelquefois, je serais heureux... » — Et le 30 octobre : « Je vois chaque jour mieux quelle amie m'est restée en
« vous, et j'oublie presque toutes mes pertes quand je songe à ce
« qui m'est laissé. » — Le 6 janvier 1765 : « Daignez m'écrire plus
« souvent, je vous en supplie ; un mot me suffit, mais j'ai besoin
« d'un mot. » — Tant de passages significatifs que je pourrais multiplier encore montrent assez la vérité et la vivacité de ce sentiment dans l'âme de Rousseau avant qu'elle s'altérât.

rais du moins plus d'humanité du côté de la France; mais j'avais tort... Repos, repos, chère idole de mon cœur, où te trouverai-je? Est-il possible que personne n'en veuille laisser jouir un homme qui ne troubla jamais celui de personne ! »

Mme de Verdelin, dès qu'elle le put, et cette année même, réalisa son vœu le plus cher et courut à lui. Le passage des *Confessions* où il est parlé de ce voyage commence bien et finit mal. La première partie nous rend fidèlement la disposition où Rousseau était alors. Il eut, dit-il, deux grands plaisirs en ce temps au milieu de tous ses ennuis ; et après avoir parlé d'un service qu'il put rendre à un ami, en contribuant par le canal de Milord Maréchal à le faire conseiller d'État et en acquittant ainsi envers lui une dette de reconnaissance, il ajoute :

« Mon autre grand plaisir fut une visite que vint me faire Mme de Verdelin avec sa fille, qu'elle avait menée aux bains de Bourbonne, d'où elle poussa jusqu'à Motiers, et logea chez moi deux ou trois jours (probablement le 1er et le 2 septembre 1765). A force d'attentions et de soins, elle avait enfin surmonté ma longue répugnance, et mon cœur, vaincu par ses caresses, lui rendait toute l'amitié qu'elle m'avait si longtemps témoignée. Je fus touché de ce voyage, surtout dans la circonstance où je me trouvais et où j'avais grand besoin, pour soutenir mon courage, des consolations de l'amitié. Je craignais qu'elle ne s'affectât des insultes que je recevais de la populace, et j'aurais voulu lui en dérober le spectacle pour ne pas contrister son cœur; mais cela ne fut pas possible ; et, quoique sa présence contînt un peu les insolents dans nos promenades, elle en vit assez pour juger de ce qui se passait dans les autres temps. »

Elle désirait dès lors que Rousseau quittât le pays et cédât aux sollicitations de M. Hume pour aller habiter en Angleterre. Elle y travailla par ses conseils et son active entremise ; et sur ce point la méfiance du pauvre Rousseau perce sourdement dans la fin du récit. Il ne dit pas, mais il laisse entendre que Mme de Verdelin pouvait bien avoir été, sinon complice, instrument du moins (à son insu) dans cette conspiration générale tramée par Hume et consorts pour l'enlever et le perdre, sous prétexte de le sauver.

Elle raisonnait juste dans ses conseils, mais son bon sens même se trompait, croyant avoir affaire à un bon sens non altéré. Elle n'était point d'avis du tout qu'entre les divers asiles qui s'offraient à Jean-Jacques il choisît la Prusse et Berlin :

« Une très-forte raison devrait suffire à vous en éloigner, lui disait-elle ; c'est l'accueil indistinct qu'on y fait à tout homme de lettres : fripon ou honnête, tout est fêté, pourvu qu'il soit subjugué et qu'il loue le maître. Mon voisin, qui a sacrifié son bonheur à la liberté, à la vérité, n'est pas fait pour vivre à Berlin. Je connais une femme, amie intime de M. de Maupertuis, qui me disait que le chagrin avait avancé ses jours. »

Au lieu de la Cour et d'un roi « philosophe ou philosophant, » prêt à accueillir indistinctement les écrivains les plus contraires, l'auteur du livre de l'*Esprit* ou l'auteur d'*Émile*, combien elle aimerait mieux voir celui-ci chez le fermier proposé par Hume, dans la forêt voisine de Richemond, au bord de la Tamise, « dans un pays où la liberté de penser est autorisée et par les lois et par le génie de la nation! » Mais, je le répète, tout ce bon sens même la trompait; on sait comment l'humeur noire, la manie soudaine de Rousseau déjoua tout et déconcerta toutes les bienveillances. Le pauvre misanthrope trouva moyen de les transformer en un complot prémédité et concerté contre lui. Il sentait bien, a-t-on remarqué finement, qu'il ne serait pas croyable que tant de gens lui eussent manqué à la fois, s'ils avaient pensé et agi séparément : admettant donc comme un fait prouvé le mauvais vouloir et le tort des gens contre lui, il fut conduit par la logique même à l'idée de complot. Quelle plus frappante confirmation de ce terrible mot d'Aristote, qu'il n'a existé aucun grand esprit sans un grain de folie!

A partir de ce voyage de Jean-Jacques en Angleterre et depuis son retour en France, la Correspondance que Mme de Verdelin essaye de soutenir décline et perd en intérêt : la confiance entière n'existe plus; cette aimable et douce amie est enveloppée par lui dans le sombre voile qui lui dérobe une partie du présent et presque tout le passé. Du moins elle lui resta inviolablement fidèle et attachée; la dernière lettre qu'on ait d'elle, à la date du 24 août 1771, nous la montre n'ayant rien perdu de son enthousiasme ni de sa sensibilité :

« Je voudrais pouvoir vous donner des preuves de tous ces sentiments, mais je connais si bien les vôtres que, pour vous servir à votre mode, je m'en tiens à vous être inutile... Mais non, j'ose croire que je ne suis pas inutile à votre bonheur : le premier, le seul pour un cœur tel que le vôtre, c'est de savoir qu'il en existe un bien vrai, bien sensible, sur lequel vous pouvez compter à la vie et à la mort; et vous savez en moi ce cœur. »

Elle lui adresse cette dernière lettre d'une terre où elle est, en Brenne, au sortir d'une maladie qui paraît avoir été assez grave :

« Actuellement, lui dit-elle en finissant, je suis en pleine convalescence et je n'ai plus que des forces à reprendre. Avant la fièvre, je charmais les douleurs de mon bras en chantant vos charmants airs ; je me suis bien affligée dans ce moment de la médiocrité de ma voix ; j'aurais voulu pouvoir rendre toute la mélodie de cette délicieuse musique : mais elle est si parfaite que, malgré le défaut de mon expression, tout le monde en était charmé ; je la quittais pour vous lire. Vous voyez, monsieur, que vous n'êtes point absent de moi... C'est ici où j'ai commencé à vous lire, où je formai le désir de vous connaître. Que j'ai de plaisir à vous l'écrire ! »

Mme de Verdelin disparaît entièrement pour nous à dater de ce jour. On ne sait plus rien de ce qui la regarde. Elle ne pouvait nous être connue que par Rousseau ; un rayon de sa gloire est tombé sur elle : le rayon se retirant, elle est rentrée dans l'ombre et l'on perd sa trace (1).

Mais, revenant à l'idée première de cette Étude, à ces sortes d'amitiés d'esprit à esprit, à ces intimités

---

(1) M. Nap. Peyrat, pasteur de l'Église réformée à Saint-Germain-en-Laye, veut bien me donner l'indication suivante : « Mme de Verdelin a vécu dans sa vieillesse à Cognac. J'ai connu une personne qui avait beaucoup fréquenté cette aimable femme. Il est possible que l'amie de Rousseau repose aux bords de la Charente. » — Nous savons maintenant que Mme de Verdelin mourut le 18 décembre 1810 au château de Carrouges en Normandie, chez son gendre, le général comte Le Veneur de Tillières ; elle tait âgée de près de 83 ans.

d'intelligence et de sentiment, où il y a le plus souvent un sous-entendu d'amour qui ne sort jamais ; où il se mêle du moins, de femme à auteur, une affection plus tendre que d'homme à homme, n'ai-je pas raison de conclure en disant : Évidemment, la morale sociale a fait un pas ; un nouveau chapitre inconnu aux anciens, trop oublié même des modernes, est à ajouter désormais dans tous les traités de l'*Amitié?* — J'aime à rattacher ce chapitre au nom de Mme de Verdelin : elle est pour nous une conquête ; nous venons lui payer la dette de Rousseau.

Plaisir désintéressé de la curiosité critique ! dernière jouissance de ceux qui ont beaucoup vécu dans leur chambre, qui ont peu agi et beaucoup lu ! Quoi de plus doux et de plus innocent, en effet, que de s'occuper dans un détail exact et avec une attention comme affectueuse d'une existence disparue, de ressaisir une figure nette et distincte dans le passé, de donner tous ses soins, pour la recomposer et la montrer aux autres, à celle qui ne nous est de rien, de qui l'on n'attend rien, mais dont je ne sais quelle grâce, quelle bienveillance souriante nous attire et nous a charmés? L'esprit, le cœur, voilà ce qui survit à tout, ou ce qui devrait survivre ; le retrouver, le montrer est une vraie joie : y ajouter même au besoin un peu du sien n'est pas défendu ; on supplée ainsi à ce qui nous échappe. C'est le cas pour Mme de Verdelin. Après l'avoir étudiée de si près et dans ses propres confidences, je crois quelquefois, en vérité, qu'elle est là devant moi, intelligente et parlante ; je me la représente en personne, avec cette physionomie pétrie de tendresse, de finesse, de douce malice et de bonté : l'amour a passé par là, on le sent, non point précisément celui qui enflamme et qui ravage, mais celui qui brûle à petit feu et qui, toutes peines éteintes, laisse après lui une réflexion légèrement mélancolique et attendrie ; arrivée à cet âge où l'on n'espère plus et où l'on a renoncé à plaire, sans pour cela se négliger, dans sa mise de bon goût et simple, tout en elle est d'accord, tout se nuance et s'assortit ; elle ne craint pas de laisser voir à son front et à ses tempes la racine argentée de ses cheveux où il a neigé un peu avant l'heure ; elle ne cherche pas à prolonger une jeunesse inutile et qui ne lui a donné que des regrets ; elle est aussi loin de l'illusion sentimentale et de l'éternelle bergerie d'une d'Houdetot, que de la sécheresse mordante et polie d'une Luxembourg ; elle a gardé la seule jeunesse du regard, l'étincelle aimante ; elle continue de sourire à cette vie qu'elle n'a guère connue que triste et amère ; elle rêve fidèlement à ce passé qui lui a valu si peu de douceurs, elle a le culte d'un souvenir, et si elle tient encore dans ses mains un livre à couverture bleue usée (comme dans ce portrait de femme attribué à Chardin), je suis bien sûr que c'est un volume de la *Nouvelle Héloïse*. En un mot, Mme de Verdelin, qui n'est pas un esprit supérieur ni une âme brûlante, est et reste pour nous une très-aimable femme, une agréable connaissance, et il nous semble à nous-même que nous l'ayons eue pour voisine autrefois (1).

(1) La publication de ces articles sur Mme de Verdelin m'a valu

d'intéressantes communications de son arrière-petit-neveu, le comte Anatole de Bremond d'Ars, ancien sous-préfet de Quimperlé : c'est de lui que j'ai appris la date et le lieu de la mort ainsi que d'autres circonstances bonnes à noter et qui, pour peu qu'on le voulût, permettraient de joindre au portrait une Notice biographique. Des trois filles de Mme de Verdelin, l'aînée mourut infirme et sans alliance ; une autre, mariée en 1773 au marquis de Courbon-Blénac, eut pour gendre le général comte d'Hédouville, sénateur, etc. ; une troisième enfin fut mariée en 1778 au comte Le Veneur de Tillières, qui devint lieutenant général des armées du Roi, qui fut député sous l'Empire et sous la Restauration, et mourut en 1833, laissant postérité. On conserve dans la famille des lettres de Mme de Verdelin adressées à ses plus jeunes parents, soit pendant la Révolution, soit sous le Consulat et sous l'Empire. Elle avait un petit-fils militaire ainsi qu'un jeune cousin ou petit-neveu. Elle écrivait au père de ce dernier, le 9 juillet 1807, trois semaines après la bataille de Friedland : « Vous aurez de la peine à croire, mon cher cousin, que j'ai eu bien de la joie de calculer que votre fils ni le nôtre ne se sont trouvés à cette terrible bataille. A 79 ans, on devient détachée des vanités de ce monde. Voilà sans doute pourquoi on estime peu la vieillesse, et on a raison ; car on ne fait de grandes choses que par l'amour de la gloire. — Nos petits-enfants en sont pourvus : votre Théophile (*Théophile Bremond d'Ars, son petit-neveu*) a toutes les vertus des temps jadis : je désire qu'Hector (*Hector Le Veneur, son petit-fils*) l'ait rencontré à Postdam... » On voit, par ces lettres, que jusqu'à la fin celle qui se qualifiait « votre antique parente » avait conservé la chaleur du cœur. Mais il est piquant d'observer, cependant, comme les générations se succèdent et s'enchaînent avec contraste : on ne s'attendait guère à voir l'amie de Jean-Jacques et sa voisine de Montmorency émue de crainte et d'intérêt au lendemain de Friedland. Pourquoi pas ? Il n'est que de vivre et de durer un peu longtemps pour que toutes les variétés et les oppositions se produisent dans ce grand drame historique bigarré qui change sans cesse et qui lui-même se reflète en mille faces dans l'existence d'un chacun.

APPENDICE.

Ayant été nommé directeur, c'est-à-dire président de l'Académie française, pour le second trimestre de l'année 1865, je me suis vu chargé du Rapport public sur les prix de vertu ; de là le discours que je reproduis ici :

DISCOURS

SUR LES PRIX DE VERTU

Lu dans la séance publique annuelle de l'Académie française
du 3 août 1865.

MESSIEURS,

L'idée de couronner, de récompenser et de proclamer publiquement la vertu est une idée toute particulière au XVIIIe siècle et à l'époque philanthropique de Louis XVI. De toutes les manières d'entendre et de définir ce mot de *vertu* (et il en est plus d'une, assurément, depuis Aristote jusqu'à Franklin), le XVIIIe siècle avait préférablement choisi et adopté celle qui se résume dans l'idée de *bienfaisance*. C'est beaucoup, ce n'est pas tout. L'idée de *force,* inhérente au sens antique de *vertu,* avait peu à peu disparu ; la sensibilité prédominait et couvrait tout. Lorsqu'en 1782 un généreux anonyme, qui n'était autre que le respectable M. de Montyon, pria l'Académie d'agréer la fondation d'un prix de vertu et de louer publiquement le fait le plus vertueux qui se serait passé depuis deux ans à Paris ou dans le rayon de la banlieue, les plaisanteries ne manquèrent pas ; on essaya du ridicule. Paris en a toujours à son service, et du plus fin, pour toute nouveauté. On affectait de ne voir dans l'estimable fondateur, lorsqu'on sut son nom, qu'un homme de gloriole, un courtisan du public, à l'affût de tous les petits succès. On prétendait que l'Académie allait se faire l'émule et la rivale des curés de Paris. C'était le temps, il est vrai, où la philanthropie dans toute sa confiance et son ingénuité se donnait carrière, où le sentiment exalté d'humanité qu'aucun échec n'avait encore averti se passait toutes ses espérances et tous ses rêves, où des zélés en venaient jusqu'à proposer de créer des *espions* du mérite et de la vertu pour dénoncer les beaux génies inconnus et modestes, pour découvrir les belles actions cachées, avec la même vigilance et la même adresse qu'on met à découvrir les mauvaises. Le temps, Messieurs, a fait justice de ces légers travers comme de ces railleries, et n'a laissé subsister dans l'œuvre de M. de Montyon, dans ce bienfait perpétuel, largement renouvelé et confirmé par lui après 1816, que les bons effets d'une fondation si louable. L'idée utile a pris le dessus. La religion, loin de s'en alarmer ou de s'en étonner comme d'un empiétement et d'une concurrence, s'y est associée ; l'extrême humilité des vertus chrétiennes a consenti à se laisser dévoiler et divulguer dans l'intérêt de tous. La philosophie, de son côté, a rabattu d'une première affiche sentimentale, d'une première prétention peut-être à l'effet et à l'éclat ; elle n'a pris du sentiment que l'extrême nécessaire, n'a pas recherché avant tout la singularité et s'est parfaitement accommodée des vertus chrétiennes quand elle les rencontrait devant elle dans son examen. Rien ne met d'accord les bons esprits et les bons cœurs comme l'idée et surtout la vue du bien, le bien en action. Aujourd'hui rien n'est mieux compris, plus incontestablement accepté, reconnu plus convenable et plus utile que le récit que fait annuellement l'Académie des actes de vertu, et les récompenses, si modérées d'ailleurs, qu'elle y attache.

Et s'il était séant de sortir un moment en idée de cette enceinte et du cercle même de la patrie, s'il était possible de se considérer et de se juger du dehors, j'ajouterais hardiment : Il était juste que, chez la nation réputée la plus aimable et qui est certainement la plus sociable entre toutes, la vertu se traduisît sous cette forme attrayante et douce; qu'elle y reçût solennellement ces hommages émus et gracieux.

Appelé pour la première fois, Messieurs, et par un honneur que je ressens comme je le dois, à rendre compte des motifs et des choix de l'Académie, on me permettra de dire mon impression la plus sincère : c'est que jamais, devant aucun tribunal, examen ne s'est fait avec plus de scrupule et de conscience, que celui des dossiers qui chaque année nous sont soumis. Il est naturellement interdit aux vertueux de se proposer eux-mêmes : il y aurait une certaine contradiction, même aux yeux de la philosophie, entre s'estimer soi-même digne du prix et en être digne en réalité. C'est une sorte de cri public qui désigne les candidats. D'ordinaire des personnes notables et autorisées, sachant que de tels prix existent et que des sujets, à leur connaissance, sont aptes à les mériter, se mettent en avant et entament la candidature. On écrit à l'Académie, on l'avertit; on rédige des mémoires, on envoie des attestations comme dans un procès. L'Académie, ainsi que le disait très-bien M. de Carné dans un rapport préparatoire, que je regrette de ne pouvoir vous présenter, car il vous dispenserait du mien, — l'Académie a à se défendre tantôt des dossiers trop informes, des renseignements trop naïfs et trop primitifs, tantôt au contraire des Mémoires trop bien faits : ceci est plus délicat. Il y a des actions qui nous arrivent si bien présentées, que l'on peut craindre que l'art et l'habileté du narrateur n'y soient pour quelque chose. Oh! que le vrai en tout genre demande de l'attention et de la précaution pour le bien démêler! Manquerai-je en ce moment à la discrétion, n'obéirai-je pas plutôt au sentiment le plus impérieux de respectueuse déférence, si je dis que, parmi ceux de nos confrères qui chaque année se consacrent pendant plusieurs mois au dépouillement, à la vérification, à la comparaison des pièces, il en est un dont la vue plus qu'à demi usée ne se lasse pourtant jamais, ne se décourage pas et veut jusqu'au bout se rendre compte des moindres documents qui nous sont adressés? Et c'est l'auteur de l'*Histoire de la Grande Armée*, c'est un brave et éloquent guerrier dont la jeunesse s'est prodiguée sur les champs de bataille, c'est lui-même qui, depuis vingt ans et plus, a donné ainsi ses soins scrupuleux, minutieux, à compulser, à peser les actions d'humbles filles, de pauvres domestiques, à tâcher que rien d'essentiel n'échappe, que chaque mérite atteigne juste à son degré de rémunération. Homme de devoir, cela lui paraît tout simple : cela m'a paru touchant. Que de fois, dans le doute, il a remporté chez lui les dossiers, les a repassés tout entiers une dernière fois, de peur de ne pas être assez juste! Noble historien de la Grande Armée, témoin véridique de nos grandeurs et de nos héroïques désastres, vous avez mérité aussi que l'on dise de vous que vous êtes le juge d'instruction modèle dans cet ordre pacifique des vertus. Laissez nos cœurs parler une fois en toute liberté et vous exprimer notre vénération reconnaissante.

Cette année, Messieurs, l'Académie n'a pas d'action d'éclat à célébrer et à couronner ; elle a mieux, si j'ose dire : elle a des existences, des vies tout entières dévouées au bien à récompenser et à raconter devant vous. Je le ferai dans les termes les plus simples, en me rapprochant le plus possible de mes dossiers, de mes sources. Loin de moi les phrases pompeuses, lors même que j'en saurais faire! En pareil cas, ce sont les témoins les plus immédiats qui parlent le mieux : ils disent comme ils ont vu et comme ils sentent.

La première récompense, le premier prix, sur quatre-vingt-neuf concurrents, est décerné à Mlle Rosalie Marion, institutrice communale à Beaumont-Hague, département de la Manche. Cette respectable personne, née en 1791, est par conséquent âgée aujourd'hui de soixante-quatorze ans. Ses premières années nous échappent. Enfant du pays et d'une commune peu éloignée, elle avait vingt-cinq ans lorsqu'elle arriva à Beaumont, en qualité d'institutrice, dans les premiers jours de janvier 1816, et, depuis ce temps, c'est-à-dire depuis tout à l'heure un demi-siècle, elle a été pour cette commune à la fois la maîtresse d'école, la garde-malade, la sœur de charité, cumulant et trouvant moyen de remplir tant de fonctions sans les confondre.

Comme institutrice, elle ne s'est pas ralentie un seul jour durant ce long espace de temps. Ses heures de classe sont pour elle sacrées : ce sont les seules qu'elle n'ait jamais cru pouvoir sacrifier au soin des infirmes et au service des malades. Demandez-lui le sacrifice de ses repas, de ses jours de congé, de ses nuits, elle les accorde, elle les prodigue avec joie ; mais ses heures de classe, elle n'y touche jamais. C'est au point qu'après huit ou dix nuits, et quelquefois plus, passées au chevet des malades, elle a toujours trouvé assez de force et d'énergie pour ne pas prendre ne fût-ce qu'un quart d'heure de repos sur le temps dû à l'école. La classe, c'est pour elle la tâche stricte, le devoir rigoureux.

Sa charité pourtant s'y sentait à l'étroit, et, dès les premiers temps de son installation dans la commune, elle s'annonça pour ce qu'elle devait être toute sa vie ; elle devint la sœur de charité ordinaire, une infirmière de bonne volonté, au service de tous. On s'y est vite accoutumé autour d'elle, et dès que dans une famille pauvre il éclate une affliction soudaine, dès qu'une maladie se déclare, le premier mot est : « Vite, allez chercher la *maîtresse*. » Avec elle arrivent la consolation et le secours

Ici le Mémoire très-bien fait que j'ai sous les yeux, et qui émane évidemment d'une plume distinguée autant que d'une belle âme, a cru devoir entrer dans des détails précis, circonstanciés, sur les rebuts et les dégoûts inhérents à la pratique de la charité : je me garderai de le suivre ; nous sommes pour cela trop délicats. Oh ! la charité, c'est un beau mot à prononcer, une belle chose à célébrer un jour de fête en Académie ; mais les conditions habituelles, journalières, la réalité et le matériel, si j'ose dire, de la charité, y pense-t-on bien ? ces misères amoncelées et croupissantes, ces horreurs, ces laideurs, ces six étages à monter dans les villes, ces pailles infectes et ces fumiers à remuer dans les campagnes...; qu'il suffise de dire que la *maîtresse* (comme on l'appelle à Beaumont) exerce la charité dans tout ce qu'elle a de pénible, de repoussant, d'odieux pour les sens, de contagieux et de dangereux pour la santé : elle panse, elle lave les plaies, elle ensevelit ceux dont on s'éloignait par effroi. Plus d'une fois elle a porté la peine de son zèle et de ses pieux excès : après s'être dévouée à soigner des familles entières dans une épidémie de fièvre typhoïde qui sévit dans la contrée en 1839, elle tomba malade elle-même et faillit succomber.

D'autres fois, après avoir surmonté toutes ses nausées auprès de certains malades, après avoir fait l'impossible en constance, en patience, en refoulement de toutes les délicatesses, la nature à la fin se révolte et se revanche ; il y a un lendemain ; et le devoir accompli, le malade soigné, le mort enseveli, la courageuse infirmière est demeurée des huit jours entiers le cœur soulevé, rassasié, sans pouvoir prendre presque aucune nourriture : elle a eu le contre-coup de son dévouement.

Et elle n'a pas le dévouement seul : elle a l'esprit d'ordre et d'administration, comme il en faut dans tout ce qui dure. Elle s'aperçut de bonne heure que de toutes les privations que la maladie révèle dans ces existences pauvres, la plus fréquente de toutes, c'est le défaut de linge, si nécessaire pourtant en pareil cas. Avec le conseil de M. le docteur Le Taillis et moyennant la contribution bienfaisante de feu M. et Mme Du Mesnildot, propriétaires du château de Beaumont, elle a depuis des années établi une lingerie, — la lingerie des pauvres, qu'elle sait entretenir à peu de frais. Pendant la guerre de Crimée, grâce au zèle et à l'industrie de l'humble maîtresse, la commune de Beaumont, qui est peut-être la plus pauvre du canton, fournit plus de linge qu'on n'en recueillit dans aucune autre.

Je finirai par un trait d'elle, qui nous ramène à l'institutrice. En 1841, l'instituteur de la commune étant frappé d'une fièvre typhoïde qui menaçait de se prolonger longtemps, la maîtresse, non contente de lui donner ses soins, demanda et obtint l'autorisation de le remplacer auprès des petits garçons, afin qu'il ne perdit point sa place. Pendant trois mois donc, elle fit successivement l'école aux petits garçons et aux petites filles : aux premiers, de sept heures à dix heures du matin, et de une heure à quatre du soir; aux petites filles, de dix heures à midi, et de quatre à sept heures du soir. Ainsi, pendant trois mois, elle fit onze heures de classe par jour. Les chiffres en disent assez.

L'Académie, édifiée par tous ces renseignements éloquents dans leur précision et dont je n'ai fait que donner une idée, décerne à Mlle Rosalie Marion le premier prix Montyon.

De la commune rurale nous passons à la grande ville. Il existe à Paris, dans le quartier Notre-Dame-de-Lorette, une femme, nous a-t-on dit, qui, depuis quarante ans, dans une condition des plus médiocres, a fait autant de bien à elle seule que les familles riches et les bureaux de bienfaisance qui l'entourent. Il y avait d'abord, à une pareille assertion, de quoi surprendre et étonner; mais ici nous étions à la source même, à portée des renseignements, et bientôt tout s'est expliqué et vérifié.

Mme Navier (Félicité Barilliet), née à Paris, le 13 février 1806, sur la paroisse de l'Assomption, a aujourd'hui tout près de soixante ans. Elle perdit son père de bonne heure : sa mère était infirme. Il y avait quatre enfants en bas âge; elle était l'aînée, et elle se dit que c'était à elle de faire l'office de chef de famille, de s'occuper de ses frère et sœurs, de es élever : elle le fit si bien et avec tant de suite, que bientôt elle n'était connue dans le quartier que sous le nom de *la petite mère*. « Chacun était émerveillé de voir cette enfant en élever d'autres, et s'improviser mère à l'âge où l'on est à peine une jeune fille. »

La baronne Pasquier, épouse de notre illustre et respecté confrère, laquelle demeurait alors rue d'Anjou, eut l'idée de recourir à la jeune fille pour les bonnes œuvres qu'elle pratiquait. Cette dame charitable se servait beaucoup de Félicité Barilliet « pour lui garder ses pauvres, » pour lui veiller ses malades. Mme Navier a commencé, dès l'âge de douze ans, ce ministère de *veilleuse*. D'autres personnes de bien imitèrent la baronne Pasquier, et virent dans la jeune fille un auxiliaire tout trouvé de leur bienfaisance. C'est ainsi qu'on s'explique que Mme Navier, portée à la charité, ait pris de plus en plus le goût, l'habitude, le besoin des bonnes œuvres. Rencontrant autour d'elle des âmes généreuses qui lui fournissaient les occasions et les moyens, elle se prodiguait elle-même de sa personne avec dévouement. En peu d'années, la première impulsion était devenue une habitude, une direction constante, une nécessité : nous cherchons bien des noms à ce que les chrétiens appellent d'un mot abrégé, une *grâce*. Veiller les nuits, élever et recueillir chez elle des orphelins, se charger de fardeaux disproportionnés, et les porter à bon port sans fléchir, ce fut sa manière d'être. Elle n'en conçoit point d'autre ; elle trouve cela tout simple et croit n'en avoir jamais fait assez.

Le mariage, un petit commerce qu'elle tenait, qu'elle tient encore (celui de grainetière), ne l'ont pas détournée un seul instant de sa voie ; elle eut des devoirs et des difficultés de plus : voilà tout.

Au moment des révolutions, le soir des journées sanglantes, elle allait, inaperçue, ramassant les blessés des divers partis et les cachant dans son magasin à paille. La charité ne connaît pas de drapeau. Les faits particuliers qui nous sont attestés et qui nous donnent la mesure de son zèle au bien ne sauraient se reproduire ici : enfants nouveau-nés, trouvés sous des portes cochères, et qu'on va déposer d'abord chez Mme Navier ; — jeunes filles de dix ans, abandonnées par d'indignes parents, qu'elle recueille, qu'elle instruit, qu'elle ne laisse qu'après les avoir mises en lieu sûr ; — quelquefois des familles entières qu'elle entreprend de sauver de la détresse, et dont elle place les différents membres ; — des orphelins même qu'on lui envoie de province, comme si ce gouffre de Paris ne lui suffisait pas : — on admire, rien qu'à y jeter les yeux et à l'entrevoir un moment, cette série d'œuvres continuelles et cachées, ce courant salutaire et pur à côté d'autres qui le sont moins ou qui sont tout à fait contraires : c'est ainsi, selon une juste remarque, qu'au sein des sociétés humaines subsiste et se renouvelle incessamment cette dose de bien nécessaire à l'équilibre moral du monde.

De tels actes, une telle activité bienfaisante et, pour tout dire, une telle agence de charité instituée et gouvernée pendant des années par une simple particulière, n'ont pas été sans attirer les regards des supérieurs dans l'ordre spirituel. Un jour Mme Navier, qui s'était fort fatiguée à soigner un enfant malade appartenant à une famille pauvre, vit entrer chez elle l'archevêque, M. Morlot, qui lui dit : « Je viens pour vous défendre de veiller les nuits ; vous devez vous ménager pour les vôtres et pour les pauvres. » Et il lui remit une médaille avec cordon rouge.

Mme Navier a été en rapport avec la mère des trois Scheffer, femme profondément respectable, qui a eu dans sa vie des moments douloureux. Nous avons tous admiré son portrait, où, sous le pinceau attendri d'un fils, transpirait l'âme maternelle. Mme Navier avait directement connu Mme Scheffer dans l'une de ces circonstances intimes qui rapprochent. Il lui est arrivé plus tard de rencontrer Ary Scheffer chez le duc d'Elchingen. L'artiste se prit d'affection et de vénération pour l'humble grainetière. Lorsqu'il était malade, il lui demandait de venir le soigner : parfois, elle lui donnait des consolations (qui donc n'en a pas eu besoin?) et même d'excellents conseils. Un jour, chez le duc d'Elchingen, Scheffer trouva un dessin très-bien fait qu'il crut d'abord du jeune Michel, fils du duc : on lui dit qu'il était du petit Gabriel Navier, fils de la grainetière. Scheffer étonné appela dans son atelier l'enfant qui marquait ces heureuses dispositions, lui dit de revenir tous les jours et en fit un peintre de mérite, qui tient aussi de la bonté de sa mère. Mme Navier a gardé pour Ary Scheffer une vénération profonde. Elle n'a jamais pensé à ce qui brille, et elle ne s'attendait certes pas que le nom de Scheffer ferait jamais épisode dans sa vie. Nous devons en tout ceci plus d'un détail précieux et sûr à l'obligeance de notre intègre et très-honoré confrère M. Dufaure.

L'Académie décerne à Mme Navier, marchande grainetière, rue Chaptal, n° 7, le second prix Montyon.

Des huit médailles de première classe que l'Académie a ensuite accordées, je ne rappellerai ici que les deux qui sont en tête, l'une donnée à un militaire, l'autre à un ecclésiastique. Elles ont l'une et l'autre ce caractère d'originalité que l'Académie ne cherche pas, mais qu'elle n'est pas fâchée de rencontrer.

Le militaire est Paul Alabert, en dernier lieu sergent de grenadiers dans le 64e de ligne, aujourd'hui retiré à Cazères (Haute-Garonne). Ses chefs, tant qu'il servit, nous le présentent comme « le type du vrai et excellent sous-officier d'élite, apportant dans l'exercice de ses devoirs un zèle, une fermeté et un dévouement exemplaires, faisant parfaitement honneur à sa modeste position, et trouvant le moyen de venir constamment en aide à sa bonne mère, sans jamais en dire mot à personne : une enquête a été nécessaire pour arriver à la preuve de sa belle action et de sa pieuse conduite filiale. » En 25 ans de service, c'est à peine si quelques punitions sont venues le frapper, et pour les manquements les plus légers : trois fois en tout consigné, et une seule fois à la salle de police; il paraît que c'est rare et presque phénoménal eu égard à la sévérité de la discipline militaire.

Alabert est le sergent irréprochable, et de plus un modèle de fils. Il a un frère et des sœurs, mais sa bonne mère, âgée aujourd'hui de 80 ans, n'a jamais dû compter que sur lui. Il mit tout à sa disposition en la quittant, et la part qui lui revenait dans la succession paternelle, et le prix de son engagement; plus tard il lui envoyait celui de son rengagement, le fruit de ses économies, et à son retour dans ses foyers il lui apporta les secours qu'il avait obtenus et mérités par ses longs et honorables services. Il est décoré de la médaille militaire. L'Académie lui confère une médaille civile. Honneur à ces types modestes, laborieux et solides, à ces hommes de devoir, de vertu, d'abnégation, à ces chevilles ouvrières de toute bonne et forte organisation sociale, sergents dans l'armée, contre-maîtres dans l'industrie, sur qui pèsent et roulent le labeur et la peine de chaque jour, et qui, dans des relations de chaque heure avec l'élément populaire individuel, font respecter en eux l'autorité dont ils occupent le moindre grade, mais dont certes ils ne remplissent pas le moins courageux office !

D'une milice à l'autre il n'y a qu'un pas. L'abbé Félix Brandelet, curé de Laviron (département du Doubs), a été signalé à l'Académie par une sorte de rumeur et de dénonciation publique venue de la contrée qu'il habite et où il exerce son ministère depuis quarante ans. Qu'a donc fait ce simple curé, qui le tire du pair d'avec ses humbles confrères les desservants ? Il a, nous écrit-on dans un premier résumé, il a reconstruit l'école des filles de Bournois, sa première paroisse; construit, fondé et doté une école de filles à Villars-lez-Blamont, son pays natal; créé à Blamont un pensionnat, un orphelinat et un ouvroir destinés aux filles du canton; il a construit une église catholique à Villars-lez-Blamont où il n'y avait d'abord qu'un bâtiment commun pour les protestants et les catholiques; il a reconstruit l'église de Laviron, sa propre paroisse; il a fait élever et instruire à ses frais sept enfants orphelins appartenant à des familles pauvres, etc. Son patrimoine, ses économies, ses privations ont passé à ces œuvres pies, à ces œuvres utiles, qu'il a accomplies en toute simplicité, sans aucune idée de gloire ni d'honneur; et comme après l'inauguration solennelle des grands établissements de Blamont, son œuvre capitale, on s'étonnait devant lui que son nom fût le seul qui n'eût pas été prononcé dans les comptes rendus de la cérémonie, il répondit : « Je suis très-content qu'il ne soit pas question de moi; c'est assez que le bon Dieu le sache, c'est de lui seul que j'attends ma récompense. »

De fait, l'abbé Brandelet a le goût des fondations, des constructions, et ce qui est beau à lui, c'est d'avoir su trouver moyen d'en faire un si grand nombre en les rendant utiles. Dès son début à Bournois, il y a quarante ans (1825), la maison d'école des petites filles ayant été incendiée, il en fit bâtir, presque uniquement à ses frais, une autre qui coûta plus de 3,000 francs, sur lesquels la commune ne put fournir que la minime somme de 400 francs. La charité de M. Brandelet a fait tout le reste. — A Villars-lez-Blamont, village mixte, comme il en est plusieurs à cette frontière, et qui, je l'ai dit, renferme un nombre à peu près égal de protestants et de catholiques, une seule petite église était possédée en commun par les deux communions, et les cérémonies du culte s'y faisaient successivement. Il en résultait des inconvénients, nuisibles à la tolérance même. L'abbé Brandelet en avait été frappé dès l'enfance, car il est né dans ce village; il avait formé le vœu de le doter un jour d'une église pour les catholiques seuls; et cette pensée, il l'avait eue moins dans un esprit de division que dans un esprit de charité, moins pour sauver le contact que pour prévenir tout conflit. Bien des années se passèrent avant qu'il pût réaliser ce vœu qui lui était cher; ce ne fut qu'en 1849-1850 qu'il lui fut donné de l'accomplir. Il avait eu d'abord à faire partager son idée à ses supérieurs et à quelques personnes pieuses qui lui promirent leur secours. Simplicité et désintéressement, c'étaient ses moyens de persuasion. Il réussit dans cette première œuvre qui coûta plus de 43,000 francs, et à laquelle il contribua personnellement pour 3,000. Ce fut le point de départ des autres œuvres et des sacrifices de tout genre dans lesquels il n'allait plus s'arrêter. L'église de Villars n'était pas terminée que déjà il fondait dans le même village, et de ses deniers encore, un établissement de deux sœurs de charité pour l'instruction des jeunes filles du lieu et pour soigner les malades (1850) : c'était décidément une vocation. Encouragé, enhardi par son premier succès, l'abbé Brandelet entreprit de bâtir une église dans sa paroisse même, à Laviron ; la vieille église, insuffisante pour contenir les fidèles, avait de plus l'inconvénient grave de menacer ruine. Le vœu des habitants était unanime ; il ne s'agissait que de trouver l'argent. On fit une première souscription, à la condition expresse que ce serait le curé qui présiderait à tout. Le Conseil municipal de la commune vota des fonds, à cette même condition également. Mais, malgré cette bonne volonté et ces avances de premier mouvement, c'était ici toute une lourde machine à mouvoir ; on était loin du compte en commençant. On juge des efforts que le curé de village dut faire. Que de démarches ! que de sollicitations ! que de quêtes ! et aussi chemin faisant, et à plus d'une porte, ainsi qu'il arrive en pareil cas, des humiliations et des refus !

Le bon curé se mettait sur les bras des entreprises énormes, en apparence impossibles, qui lui devenaient une source de tribulations. C'est ainsi que, pour bâtir son église de Laviron, il dut lui-même présider au transport des matériaux, à l'achat des bois de construction ; c'est à lui qu'on s'adressait pour solder les dépenses, payer les journées de travail : cela dura plus de deux ans (1859-1861). Il faisait face à tout, à la fois architecte, entrepreneur de travaux, directeur de l'atelier des ouvriers, leur médecin quelquefois, leur providence toujours, profitant de la circonstance et des contretemps même pour ramener les débauchés ou prêcher les ivrognes.

O respectable curé de Laviron, pardonnez-moi le rapprochement, quoique ce soit un rapprochement *mixte,* d'une communion à l'autre, et laissez-moi dire qu'il y a dans votre conduite, dans votre bonté, dans votre intrépide confiance, dans votre touchante imprévoyance, quelque chose qui rappelle le bon vicaire de Wakefield de charitable et immortelle mémoire (1) !

Au fond, je ne répondrais pas que l'abbé Brandelet n'ait pas un faible pour la bâtisse; que ces embarras même que j'énumère ne l'aient pas attiré et charmé quelquefois; mais, s'il se mêle involontairement un sourire au récit de ses vertus, il est vite noyé dans une larme. Le cardinal archevêque de Besançon, en nous attestant de sa main la vérité des faits qui concernent ce digne prêtre de son diocèse, ajoutait : « Je sens couler mes larmes en écrivant ces lignes, comme elles ont souvent coulé pendant que je bénissais le bon abbé Brandelet pour ses œuvres toutes de détachement, de zèle, et d'une persévérance vraiment admirable. »

(1) J'ai été un peu grondé par quelques organes de la presse catholique pour cette réminiscence du Vicaire de Wakefield : que serait-ce si je m'étais laissé aller à un souvenir littéraire beaucoup plus voisin et si j'avais fait quelque allusion à un personnage d'un des meilleurs romans modernes, l'abbé Courbezon, que l'auteur, M. Ferdinand Fabre, semble avoir étudié d'après nature? L'abbé Courbezon a également la passion, — mais qu'il pousse jusqu'à la manie, — des fondations, des constructions; ce faible l'entraîne beaucoup trop loin : avec un cœur d'or il lui arrive de commettre de sublimes, mais aussi d'irréparables imprudences. C'est précisément là le sujet du roman de M. F. Fabre. J'aurais cru manquer de goût et de mesure en me permettant la moindre allusion publique à un livre dont le personnage-type n'est point suffisamment connu, et n'est pas apprécié comme il pourrait l'être; mais il n'est aucun des lecteurs du roman auquel ne soit venu en idée, en m'entendant célébrer le bon curé de Laviron, cet autre curé, si touchant et si respectable, honneur et douleur de la famille des *Courbezon;* et je suis bien sûr de ne point manquer au respect que j'ai pour mon sujet, en glissant ici cette note qui satisfera les littérateurs et que comprendront les moralistes.

L'abbé Brandelet s'est surpassé en dernier lieu par l'achat qu'il fit, à ses risques et périls, de l'ancien château fort de Blamont mis en vente par l'État en 1859. Il n'hésita pas à s'en rendre adjudicataire pour une somme de 13,500 francs qu'il n'avait pas, qu'il dut chercher : sur ces entrefaites, un spéculateur lui offre 25,000 francs pour lui racheter le château : fi donc ! Mais la somme nécessaire, indispensable, dont il est en peine, il la trouve enfin ; il la dépasse aussitôt, il fait faire dans le bâtiment les réparations et appropriations convenables, en vue d'y établir un pensionnat, un orphelinat et un ouvroir pour les jeunes filles, trop exposées dans les fabriques horlogères et autres dont le pays est couvert. Voilà, Messieurs, le plus beau titre, l'œuvre maîtresse, pour ainsi dire, de ce brave prêtre qui est de ceux qui parlent peu et qui agissent beaucoup. L'établissement de Blamont, cédé et abandonné par lui aux religieuses appelées filles de la Retraite chrétienne, aux conditions, est-il besoin de le dire ? les plus gratuites et les plus généreuses, est aujourd'hui en exercice et a commencé de fonctionner. — Dans le Mémoire détaillé que j'ai sous les yeux, on évalue à près de 133,000 francs ce qu'ont pu coûter toutes les fondations réunies, dues au zèle et à l'initiative de l'abbé Brandelet, et il n'y a pas contribué de sa bourse pour moins de 30,000 francs. Aussi, après avoir vendu pièce à pièce son bien patrimonial, est-il resté endetté d'un tiers de la somme, dont il sert les intérêts. Écoutons un témoin fidèle, l'institutrice de l'endroit, dans son langage le plus simple : « Quoique ne se plaignant jamais, M. l'abbé s'est trouvé souvent dans le besoin ; je lui ai, de mes épargnes, acheté par trois fois une soutane, et je connais un monsieur qui lui a acheté souliers et chapeau. Je sais aussi de sa domestique, qui le sert depuis quarante ans, qu'elle lui a donné tous ses gages pour l'aider dans une heure de détresse au sujet d'un payement. » Voilà une domestique qui pourrait aussi être proposée pour un prix de vertu. L'Académie demande à l'Église la permission d'aller choisir et distinguer jusque dans ses rangs l'un des plus méritants et des plus humbles, l'un de ceux dont on peut dire véritablement qu'ils sont dévorés du zèle de la maison du Seigneur : elle décerne une médaille de première classe à M. l'abbé Brandelet.

C'est assez pour cette fois, Messieurs; les autres noms, avec leurs titres, se liront dans le livret qui sera distribué.

— Vertu, beau nom, admirable chose, respectable sous toutes ses formes et dans toutes ses variétés ! En France, dans le pays de la sociabilité, il est tout simple, je le répète, que la plus aimable, la plus bienfaisante des vertus soit couronnée; mais la vertu, sous ses formes réelles, elle est à chaque pas; elle échappe aux couronnes, de même qu'elle se rencontre à qui la cherche, à qui sait l'observer, virile, courageuse, terrestre, travailleuse, contribuant à la civilisation et à la richesse générale, à la sueur de son front et par ses peines; s'appliquant à tout, vaillante au progrès, servant la société dans l'humilité, la docilité et le silence, parfois aussi dans la lutte et le combat; — oui, parfois (si l'on se transporte dans l'ordre de la pensée et des idées), sachant et osant protester contre la société même, lui résister en face, et résignée dès lors à tous les sacrifices, à toutes les privations et aux ignominies peut-être, en vue de la vérité. Il y a, Messieurs, reconnaissons-le, une grande bonne volonté de nos jours : chacun s'entend, se rapproche, se cotise pour faire le bien, pour soulager les maux et en diminuer la somme. Ce spectacle même, à s'en donner un moment la vue, est consolant et beau : sur le trône la bonté dans sa magnanimité ou dans sa grâce; sur les marches du trône et dans les plus hauts rangs de la société, intelligence, générosité, discernement et activité pour le bien, pour l'allégeance des misères; à tous les degrés de l'échelle, des associations utiles et secourables : et malgré tout il y a des problèmes insolubles ou non résolus encore, des intérêts rivaux qui semblent ennemis, qui sont certainement contraires et qu'il n'est pas donné aux meilleures intentions, aux résolutions les plus louables, d'accommoder ni de trancher. La science sociale y travaille encore. Oh! du moins, sur ce terrain de conciliation et de paix où nous sommes, tâchons que toutes les concessions possibles se fassent, que tous les rapprochements d'égards, de bienfaits, d'estime et de mutuelle sympathie s'opèrent. Je ne voudrais pas faire de fausse sensibilité, mais je défie des personnes, fussent-elles d'opinion, de point de départ et de doctrines les plus opposées, qui se sont rencontrées une fois dans une même œuvre de charité active, au lit d'un malade, d'un mourant, de se haïr, de se dédaigner, de se rejeter. C'est quelque chose. Si l'avenir, comme il est inévitable, garde à la vertu bien des épreuves et des combats, tâchons, par le bon usage et le salutaire emploi des intervalles, que ces combats soient encore les plus humains, les plus civilisés possible.

———

Ayant été nommé rapporteur au Sénat pour la loi votée par le Corps législatif sur la *Propriété littéraire,* qu'on évita toutefois d'appeler de ce nom, je lus mon Rapport dans la séance du vendredi, 6 juillet 1866 ; le voici :

Messieurs les Sénateurs, la loi sur les droits des héritiers et des ayants cause des auteurs, votée le 27 juin dernier par le Corps législatif, est assurément une loi qui vous arrive dans les conditions les meilleures selon lesquelles une loi puisse vous êtes soumise : mûrie, prudente, libérale, pesée à diverses reprises, discutée en tous sens, avec science, talent, éclat et conviction.

En conséquence, et tout naturellement, votre Commission est d'avis à l'unanimité qu'elle ne rentre dans aucun des cas prévus par l'article 26 de la Constitution et que rien ne s'oppose à ce que, si longtemps attendue, préparée, élaborée, passée, si je puis dire, au creuset jusqu'au dernier moment elle soit promulguée et reçoive enfin son application.

Mais ce serait mal répondre au caractère d'une telle loi, à la nature des idées qu'elle fait naître et qu'elle remue, que de ne pas dire quelques mots de l'état des choses qui l'a rendue nécessaire et des intérêts élevés auxquels elle pourvoit.

Et d'abord, sans prétendre en rien rouvrir une discussion générale, où tous les arguments de part et d'autre semblent avoir été épuisés, et qui pourtant resterait encore inépuisable, il est impossible de ne pas rappeler devant vous qu'il y a eu (et même dans la Commission dont j'ai l'honneur d'être l'organe) deux manières d'envisager la question des droits d'auteur : l'une qui la généralise et la simplifie, qui la constitue et l'élève à l'état de principe, de droit absolu, de propriété inviolable et sacrée, revendiquant hautement sa place au soleil; et l'autre manière de voir, plus modeste, plus positive, plus pratique sans doute, qui ne s'est occupée que d'améliorer ce qui avait été fait déjà, de l'étendre aux limites qui semblent le plus raisonnables, en tenant compte des différences de matière et d'objet, en mettant la nouvelle loi en rapport avec les articles qui dans notre Code régissent le mariage, les successions, et en combinant le mieux possible les droits des auteurs et ceux du public. Chacun de ces points de vue a trouvé, dans une autre enceinte, des avocats brillants, éloquents, magnifiques, ingénieux aussi et d'une fine élégance.

Messieurs, il n'a pas fallu beaucoup de temps au rapporteur de votre Commission, même dans le petit nombre de séances où elle a pu se réunir, pour se convaincre que le Sénat, si, à son tour, il avait à se livrer à une discussion complète et approfondie de la loi, trouverait dans son sein des orateurs pleins de feu, des argumentateurs pressants et des jurisconsultes consommés, maîtres du sujet, qui maintiendraient le débat à la hauteur où il s'est élevé dans une autre assemblée.

Mais il ne s'agit point ici de débat : la loi est faite et bien faite; elle est sage; elle réunit l'unanimité des suffrages, de la part de ceux qui se combattaient auparavant, mais qui se sont rencontrés sur un terrain aussi largement délimité.

Elle réunit et ceux d'entre vous, Messieurs, qui, animés d'une certaine flamme, dont se préservent malaisément les esprits qu'a une fois touchés le génie des lettres, ne se contentent pas de vouloir le bien, et qui aspirent au mieux ; qui sans doute auraient tenu à réaliser d'un coup leur idéal de propriété intellectuelle, qui continuent d'y croire et de le contempler dans le lointain, mais qui en même temps ne sont pas assez excessifs pour dire : *Tout ou rien,* pour renoncer à ce qui est offert, à ce qui est possible, pour ne pas s'en tenir satisfaits d'ici à un assez long temps. Ceux-là, ils ressemblent, le dirai-je ? à ces guerriers noblement ambitieux qui auraient bien voulu entrer, enseignes déployées, dans une capitale conquise, mais qui, faute de ce complet triomphe, savent s'arrêter et signer la paix après une victoire.

Elle réunit, cette même loi, les hommes moins enthousiastes, qui, accoutumés à la discussion des intérêts divers et si compliqués que la société met sans cesse aux prises, savent les difficultés de la pratique, aiment à voir agir en tout l'expérience, ne recourent que dans les cas extrêmes aux principes de métaphysique, toujours contestables, et qui ont reconnu bien souvent que la réalité des choses, en se développant, déjoue la plupart des espérances ou des craintes que l'imagination s'était faites à l'avance. Ceux-là, ils ressemblent à de sages diplomates qui savent concéder ce qui convient à l'esprit d'une époque, ce que l'opinion réclame, et qui estiment après tout qu'une trêve à très-longue échéance équivaut à une bonne paix.

Mais ce ne serait pas assez dire, Messieurs, à l'appui de la loi qui vous est soumise, et le rapporteur de votre Commission, homme de lettres lui-même, vous demande de vouloir bien lui permettre d'insister sur un ou deux points de vue.

La littérature, Messieurs (et par ce mot j'entends toute la culture des choses de l'esprit, se manifestant par l'impression ou par la représentation dramatique), a pris de nos jours un caractère qu'il ne faudrait ni dénigrer ni préconiser outre mesure. On produit beaucoup, — beaucoup plus qu'autrefois. Est-ce un bien? est-ce un mal? C'est un fait. Tout va plus vite dans la société actuelle; tout va plus loin en moins de temps : il faut, pour vivre et durer, pour se faire un nom et le garder, recommencer et récidiver sans cesse. La nature qui crée un génie, un talent, le laisse libre, jusqu'à un certain point, de produire plus ou moins activement, plus ou moins fructueusement. Tout est relatif; la société et le moment sont ce qui détermine l'abondance de la production. Celui à qui l'on demande beaucoup, donne beaucoup, et souvent il ne donne pas, pour cela, une œuvre moins bonne en qualité. Or, de nos jours, le nombre a été grand de ceux qui, doués d'une faculté rare et d'un talent fécond, ont été mis en demeure d'en prodiguer les fruits à chaque saison. Je supprime les noms célèbres qui me viennent à la pensée et qui sont présents à la vôtre. Que de talents en ce siècle, et de talents vraiment prodigieux, je le dis sans flatterie! Vous qui ouvrez un journal, ou si le journal vous paraît chose trop légère, vous qui lisez ces recueils qu'on appelle des *Revues,* représentez-vous bien ce que vous devez, les longs soirs d'hiver au logis ou les après-midis d'été à la campagne, à ces esprits charmants, faciles, élevés, inépuisables, qui, depuis trente ans et plus, vous ont donné, dans des récits variés, de continuelles jouissances et des surprises de lecture devenues pour vous une habitude, — et qui vous les donnent sans trace d'effort, comme l'arbre donne ses fruits, comme la source verse l'onde. Eh bien! ce n'est pas là seulement un charme, c'est là une richesse aussi, une richesse et une valeur au sens de l'économie politique. Or, il importe, quand une richesse est créée dans la société, qu'elle n'aille pas au hasard, qu'elle reste et revienne à qui il appartient; qu'elle soit possédée par celui qui le mérite le mieux : il importe d'en régler la distribution. De là, Messieurs, la nécessité actuelle et urgente d'une loi qui, en d'autres temps, pouvait sembler moins exigée, moins opportune. Il y a eu de grands siècles littéraires : nul ne les salue et ne les admire plus profondément que moi ; mais de nos jours la littérature a pris un développement plus suivi, plus régulier, en rapport avec une société moyenne ou démocratique qui consomme prodigieusement. Ces besoins, ces demandes de la société créent ou développent des genres autrefois fort resserrés et qui rendaient peu.

En employant ces termes, Messieurs, en les empruntant à la science économique, je ne crois pas diminuer ce dont je parle devant vous. Et moi-même, si j'osais me citer en exemple, avant que la bonté toute particulière de l'Empereur voulût bien m'appeler à l'honneur de siéger parmi vous, qu'étais-je ? Un producteur dans un genre relativement facile, un producteur que l'exigence du journal stimulait, que la bienveillance du public encourageait à donner souvent et à faire de son mieux.

Messieurs, il y a dans la loi qui vous est soumise une préoccupation touchante : c'est celle qui concerne le *conjoint* survivant, c'est-à-dire, dans la plupart des cas, la veuve de l'homme de lettres :

« Pendant une période de cinquante ans, est-il dit, le conjoint survivant, quel que soit le régime matrimonial, et indépendamment des droits qui peuvent résulter, en faveur de ce conjoint, du régime de la communauté, a la jouissance des droits dont l'auteur prédécédé n'a pas disposé par acte entre-vifs ou par testament. »

Déjà cette préoccupation avait inspiré Napoléon Ier, lorsque par son décret du 5 février 1810, qui étendait à vingt ans le droit des enfants des auteurs, d'abord fixé et limité à dix ans par la loi du 19 juillet 1793, il établissait que la veuve, si les conventions matrimoniales lui en donnaient le droit, jouirait viagèrement de la propriété garantie à l'auteur lui-même.

Aujourd'hui, quel que soit le régime matrimonial, soit dotal, soit commun, la veuve est admise à la jouissance des droits qui ne comprennent pas moins d'un demi-siècle : autant dire toute sa vie. Il n'y a plus de distinction entre veuve et veuve.

Cela est juste. Le jurisconsulte éminent qui préside le Sénat, dans ses commentaires judicieux et savants, au titre du *Contrat de mariage,* avait déjà indiqué les raisons de cette sorte de complaisance de la loi pour l'épouse et la veuve, en ce qui est de cette espèce d'héritage. « Sans doute, disait M. le président Troplong, l'œuvre de la pensée est la plus personnelle de toutes; mais, tandis que le mari était occupé à ses compositions, la femme se dévouait aux soins du ménage, à l'éducation des enfants : chacun d'eux a donc mis à la masse commune sa part. »

Et qu'il soit permis à l'homme de lettres célibataire d'ajouter quelques mots sur la condition de l'homme de lettres marié.

Longtemps on a cru qu'il y avait sinon incompatibilité, du moins médiocre convenance entre la condition de l'homme de lettres ou de l'homme d'étude et l'engagement étroit du mariage. Il ne serait pas difficile d'emprunter aux vieux érudits, aux spirituels et malins tels que Bayle, des mots légers au désavantage des épouses. Ces savants ont tort. La pratique et l'exemple parlent contre eux. L'état le plus naturel à l'homme qui étudie, comme à celui qui compose avec suite, même dans l'ordre de l'imagination, et qui par conséquent a besoin de longues heures de travail, est encore la vie domestique, régulière, intime. Quoi de plus touchant (et, en parlant ainsi, j'ai présentes à l'esprit des images vivantes) que de voir dans un intérieur simple, modeste, ce travail intellectuel de l'homme, ce recueillement et ce silence de la pensée respecté, compris par la femme qui quelquefois même, dans un coin du cabinet et l'aiguille à la main, y assiste! Se figure-t-on, à la mort du mari, cette femme qui a assisté à la composition de l'œuvre, qui y a prêté son attention, quelquefois sa plume, qui a été la confidente, l'auxiliaire, le secrétaire par moments d'un mari distingué ou illustre, se la figure-t-on privée d'un droit utile et cher, et voyant un étranger s'en emparer légalement après un laps de temps déterminé? Non, cela est impossible : la loi est juste, et la justice, en cette question, s'est introduite et s'est étendue, grâce surtout à la considération de la femme, de la veuve. C'est là un des beaux motifs de la loi.

Il est vrai que, par ce mot plus général de *conjoint,* elle prévoit aussi le cas où ce serait la femme qui serait auteur, qui serait célèbre, et où le mari ne ferait qu'assister à cette renommée, à cette gloire. Ici la situation se retourne. Ne sourions pas. Le rôle de mari de femme de lettres, de femme artiste, est sans doute délicat à porter :

La gloire d'une épouse est un pesant fardeau.

Mais aussi il n'est rien de respectable et de touchant (je reprends le mot, et, pour ma part, je sais aussi de tels exemples) comme de voir un homme, lui-même laborieux ou distingué dans son étude, dans sa profession, s'honorer d'une femme remarquable par un talent et un don qui la rend célèbre et qui ne la laisse pas moins aimable; lui en permettre le libre et facile exercice, s'y prêter; ne parler d'elle qu'avec respect et une sorte de modestie; oser l'admirer et cependant rougir presque lui-même quand on la loue. Le propre de la société moderne est de comprendre et de maintenir le plus possible le sérieux et l'égalité dans toutes les choses honorables et bonnes.

J'ai dit le côté de sentiment qui n'est pas étranger à la loi et qu'il est permis d'y apercevoir ; mais la loi est une œuvre non de sentiment, mais d'équité. Je voudrais être homme de droit, Messieurs, et avoir qualité pour vous signaler avec précision en quoi la présente loi corrige et améliore la législation précédente; en quoi aussi elle innove et rompt assez gravement avec le passé.

Elle innove, en ce que le conjoint auteur ou, pour parler un langage plus commode, le mari auteur qui, dans l'état de la législation antérieure, ne pouvait, par donation ou testament, enlever à la femme la survivance des droits, le pourra aujourd'hui. Et ceci n'est pas en contradiction avec ce qui a été remarqué de favorable à la femme.

Il est tel cas, en effet, rare sans doute, mais à prévoir, et dont un auteur seul est juge, où il lui importe de laisser en des mains plus fermes que celles d'une femme le soin de reproduire sa pensée et d'exercer ses droits.

Il est d'autres cas encore où, même sans disposition formelle de sa part, le mari auteur sera présumé avoir enlevé à la femme cette survivance de ses droits :

Par exemple, si la femme, lors du décès, a vu prononcer contre elle la séparation de corps, et si cette séparation n'a pas été éteinte par réconciliation. La femme alors n'est vraiment plus la veuve intéressante, la compagne unie et fidèle que nous vous avons présentée.

Elle ne l'est pas davantage si elle se remarie, car alors elle a prouvé qu'elle n'a plus pour la mémoire de l'époux ce culte exclusif qui est le fondement de la puissance qu'on lui attribue, de la faveur rémunératoire dont elle est l'objet.

Je laisse de côté quelques autres restrictions toutes secondaires et qui se rapportent à des accidents tout à fait particuliers de succession. Il faudrait entrer dans le menu du Code : je reste dans l'esprit de la loi.

J'allais oublier de rappeler à titre d'innovation, et d'une innovation juste qui a été suggérée par la fréquence des exemples, autrefois plus rares, que le mari de la femme auteur aura dorénavant le droit qu'avait seule autrefois la femme du mari auteur.

En résumé, dans l'état actuel de la législation, avant la promulgation de la loi présente, l'auteur, maître absolu de son œuvre sa vie durant, laissait, s'il était marié, la jouissance viagère de ses droits à sa veuve, à la condition que le mariage eût été contracté sous le régime de la communauté.

Les lois ou décrets, qui s'étaient succédé depuis le point

de départ du 19 juillet 1793 jusqu'à la dernière loi du 8 avril 1854, avaient porté de dix ans à vingt, puis à trente, le droit des enfants des auteurs, à dater de la mort de l'auteur ou de sa veuve, s'il laissait une veuve.

L'auteur mort célibataire ne laissait qu'un droit de dix ans après sa mort.

Aujourd'hui le laps étendu de cinquante ans s'applique à tous les cas.

Ce n'est qu'une étape, disent les partisans de la perpétuité. — C'est, assurément, une belle marge, répondrons-nous avec les auteurs de la présente loi. C'est un vrai bienfait.

Et notez bien — historiquement parlant — que jusqu'ici, toutes les fois qu'on a voulu faire plus, faire mieux, embrasser davantage et procéder autrement, par voie de théorie, on a échoué. En fait, les grands projets dits de Propriété littéraire, soumis à des Commissions ou à des Chambres, le projet de 1825, celui de 1841 devant la Chambre des députés et celle des pairs, la question reprise à fond par ordre de l'Empereur, et soumise en 1861 à une Commission présidée par M. le comte Walewski, n'ont pu aboutir et se traduire en loi, malgré les lumières et les talents combinés, qui, certes, n'y ont pas fait faute.

Tenons-nous donc, quels que soient nos vœux personnels ou nos théories, heureux et reconnaissants de la loi présente. En ceci, comme en beaucoup de choses, gardons-nous d'être ingrats; ne pensons pas toujours à un lendemain trop immense, qui est sujet à fuir devant nous : rappelons-nous ce qu'on avait la veille, et jouissons de ce qu'un bon, un grand et glorieux Gouvernement réalise.

Messieurs les Sénateurs, je me suis écarté le moins possible de mon sujet. Vous voudrez bien m'excuser si, à l'occasion d'une semblable loi, j'ai paru motiver plus qu'il n'était besoin un vote qui, d'ailleurs, ne fait pas question, et que votre Commission, à l'unanimité, vous propose.

FIN DU TOME NEUVIÈME.

TABLE DES MATIÈRES.

		Pages.
Journal et Mémoires de Mathieu Marais	I	1
	II	31
Essai de critique naturelle, par M. *Émile Deschanel*		62
Méditations sur la Religion chrétienne, par M. *Guizot*		89
Les Touâreg du Nord, par M. *Henri Duveyrier*		111
Réminiscences, par M. *Coulmann*		135
La Réforme sociale en France, par M. *Le Play*	I	161
	II	179
Souvenirs d'un diplomate, par le baron Bignon	I	202
	II	221
Mlle Eugénie de Guérin et Mme *de Gasparin*	I	240
	II	258
Entretiens sur l'Histoire, par M. *Zeller*	I	280
	II	300
	III	320
Marie-Thérèse et Marie-Antoinette	I	342
	II	366
Mme de Verdelin		387
Appendice. Rapport sur les Prix de vertu		437
Rapport sur la Propriété littéraire		453

PARIS. — J. CLAYE, IMPRIMEUR, RUE SAINT-BENOIT, 7.

www.ingramcontent.com/pod-product-compliance
Lightning Source LLC
Chambersburg PA
CBHW072126220426
43664CB00013B/2152